校长领导力研究
（基础教育）

如何引领一所学校的发展

吴晗清　著

清华大学出版社
北京

内 容 简 介

本书是作者自 2008 年以来，历时 13 年，扎根一线进行校长办学的实践研究成果。深度解构了 128 所中小学和幼儿园的办学案例，系统调查了我国二十多个省、市、自治区的 1797 名正校长（园长）。该书以校长领导力为中心议题，全面阐述了校长领导力建设中所涉及的理论与实践研究的基本问题。全书由五篇十五章组成，从四个体系来解构复杂的办学系统，即价值体系、实践体系、支持体系和制度体系。

本书适合中小学校及幼儿园管理者参考，也适合教育理论研究者阅读。

本书封面贴有清华大学出版社防伪标签，无标签者不得销售。
版权所有，侵权必究。举报：010-62782989，beiqinquan@tup.tsinghua.edu.cn。

图书在版编目（CIP）数据

校长领导力研究：基础教育：如何引领一所学校的发展 / 吴晗清著. —北京：清华大学出版社，2023.1
ISBN 978-7-302-62455-4

Ⅰ. ①校⋯　Ⅱ. ①吴⋯　Ⅲ. ①中小学—校长—学校管理—研究　②幼儿园—管理—研究　Ⅳ. ① G637.1　② G617

中国国家版本馆 CIP 数据核字（2023）第 016968 号

责任编辑：彭远同
封面设计：傅瑞学
责任校对：赵琳爽
责任印制：朱雨萌

出版发行：清华大学出版社
网　　址：http://www.tup.com.cn，http://www.wqbook.com
地　　址：北京清华大学学研大厦 A 座　　邮　编：100084
社 总 机：010-83470000　　邮　购：010-62786544
投稿与读者服务：010-62776969，c-service@tup.tsinghua.edu.cn
质量反馈：010-62772015，zhiliang@tup.tsinghua.edu.cn

印 装 者：三河市人民印务有限公司
经　　销：全国新华书店
开　　本：185mm×260mm　　印　张：21.75　　字　数：513 千字
版　　次：2023 年 3 月第 1 版　　　　印　次：2023 年 3 月第 1 次印刷
定　　价：88.00 元

产品编号：097713-01

序一

校长研究的传承

校长理应是一所学校的灵魂人物，是学生健康成长、教师专业发展、学校品质提升的核心引领者。校长领导力，是学校改革与创新的关键因素，校长领导力的研究，其理论价值和实践意义，都是毋庸置疑的。学校教育的改革与创新，不仅是对工具化教育的片面追求、人的发展目标偏离及主体缺位的积极矫正，而且是对迷茫的教育理论、观念所做的有力价值澄清。增强学校领导力的意义，正是在于促进学校敏锐地抓住时代的挑战而形成学校改革和创新发展的视域，促使学校教育进行结构性调整而实现功能、形态上的根本性转变。校长要顺应时代发展的潮流，不失时机地抓住发展机遇，凭借自身的胆识和战略思想，挖掘学校的优势和潜力，使学校形成应对变革的自我更新机制，提升学校整体实力。差异是客观存在的，差异是发展的重要资源，通过差异发展追求的是我国中小学现代化发展的丰富性和多样化发展形态，展现的是我国中小学校长的风采和智慧。

笔者亲历的主要教育研究，始终围绕着校长办学展开，大致有三个标志性的阶段。第一个阶段，是二十世纪九十年代的主体教育实验。将学生的"主体性"这一上位概念，解构为自主性、主动性、创造性等操作性指标体系。指出主体性发展的基本实现方式为在活动时间的基础上，通过合作与交往，实现学生的差异发展。在教学改进方面，为校长提供了重要的着力点。第二个阶段，是二十一世纪第一个十年的学校教育创新研究。认为领导力就是学校根据办学定位和培养目标，调动教育资源进行学校改革与创新，提升学校品质力的能力。学校层面领导力由四要素构成，即目标与价值系统、育人模式系统、制度与管理系统、办学资源系统。校长个体的领导力包括战略性谋划能力、资源整合与经营能力以及人格魅力品格等。第三个阶段，是二十一世纪第二个十年的基础教育未来发展研究。这一阶段是基于前两项研究成果的，在更宏观层面上的创新，提出"三力模型"是中国基础教育未来发展的基本结构。"三力"即基础教育区域性发展的决策力、学校创新发展的领导力及学生个性化发展的学习力，揭示了我国基础教育改革与发展的内在机制及当代形态，尤其为校长办学开拓了视野。

得悉吴晗清教授撰写的《校长领导力研究（基础教育）》一书问世，深感欣慰。吴晗清教授是本人指导的博士生，也是"关门弟子"。自 2008 年以来，他一直扎根一线进行校长办学的实践研究，深度解构了 128 所中小学和幼儿园的办学案例，系统调查了我国二十多个省、市、自治区的 1797 名正校长（园长）。他十余年的实践积累以及理性思考，沉淀为本著作的核心内容。该书以校长领导力为中心议题，全面阐述了校长领导力建设中所涉及的理论与实践研究的基本问题。全书 50 余万字，由五篇十五章组成，除第一篇校长领导力通论外，论者提出解构校长领导力的四个维度，即办学的价值体系、实践体系、支持体系和制度体系，构成全书的主体内容。该书的一个鲜明特色是，立足现实、议题集中，立足教育学、心理学、文化学等多学科视角，不仅在操作层面对校长领导力建设的方法与途径提供了大量丰富的实践案例，而且重在对校长领导力建设的基本问题进行反思和建构。可贵的是在实证调研基础上对不同类别校长在办学实践中的差异进行分析，使得成片森林和独株树木的生命形态都得以彰显，展现了我国校长们基于实践的丰富而生动的创造。这是校长研究的一种传承，有近乎信仰般的敬畏和愿力。通览著作，我以为该书具有以下几个突出的特点。

一、校长办学分析框架的理性建构

该书第一个亮点就是将复杂的办学系统工程理性地解构为四个体系，即价值体系、实践体系、支持体系及制度体系。具体来说，价值体系包括凝练办学理念，确立培养目标的个性化表达，实现学校发展的可操作性的战略决策，这是全体师生努力的方向和路径，是价值及其实现的路径。实践体系包括课程的顶层设计，教学风格和特色的锤炼，丰富多彩而有效的德育实践探索。这是育人的核心，知识、能力、品质等都在实践中濡养而成。支持体系包括教师的专业成长，家校合力的形成，有教育价值的社会资源的开发和利用。实践体系的实施，需要人力和资源的支持，支持体系与实践体系不可分割。制度体系包括治理理念、支持发展的制度建设以及符合人性的激励机制。制度就相当于一种无形的动力，它推动学校工作的顺利运行和变革发展。

该书基于领导力的研究和办学系统工程的解构，将校长领导力概括为四个方面。首先是"愿景—价值"体系领导力，就是描绘愿景，构建学校的价值体系，即本体论上追寻什么价值、方法论上如何追寻、主体论上谁去追寻的问题。其次是"思变—实践"体系领导力，就是思考怎样做、为什么、能否有更好的方式方法等。扎扎实实地推进课程、教学、德育等育人核心活动。再次是"行动—支持"体系领导力，就是需要尊重、信任、团结和赏识每一位教师，同时注重对家长的引导。坚持把合作共赢作为学校对外关系准则，积极开展校内外合作与交流，支持学校的发展需要一点一滴的实际行动。最后是"共情—制度"体系领导力，强调制度应建立在人性和共情的基础上，有效地引领和促进个体的成长，从而使个体的成长支撑起团体组织的发展。

二、校长领导力的实证研究

该书第二个亮点就是规模较大的实证研究，调查对象涉及 1797 名正校长（园长）。为了清楚地展现不同类别的校长在领导力方面的差异，将校长的基本信息细化为个人情况、学校情况和家庭情况。个人情况，如性别、学历、学科背景、初任正校长时年龄及已任年限、自评校长类型等。其中自评校长类型，包括称职型、优秀型、卓越型和教育家型校长。除了个体面上的基本数据，还试图讨论不同类型学校的校长领导力的差异性，如地区、城乡、学段、层次等。值得一提的是，研究还关联了校长的家庭因素，包括家庭情感氛围和子女成长情况。这一考虑是想知道校长作为集家长、教师于一身的角色，在家庭教育和学校教育方面的表现是否存在差异性。结果显示，家庭氛围和谐的、子女成长理想的校长，在办学实践中各个方面都稍胜一筹。可见家庭和工作相互影响，相互促进。除了基本信息，还专门从性格、人格、风格等方面探讨了校长类型的分布。

根据前面构建的四个体系的校长领导力，也就是问卷编制的基本依据和主要架构。其中"愿景—价值"体系领导力，涉及办学理念、培养目标、战略决策三个方面；"思变—实践"体系领导力，关注课程设计、教学引领、德育实践三个领域；"行动—支持"体系领导力，则注重教师成长、家校合力、社会资源三个维度；"共情—制度"体系领导力，主要包含治理理念、制度建设、激励机制三个层面。每一个角度，都有面上的描述性统计，针对不同类别的校长进行了差异分析，还试图探讨差异背后的原因。对我国当前从事基础教育的校长们，进行了群体性的画像。如基于大五人格的调查，可以简单地素描为，校长们能够很好地处理各种人际关系，有一定的开拓性和责任感，但是不够外向开放、情绪还不够稳定。又如，数据一贯显示，校长层级越高，领导力水平也越高。通常经济发达地区的办学水平也显著高于广大中部地区和民族地区，示范学校的办学水平也显著高于普通学校和薄弱学校等。

三、校长办学案例的深度剖析

该书第三个亮点就是类型丰富的办学实践的案例分析。众所周知，教育的第一属性便是实践，没有实践便没有教育。教育实践活动的多姿多彩，成就了特色鲜明的各级各类学校，校长的领导力正是蕴含于变革性的实践探索中的。我们透过案例的解剖，获得的是智慧办学的方法论，如提出三种办学理念的表达方式。一是直指培养目标的核心品质。诸如"坚毅教育""阳光教育""幸福教育"等。二是体现区域或者地名、校名特色。比如木林镇中心小学的理念就是"木林教育"，即"众木成林"，强调孩子的个性和社会性同时发展。不主张牵强附会，生硬地赋予意义，一定要贴切自然。三是对数字进行隐喻。如清华附小的"1+X"，强调国家的"1"与学校打印清华烙印的"X"之间的黄金搭配。同时指出，形式虽多，但核心要名实相符、言简意赅、琅琅上口。

又如在众多学校课程体系建设实践的基础上，提出三个关键词来表达这一实践活动的方法论思考，分别是"自下而上""一以贯之"及"精致结构"。"自下而上"，即学校的课程体系，不是拿着一套千篇一律的模式去框架一所学校。恰恰相反，应该基于学校的办学历史、现状分析、发展定位等，来制定学校的课程体系。从形式到内容，从名义到实质，从构建到实施，均应自下而上，在不断实践的过程中去反思，去理性提升以至理论建构。"一以贯之"，也就是说学校课程建设的灵魂需要明确，要在一条主线上。要在符合党和国家教育方针的前提下，针对性地凝练出一所学校的办学理念。根据这一理念，明确具体地表达培养目标。而后根据这一目标，构建课程体系，内容结构、实施、评价等必须基于这条主线。不能面面俱到地表达、漫无边际地实践，必须紧紧围绕核心理念。"精致结构"，学校课程体系不应五花八门、杂乱无章，而应横纵有序，创建高度精致化的结构体系。拿横的方面来说，若相互重叠或者结构性欠缺，就要"该减则减"或"该增就增"。从纵的角度来说，不应低水平重复，同一门课程对于不同年级的学生来说，应有合适的进阶梯度。

该书的出版凝聚了吴晗清教授十多年来辛勤耕耘的结晶，让我们看到了一位年轻学者的精神风采。该书既有一定理论深度的思考和分析，又有鲜活生动的案例，为深入进行校长领导力研究提供了一个反思的新视角和新思路，体现了本书的理论价值与实践价值。诚盼作者通过不懈的理论研究和实践探索，不断取得新的认识成果，为推进我国学校教育的改革发展做出更大贡献。

北京师范大学　裴娣娜
2022年，岁在壬寅，于求是书屋

序二

有温度的教育研究

从教三四十年，我从小学语文教师到副校长，再到校长，基本十年跨越一个阶段。在角色转换的过程中，我喜欢边实践边思考，一直把问题当作课题来研究。尤其是成为校长以后，更是把学校的发展视为一个宏大的实践课题，带领团队进行不懈的探索。欣闻吴晗清教授的这本著作即将出版，并邀请我作序，十分开心。吴晗清教授是我多年的朋友，他一直兢兢业业地从事教育实践研究。通览书稿，温情而清爽的气息沁人心脾。13 年，128 所中小学和幼儿园，1797 名校长（园长），沉淀了岁月、集约了智慧。我想结合自身的校长经历，谈谈对校长领导力研究的感受。

清华大学党委书记在我任附小校长时与我有一次谈话，说教授在本专业领域做学问是研究，行政人员做管理工作也是在做研究，每个岗位都可以当一门学问来研究。我深以为是，校长的一切研究都应该把满足学生身心发展需要作为根本出发点，要把研究的"思考和方法"变成"思想和做法"。我逐渐意识到，校长工作不仅仅是项职业，更是高度专业化的学问。校长必须带着团队一起研究如何更好地实现"学科育人"和"活动育人"。以课堂为例。这么多年来，我有两个坚持，一是站在课堂里，二是站在教师身后。无论怎么累怎么忙，我都坚持随堂听课、蹲班听课，尤其坚持在一线课堂上研究课或示范课。校长只有站在课堂中，才能够紧贴地面行走，才能倾听教师和学生的声音，对学校进行科学的诊断，才能更好地研究如何"让学生站立课堂正中央"。在这个过程中我又突然领悟，学生的背后还站着教师呢。而校长呢，正站在教师身后观察他们，研究他们，推动他们！此时我就把在课堂上与学生对话的"教育学"经验，转换到如何让教师也站在"正中央"的"管理学"视域中来。在带领教师研究如何"上好每一堂课"的过程中，去研究学生背后教师的专业成长。

当站在校长的视角去旁观这些细微的教学事件时，我觉察到这些深入课堂教学的"触角"为我的管理提供了源源不断的动力，不断开拓了我的视野，渐渐成就了我的校长专业。而校长的专业也让我的课堂教学及对此的管理有了更清晰的方向认知，我努力让一个个貌似孤立的课堂教学获得某种教育学意义上的整体性。比如清华附小课堂教学有着自己的价值追求，也形成了超越学科的综合性和融合性，有自己独特的主题课程群等。在某种意义上，微观里也包含着一切宏观运行的规律，只要你有足够的透视力量去发现。因此，我对教师不再是简简单单的"要求"或制度约束，更不是上传下达一些文件或管制，而是我和教师、学生"并肩同行"，都在努力为各自角色中的那个自己赋能。

长此以往，这些经历丰富了我对"校长专业"中"专业"意蕴的认识，其核心就是"领导力"。我发现，原来校长的专业精进就是校长的不断修炼，从自我领导力，到群体领导力，再到社会领导力，一个影响力逐渐拓展的过程。所谓自我领导力，就是自我发展的能力。校长必须不断努力，让专业锋芒化作自带光芒。自我领导力具有强烈的内生力，同时又不是盲目自大，而是使自身具备韧性与洞察力，自信心与反思性，责任感与使命驱动力等素养。自我领导力要求领导者要认识自己、认清环境、发挥长处，寻找适合自身的行走方式。所谓群体领导力，就是将所有的利益相关方整合并推动起来，构成最大的发展空间。群体领导力最关键的就是价值引领，要让价值观成为办学目标的先驱。这就要求领导者能够看清学校的发展方向和路径，并带领团队从现在这个地方到未来期待的地方去。校长要努力修炼决断力和控制力，在重大危机面前能够果断决策，努力控制局面，力挽狂澜，维护学校的安全和声誉。所谓社会领导力，就是考量学校如何承担"社会责任"，做出"社会贡献"以及产生国内和国际"社会效应"。校长始终要清醒，学校的实践成效和研究成果能否经得起实践和岁月的检验。针对这个问题，清华附小严格进行自我评估，如每学期、每年度课程以及三进阶的诊断评价等，始终敬畏教育，让教育行走在健康的社会大道上。

回到这本著作，吴晗清教授将个体领导力、群体领导力、通适性领导力、教育领导力作了很好的整合。他认为，领导力是一种积极正向的相互影响、一种生机勃勃的生命张力，它是领导者个体和团队成员之间形成的一种发展合力。在领导者的带领下，他们为了共同的梦想、彼此共情，不断地学习反思、实践创新，同时实现个体变革性的成长和组织团体的跨越式发展。领导力包括愿景、思变、行动和共情四个维度。愿景就是目标指向，如果一个团体没有共同的愿景，那么就是乌合之众，从而形同散沙没有凝聚力。思变，穷则思变，变则通、通则久。生于忧患，死于安乐。外在环境瞬息万变，组织内部也在不断变异，如果陈陈相因、抱残守缺，那么就必定停滞不前甚至消亡。行动，仅有思维上的创新还远远不够，还需要强大的行动力。一旦形成正确的决策，就需要立即采取行动。共情，人之所以区别于其他生物，就在于其超越生存的情感需要和远离功利的价值追寻。因此，个体和团队一定要共情，为了实现共同的价值诉求，将心比心、感同身受地为共同的事业而竭力奉献。

该书将办学系统工程解构为四个体系，即价值体系、实践体系、支持体系及制度体系。整合领导力的研究，吴晗清教授界定了校长领导力的概念，并构建了校长领导力的模型。校长领导力，就是基于学校发展的共同愿景，以校长为核心的领导团队带领学校实现变革式发展的战略性规划能力和执行能力。具体包括四个体系的领导力，即"愿景—价值"体系、"思变—实践"体系、"行动—支持"体系及"共情—制度"体系。我们可以发现，四个体系相互依存、休戚相关，是一个完整的有机整体。具体来说，"愿景—价值"体系是精神引领、目标指向，它是上层建筑，是内隐的精神文化，就像人的大脑一样，主宰着整个生命体。而"思变—实践"和"行动—支持"体系，是办学工程的施工系统，如同人的四肢，彼此协调、精诚团结、通力合作，完成一座坚固的教育大厦，类似于外显的物质文化。"共情—制度"体系，就是内脏。它虽然藏在体内，从外表看不出有什么明显的价值，但是内脏如果不健康,则无法完成大脑与四肢的联动,各个部分就会貌合神离、各自为政。因此,这一体系约同于中介的制度文化。

另外,本书还从性格、人格和风格三个方面展开,讨论校长的领导力类型,颇有独到之处。性格是个人形成的对现实的稳定态度和习惯化了的行为方式。性格表征是人的一般心理行为的特征,形成的影响因素主要有遗传、环境、应激事件等。从组成性格的各个方面来分析,作者把性格分解为态度特征、意志特征、情绪特征和理智特征四个成分。PDP(行为特质动态衡量系统)将人的性格分为五种类型,即支配型、外向型、耐心型、精确型、整合型。同时将这五种类型的个性特质形象化,它们分别被称为"老虎""孔雀""无尾熊""猫头鹰""变色龙"等。该研究从性格的四个特征出发,利用 PDP 对校长的性格进行了测量,还从"理性/感性—大度/悭吝"等角度对校长性格进行了剖析,展示了校长群体性格的特点及分布。

人格是指个体在一系列社会性活动过程中表现出来的内部倾向性和心理特征,表现为需要、动机、兴趣、能力、气质、性格、理想、价值观和体质等方面的整合。具有动力一致性和连续性的自我,是个体在社会化过程中形成的独特的心身组织。人格具有整体性、稳定性、独特性和社会性。"大五"人格因素模型将人格分为五个方面,外向性、宜人性、尽责性、情绪性和开创性。"九型"人格将人格分为九类,分别是完美型、助人型、成就型、自我型、理智型、敏感型、活跃型、权力型及和谐型。该研究以"大五""九型"两工具对校长的人格进行了测量。特别的,作者还将传统文化中儒家视域的健全人格解构为自身、家庭和社会三个方面,将道家视域中的人格解构为背道而驰、并行不悖、扶持而行和顺道而为四个层次,分别进行了探讨。

风格,就是校长在办学过程中表现出来的理论修养和实践风范。它稳定而深刻地反映了校长个人的教育思想、领导理念、精神气质、价值追求等内部特性。该研究主要从"人—事"模型、"三商"模型、"三性"模型等视角对校长的风格类型进行了研究,揭示不同类型的校长在领导力维度上的表现差异。具体来说,"人—事"模型中的"人"体现的是校长的人文情怀,"事"体现的是校长业务的专业水平。情怀有深浅、水准有高低,两两组合形成校长四类型,分别是"父母型""师傅型""路人型""菩萨型"。"三商"模型,包括智商、情商和行商。知、情,基本对应智商、情商。意、行,作者以行商统筹之。对于校长而言,"智商"就是办学过程中,对问题的感知、分析、解决,以及对教育实践或理论的创新。"情商"是对校长身份的良好认知,以及对师生家长等适切的关怀体谅。"行商"是校长在强大的教育理想与信念的引领下,殚精竭虑实现教育梦想的坚持不懈的行动力。"三性"模型,宏观上体现对办学"方向性"的把握,指是否能够依法治校。中观上体现在办学的"专业性",指是否了解和遵循教育教学规律、孩子成长规律。微观上体现在处理各种实践疑难杂症过程中的"灵活性"。该研究从多维度对校长的领导风格进行了较为系统的实证分析。

从上面的介绍可以看出,校长群体并不是单一性质的人群。因此,不同领导力影响下的办学实践也是绚丽多姿的。我们从每一章中呈现的精彩案例分析可以看出,校长群体是蕴含了丰富教育实践智慧的宝库。是他们,在幅员辽阔的中华大地上,孜孜不倦地耕耘着教育的沃土，培养了一代代担当民族复兴重任的建设者和接班人。

教育追求无止境，校长修行在路上。

是为序。

清华大学附属小学校长　窦桂梅

2022年，清华园

目录

第一篇 校长领导力通论

第一章 何为领导力 ... 3
第一节 "领导"与"管理" ... 3
第二节 领导力的通识模型 ... 6
第三节 校长领导力模型 ... 15

第二章 校长领导力的实证研究框架 ... 23

第三章 校长领导力类型论 ... 31
第一节 校长性格论 ... 32
第二节 校长人格论 ... 47
第三节 校长风格论 ... 54

第二篇 办学价值体系领导力

第四章 办学理念的确立 ... 77
第一节 构建办学理念的宏观视角：教育方针和教育思想 ... 78
第二节 构建办学理念的中观视角：学校历史和地域文化 ... 85
第三节 构建办学理念的微观视角：未来人才和成长规律 ... 90
第四节 办学理念的实证分析 ... 96
第五节 办学理念的案例探讨 ... 99

第五章 培养目标的厘定 ... 107
第一节 教育目的观照下的培养目标 ... 107
第二节 学校培养目标的实证分析 ... 111
第三节 培养目标的案例探讨 ... 113

第六章 战略决策的运筹 ... 117
第一节 战略决策的理性分析 ... 117
第二节 战略决策的现状调查 ... 124
第三节 两位特级校长办学战略决策的案例探讨 ... 128

第三篇　办学实践体系领导力

第七章　课程顶层设计 ··· 141
第一节　课程建设的理性思考 ·· 141
第二节　课程建设的实证研究 ·· 152
第三节　课程建设的案例分析 ·· 156

第八章　教学综合引领 ··· 164
第一节　校长教学引领的理性分析 ·· 164
第二节　校长教学引领的调查研究 ·· 170
第三节　校长教学引领的案例探讨 ·· 173

第九章　德育融合实践 ··· 182
第一节　校长引领德育的理性分析 ·· 182
第二节　学校德育现状的调查研究 ·· 189
第三节　学校德育实践的案例探讨 ·· 193

第四篇　办学支持体系领导力

第十章　教师成长领航 ··· 205
第一节　教师成长领航的理性分析 ·· 205
第二节　引领教师成长的现状调查 ·· 214
第三节　教师卓越成长的案例探讨 ·· 217

第十一章　家校合力熔铸 ··· 226
第一节　引领家校合作的理性分析 ·· 226
第二节　家校合作现状的调查研究 ·· 233
第三节　家校合作的案例探讨 ·· 239

第十二章　社会资源开发 ··· 246
第一节　社会资源开发的理性分析 ·· 246
第二节　社会资源开发的调查研究 ·· 256
第三节　社会资源开发的案例探讨 ·· 260

第五篇　办学制度体系领导力

第十三章　学校治理 ··· **269**
　　第一节　学校治理的理性分析 ··· 269
　　第二节　校长治理学校的调查研究 ·· 278
　　第三节　学校治理的案例探讨 ··· 281

第十四章　制度建设 ··· **289**
　　第一节　学校制度建设的理性分析 ·· 289
　　第二节　学校制度建设的调查研究 ·· 296
　　第三节　学校制度建设的案例探讨 ·· 299

第十五章　激励机制 ··· **305**
　　第一节　教师激励机制的理性分析 ·· 305
　　第二节　教师激励现状的调查研究 ·· 310
　　第三节　有效教师激励的案例探讨 ·· 316

参考文献 ··· **322**
后记 ·· **332**

第一篇
校长领导力通论

第一章

我国人寿保险发展

第一章

何为领导力

　　学校对于企业来说，是一个相对稳定的组织，包括人员组成、制度架构等。没有极强的现实需求，就没有高度的理论发展。我们发现，现在学校领导力的研究远远逊色于企业领导力的研究。因此，我们首先从有关企业的研究中汲取营养，而后再结合学校的特点，系统讨论校长领导力。

第一节 "领导"与"管理"

　　在日常生活中，"领导"一词与"管理"经常一起出现，如影随形。人们往往认为，当领导就是从事管理工作，做管理的人就是领导者。事实上，领导团队和对团队进行管理，两者虽然有重要关联，但是也存在着重大差别。

　　比如，美国通用电气公司前总裁韦尔奇面对企业管理中存在的诸多弊病，曾大声疾呼，"别再沉溺于管理了，赶紧领导吧"。美国前总统卡特的国家安全顾问布热津斯基，也在其著作《大抉择》中声称，"美国不是要做世界的警察，管理世界，而是要去领导世界。"因此，著名管理学家本尼斯断言，"绝大多数组织都被管理过度却领导不足"。可见组织无论大小，从小团体，到学校、企业，再到大型团体，甚至国家，在发展的过程中都存在"领导"与"管理"失调的问题。那么"领导"与"管理"究竟有什么差异呢？校长作为一校之长，同时又是教育局局长的一员大将，如何内外权衡"领导"与"管理"呢？

　　首先，从价值论的角度来看。管理重在维持正常的秩序，而领导重在推动组织变革式的发展。无论其精力是集中于目标、人力资源、组织结构还是其他，管理者都定位于常规问题的解决；领导者则截然不同，他追求的不是秩序与运作，而是指向组织的协同创新，促成变革式发展目标的实现。管理者依据自己在关系中的角色，与相关人员交往，他们关心的是工作如何推进，如何提高效率，等等；而领导者更多的是高瞻远瞩，统筹全局、协调资源。在人际交往中，领导者感情充沛，洋溢着人性的光辉，不仅考虑成员工作的个体价值，同时让个体融入组织，增强参与感、主人公意识，为组织发展谋求最大限度的合力。一言以蔽之，领导放眼整体，管理囿于局部。领导重在战略，管理偏于战术。

　　对于一所学校的校长来说，毋庸置疑，他绝不仅仅是上级命令的执行者，而更多的是学校发展的领航者。在遵循党和国家的教育方针政策的基础上，需要考虑如何培养好社会主义建设者和接班人。学校正在培养的学生,是未来社会的人才,学校应因时因地制宜,因材施教,促进学生全面而又个性的发展。因此,办学理念的确立和培养目标的厘定就是校长的头等使命。一般来说,校长需要从历史发展(学校历史、当下社会、未来人才)、具体学段(如学前、小学、初中、高中等)、学校特色(如双语学校、艺术学校、特殊学校等)、地域文化(如海洋文化、楚文化、古都文化、丝路文化、草原文化等)以及教育者的情怀等方面,来引领构建一所学校的共同目标和价值体系。也就是说,可以从三个维度即时间、空间和学段来考虑。时间维度,要把握学校办学的历史文化积淀、当下的社会生活要求以及未来社会所需的人才品质;空间维度,要把握学校所在地区的区域文化、我国的实情以及国际的视野;学段维度,要结合学前、小学、初中及高中等不同阶段的孩子的身心特点,切实拟定适恰的办学理念和培养目标。目前实践层面,只有很少一部分的优异校长达到了这一水准。

其次,从方法论的角度来看。管理的关键词有:机械的局部的、逻辑的线性的、效率取向等。而领导的关键词有:有机的整体的、综合的创新的、价值导向等。虽然二者都指向组织目标,必然关注效率、追求效益,但管理更注重正式的规章制度,强调刚性,容易出现只见工作不见人的情形,而领导更多注重对人的影响和引导,重视人的生存需要、人际关系和专业发展,强调柔性,认为工作是有血有肉有情有性的人来完成的。换言之,管理重视科学化、制度化;领导关注艺术化、人性化。

管理学上的X理论、Y理论和超Y理论,给我们提供了深刻的启示。X理论和Y理论由美国心理学家麦格雷戈提出,它们是基于两种完全相反的人性假设。X理论认为人是"经济"的动物,工作就是为了生存,员工的任务就是服从命令。管理的重点在完成生产任务、提高生产率。在奖惩制度上,主要依靠金钱来刺激员工的工作积极性,同时对消极怠工者给予严厉的制裁,也就是泰勒所言的"胡萝卜加大棒";Y理论认为人是"社会"的动物,组织应为员工创造适宜的工作环境、提供良好的工作条件,以便充分发挥人的主动性和创造性。Y理论重视内部激励,通过满足员工的自我实现需要,来调动员工的工作源动力。事实上一个组织内部,不可能单纯地由"经济人"或者"社会人"组成。正如谚语所言,"人上一百,五颜六色"。所以后来莫尔斯和洛希基于"复杂人"的假定,提出超Y理论。认为人与人是不同的,组织方式不能千篇一律地固化,要善于权变。领导者要善于发现不同员工的需要动机、个性品质、能力和态度等方面的差异,从而因时、因地、因人、因事,采取灵活多变的管理方式和奖惩机制。比如不同类型教师的需求差异甚大,青年新手型教师主要是生存和发展问题,中年成熟型教师主要是专业发展和时空受限问题,专家型教师主要是专业影响力提升问题。调查发现,只有很少校长能够实现权变管理,绝大部分校长在此方面还需要大力加强。

最后,从实践论的角度来看。管理侧重于当前工作要求的落实,必须注意细节问题,要统揽人、财、物、时间、空间、信息等诸因素的安排与配置,管理的目标通常源于现实工作的需要而非创造的欲望。而领导致力于整个组织发展方向的引领,动力更多来自梦想。因此有这样的说法,管理要求正确地做事情,而领导要求做正确的事情。管理和领导虽然都涉及决策、执行、评估,但侧重点各有不同。如决策和制定议程,管理主要工作是计划、预算；而领导是确定长远的方向、目标及战略。至于具体执行过程，管理重在控制和问题解决；而领导却重在协调、激励。对于执行结果的评估来说，管理旨在维持已有成果和既定秩序，让组织在原有平台上继续运转；而领导则要在原有的基础上，实现变革式发展，让组织进入更高层次的发展轨道。

因此在办学实践中，校长要善于统筹协调，建立诚信体系，识别人才，合理授权。学校事务方方面面，行政、课程、教学、德育、后勤等，校长不可能事事亲力亲为。诸葛亮智慧超群，是旷世之奇才，"鞠躬尽瘁，死而后已"，匡扶汉室成就蜀国霸业，历史功勋有目共睹。然而他一贯事必躬亲，没有培养优秀的领导团队。"蜀中无大将，廖化作先锋"的无奈局面，可能与他是有一定关系的。雍正皇帝曾说，"治天下惟以用人为本，其余皆枝叶事耳"。因此，校长对领导团队的培养显得尤为重要。知人善任，给予下属适恰的锻炼，是非常必要的。剥夺下属的经历，就是限制下属的成长。然而实践中，不少校长可能由于缺乏信任感、难以识别个性人才等因素，往往没有发挥好领导团队的合力。这里有两点非常值得一提，就是校长的信用和包容。校长需要言必信、行必果，以身作则、一诺千金。对于成员要基于信任进行授权，切忌让人负责而在背后监视。在管理过程中，难免出现各种状况，因此需要沐浴人性光辉的包容。容人之错，关注经验积累；容人之异，多元和谐共生；容人之短，鼓励扬长避短；容人之长，真诚以人为师。从而领导个人与团队相互砥砺，不断前行。

罗纳德·海菲兹认为团队工作中遇到的问题分为三类，技术性问题、适应性问题及两者复合体。技术性问题如安装洗衣机，只需要根据说明书的步骤一步一步操作即可；而适应性问题则问题不明确，更没有现成的解决方案。因此他认为常规问题要求管理，而适应性问题则要求领导。面对适应性问题，你首先必须发现问题，做出正确的决策。[1]正如沃伦·本尼斯所说的那样，"管理者正确地做事，领导者做正确的事"。[2]约翰·科特也强调了两者的差异，他曾说："取得成功的方法是75%~80%靠领导，其余20%~25%靠管理，而不能反过来。"尽管管理学家们都对管理与领导作了明确的区分，但他们极力反对将管理与领导完全分割为两类全然不同的类型的做法，坚决反对两者互不兼容的想法。

事实上辅车相依、唇亡齿寒，"领导"与"管理"联系十分紧密。任何组织、团体乃至国家，都必须既有领导又有管理。一个真正的优秀的领导者必定既要把握大局，又要关注烦琐的细节工作。[3]可以这么说，没有无管理的领导，也没有无领导的管理。这主要体现在两个方面，人和事。以"人"来说，任何一个组织中的个体，不可能是绝对的管理者或者领导者。两者是相对的，对于同一个体而言，面对上级是体系中的一个局部管理者，面对下级又是一个整体活动的领导者。拿"事"来说，组织中的任何一项工作，领导者不可能事必躬亲、面面俱到，管理者也不可能完全机械执行领导指令。因此，"领导"与"管理"就是一个平衡系统，需要每一位参与者"做人极度温暖、做事极度专业"。温暖，就是闪耀着人性的光辉，真正做到以人为本；专业，就是在各司其职的基础上，协同创新、合力

---

[1] 罗纳德·海菲兹，马蒂·林斯基.火线领导：危机管理的艺术[M].张慧玉，译.北京：机械工业出版社，2014：53-75.

[2] 谢旻.领导力之光[J].中国房地产业，2014（10）：111.

[3] 沃伦·本尼斯，罗伯特·唐森德.管理者与领导者[J].领导文萃，1999（11）：115-117.

推进。如此的"领导"与"管理"，就能够同时促进个体的成长和组织的发展。在整本著作中，我们将以"领导"一词贯穿始终，统摄所有"领导"和"管理"相关的内容。

第二节　领导力的通识模型

领导力，无论之于个人还是团队，都是至关重要的。领导力与基因遗传、理论学习等都有一定的关联，但更重要的是在实践中养成和提升的。非常有意思的是，全球最成功的商学院并非声名卓著的沃顿、哈佛、斯坦福和耶鲁，而是美国西点军校，她培养了数以千计的著名公司总裁。因此，曾任西点军校校长的戴夫·帕尔默将军就不无夸张地说过，"随便给我一个人，只要不是精神分裂症，我就可以把他培养成为世界上最出色的领导者。"西点军校的校训是"职责、荣誉、国家"，对学生的要求极高，着力培养他们的个体和团队领导力。领导者要有极强的人格魅力，领导的关键并不是让他人简单服从命令，而在于引导、激励部下，让他们不仅能够跟上领导者的前瞻理念和变革思维，在现实工作中更是精诚团结，为了有意义的事业奋斗终身。可见每个人都可以在实践中一步一步地培养和锻炼自己的领导力。那么，领导力到底有哪些核心要素呢？

詹姆斯·库泽斯年轻时曾是一名卫兵，后来加入了汤姆·彼得斯公司。他经历了多次行业转换，人生阅历丰富多彩。库泽斯认为"激励他人自愿作出卓越成就的能力就是领导力"，他用"KISS"原则来阐述领导力。"KISS"即"Keep It Simple and Stupid"每个单词第一个字母的缩写，意思是"培养领导力的行动指南应该是容易理解和便于操作的"。[1] 他指出领导者必备品质分别是诚实、有胜任力、能激励人、有前瞻性，并用简单的语言阐述了五大领导力实践即以身作则、共启愿景、挑战现状、使众人行和激励人心。[2] 罗纳德·海菲兹认为"领导力是活动而非人格特质",[3] 领导的本质就是在探索和认识一个真实世界的过程中，不断地观察自己和周边的人和事，充分表达自己内心最深处的真实情感并将自己的目标和他人的愿望相结合，从而真正实现最终的目标。

詹姆斯·马奇认为，决策者要想有效搜寻信息、合理配置有限的注意力、高效处理信息并且最终做出正确的决策，就必须具备四项能力即胜任力、主动性、认同感、协调力。[4] 领导力具有两个基本的维度，即"管道"和"诗歌"。"管道"就是有效地利用已知技术的能力。它涉及监管组织日常工作的效率。这种维度不仅是领导者的能力，更是每一位员工都要具备的能力，它要求每个人都充分理解自己的角色，并将自己的角色整合到集体中持续地进行调整。[5] "诗歌"可以激励领导者探索新的途径。领导者在组织管理中需要诗歌的

---

[1] 何风志. 领导力不是领导的专利:专访美国著名管理学专家、圣克拉拉大学列维商学院詹姆斯·库泽斯教授[J]. 商学院，2004（07）：64–65.

[2] 沈小滨. 领导力的唯一定义:有人自愿追随——让人追随的五项实践与四大品质[J]. 中国领导科学，2018（06）：48–50.

[3] 罗纳德·海菲兹,马蒂·林斯基. 火线领导:危机管理的艺术[M]. 张慧玉，译. 北京：机械工业出版社，2014：53–75.

[4] 刘佳. 詹姆斯·马奇：寻找组织之美[J]. 经营与管理，2014（11）：10–11.

[5] 詹姆斯·马奇. 论领导力[M]. 张晓军，席酉民，译. 北京：机械工业出版社，2018.

熏陶，适恰的诗歌般的语言能够帮助我们更好地表达想法和感情等。马奇不仅是一位管理大师，他还是一位诗人，出版过九本诗集。可见在管理学的研究中，个体的经历和特质还是起着重要的作用。

仁者见仁，智者见智，诺埃尔·蒂奇认为领导力关涉四个方面。思想方面，培养掌握知识的能力和技巧；价值观方面，培养个人的学习价值观，领导者学习传播价值观；情绪方面，学会激励自己和他人；魄力方面，学会如何做出艰难而勇敢的决断。[1] 约翰·科特指出领导者的个人素养突出地表现为个人领导魅力，由六个方面的素质综合形成，分别是面广而扎实的行业知识、广泛而稳固的人际关系、突出的信誉和业绩、优秀的能力和技能、正派的个人价值观、充足的进取精神等。[2]

我们可以发现，几乎所有领导力的研究者和实践家们，无论他们从什么角度切入，都指向了领导力的共同核心要素。它们体现在以下几对关系上：一是个体与团队的问题，二是传承与创新的问题，三是理想与现实的问题。首先，关于个体与团队。虽然领导者在团队中起着重要的引领作用，但是领导力从来都不只是"一把手"一个人的英雄主义。个体分力与团队合力，都是矢量。不仅力的大小影响结果，方向更是至关重要。只有精诚团结、方向一致、戮力同心，才能产生雁阵效应，形成卓著的领导力。其次，关于传承和创新。如果一个团体组织，仅仅定位于有条不紊按部就班地运行，也就不存在领导力的问题。因此，不仅需要基于实践来沉淀有益的经验，更需要找到突破口，实现跨越式发展。这不但需要个体不断地学习，还需团队创建学习型组织。在思维上要勇于创新，在实践上要敢于行动。最后，关于理想与现实。要分析所有相关"人"和"事"的现实境况，编织努力后就可以实现的梦想。让个体的成长和团队的发展一致起来，相互促进、彼此成就，从而赋予工作以更高层次的价值和意义。仰望星空、脚踏实地，个体的价值支撑起团队的目标，而组织又为个体搭建新的成长平台。

基于上述分析，我们认为领导力是一种积极正向的相互影响、一种生机勃勃的生命张力，它是领导者个体和团队成员之间形成的一种发展合力。在领导者的带领下，他们为了共同的梦想，彼此共情，不断地学习反思、实践创新，同时实现个体变革性的成长和组织团体的跨越式发展。为此，我们构建了领导力的通识模型，如图1-1所示。具体包括四个维度：愿景、思变、行动和共情。愿景，如果一个团体没有共同的愿景，那么就是乌合之众，各怀心思、同床异梦。缺乏明确的目标旨向，从而形同散沙，没有凝聚力。思变，穷则思变，变则通，通则久。生于忧患，死于安乐。外在环境瞬息万变，组织内部也在不断变异，如果陈陈相因、抱残守缺，那么就必定停滞不前甚至消亡。行动，仅有思维上的创新还远远不够，还需要强大的行动力。一旦形成正确的决策，就需要立即行动。共情，人之所以区别于其他生物，就在于他超越生存的情感需要和远离功利的价值追寻。因此，个体和团队一定要共情，为了实现共同的价值诉求，将心比心、感同身受地为共同的事业而竭力奉献。

---

[1] 诺埃尔·蒂奇. 领导力循环:伟大的领导者引领企业制胜的关键[M]. 杨斌, 译. 杭州:浙江人民出版社, 2014:3.
[2] 叶可可. 约翰·科特的一堂领导力课[J]. IT经理世界, 2009（08）:80-82.

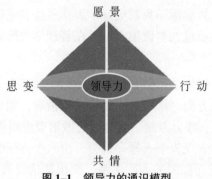

图 1-1 领导力的通识模型

一、愿景：目标导向、价值追求

何谓愿景？愿景就是大家共同的奋斗目标和价值追求。沃伦·本尼斯旗帜鲜明地提出了领导力的经验公式，即领导力 = 愿景 + 信任 + 激励。[1]在本尼斯看来，强有力的领导力一定要能够为团队给出一个可行的"愿景"，就是指引整个团队的目标和方向。愿景是一个团体内部的精神内核，尤其在发展困境中，团队的愿景会激励大家克服困难，走出低谷。因此在共同愿景的基础上，培养团队成员之间的信任，多给予他们激励，领导就会如鱼得水。然而现实中，往往"非日常工作推迟了日常工作，并扼杀了所有的计划和基本变化"，[2]领导者不能分清工作的轻重缓急，甚至本末倒置、南辕北辙。因此，领导者的第一个关键任务就是愿景的确立。让团队成员在愿景的引领下，逐渐成为自己和团队的领导者。正如诺埃尔·蒂奇所言，真正优秀的领导者会致力于将他人也培养成领导者。[3]詹姆斯·库泽斯在五大领导力实践，即以身作则、共启愿景、挑战现状、使众人行和激励人心中，也强调了领导者开启追随者实现理想蓝图的重要性。应该说，愿景是一个组织的灵魂。没有愿景，就如同黑夜里的航行，没有方向。

那么，如何构建适恰的愿景呢？那就是"自下而上"。以往我们的领导者，非常容易高高在上，为团队、组织提出一些不切实际的口号类的理念或者愿景，形同虚设，毫无现实意义和价值。自下而上，就是愿景的构建需要考虑到组织发展的历史、现状，成员的基本情况、成长困境、发展目标等。基于现实，从而超越现实，在两者之间形成可以实现的链接。彼得·圣吉认为，共同愿景就是指团队中所有成员共同的目标、使命、价值观，通过建立共同的身份和命运归属来使团队成员紧密凝聚起来。共同愿景的最佳修炼方式是分享共同"未来图景"，即找全体成员个人愿景的共通之处，建立团队共同的愿景，因此首先需要每个人建立个人愿景。这就要求我们放弃传统"自上而下"的思维方式和行为习惯，从而多维度整合不同的愿景，寻求最适恰的表达方式。使得组织的愿景，就是大家的希望，是大家共同的追求目标，是大家追求的人生意义和价值所在。

愿景既要基于现实，同时又要立意高远，超越功利。对高瞻远瞩的公司而言，利润

---

[1] 刘佳.沃伦·本尼斯：颠覆领导力神话 [J].经营与管理，2015（1）：10–11.
[2] 沃伦·本尼斯.为什么领导者不能够领导 [J].领导科学，1990（9）：40–41.
[3] 诺埃尔·蒂奇.做"可传授"的领导者 [J].当代经理人，2010（8）：91–93.

不是最终目的。柯林斯认为利润就像血液，这些东西不是生命的目的，但是生命不可能离开它们。生命长青的著名企业，都有超越利润的愿景理念。[1]比如制药企业，一定要记住药品旨在救治病人，永远不能把盈利作为第一目的。如果记住这一点，绝对不会没有利润。记得越清楚，利润就越大，一切水到渠成。然而现实中很难做到这一点，可口可乐之所以在中国市场中越来越没落，根本点在于该公司没有一个好的愿景。他们的目标仅仅就局限在多卖点儿饮料，在原先成功的老本上，"唯利是图"，走向衰落。[2]更加令人惋惜的是贵州知名企业"老干妈"，她"诚信经营，质量第一"，美好的愿景是"创民族品牌，立千秋大业"。在相当长的时间内，赢得了不可思议的良好口碑，"一直被模仿，从未被超越"。然而近年来，随着陶华碧不再是股东，似乎"老干妈"团队没有做到"不忘初心"。品质开始下降，声誉受到影响。由俭入奢易，由奢入俭难。看样子在利益面前，坚守价值追求是一件非常不容易的事情。

愿景的影响力，需要靠"讲故事"来实现。愿景不是口号，更不是一天一个口号。它应该基于历史和现实，关注个体和团队，因此在较长的时间内不会被取代。如何让愿景进入团队和成员的灵魂中，内化于心、外显于行，则需要"讲故事"。沃伦·本尼斯提出，一位伟大的领导必须具有三个条件，即坚定的信念、忠实的下属、理念的宣扬。[3]其中理念的宣扬也就是愿景的管理，把愿景设想成一个美好的且可以实现的梦想故事，让故事激励整个团队，并为了实现目标而一起努力奋斗。霍德华·加德纳在其著作《改变思维》中提出，对于多元化群体的领导应该采取讲故事并身体力行的办法。在加德纳看来，领导者想要有效地领导，就要学会两种工具：讲故事和以身作则。[4]领导者需要根据愿景来创造一个简洁、新颖、有影响力的故事，从而激励情感和启迪思维，能够让团队成员产生深深的共鸣。愿景的故事，应该同时关注个体和团队，将意义和价值蕴含其中。诺埃尔·蒂奇针对领导者与领导者组织、如何拥有"故事"的领导力等问题也做了阐述。他认为，一个"可以通过故事传授"的领导者在组织中的作用是举足轻重的。[5]作为领导者，需要从自身经验、团体经历等多方面总结教训，凝练成有画面感、可操作的，同时赋予意义的故事，从而给予大家以启发。

一言以蔽之，愿景就是大家共同的奋斗目标和价值追求，是一个组织的灵魂和方向。适恰愿景的构建方式是"自下而上"，使个体的成长和组织的发展一致。愿景既要基于现实，同时又要超越功利。"慢"就是"快"，急功近利反而适得其反。闪耀着人性光辉的事业，才是永恒的事业，也是造福人类、功德无量的事业。愿景的影响力，不是说教就可以达到的，需要通过"讲故事"。故事，可以滋养人的性情和启发人的思考。在故事中人们把愿景自觉地内化于心，而后水到渠成地外显于行。

---

[1] 向坤.吉姆·柯林斯：从优秀到卓越[J].现代企业文化，2010（11）：36–37.
[2] 邓纯雅.沃伦·本尼斯：领导最重要的愿景[J].化工管理，2013（9）：108–109.
[3] 采风.荐《本尼斯领导艺术全书》[J].国际市场，2002（11）：62–62.
[4] 刘澜.领导力在于讲故事[J].当代贵州，2014（14）：65–65.
[5] 诺埃尔·蒂奇.领导力引擎[M].周景刚，译.北京：中国人民大学出版社，2010：4.

二、思变：忧患意识、求变创新

古训有云，"人无远虑，必有近忧""生于忧患，死于安乐"。它们时刻警醒我们，任何事物都处于变化之中。如果我们停止学习，拒绝变化，不求创新，那么生命力就会逐渐衰微甚至走向消亡。然而，人类天生具有"惰性"。自然属性方面，因为跳起来需要克服重力，因此站累了就想坐着，坐累了就想躺下。社会属性方面，人们从小到大接受的教育、思想，会使人们产生定式思维，定式思维无疑阻碍了人们的求异思变。通常情况下，定式思维难以打破的程度远远超乎想象。对于领导者来说，摒弃陈规、挑战现状，是非常重要的品质，需要不断去优化解决问题的方法，同时影响团队成员，让每一个人都能接近以至达到最新状态。除了拥有挑战现状的想法，还要当机立断、勇于决断。所以领导者不仅需要考虑如何消除自身的固化思维，还要思考如何引领团队成员求异创新。

彼得·圣吉总结了七种学习的障碍，分别是"我就是我的职位"、"敌人在外部"、掌控的幻觉、执着于事件、煮蛙寓言、从经验中学习的错觉、管理团队的神话等。[1] "我就是我的职位"，即组织中的人把自己的能力局限于职位界限之内，鼠目寸光，各人自扫门前雪。个体机械作业，组织没有协同起来。"敌人在外部"，即无法从内部找到解决问题的关键，总是将失败归因到外部，出现错误时彼此推诿责任。掌控的幻觉是指积极应对外部敌人却并未正视自身内部问题。执著于事件是指只注意个别孤立事件，用单一的方法去解决单一的问题，没有系统思考和统筹安排。煮蛙寓言，即未能察觉最危险的渐变过程，事实上应该防微杜渐，要有忧患意识。从经验中学习的错觉，即当行动的结果超越学习视界时，由于经验受到时空限制，人们是无法通过经验来跨界学习的。管理团队的神话，即大多数管理团队难以承受压力，且团队成员会躲避学习，难以使团队整体得到学习提升。很明显，这里的学习障碍既涉及了个体学习也包括了组织、团体学习的消极影响因素。

先谈个体的实践学习与成长进阶。吉姆·柯林斯在《从优秀到卓越》中提出"五级经理人"的观点，他认为一个优秀的领导者，都是一步步成长起来的。[2] 现在的领导者是一个个成长起来的个体成员，现在的个体成员就是未来潜在的领导者。也就是说，个体的学习、实践、创新，成就了自己，同时发展了组织。具体来说，第一级经理人是能力突出的个人，比如优秀学科教师。他们有良好的工作习惯与工作作风，拥有扎实的学科教育专业知识与技能，身上体现了一定程度的个人英雄主义精神。第二级经理人是乐于奉献并作出重要贡献的基础领导小组组长，比如语文学科教研组长。他们为实现团队目标，与小组成员通力合作，身上体现了一定的协作和集体主义精神。第三级经理人综合能力强，能够独当一面，比如教学主任。他们有效地组织人力和资源，高效率推进相关工作，体现了一定的科学理性精神。第四级经理人是坚强有力的领导者，比如教学副校长。他们全身心投入，目标达成度清晰可见，眼中有未来，体现了一种大局观念和挑战精神。第五级经理人是第四级经理人的升华，团体顶层领导者，比如校长。他们将愿景和现实构成一幅清晰的图景，仰望天空、脚踏实地、谦逊执着、不忘初心、砥砺前行，功勋卓著。可见，个体的实践学习显得非常重要，社会这所大学的意义十分深远。这也就是一些著名大学的高学历毕业生，走

---

[1] 彼得·圣吉.第五项修炼：学习型组织的艺术与实践 [M]. 北京：中信出版社，2009：6.
[2] 向坤.吉姆·柯林斯：从优秀到卓越 [J]. 现代企业文化，2010（11）：36–37.

向工作岗位之后，并不一定能够成为领导者甚至优秀个体的原因。

再看学习型组织的建构。吉姆·柯林斯认为，一个卓越的企业家，通常是制造时钟的人，而不是报时的人。这里的"造钟"，即创造一座准确的时钟，也就是建立一种基业长青的组织机制。[1] 这就包括学习机制的建立，也就是彼得·圣吉提出的学习型组织这一概念。学习型组织即持续开发创造未来的能力的组织，它是维持生存的"适应性学习"与增强创新能力的"生成性学习"的结合体。[2] 其核心便是学习，从而促进心灵的转变。因为学习并不仅仅是信息的接受，真正的学习会触及心智模式的转换和人生意义的思考。在组织中学习，不断地通过相关经验的整合，以及跨界信息的获得，为个体的成长铺平道路，同时这条道路指向的便是组织的愿景。因此，一般来说共同愿景是学习型组织的核心纽带，使得个人的自我实现和团队的目标达成一致。学习型组织边界的界定，超越了传统的根据职能或部门划分的"法定"边界，而更多地强调互动关系和跨界。这种人本主义的学习范式，提倡自我监督式的管理，自发建立管理机制、主动进行团队学习，极大地调动了成员学习的积极性。

学习型组织的五项技术，分别为系统思考、自我超越、心智模式、共同愿景、团队学习等。[3] 这五项技术虽然是从不同的方向进行修炼，但它们之间相辅相成。每一项修炼都涉及思考、交往、共同学习，这不同于以往强调的个体修炼，而是综合实践的艺术修炼。其中，系统思考是学习型组织的基石，它被彼得·圣吉称为第五项修炼。[4] 系统思考是指整体考虑由一系列相互关联的人和活动组成的系统，关联活动之间的相互影响，甚至能清楚把握整个系统的动态演变。系统思考既是概念框架、知识体系，还是工具系列、人际关系等。系统思考需要一种对人和事的敏感，用来体悟和辨别赋予生命系统以独特个性的微妙的相互关联。[5] 比如系统边界的重新确认，主客、因果、本末、内外、主次、真假等关系的深度考量，都需要系统思考。

与学习型组织相类似，还有诺埃尔·蒂奇的教导型组织。他认为，成功的组织都是围绕良性教导循环建立的，"伟大的领导者都是伟大的教师，伟大的教师也必定是伟大的学生"。[6] 在这个组织之中，每个成员都可以获得充分成长的机会，突破个体的局限性。组织内部每个层级的"教导员"和"学习者"通过互相教导和学习，从而教学相长，彼此促进。领导者与成员之间采取开放性的对话方式，信息共享，真诚平等，互动协商。领导者的任务更倾向于教导和反省，而非命令性的控制。三人行，必有我师焉。约翰·科特也强调实践中应该相互教导，彼此启发。他认为，领导变革步骤中最关键的是改变成员的工作行为，基于此他提出了一种新的变革模式即"目睹—感受—变革"，代替了传统的"分析—思维—变革"。[7] 直观的视觉和情感冲击，更能使人们意识到组织中存在的问题，从而刺激人们为

---

[1] 吉姆·柯林斯.吉姆·柯林斯：做一名优秀的造钟师 [J]. 施工企业管理，2014（03）：80.
[2] 彼得·圣吉.第五项修炼：学习型组织的艺术与实践 [M]. 北京：中信出版社，2009：15.
[3] 彼得·圣吉.第五项修炼：学习型组织的艺术与实践 [M]. 北京：中信出版社，2009：12.
[4] 彼得·圣吉，阿特·克莱纳，夏洛特·罗伯茨，等.第五项修炼·实践篇：创建学习型组织的战略和方法 [M]. 北京：中信出版社，2011：50.
[5] 彼得·圣吉.第五项修炼：学习型组织的艺术与实践 [M]. 北京：中信出版社，2009：76.
[6] 田树声.领导大师第一人：约翰·科特 [J]. 施工企业管理，2007（9）：65.
[7] 李乾文.变革时代的领导艺术——约翰·科特的代表作及其贡献 [J]. 企业管理，2004（10）：84-86.

了改变现状而做出持续不断的努力。[1] 因此领导者要让组织成员，置身真实的情境中，目睹事情的真相，从而更直接地感受刺激，深刻地意识到危机，迫在眉睫，不待扬鞭自奋蹄，从而通过实践学习，反思变革，实现个体和组织的更高层级的发展。

三、行动：果敢决断、立即执行

众所周知，中国传统文化的核心精神之一，便是行动实践。乾卦象词云，"天行健，君子以自强不息"，天地人生，周行不殆。孔子曰："学而时习之"，习就是行动实践。陆游也强调"行"的重要性，"纸上得来终觉浅，绝知此事要躬行"，实践是检验书本知识的重要标准。王阳明说，"知是行的主意，行是知的功夫；知是行之始，行是知之成"，知行合一，人格才能完善。所以我们一直以来，都崇尚"实干"精神。就像鲁迅所说，"我们从古以来，就有埋头苦干的人，有拼命硬干的人，有为民请命的人，有舍身求法的人"，他们就是中华民族的脊梁。可以看出，"行"是民族脊梁的核心品质，他们不仅成就了自身，同时担当了社会责任、时代使命，做出了卓越的历史功勋。

在西方，人们同样强调行动力的重要性。杜威认为教育的终极目的是培养心智发达而有灵魂的人，这样的人不仅能够顺应时代，而且能够改变时代。对于这样的人，行动力不可或缺，这一能力的培养应优先于任何具体的知识。和普通知识不同，行动力并不来自一些纯理性的思考，而是源于人作为一个有机生命体和环境互动时试图通过行动来改变环境的努力尝试。人类就是"组织起来的行动能力"，我们有"去做的冲动，去行动，去把握，去改变和适应我们置身其中的环境"。[2] 积极心理学为提升人类幸福感，提供了健康的方向。它"致力于研究普通人的积极品质、活力与美德"的本质特点，让人们在现实生活中去体悟幸福。[3] 为此我们应当在实践活动中，通过"行"来充分挖掘个体固有的、潜在的、具有建设性的力量，促进个人的健康成长和社会的变革发展，追求美好的幸福生活。

詹姆斯·库泽斯提出五大领导力实践，其中之一就是"使众人行"。俗话说"众人拾柴火焰高"，"使众人行"简单来说就是领导者带领团队一起朝着共同愿景而努力奋斗。就连个人独创性极强的科学家，都需要团队合作，近年来基本都是科学家团队共享某一领域的诺贝尔奖即是很好的证明。因此就更不要提一个组织或团体了，可以说个人英雄主义的时代早已过去。倘若只有领导一个人单枪匹马地干，那他就成了光杆司令，毫无"领导"可言，结果也可想而知。领导者不仅要以身作则、果断坚决，还要构建团队的凝聚力，让大家精诚团结，戮力同心。在西点军校，一旦团队作了正确决策，成员就必须各司其职、坚决执行，没有任何借口，这便是西点的秘密。可以看出，行动根本就不是一个人的单独行为，而是集体协同。领导者需要协同成员及众多资源和信息，正确决断而后执行决策；团队成员需要理解决策，领导自己的理念与行为，协同相关人员，立即尽可能正确和高效地执行决策。

正如刚刚提到，行动并不只是下属对指令的执行，而是一个集体协同的问题。行动力

---

[1] 叶可可. 约翰·科特的一堂领导力课 [J]. IT 经理世界，2009（08）：80–82.
[2] 王利平. 如何培养行动力：杜威论现代教育的双重危机 [J]. 北京大学教育评论，2018（1）.
[3] 韩保来. 行动力，是积极心理学幸福意义的表达 [J]. 中小学心理健康教育，2010（15）：20–21.

由内驱力、外驱力和创新力构成。[1]内驱力主要来自团体的领导力，它是解决整个团队成员内心意愿的问题，即有无共同愿景，愿景能否与成员产生价值和意义的共鸣，愿景达成的可能性，等等。外驱力主要来自组织的执行力，解决如何实施的问题，成员对总体目标、目标分解、达成路径等的理解，要明确做什么、怎么做。创新力，是行动力在实践中的优化，解决如何做得更好的问题，从而达成事半功倍的效果。所以，行动是关涉所有领导者和成员的重要活动。

对于领导者而言，决断能力尤为重要。虽然领导者是团队成员之一，但却承担着核心引领的角色。如今高科技迅猛发展，社会日新月异，很多机会稍纵即逝，这就要求领导者当机立断、正确决策。2006年夏，蓝色巨人IBM公司组织了一场商业史上规模最大的在线头脑风暴，向我们演示了一场面向"未来"的狩猎行动。"寻找未来"作为一个概念，它看起来非常有吸引力。但当问题逐渐被具体分解后，就要求付诸行动和投入金钱，此时很多人们就会怀疑它是否真实，即便发生了，也未必与我有关。[2]如此很多企业领导者虽感知到了世界的变化，但却迟迟不能转化为实际行动，直到那个未来不期而至，才发现错失良机，落后于时代甚至被淘汰。摩托罗拉、诺基亚、柯达等品牌产品，虽然质量和信誉都不错，但随着智能化时代的到来，存在感越来越弱。

对于团队成员而言，普通与优秀之间的标志性区别便是行动力了。拿破仑曾经说过："行动和速度是制胜的关键。"步入工作岗位，快速走上专业发展的道路，最简单可行的方法就是让自己立即行动起来。每一项工作都需要人脚踏实地执行，如果不行动，根本成就不了任何事情。行动了，虽然不一定能够做好，但是可以积累经验、反思实践、避免再犯。可见，行动才是最终起决定性作用的力量，而且还是一种正能量。[3]马上行动会使你保持很高的热情和昂扬的斗志，提高办事效率。而且作为一种积极的正能量会感染别人，更容易得到贵人相助，赢得更多成长的机会。所以在共同愿景的指引下，员工的行动力就是因时因地运用自己的综合判断去决定该做什么，并立即采取行动。行动力，强调积极主动、敢于挑战、责任担当，将个体工作和团体价值紧紧拧成一股绳。"两地研发、三区设计制造、全球组装交货"的著名企业富士康，以及"象征印度自尊和财富的最佳酒店"泰姬玛哈等，它们的优秀员工都为行动力做出了淋漓尽致的阐释。因此，指向共同愿景的得力行动，同时成就了个人和团体。

四、共情：将心比心、感同身受

所有的分力在叠加后，要想取得最大值的合力，条件就是它们的方向完全一致。因此同理，一个团体要想获得最大的成长动力，所有个体成员必须拥有共同的愿景，并不断为之努力拼搏。毫无疑问，要达到这一点，所有成员之间必须将心比心、感同身受，也就是真正的共情。否则，团体只能是同床异梦的乌合之众。其实，人生不只是由理性控制的，家庭、工作和生活往往受感性的影响更大。因此，逻辑推理并不能很好地解决管理中的问

---

[1] 唐贻林.企业强大行动力之源[J].企业管理，2013（8）：38–39.
[2] 苏醒.面对未来的行动力[J].21世纪商业评论，2007（01）：21–22.
[3] 行动力就是职场正能量[J].领导科学，2016（6）：60–60.

题。而价值、意义、真诚、无私、公平、正义、梦想、激励等道德行为和情感，却能够凝聚人心。尤其发展过程中遇到瓶颈时，这种共情力量可以不可思议地帮助组织走出困境。情感的因素非常重要，吉姆·柯林斯通过研究众多著名企业经理人的晋升之道后，发现"自家长成"的经理人相比之下更多、更卓越。[1] 因为他们在公司的时间长，付出多，兢兢业业，不仅熟悉公司的文化，同时产生了深厚的感情，视公司的未来如同个人的前途，饱含情感和使命感，更容易带领公司进行变革。

当然，不见得任何人之间都可以共情，有可能他们之间的价值追求水火不容、势不两立。因此如果把组织比作一辆车，要让合适的人上车，不合适的人下车，这一点甚至比确定目的地还要重要。害群之马，在蝴蝶效应的作用下，对组织的破坏力是致命的。那么何谓合适的人呢？柯林斯给出了三点建议：一是宁缺毋滥的用人原则；二是换人切忌拖泥带水；三是选择杰出人才是用来抓住天赐良机以图发展的。[2] 尤其是杰出的人才，团队要慧眼识英雄，为他们提供创造的时间和空间。这样一来，车上的人都目标一致、众志成城、和谐共生、变革创新，成为组织发展的强大内驱力。

当车上都是合适的人时，领导者更加要以身作则，成为一名共同愿景的追随者。沃伦·本尼斯总结了领导者与追随者的相同点，分别是善于倾听、有合作的精神、与团队一起克服问题。[3] 领导者不是需要下属替他个人做事，而是他与团队一起共事。一旦领导者视自己为一名忠实的追随者，就多了一份调节整个团队的魅力，将整个团队的"魂"凝聚在一起。团队有灵魂，就给予成员安全的归属感，当然这需要领导者和所有成员一起创造。所以从某种意义上说，想要成为一位卓越的领导者首先就要成为一位优秀的追随者。如著名企业家惠普中国区前总裁孙振耀，他工作的二十三年间共事过十八位不同类型的上司。在成为重要领导者之前他一直是一位好的追随者。[4] 这也再次表明了，成就别人也就是成就自己。

领导者既是追随者又是引领者，这双重身份要求他们在构建共情的团队中，必须要真诚。詹姆斯·库泽斯总结出了排名前四位的领导者必备品质，分别是诚实、有胜任力、能激励人、有前瞻性。[5] 诚实排在第一位，可见真诚非常重要。比尔·乔治就在经典著作《真诚领导力》中强调，最佳领导者永远不要忘记真诚的力量，去坦然面对挫折和失败，从其中汲取力量。面对市场和员工，真诚能够引发共情，往往能够解决很多棘手的难题。[6] 他认为，领导者是伟大的变革者，要不断面临考验和困境。如果仅仅会裁员或者一些头痛医头、脚痛医脚的伎俩，纯粹玷污了领导者的根本使命。一切问题我们都应该真诚地去面对。在他看来，失败并不那么可怕，关键是如何从失败中总结，从而更加深刻地把握市场的需求，这比肤浅的补救措施更有价值。比如很多传统大公司纷纷出现问题，甚至轰然坍塌，主要是领导者蒙上了自己的眼睛，仅仅跟随所谓的直觉和贪欲向前走。他们忘记了管理的使命

---

[1] 向坤.吉姆·柯林斯：从优秀到卓越 [J].现代企业文化，2010（11）：36–37.
[2] 吉姆·柯林斯.吉姆·柯林斯：做一名优秀的造钟师 [J].施工企业管理，2014（03）：80.
[3] 沃伦·本尼斯，罗伯特·唐森德.管理者与领导者 [J].领导文萃，1999（11）：115–117.
[4] 柳瑞军.管理者的金钥匙 [J].领导文萃，2011（10）：98–102.
[5] 沈小滨.领导力的唯一定义：有人自愿追随 [J].中国领导科学，2018（06）：48–50.
[6] 邓纯雅.比尔·乔治：真诚是最佳领导力 [J].中外管理，2015（07）：80–81.

和领导的责任，没有冲到一线去直面残酷的现实，没有动员大家去分析问题、解决问题。比尔·乔治基于企业实践，总结出了真诚的领导者有五个特征：以服务他人为目的、实践坚定的价值观、用心领导、建立长期关系、自律。

我们发现，这些特征与共情都有非常重要的关系。比如以服务他人为目的、自律，也就是利他律己，这是一种重要的道德品质。这样的领导者会给成员做出良好的示范和榜样，从而在工作中他们就不会过于斤斤计较、自私自利，而是随时考虑团体的名誉和利益。又如实践坚定的价值观，事实上这就是践行共同愿景，领导者是愿景的追随者，同样让大家更加坚定信念，身体力行。再如用心领导、建立长期关系，则是直接与成员产生情感联系，用心用意、有情有义、一以贯之、日积月累，团队成员的深厚情感就融进了彼此的文化血脉。共情就不再是努力创建的过程，而是一种持久有力的状态了。在武汉有一所卓越的学校，校长高瞻远瞩、殚精竭虑，成功将"生命教育"的理念付诸实践，造福千万家庭。非常遗憾的是，虽然她让许许多多家庭的孩子生命之花幸福绽放，但是自己却错过了要孩子的最佳时期。如今，全校师生都亲密地称她为"校长妈妈"。全体教职工没有一个不受她的感染，他们在"生命教育"理念的指引下，兢兢业业、任劳任怨，创造了教育界平凡的奇迹。笔者以为，感情不值钱，花钱买不到。人生非理性，感性在主导。虽然表达过于口语化，但是道理却是显而易见的。如果全体团队成员在共同愿景的引领下，饱含深情地学习创新、行动实践，怎么可能不成功呢？

第三节 校长领导力模型

一、校长专业标准

为了贯彻党的十八大精神，落实教育规划纲要和《国务院关于加强教师队伍建设的意见》，教育部于2013年印发《义务教育学校校长专业标准》[1]，2015年印发《幼儿园园长专业标准》和《普通高中校长专业标准》[2]。它们是国家对各级学校（幼儿园，下同）合格校长（园长，下同）专业素质的基本要求。

校长是履行学校领导与管理工作职责的专业人员，专业发展的基本理念体现在五个方面，即以德为先、育人（幼儿）为本、引领发展、能力为重及终身学习。以德为先，就是要坚持社会主义办学方向，坚定贯彻党和国家的教育方针政策，将社会主义核心价值体系融入学校教育全过程，依法办学、立德树人。育人为本，即把促进每个学生健康成长作为学校一切工作的出发点和落脚点，遵循教育教学规律，注重教育内涵发展，尊重个体差异性，提供适宜的教育，促进每个孩子富有个性而全面的发展。引领发展，就是校长作为学校改革发展的带头人，担负着引领学校和教师发展，促进学生全面发展与个性发展的重任。能力为重，将教育管理理论与学校管理实践相结合，突出学校管理的实践能力和创新能力等方面。要坚持实践、反思、再实践、再反思，强化专业能力的不断提升。终身学习，科

---

[1] http://www.moe.gov.cn/srcsite/A10/s7151/201302/t20130216_147899.html.
[2] http://www.moe.gov.cn/srcsite/A10/s7151/201501/t20150112_189307.html.

技迅猛发展、时代日新月异，校长要牢固树立终身学习的观念，将学习作为改进工作的不竭动力。还要注重学习型组织的建设，使学校成为师生共同学习的家园。

校长专业标准中，将校长专业发展的内涵解构为以下六个方面。规划学校发展，营造育人文化，引领课程教学，引领教师成长，优化内部管理和调适外部环境。规划学校发展，校长需要明确办学定位，建立学校发展共同愿景。基于历史、把握当下、展望未来，尊重规律，因地制宜办出特色。营造育人文化，要将立德树人作为根本任务，全面加强学校德育体系建设。重视学校文化潜移默化的教育功能，热爱祖国优秀传统文化，重视地域文化的重要作用。绿化、美化校园环境，精心营造人文氛围，建设优良的校风、教风、学风。引领课程教学（领导保育教育），把学生的安全与健康放在首位，尊重和保护孩子的好奇心和学习兴趣。坚持面向全体学生，因材施教，全面提高教育教学质量。尊重教育教学规律，注重培养学生的责任意识、创新精神和实践能力。尊重教师的教学经验和智慧，积极推进教学改革与创新。引领教师成长，要认识到教师是学校改革发展最宝贵的人力资源，要尊重、信任、团结和赏识每一位教师。尊重教师专业发展的规律，激发教师发展的内在动力。要有明确的教师专业发展共同体的意识，将学校作为教师实现专业发展的主阵地。优化内部管理，坚持依法治校，自觉接受师生员工和社会的监督。崇尚以德立校，廉洁奉公、为人表率、处事公正。实行科学管理和民主管理，坚持教书育人、管理育人、服务育人。调适外部环境，坚持把合作共赢作为学校对外关系准则，积极开展校内外合作与交流。认识到家庭教育的重要性，和社会资源的教育性。同时，坚持把服务社会（社区）作为学校的重要功能，勇于承担社会责任。良性互动，合作共赢。

二、校长领导力的概念、内涵

从理论与实践层面来讲，领导力都可以分为两类：一类是侧重个人层面，主要将领导力归为领导者本身具有的某种个性特征及个人能力；另一类是侧重于团体组织，主张对领导者自身的某些素质以及制度等相关因素进行综合的分析，从而形成一种较为协调的组织能力。[1] 如当代著名教育学家裴娣娜教授认为，领导力可以分为校长个体层面的领导力和学校层面的领导力。[2] 校长个体层面的领导力主要体现在校长作为学校最高负责人，带领全校师生共谋学校发展的能力，主要由战略性谋划能力、资源整合与经营能力、领导者的品格等组成。而学校层面领导力反映学校作为一个有机体进行改革与创新的内在要素及运行状态，由以下四要素构成，即目标与价值系统、育人模式系统、制度与管理系统、办学资源系统。目标与价值系统决定着学校改革和创新的方向，决定着学校的长远发展，是基础性前提。育人模式系统主要包括课程开发、课堂教学和班级建设这三个带有原点性的基本要素，从根本上决定着学校改革和创新发展的质量与水平，是培育各类优秀人才的基础。制度与管理系统是学校改革和发展的前提、支撑和保障，制度的施行体现着学校领导力，集中表现为教师队伍的能力提升与优化组合，以及主体的培育和生成。办学资源系统包括人和物质两个层面以及校内、校外两个范围，特别是对优质教育资源的开发，有利于提升学校的办学水平。下面具体从两个层面来讨论。

---

[1] 蔡万刚，李存利. 西方国家中小学校长领导力评价体系探究 [J]. 教育现代化，2018，5（03）：112–113.
[2] 裴娣娜. 领导力与学校课程建设的变革性实践 [J]. 教育科学研究，2017（03）：6–7.

校长个体层面的领导力。首先，校长要创造全体师生的共同愿景。有研究者认为，校长领导力主要指校长影响师生实现共同目标的能力。[1] 它也是一种影响与形塑团队成员价值观、态度、信仰与行为的能力。[2] 其次，校长领导力是一种实践过程。校长领导力是一个影响达成预期目标的过程，[3] 这一过程需要充分运用校内外各种资源，包括人力资源、文化资源、环境资源，按照学校发展目标，引领、激励教职员工实现学校发展目标，推进学校发展。[4] 最后，校长领导力是一种综合能力。领导力并不是单一的能力，而是校长在领导实践过程中所表现出的各种能力的总和，包括校长所具有的知识、态度、情感、意志、愿望、教育价值观等等。[5] 它是校长在学校教育空间内进行综合教育治理的能力总表现，应当具有弘扬人道、追求真善美的价值领导力，统整学习资源、满足多样成长需求的课程领导力，高效调配教育资源和解决学校发展问题的组织领导力，等等。[6] 校长通过个人理念和实践，影响他的团队，改变学校的环境，就是发挥校长领导力的过程。

学校层面的领导力。首先，强调学校办学的领导团队。校长领导力是在特定的领导体制、领导环境下，校长个人素质与团队领导力等因素共同作用的一种综合作用力。它是在党的教育方针、政策的指导下，校长以及校长团队采取科学的领导制度和领导方式，通过领导决策、激励、创新来吸引和影响师生员工，以培养高素质发展性人才、促进学校发展和超越的能力。[7] 因此，校长不是一个人的英雄主义，这种领导力是需要"校长调动他人并与他人一起工作以实现共同认可的目标的能力"。[8] 其次，强调团队成员的互动。校长领导力是校长在实现学校愿景、推动学校发展的过程中影响全校教师、员工和以学生为代表的利益相关者的能力，以及与全校教师、员工和以学生为代表的利益相关者之间的相互作用。[9] 它既包括校长的领导能力，也包括校长发挥领导性、施加影响的过程。[10] 校长领导力作为一个动态性的概念，这不仅体现在校长领导知识和技能的适时革新，也体现在校长领导实践与学校组织中教师行为的相互影响。校长既需要根据学校内外部环境变化而对领导行为进行适当调整，也需要关注其与学校教职员工互动的过程中所体现出的校长领导力的动态性。[11]

那么，校长领导力的内涵是什么，具体有哪些因素组成呢？研究者们分别从要素论、系统论的角度进行了探讨。所谓要素论，就是单刀直入地讨论领导力具体包括哪些能力。以构成领导力的各种能力作为明线，办学所涉及的工作内容作为暗线，侧重于个体层面

---

[1] 赵明仁. 论校长领导力 [J]. 教育科学研究，2009（01）：40–42.
[2] 李政，徐国庆. 美国社区学院校长领导力建设：背景、举措与成效 [J]. 高教探索，2018（09）：51–59.
[3] Bush T and Glover D.School leadership models: what do we know? School Leadership & Management: Formerly School Organisation, 2014 (05).
[4] 王少华. 论校长领导力 [J]. 中小学教师培训，2013（08）：24–27.
[5] 陈小平. 在变革中提升校长领导力 [J]. 江苏教育研究，2013（8B）：19–22.
[6] 张岩. 核心素养时代的校长领导力 [J]. 吉林省教育学院学报，2017，33（06）：1–7.
[7] 邱心玫. 论中小学校长领导力的提升 [J]. 当代教育论坛（校长教育研究），2007（12）：23–25.
[8] Leithwood K. and R iehl C. What We Know About Successful School Leadership. National College for School Leadership, 2003.
[9] 张爽. 校长领导力的提升 [J]. 教育理论与实践，2010，（7）：22.
[10] 张爽. 校长领导力：背景、内涵及实践 [J]. 中国教育学刊，2007（09）.
[11] 黄亮，赵德成. 校长领导力对学生学业成就的影响 [J]. 教育科学，2017，33（03）：35–41.

的领导力；所谓系统论，就是将校长办学视为一个系统，将办学系统进行解构，然后从不同的工作内容切入来谈领导力，将办学作为明线，领导力作为暗线，侧重于学校层面的领导力。

要素论视角。有研究者从作为个体的领导者出发，将校长领导力的构成要素分为基础要素（心理要素和动作要素）、条件要素（职位要素和非职位要素）以及场域要素（校长领导活动过程、领导内容及校长个人领导活动要素）。[1]有人认为校长领导力的构成主要包括四个方面，即思维力与洞察力、决策力与执行力、感召力与沟通力以及学习力与创新力。[2]还有人指出，校长领导力包括的四种要素为愿景规划能力、决策能力、执行力与诱导力。[3]

具体来说，愿景规划基于"我们想要创造什么"，基于愿景进行合理决策。决策能否变为现实从而达成目标，取决于执行力。另外校长还必须借助自身影响力，通过人性化的诱导，让全体教职员工积极参与学校的发展。有研究者从实证的角度更加细化地凝练了领导力的具体指标。校长领导力包括三个方面：知识素质、能力素质、品德素质。知识素质包括文史哲、领导学、自然科学等方面的素养；能力素质包括自知自控、创新思维、战略管理、社会认知、沟通辅导、理解表达、主动学习等方面的能力；品德素质包括开放宽阔、勇于负责、真诚奉献、公平正义、踏实稳重等方面的品质。[4]同样，我们可以发现，愿景与目标、学习与创新、决策与执行、理解与共情等，都是领导力的核心关键词。

系统论视角。萨乔万尼把校长领导力分为技术领导力、人际领导力、教育领导力、象征领导力和文化领导力五个部分。[5]技术领导力主要表现为完善的常规制度和娴熟的管理技能。人际领导力体现在人力资源的开发和利用。教育领导力来自校长的教育教学专业知识。象征领导力通过共同愿景的构建，确立学校的价值定位和目标追求。文化领导力对学校终极价值观念的不断界定、传播和加强。前两者是基本的、较为普适的领导力，是优秀领导者的基本能力；而后三者则是情境性的和因人因校制宜的，能为学校的发展带来独特价值的领导力。[6]博尔曼与迪尔类似地认为，变革型领导有四个领导维度，即结构领导、人力资源领导、政治领导及象征领导。[7]布什在总结了别人研究成果之后，更是提出了校长领导力的八个方面，即教学领导力、管理领导力、变革领导力、道德领导力、分布式领导力、教师领导力、系统领导力和应变领导力。[8]也有人指出思想领导力、教育领导力与人际领导力是校长领导力最主要的三个方面。[9]可以看出，校长办学作为一项系统工程，涉及方方面面。价值层面的，如共同愿景、文化精神、培养目标等。实践层面的，如课程、教学、制

---

[1] 孙绵涛. 校长领导力基本要素探析 [J]. 教育研究与实验，2012（06）.
[2] 孙远航. 新时期中小学校长领导力的提升 [M]. 西安：陕西师范大学出版社，2008.
[3] 英配昌. 学校发展中的校长领导力 [J]. 教育科学研究，2009，（12）：28-31.
[4] 陈小平. 中小学校长领导力模型构建实证研究 [J]. 人力资源管理，2016（6）：207.
[5] Sergio vanni T.Leadership and excellence in schooling [J]. Educational Leadership, 1984, 41 (5), 4–13.
[6] 赵明仁. 论校长领导力 [J]. 教育科学研究，2009（01）：40-42.
[7] 郑燕祥. 学校效能与校本管理 [M]. 上海：上海教育出版社，2002：131.
[8] Bush T and Glover D.School leadership models: what do we know? School Leadership & Management: Formerly School Organisation, 2014 (05).
[9] 陈姗. 校长领导力的三维度解读 [J]. 中国教师，2016（08）：78-81.

度、管理等。人力资源层面的,如教师、家长等。因而校长领导力不是某一项技能,而是灵活地处理各种事务的综合素养。

正如在领导力通识模型中讨论的,我们认为领导力是一种积极正向的相互影响、一种生机勃勃的生命张力,它是领导者个体和团队成员之间形成的一种发展合力。在领导者的带领下,他们为了共同的梦想,彼此共情,不断地学习反思、实践创新,同时实现个体变革性的成长和组织团体的跨越式发展。基于上述分析和讨论,我们现在可以旗帜鲜明地提出校长领导力的概念。校长领导力,就是基于学校发展的共同愿景,以校长为核心的领导团队带领学校实现变革式发展的战略性规划能力和执行能力。

讨论校长领导力,需要强调三对关系,即个体与团队、权力与魅力、业内与跨界。首先,来看看个体与团队。从已有研究来看,领导力有个体层面的和团队层面的两种倾向。作为校长,往往是学校的法定代表人,也是第一责任人,因此校长个人的领导力毫无疑问是非常重要的。但是学校是事业单位,旨在培养未来的社会主义建设者和接班人。这是一项非常复杂的事业,除了人力物力的投入,更多的是一项创造性的精神活动。因此校长一个人的英雄主义显然不行,它需要整个育人团队高度的价值认同,戮力同心才可能实现。因此,校长是领导力体系中的核心,但不是全部,更不是唯一。校长要像晶核一样,成为晶体的生长中心。所以,个体和团队在这里达到高度的辩证统一,须臾不可分离。

其次,来讨论权力与魅力。校长综合管理全校的校务,对外代表学校,对内主持校务。校长具有一定的权力,但是权力并不等于校长领导力。[1] 领导力作为一种有力的影响,主要来源于两个方面:法定的权力和个体的品质。校长法定的权力是办学过程中进行决策和承担责任的基础,而校长的个性品质如人格魅力等,则是发展的催化剂、润滑剂,有利于工作的顺利推进和目标的达成。所以如果把校长仅仅看作"官",那么学校中的关系就是"管"与"被管"。校长还应是专业精深的榜样、情感真挚的朋友,带领大家共同促进学校发展的法定带头人和精神引领者。

最后,来谈谈业内与跨界。我们非常清楚,教师是一种专业,校长的专业性更是毋庸置疑的。专业的事情当然需要专业的人才。前面谈到,吉姆·柯林斯提出的"五级经理人"概念对于办学来说,最大的启示就是领导者一定要内行,要十分清楚自己领导范围内的业务工作。比如校长专业标准中明确规定的职责有领导课程与教学、引领教师成长等,试想自身都不是一名优秀的教师,很难领导他人。另外,校长仅仅专业内行还不够,还需要优化内部管理、调适外部环境等。这就需要校长"学而时习之",即不断学习尤其是跨界学习,然后在实践中检验、反思、揣摩,达到理论与实践的高度统一,炉火纯青地融合业内与跨界,从心所欲地办学,达到一种高度自由的教育境界。

三、校长领导力模型

构建校长领导力模型,有两条视角不同的思路。第一条,从个体领导力层面来谈校长领导力。作为一校之长,作为学校的领导者,究竟需要哪些重要的品质。第二条,从团队

---

[1] 李佳. 校长领导力研究综述 [J]. 劳动保障世界,2017(23):38-39.

领导力层面来谈校长领导力。办学是一个复杂的体系,需要引领哪些方面的工作去促进学校的发展。

第一条思路,就是我们构建的领导力通识模型。领导力包含四个维度,即愿景、思变、行动和共情。愿景,就是要创建一个关于学校发展的共同目标。包括培养什么样的孩子、需要什么样的教师、学校办学理念和实践特色是什么等等。这是方向问题,没有共同愿景就如一群乌合之众在茫茫无边的大海上随波逐流。思变,穷则思变,变则通,通则久。生于忧患,死于安乐。科技迅猛发展,社会日新月异,未来人才所需的品质与当下差别甚大,如何去更新课程,变革教与学的方式,迫在眉睫。世间万物永恒不变的法则只有一条,那就是变,就是不断创新,因时因地因人制宜,与时俱进。行动,仅有思维上的创新还远远不够,还需要强大的行动力。一旦形成正确的决策,就需要立即行动。没有行动,一切美好的理念、想法,都是空中楼阁。校长要行动,教师要行动,学生要行动,家长要行动,一切该行动的都需要行动起来。共情,人之所以区别于其他生物,就在于他超越生存的情感需要和远离功利的价值追寻。因此,为了孩子的健康成长、学校的长足发展,校长要带领大家去做彼此认同的有意义的事业。

第二条思路,办学系统工程的合理解构。复杂的办学系统该如何解构呢?校长专业标准中将办学工作分解为规划学校发展,营造育人文化,引领课程教学,引领教师成长,优化内部管理和调适外部环境六个方面。[1]我国当代著名教育学家裴娣娜教授长期研究学校教育创新,她将学校工作凝练成四个系统即目标与价值系统、育人模式系统、制度与管理系统、办学资源系统。[2]在已有研究的基础上,结合长期深度的实践考察,笔者将办学系统工程解构为四个体系,即价值体系、实践体系、支持体系及制度体系。具体来说,价值体系包括凝练办学理念,确立培养目标的个性化表达,实现学校发展的可操作性战略决策。这是全体师生的努力方向和路径,是精神指引和价值追寻。实践体系包括课程的顶层设计,教学风格和特色的锤炼,丰富多彩而有效的德育实践探索。这是育人的核心,孩子的知识、能力、品质等都在实践中濡养而成。支持体系包括教师的专业成长,家校合力的形成,有教育价值的社会资源的开发和利用。实践体系的实施,需要人力和资源的支持,支持体系与实践体系不可分割。制度体系包括领导理念和文化、支持发展的制度建设以及符合人性的激励机制。制度就相当于一种无形的动力,它推动学校工作的顺利运行和变革发展。

虽然领导力的四个维度,即愿景、思变、行动和共情,并不能彼此独立。办学系统工程的四个方面,即价值体系、实践体系、支持体系和制度体系,也不能相互隔离。但是我们特别惊讶地发现,这两条思路并行不悖,它们各个要素之间基本上能够对应起来,形成丰满的校长领导力模型。具体分析一下,发现这并不是一种巧合,而是领导力的个性与共性在校长办学过程中的完美融合,见图1–2。

---

[1] http://www.moe.gov.cn/srcsite/A10/s7151/201302/t20130216_147899.html.
[2] 裴娣娜. 领导力与学校课程建设的变革性实践 [J]. 教育科学研究,2017(03):6–7.

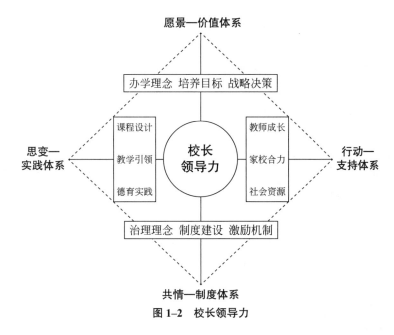

图 1-2 校长领导力

首先来看"愿景—价值"体系。学校发展愿景是全体师生努力的方向，这需要校长带领团队去构建。要基于学校的发展历史，诊断学校发展现状，及时发现和研究分析学校发展面临的主要问题，从而凝练学校的核心价值精神、孩子成长的关键品质，让师生内化于心外显于行。在实现愿景的过程中，自然而然地促进了孩子的健康成长、教师的专业发展，学校的办学特色和教育品牌也相应地水到渠成。因此从领导力本身来说，这一体系要求的是愿景创建的能力。从学校工作的角度来说，就是构建学校的价值体系，即本体论上追寻什么价值、方法论上如何追寻、主体论上谁去追寻的问题。

其次来看"思变—实践"体系。我们要坚持面向全体学生，因材施教，全面提高教育教学质量。可是学校、教师、家庭、学生等差异巨大，如何才能做到，这就要求我们去学习、反思、实践、变革。因此，从领导力本身来谈，就是要思考怎样做、为什么、能否有更好的方式方法。从学校工作的角度来看，就是扎扎实实地推进课程、教学、德育等育人核心活动。比如，如何有效统筹国家、地方、学校三级课程，确保国家课程、地方课程的落实，推动校本课程的开发与实施，为学生提供丰富多样的课程教学资源。如何切实减轻学生过重的课业负担，如何引领教师积极推进教学改革与创新。如何结合学生思想品德形成和健康心理发展的特点与规律，提升德育的实效性，等等。

再次来看"行动—支持"体系。纸上谈兵、华而不实、哗众取宠，都会对教育带来致命的伤害。教育需要形成实实在在的合力，共同支撑起孩子成长的重要基础。教师是学校改革发展最宝贵的人力资源，离开教师的精诚团结，谈论学校发展就是无稽之谈。因此需要尊重、信任、团结和赏识每一位教师，让他们在愿景的指引下戮力同心，促进孩子的健康成长，同时实现自身的专业发展。家长的教育也非常重要，家长是孩子的第一任教师，也是终身导师。实践表明，家庭教育的缺失，导致孩子的心灵没有力量。即使学业成绩优异，他们的心灵也没有皈依之所。同时，坚持把合作共赢作为学校对外关系准则，积极开展校内外合作与交流。既合理开发校外的教育资源,又要让师生参与社会服务,这既是教育过程也是教育目的,为培养未来优秀的社会人奠基。一言以蔽之,支持学校的发展不是空头支票,而需要实实在在、真真切切、一点一滴的实际行动。聚沙成塔、集腋成裘,百川到海、水滴石穿。

最后来看"共情—制度"体系。制度的建立,不是为了限制人的发展,让人戴着镣铐跳舞。恰恰相反,制度的确立,应建立在人性和共情的基础上,有效地引领和促进个体的成长,从而使个体的成长支撑起团体组织的发展。办学应崇尚以德立校、处事公正,倡导民主管理和科学管理相结合,建立健全的人事、财务、资产管理等规章制度,建立和完善学校各种应急管理机制,打造平安校园,为师生创造良好的学习和生活环境。因此,凡是不利于人成长的制度都不是好的制度。例如教师专业发展的制度,初衷在于教师自身的成长,是教师的专业福利,可现实中往往成了教师的"枷锁",浪费了教师大量的时间、精力和财力。再如家校合作育人机制,本来是想形成育人合力,最后往往导致家长和教师彼此埋怨,"面和心不和"。究其原因,就是没有共情这一基础。制度的建立,一定要基于"两情相悦",需要对实际情况进行深度分析,找准问题的症结,对症下药,"相悦以解",实现制度建立的本来目的。

我们可以发现,上述校长领导力模型中的四个体系,即"愿景—价值""思变—实践""行动—支持""共情—制度",相互依存、休戚相关,是一个完整的有机整体。具体来说,"愿景—价值"体系是精神引领、目标指向,它是上层建筑,是内隐的精神文化。就像人的大脑一样,主宰着整个生命体。而"思变—实践"和"行动—支持"体系,是办学工程的施工系统。如同人的四肢,彼此协调,精诚团结、通力合作,完成一座坚固的教育大厦,是外显的物质文化。"共情—制度"体系,就是内脏。它虽然藏在体内,从外表看不出有什么明显的价值。但是内脏如果不健康,则无法完成大脑与四肢的联动,各个部分就会貌合神离,各自为政,形同散沙。因此,这一体系是中介的制度文化。为了更加直观,我们把上面对各个体系及要素的分析,整理到表1-1中。

表1-1 校长领导力构成体系、要素及其特征

	"愿景—价值"	"思变—实践"	"行动—支持"	"共情—制度"
校长领导力系统	办学理念	课程设计	教师成长	治理理念
	培养目标	教学引领	家校合力	制度建设
	战略决策	德育实践	社会资源	激励机制
表现形态	内隐的	外显的		中介的
文化类型	精神文化	物质文化		制度文化
人体类比	大脑	四肢		内脏

第二章

校长领导力的实证研究框架

首先指出，整本著作中所有"校长"一词，均指中小学正校长及幼儿园正园长，不包括副职。在前面校长领导力模型部分，我们根据文献分析和实践调研，将校长领导力解构为四个体系，即"愿景—价值"体系、"思变—实践"体系、"行动—支持"体系及"共情—制度"体系。四个体系是校长带领团队促进学校变革性发展的重要内容，毫无疑问是我们实证研究的重点。但是同时我们也知道，校长自身的个性品质极大地影响着领导力。不同风格类型的校长，领导力差异甚大，我们强烈地想探讨我国中小学校长领导力的实践形态。因此，四个体系加上基本信息和风格类型，构成了实证研究框架的六个部分。如表2–1所示。

表2–1　实证研究框架

基本信息	校长类型	愿景—价值	思变—实践	行动—支持	共情—制度
个人情况	性格	办学理念	课程设计	教师成长	治理理念
学校情况	人格	培养目标	教学引领	家校合力	制度建设
家庭情况	风格	战略决策	德育实践	社会资源	激励机制

一、校长的基本信息

基本信息包括个人情况、学校情况和家庭情况。个人情况，如性别、学历、学科背景、初任正校长时年龄及已任年限、自评校长层次等。其中自评类型，包括称职型（大部分）、优秀型（少部分，县级区域有影响力）、卓越型（较少，地级区域有影响力）和教育家型（很少，省级及以上区域有较大影响力）四类。除了了解校长个体面上的基本数据，还试图讨论不同类型的校长在领导力方面的差异性；学校情况，如地区、城乡、学段、层次等，同样试图讨论不同类型学校的校长领导力表现形态的差异；家庭情况，包括家庭情感氛围和自身子女成长情况。这一考虑具有典型的中国特色，我们想知道校长这一集家长、教师于一身的角色，在家庭教育和学校教育方面的表现是否存在差异性。本研究收集共计1797份有效问卷，即有效调查了1797位校长，也是1797所学校。利用SPSS20.0对问卷的数据进行分析，得到问卷整体的克隆巴赫α系数为0.986，可知，整份问卷具有良好的内部一致性。通过因子分析计算出KMO值为0.988，可知量表具有较好的结构效度。校长的具体信息如表2–2所示。

表 2-2 我国 1797 名校长的基本情况

类别	项目	人数（比例）	类别	项目	人数（比例）
性别	男	1071 人（59.6%）	初任正校长年限	35 岁以下	560 人（31.16%）
	女	726 人（40.4%）		36~40 岁	509 人（28.32%）
学科背景	人文社会	1120 人（62.33%）		41~45 岁	410 人（22.82%）
	自然科学	440 人（24.49%）		46~50 岁	228 人（12.69%）
	艺体类	237 人（13.19%）		51 岁以上	90 人（5.01%）
自评类型	称职型	1171 人（65.16%）	已任正校长年限	5 年及以下	682 人（37.95%）
	优秀型	467 人（25.99%）		6~10 年	481 人（26.77%）
	卓越型	114 人（6.34%）		11~15 年	330 人（18.36%）
	教育家型	45 人（2.50%）		16 年以上	304 人（16.92%）
所在地区	京沪苏浙粤	257 所（14.3%）	学校地域	地级市及以上	600 所（33.39%）
	蒙藏新宁桂	110 所（6.12%）		市郊或县城	424 所（23.59%）
	其他地区	1430 所（79.58%）		乡镇农村	773 所（43.02%）
学校层次	示范学校	487 所（27.10%）	所在学段	幼儿园	392 所（21.81%）
	普通学校	941 所（52.37%）		小学	865 所（48.14%）
	薄弱学校	369 所（20.53%）		中学	540 所（30.05%）
家庭情感	和谐	1634 家（90.93%）	子女成长	理想	1237 人（68.84%）
	一般	155 家（8.63%）		一般	509 人（28.32%）
	不融洽	8 家（0.45%）		不理想	51 人（2.84%）

二、校长类型

关于校长类型，主要从自身经历、学科影响、家庭环境等方面形成的性格、人格和风格来分析。本研究考察学生时代的经历、从业愿望、学科背景、家庭氛围等因素，对校长领导力风格的影响。

性格是个人形成的对现实的稳定态度和习惯化了的行为方式。性格表征是人的一般心理行为的特征，形成的影响因素主要有遗传、环境（包括自然和人文）、应激事件等。从组成性格的各个方面来分析，可以把性格分解为态度特征、意志特征、情绪特征和理智特征四个组成成分。PDP（行为特质动态衡量系统）将人的性格分为五种类型，即支配型、外向型、耐心型、精确型、整合型。同时将这五种类型的个性特质形象化，它们分别被称为"老虎""孔雀""无尾熊""猫头鹰""变色龙"。本研究从性格的四个特征出发，利用 PDP 对校长的性格进行了测量，还从"理性/感性—大度/悭吝"的角度对性格进行了剖析。

人格是指个体在一系列社会性活动过程中表现出来的内部倾向性和心理特征，表现为需要、动机、兴趣、能力、气质、性格、理想、价值观和体质等方面的整合。具有动力一致性和连续性的自我，是个体在社会化过程中形成的独特的身心组织。人格具有整体性、稳定性、独特性和社会性。"大五"人格因素模型将人格分为：外向性、宜人性、尽责性、情绪性和开创性。"九型"人格将人格分为九类，分别是完美型（追求完美）、助人型（助人为乐）、成就型（追求成功）、自我型（个性至上）、理智型（沉着淡定）、敏感型（多疑顺从）、活跃型（快乐自嗨）、权力型（管控欲望）及和谐型（与世无争）。本研究以"大五""九型"两工具对校长的人格进行了测量。

风格，就是校长在办学过程中表现出来的理论修养和实践风范。它稳定而深刻地反映了校长个人的教育思想、领导理念、精神气质、价值追求等内部特性。本研究从领导力模型、"人—事"模型、"三商"模型、"三性"模型等视角对校长的风格类型进行了研究。试图了解不同类型的校长在领导力维度上的表现差异，从而更好地为校长提供自我完善的有效策略。具体问卷测试题如表 2–3 所示。

表 2–3 校长类型分析测试

影响因素	自身经历	在学生时代，担任学生干部的经历
		当初选择从事教育行业的动机
		当初对后来走上行政领导岗位的预测
	学科出身	学科出身对办学有没有帮助
	家庭氛围	家庭幸福程度对办学的影响
校长性格	性格四特征	发自内心热爱教育事业，热爱学校、关心师生
		有清晰的教育梦想，并矢志不移地追求
		善于把控自己的情绪，常常处于积极乐观的心境状态
		遇到任何事情总是调查研究、独立思考，直到成功解决
	PDP 五类性格	雷厉风行，树立威信，目标导向，奖罚分明
		有感染力，有激情，乐于自我表现
		洞察问题，精准专业，强调纪律制度
		亲和力强，爱好和平，持之以恒
		社会能力强，协调性好，整合各种办学资源，内方外圆
	"理性/感性—大度/悭吝"	比较感性的，对于别人能够宽宏大量
		比较感性的，对于过结往往难以释怀
		比较理性的，对于别人能够宽宏大量
		比较理性的，对于过结往往难以释怀
校长人格	大五人格	富于想象、乐于欣赏，将心比心、体谅他人，求异创新
		非常自信，有目标感、责任感，克服困难，成熟稳重
		性格开朗、与师生关系亲密，精力充沛，善于学习
		相信他人、坦率真诚，悲天悯人、不喜冲突，谦逊朴实
		心境平和、安全感强，自我控制能力强，情绪波动不大
	九型人格	坚守教育理想、追求卓越、力求完美
		乐于付出、竭尽全力去促进师生的健康成长
		殚精竭虑想把学校办成一所有特色的高品质学校，同时实现自己的人生价值
		有个性、有才华的校长，感情真挚、多愁善感，诗性气质
		遇事冷静，有深刻的洞察力、分析能力，对教育有深度的理性思考
		为人忠诚勤恳，但安全方面想得太多，内心深处常有不安
		天生喜乐、乐观豁达的校长，给师生带来快乐
		正义公道、勇于担当的校长，自信坚定、决断力、行动力强，被师生敬畏
		平和的校长，对人和善，万事以和为贵，哪怕忍让。喜欢顺其自然，希望平平安安

续表

校长风格	领导力模型	四维模型：愿景—思变—行动—共情
		老子模型：不知有之、亲而誉之、畏之、侮之
		五力模型：感召力、前瞻力、决断力、控制力、影响力
	"人—事"模型	办学业务能力（强/弱）—人文情怀（深/浅）
		师傅型、父母型、路人型、菩萨型
	"三商"模型	"智商"是办学过程中，对问题的感知、分析、解决，以及对教育实践或理论的创新
		"情商"是对校长身份的良好认知，以及对师生家长等适切的关怀体谅
		"行商"是校长在强大的教育理想与信念的引领下，殚精竭虑实现教育梦想的坚持不懈的行动力
	"三性"模型	"方向性"指了解并遵循党和国家的教育方针政策
		"专业性"指了解和遵循教育教学规律、孩子成长规律
		"灵活性"指灵活处理各种极度复杂的社会性疑难问题

三、"愿景—价值"体系

"愿景—价值"体系，由校长带领团队构建完成，是学校发展的愿景，也就是全体师生努力的方向。需要基于学校的发展历史，诊断学校发展现状，及时发现和研究分析学校发展面临的主要问题，从而凝练学校的核心价值精神、孩子成长的关键品质，让师生内化于心外显于行。在实现愿景的过程中，自然而然地促进了孩子的健康成长、教师的专业发展，学校的办学特色和教育品牌也相应地水到渠成。因此从领导力本身来说，这一体系要求的是愿景创建的能力。从学校工作的角度来说，就是构建学校的价值体系，即本体论上追寻什么价值、方法论上如何追寻、主体论上谁去追寻的问题。

本研究从办学理念、培养目标及战略决策三个方面去测评。办学理念的凝练，需要在党和国家的教育方针政策的指引下，凝聚师生智慧，结合学校的历史发展和现实状况，关照学校所在地的地域文化及特色，放眼未来社会需要的人才品质，去总结提升。内涵明确、个性鲜明，琅琅上口。培养目标方面，总体来说要将学生培养成"德智体美劳全面发展的社会主义建设者和接班人"，但是并不是千人一面的接班人，学校需要结合办学理念，适切地表述学校层面的培养目标。战略决策而言，有远期愿景、中期规划和近期计划，它是理想与现实之间的重要桥梁。具体测评点如表2-4。

表2-4 "愿景—价值"体系观测点

办学理念	注重学校发展的战略规划，凝聚师生智慧，建立学校发展共同目标
	尊重学校传统和学校实际，努力提炼学校办学理念，办出学校特色
	是否已有清晰的、适切的办学理念
	是否已有清晰的"一训三风"及校训、校歌、校徽、校标等
	能否准确背诵办学理念、"一训三风"
	能否实在践行办学理念、"一训三风"
培养目标	践行将学生培养成"德智体美劳全面发展的社会主义建设者和接班人"
	不仅注重培养孩子们的中国情怀，也注重世界眼光和国际视野
	注重培养学生的责任意识、创新精神和实践能力

续表

培养目标	关注核心素养，即适应终身发展和社会发展需要的必备品格和关键能力
	确立适切的培养目标，有清晰的表述，即培养什么样的孩子
	培养目标，与办学理念是一以贯之，紧密相连的
战略决策	对学校的发展，有清晰的办学定位、战略规划和实施方略
	办学方略与办学理念是一以贯之，高度匹配的
	诊断学校发展现状，及时发现和研究分析学校发展面临的主要问题
	组织多方参与学校中长期发展规划，制订学年、学期工作计划等
	监测学校发展规划的实施，根据实施情况修正、调整，完善行动方案
	学校有特色，或者别人一看就有区别于其他学校的地方
	学校特色体现在：理念、课程、教学、德育、管理

四、"思变—实践"体系

我们要坚持面向全体学生、因材施教，全面提高教育教学质量。可是学校、教师、家庭、学生等差异巨大，我们该如何才能实现教育目标，这就要求我们去学习、反思，实践、变革。因此，从领导力本身来谈，就是要思考怎样做、为什么、能否有更好的方式方法。从学校工作的角度来看，就是扎扎实实地推进课程、教学、德育等育人核心活动。比如，如何有效统筹国家、地方、学校三级课程，确保国家课程、地方课程的落实，推动校本课程的开发与实施，为学生提供丰富多样的课程教学资源；如何切实减轻学生过重的课业负担，如何引领教师积极推进教学改革与创新；如何结合学生思想品德形成和健康心理发展的特点与规律，提升德育的实效性；等等。

本研究从课程建设、教学引领和德育实践三个方面来考察校长的变革性领导力。课程建设，不是科目的堆砌，而是基于办学理念、指向培养目标的高度一以贯之的结构化的教育教学活动。因此，需要掌握课程建设的基本理论。实践层面需要有效统筹国家、地方、学校三级课程，关注课程的实效性。教学引领，理念层面需要不断学习国内外教学理论与教学改革的经验，实践上需要教师个体的深度反思和团队之间的切磋琢磨，从而形成带有学校和学科特色的教学风格。德育实践，需要了解学生的身心发展规律，创建良好的育人环境，教师作为学生的行为榜样，让学生在耳濡目染中形成良好的道德品质。具体观测点如表2–5所示。

表2–5 "思变—实践"体系观测点

课程建设	掌握学生不同发展阶段的培养目标和课程标准
	了解课程编制、课程开发与实施、课程评价的相关理论和知识
	有效统筹国家、地方、学校三级课程，确保三级课程落地
	认真落实课程标准，减轻学生过重的课业负担，不随意提高课程难度
	学校是否已有清晰的结构化的课程体系
	学校课程体系的建设是否基于办学理念和培养目标
教学引领	坚决支持面向全体学生，因材施教，全面提高教育教学质量
	了解国内外教学理论与教学改革的经验

续表

教学引领	掌握信息技术在课堂教学中应用的一般原理与方法
	深入课堂听课并对课堂教学进行指导
	积极组织开展教研活动，引领教学改革
	学校已有成型的教学模式、教学风格或特色
	学校教学模式、风格或特色是基于办学理念的，与理念紧密相连
德育实践	把德育工作摆在素质教育的首要位置，全面加强学校德育体系建设
	充分发挥优秀传统文化的时代意义与教育价值，重视地域文化的重要作用
	了解不同年龄阶段学生思想品德形成和健康心理发展的特点与规律、养成过程及方法
	学校的德育自成体系，为立德树人提供了重要的保障
	学校的德育是基于办学理念的，与理念紧密相连

五、"行动—支持"体系

教育是一项非常复杂的社会实践活动，各个方面相互影响，共同作用于孩子的成长。华而不实的口号、纸上谈兵的做法，都会对教育带来致命的伤害。教育需要形成实实在在的合力，共同支撑起孩子的成长。毋庸置疑，教师是最为核心的力量，是学校变革性发展中最宝贵的人力资源。离开教师的努力，孩子的成长、学校的发展都是空中楼阁。因此需要尊重、信任、团结和赏识每一位教师，让他们在愿景的召唤下殚精竭虑，共同促进孩子的健康成长，同时也实现自身的专业发展，也就是度化他人、成就自己。家庭教育非常重要，家长是孩子的第一任教师，也是终身导师。家庭教育缺失的孩子，即使学业成绩优异，他们的未来也很难坚实和长远。同时，学校要坚持把合作共赢作为对外的关系准则，积极开展校内外合作与交流。

本研究从引领教师成长、熔铸家校合力和开发社会资源三个方面来分析这一体系。教师成长方面，要切实尊重、信任、激励每位教师，让学校成为教师实现专业发展的主阵地，让他们不仅拥有精湛的教育教学技能，还闪耀出美丽的人性光辉。家校合力方面，要因校制宜，建立良性的家校合作机制，充分发挥家长委员会支持学校工作的积极作用，使得合力方向指向孩子的健康成长。社会资源方面，既合理开发利用校外有价值的教育资源，又要让师生参与社会服务，这既是教育过程也是教育目的，两者合二为一。总之，支持学校的发展不是空头支票，而需要实实在在的行动，九层之台，起于垒土；千里之行，始于足下。这一体系的具体观测点如表2–6所示。

表2–6 "行动—支持"体系观测点

教师成长	尊重教师的教学经验和智慧，积极推进教学改革与创新
	尊重、信任、团结和赏识每一位教师
	开展师德师风教育，落实教师职业道德规范要求
	在实践中的确做到了将学校作为教师实现专业发展的主阵地
	了解教师专业发展的理论、规律
	在实践中能根据理论、规律，来指导教师们根据自身发展特点制订专业发展计划

续表

家校共育	了解家校合作的理论与方法
	在实践中能够确保学校与家庭的良性互动
	能充分发挥家长委员会支持学校工作的积极作用，合力促进学校的发展
	建立了健全的家校合作机制，如家访、家长学校、家长会、开放日等制度
社会资源	把合作共赢作为学校对外关系的准则，积极开展校内外合作与交流
	熟悉各级各类社会公共服务机构的教育功能
	能够很好地利用各级各类社会公共服务机构的教育资源
	鼓励并组织师生参与服务社会（社区）的有益活动

六、"共情—制度"体系

学校一切制度的建立，其初衷都应该是为了促进师生的成长和发展。因此制度的确立应基于人性和共情，有效地引领和促进个体的成长，从而使个体的成长支撑起团体组织的发展。办学应崇尚以德立校、文化育人，为了实现这一目标而建立健全的人事、财务、资产管理等规章制度，建立和完善学校各种应急管理机制，打造平安校园，为师生创造良好的学习和生活环境。因此可以说，凡是不利于人的制度都应该不是好的制度。例如教师专业发展的制度，初衷在于促进教师自身的成长，是教师的专业福利，可现实中往往成了教师的"枷锁"，浪费了大量的时间、精力和财力。再如家校合作育人机制，本来是想形成育人合力，最后往往导致家长和教师彼此埋怨，"面和心不和"。究其原因，就是没有共情这一基础。制度的建立，一定要基于"两情相悦"，需要对实际情况进行深度分析，找准问题的症结，对症下药，"相悦以解"，实现制度建立的本来目的。

本研究从领导理念、制度建设和激励机制这三方面来探讨这一问题。领导理念从理论与实践两个层面来分析，涉及领导方式如掌舵式管理和划桨式管理，文化取向如民主管理与科学管理、文化育人与制度育人等。制度方面，包括教育教学、教师发展，人事、财务、资产管理，校园网络、信息化建设，安全保卫与卫生健康等方方面面。激励机制，主要是关注不同教师的需求差异，如基本生存需要、社会生活需要、专业发展需要、个体自由需要。因此需要注意不同教师的激励方式要因人而异，如基于"经济人"人性假设的 X 理论、基于"社会人"人性假设的 Y 理论和基于"复杂人"人性假设的超 Y 理论等。同时还需要注意质性评价、量化评价，精神激励、物质激励的整合。具体观测点如表 2-7 所示。

表 2-7 "共情—制度"体系观测点

领导理念	了解校长的职责定位和工作要求
	掌握学校管理的基本理论与方法
	办学实践中"管理"得心应手、游刃有余
	以校长为核心的学校领导班子具有良好的凝聚力
	坚持依法治校，崇尚以德立校
	掌舵式管理/划桨式管理、民主管理/科学管理、文化育人/制度育人
制度建设	学校有完备的制度与管理系统
	学校的制度与管理系统是基于办学理念的，与理念紧密相连

续表

制度建设	建立促进学生全面发展的评价制度，不片面追求成绩和升学率
	建立良好的促进教师专业发展的教师评价和激励制度
	建立听课与评课制度，深化课堂教学改革
	建立教师专业发展的制度，推行校本教研，完善教研训一体的机制
	了解学习型组织建设并付诸实践
	建立健全的学校人事、财务、资产管理等规章制度
	建立校园网络、信息化建设，安全保卫与卫生健康等规章制度
	建立和完善各种应急管理机制，能够正确应对和妥善处置学校突发事件
激励机制	知道不同年龄、不同层次教师的需求差异
	关注不同教师的差异并采取不同的策略
	教师的基本生存需要、社会生活需要、专业发展需要、个体自由需要
	三种激励理论：X理论、Y理论和超Y理论
	质性评价、量化评价
	精神激励、物质激励
	弗罗姆期望理论：激励动力＝期望利率×目标效价

上述六个方面，构成了整个实证研究的框架，同时也是整本著作的基本结构。每一体系及不同维度，分别构成了不同的篇章。在后面的章节里，我们研究内容的呈现方式基本都遵循一定的逻辑线路。首先，综合述评每一维度的已有研究，构建出一张理论的图景。其次，我们呈现1797位校长以及对应的1797所学校的现状，呈现一幅实践的画面。最后，将理论分析和实践情形进行深度的对比，构建出新的理性认识或者提出完善实践的策略，展现出一些可能的路径。万里长征第一步，但这是非常重要的第一步。它是理想的第一步，也是现实的第一步。

第三章

校长领导力类型论

众所周知，人格与性格对于一个人的发展是至关重要的。具有不同人格或是不同性格的人，各个维度都有着重要的差异，尤其是领导力方面。人格与性格具有不同的含义，当然两者之间也有密不可分的关联。人格这个词来源于拉丁文"Persona"，从词源层面上来说，是指用面具进行角色扮演。换言之，人格就是指人从自身中筛选出来向外展现的特质。[1] 现在一般认为，人格是指个体在一系列社会性活动过程中表现出来的内部倾向性和心理特征，表现为需要、动机、兴趣、能力、气质、性格、理想、价值观和体质等方面的整合。具有动力一致性和连续性的自我，是个体在社会化过程中形成的独特的心身组织。人格具有整体性、稳定性、独特性和社会性。[2] 它的各个方面都是相互联系的，具有跨时间的连续性和跨情境的一致性。同时人是复杂的社会性物种，个体独特性与人格共性又是辩证统一的。

性格通常指向个体特征，是个人形成的对现实的稳定态度和习惯化了的行为方式。性格主要表征是人的一般心理行为的特征，如脾气、情绪和性情等。性格形成的影响因素主要有遗传、环境（包括自然和人文）、应激事件等。这些因素同样不是孤立存在的，而是相互作用。可以简明地认为，性格表示个人性情层面的情况，而人格表示的是个人整体的情况。即人格是上位概念，性格是下位概念，性格是人格不可或缺的组成部分。人格与性格都是"非智力因素"范畴，它们既不包括人的外在的类似于身体特征和社会声誉这类的品质，也不包括个人的智力特征[3]。

很显然，性格和人格的研究对揭示校长个性品质，对办学的影响是非常有意义的。然而办学是一件极其复杂的社会性活动，校长的个性因素不能全面地展现这一集多重身份于一身的复杂角色。因此，笔者拟在分析校长的性格、人格之后，提出一个内涵更加深刻、包容性更强的概念即"风格"，以此来分析复杂情境中的校长领导力。"风格"是一个典型的汉语词汇，内涵丰富，表达雅致。早在晋代葛洪著的《抱朴子·行品》中，就有"行己高简，风格峻峭"的说法。所谓校长的风格，就是校长在办学过程中表现出来的理论修养和实践风范。它稳定而深刻地反映了校长个人的教育思想、领导理念、精神气质、价值追求等内部特性。校长的风格受家庭出身、社会环境、时代背景等重要因素的影响，具体如

---

[1] 谈炳和，樊富珉. 试论人格及人格教育 [J]. 清华大学教育研究，2000（01）：63–67.
[2] 郭永玉. 关于"人格"的界说及有关概念的辨析 [J]. 常州工学院学报（社科版），2005（02）：41–45.
[3] 韦晓. 汉语"人格"与"性格"的内隐概念及其心理结构的本土化研究 [D]：昆明：云南师范大学，2001.5.

身心素质、兴趣爱好、成长经历等。

为什么要提出"风格"这一概念，主要有三方面的原因。一是淡化心理学术语，增强教育学味道。因为心理学上"人格"和"性格"的内涵重叠包含，且都不含智力因素。而在校长办学的过程中，往往体现的是一种综合性，"风格"既能统整两者，又关涉智力层面。二是融合学术含义和日常表达。日常生活中的含义与心理学术语有所不同。"人格"本来并不是道德意义上的用语，但日常话语中它却被赋予浓厚的道德色彩；"性格"在心理学上关涉道德，然而日常话语中通常与道德没有什么关系。[1] 而"风格"这一词，就可以突破这一瓶颈。三是理论与实践视域的融合。在理论层面，人格、性格都有着精细的研究。但是校长办学有着极强的实践性，"风格"能够更贴切地体现校长的理论气度和实践风范。本章将从性格、人格和风格三个方面对校长的类型进行分析和研究。

第一节　校长性格论

我们知道，性格是人们对现实的稳定态度和行为习惯。性格表征的是人的一般心理行为特征，一般包括态度特征、理智特征、情绪特征和意志特征四个组成成分。态度特征就是对事物的评价和行为倾向，如何处理社会各方面的关系。如是否发自内心热爱教育事业，热爱学校、关心师生；理智特征指一个人在认知活动中表现出来的特点，如独立性和依存性。比如在办学中遇到任何事情是否能够调查研究、独立思考，主动想办法直到成功解决；情绪特征包括情绪对行为的影响，以及自身情绪的控制能力。比如是否善于把控自己的情绪，常常处于积极乐观的心境状态；意志特征关涉的是个体能否自觉地对自己的行为进行调节，比如是否拥有清晰的教育梦想，并矢志不移地追求，踏踏实实、兢兢业业。

毫无疑问，性格受环境的影响非常大，如自身经历、学科出身、家庭环境等方面。因此本研究首先主要考察学生时代的经历、从业愿望、学科背景、家庭氛围等因素，分析校长性格形成的外在影响。其次，我们对性格的四个特征进行测评，试图了解校长在办学过程中，态度、理智、情绪及意志方面的情况。再次，我们借用PDP（行为特质动态衡量系统）对校长的性格类型进行了分析。PDP是一种进行人才管理的专业系统，它旨在帮助人们认识自己、管理自己，帮助组织发现人才，使得能力与岗位匹配，做到人尽其才。它将人的性格分为五种类型，即支配型、外向型、耐心型、精确型、整合型。同时将这五种类型的个性特质形象化，它们分别被称为"老虎""孔雀""无尾熊""猫头鹰""变色龙"。[2] 最后，本研究还从"理性/感性—大度/悭吝"的角度对性格进行了剖析。这一分析视角来自笔者的实践考察，校长认知和行为方式的不一样，往往导致事情的结果有很大差异。这里的认知主要体现在理性和感性方面，而行为方式主要表现为大度或悭吝。主要测试问题如表3–1 所示。

---

[1] 郭永玉.关于"人格"的界说及有关概念的辨析 [J].常州工学院学报（社科版），2005（02）：41–45.
[2] 保罗·图赫.性格的力量 [M].北京：机械工业出版社，2013.

表 3–1 校长性格测查项目

影响因素	自身经历	您在学生时代，担任学生干部的经历如何
		您当初选择从事教育行业的意愿是否强烈
		您当初是否会预料后来走上行政领导岗位
	学科出身	您的学科出身，对办学有没有帮助
	家庭氛围	您的家庭幸福程度，对您办学有没有影响
性格特征	态度特征	您是否发自内心热爱教育事业，热爱学校，关心师生
	理智特征	您在办学中遇到任何事情能否调查研究、独立思考，主动想办法直到成功解决
	情绪特征	您在办学的过程中，是否善于把控自己的情绪，常常处于积极乐观的心境状态
	意志特征	您是否拥有清晰的教育梦想，并矢志不移地追求，踏踏实实、兢兢业业
性格类型	支配型	您是否雷厉风行，树立威信，目标导向，奖罚分明
	外向型	您是否有感染力，有激情，乐于自我表现
	精确型	您是否能洞察问题，精准专业，强调纪律制度
	耐心型	您是否亲和力强，爱好和平，持之以恒
	整合型	您是否社会能力强，协调性好，整合各种办学资源，内方外圆
认知行为	感性—大度	您是比较感性的，对于别人能够宽宏大量
	感性—悭吝	您是比较感性的，对于过结往往难以释怀
	理性—大度	您是比较理性的，对于别人能够宽宏大量
	理性—悭吝	您是比较理性的，对于过结往往难以释怀

一、性格影响因素的分析

如上所述，自身经历、学科出身、家庭环境等方面都对校长性格的形成有重要影响。本研究从校长在学生时代担任班干部的经历、学科专业、家庭幸福程度等角度来观测。发现自身经历方面，中学时代一直担任班干部的校长占总体的 66.5%，仅仅 14.19% 很少或不曾担任过班干部；当初选择从事教育行业的意愿强烈的占 45.74%，不强烈的仅占 15.02%；有 47.25% 的比例会预料后来走上教育行政领导岗位，而 26.54% 对后来成为校长感到意外。学科出身方面，75.07% 的校长认为从知识和思维等角度来看，学科对办学有明显的帮助，而 13.75% 认为没有明显作用。家庭方面，79.02% 的校长认为家庭幸福对办学有明显的影响，而 11.96% 认为影响不明显。可见，大部分校长学生时代经常担任学生干部，当初有很强的意愿去从事教育行业，并预料到后来成为学校领导。绝大部分校长认为学科专业对办学有帮助，家庭幸福能够让他们更好地办学。具体分析之，均值及差异性情况如表 3–2 所示。

表 3–2 不同类别校长在中学时代担任班干部的均值及差异性情况

类别	均值	差异性
性别	女 3.93> 男 3.82	F=0.062, t=-2.050, Sig.=0.041, 女性显著高于男性
学科背景	艺体类 3.96> 人文社科类 3.87> 自然科学类 3.79	F=1.641, Sig.=0.194, 不同学科背景之间无显著性差异
第一学历	大学以上 4.21> 大学（本、专）3.87> 大学以下 3.80	F=5.541, Sig.=0.002, 大学以上学历显著高于大学以下学历; Sig.=0.010, 大学以上学历显著高于大学学历

续表

类别	均值	差异性
初任年龄	51岁以上 3.97>35岁以下 3.89>46~50岁 3.87>36~40岁 3.86>41~45岁 3.79	F=0.708，Sig.=0.587，初任正校长时年龄之间无显著性差异
已任年限	16年以上=11~15年 3.91>6~10年 3.86>5年及以下 3.82	F=0.682，Sig.=0.563，已任校长的年限之间无显著性差异
校长类型	卓越型校长 4.23>优秀型校长 4.08>教育家型校长 3.93>称职型校长 3.74	F=14.211，Sig.=0.000，卓越型校长显著高于称职型校长
地区	蒙藏新宁桂 4.09>京沪苏浙粤 3.91>其他广大地区 3.82	F=5.797，Sig.=0.001，蒙藏新宁桂显著高于其他广大地区
地域	地级以上城市城区 3.99>城市郊区或县城 3.95>乡镇农村 3.71	F=11.613，Sig.=0.000，地级以上城市城区显著高于乡镇农村；Sig.=0.002，城市郊区或县城显著高于乡镇农村
层次	示范学校 4.08>普通学校 3.85>薄弱学校 3.60	F=18.564，Sig.=0.000，示范学校显著高于薄弱学校；Sig.=0.000，普通学校显著高于薄弱学校
学段	中学 3.96>小学 3.87>幼儿园 3.76	F=1.517，Sig.=0.195，不同学段之间无显著性差异
家庭	家庭氛围和谐 3.88>不和谐 3.69	F=0.542，t=2.011，Sig.=0.044，和谐家庭明显高于不和谐家庭
子女	子女成长理想 3.92>不理想 3.74	F=9.298，t=2.994，Sig.=0.003，子女成长理想显著高于子女成长不理想

注：里克特量表5点计分，1为最低值，3为一般水平，5为最高值，均值位于两者之间；组间没有显著性差异的，在表中不呈现。

我们发现，虽然大部分校长学生时代经常担任班干部，但是不同类别的校长也存在着明显的差别。具体来说，校长个体方面，学生时代班干部经历更为丰富的情况是，女性显著高于男性、高学历高于低学历、卓越型高于称职型，而不同学科背景、初任正校长年龄、已任正校长年限方面没有显著性差异；从学校层面来看，班干部经历更为丰富的情况是，民族地区高于其他广大地区、城市高于乡村、示范学校高于薄弱学校，而不同学段之间没有显著性差异；从家庭方面来看，和谐家庭明显高于不和谐家庭，子女成长理想显著高于子女成长不理想，如表3-3所示。

表3-3 不同类别校长从事教育行业意愿的均值及差异性情况

类别	均值	差异性
性别	女 3.55>男 3.25	F=42.295，t=-6.233，Sig.=0.000，女性显著高于男性
学科背景	艺体类 3.57>人文社科 3.40>自然科学 3.20	F=12.263，Sig.=0.015 艺体类高于人文社科；Sig.=0.001，人文社科显著高于自然科学
第一学历	大学以上 3.52>大学>3.39 大学以下 3.32	F=2.254，Sig.=0.105，不同学历间无显著性差异
初任年龄	36~40岁 3.43>46~50岁 3.40>35岁以下 3.36>41~45岁 3.32>51岁以上 3.29	F=0.843，Sig.=0.498，不同初任校长年龄间无显著性差异

续表

类别	均值	差异性
已任年限	11~15年 3.41>6~10年 3.40>5年以下 3.47>16年以上 3.31	F=0.650，Sig.=0.583，已任校长的年限间无显著性差异
校长类型	教育家型校长 3.91> 卓越型校长 3.55> 称职型校长 3.52> 优秀型校长 3.32	F=6.333， Sig.=0.039，卓越型校长显著高于称职型校长； Sig.=0.025，卓越型校长显著高于优秀型校长； Sig.=0.000，教育家型校长显著高于称职型校长； Sig.=0.000，教育家型校长显著高于优秀型校长； Sig.=0.038，教育家型校长显著高于卓越型校长
地区	经济发达地区 3.40>广大中部地区 3.38>民族地区 3.25	F=0.909，Sig.=0.403，地区间无显著性差异
地域	城市 3.44>县城 3.34=乡镇 3.34	F=2.202，Sig.=0.111，地域间无显著性差异
层次	示范学校 >3.44 普通学校 >3.38 薄弱学校 3.27	F=3.338，Sig.=0.011，示范学校显著高于薄弱学校；其他组间无显著性差异
学段	幼儿园 3.60> 小学 3.31> 中学 3.30	F=6.661，Sig.=0.000，幼儿园显著高于小学、中学；其他组间无显著性差异
家庭	家庭氛围和谐 3.40> 不和谐 3.13	F=11.472，t=3.632，Sig.=0.000 和谐家庭显著高于不和谐家庭
子女	子女成长理想 3.45> 不理想 3.20	F=23.441，t=5.347，Sig.=0.000 子女成长理想显著高于子女成长不理想

注：里克特量表 5 点计分，1 为最低值，3 为一般水平，5 为最高值，均值位于两者之间；组间没有显著性差异的，在表中不呈现。

同样，虽然校长们当年从事教育行业的意愿都很强烈，但是也存在明显的差异。具体来说，个体方面，女性显著高于男性、艺体类高于文科高于理科，水平越高的校长意愿越强烈，而不同学历、初任正校长年龄、已任正校长年限等没有影响；学校层面，地区、地域没有显著性差异，但是示范学校高于薄弱学校、幼儿园高于其他学段。家庭方面，和谐家庭显著高于不和谐家庭，子女理想情况显著高于不理想情况，如表 3-4 所示。

表 3-4　不同类别校长当初预期成为领导的均值及差异性情况

类别	均值	差异性
性别	男 3.28> 女 3.09	F=56.430，t=3.575，Sig.=0.000，男性显著高于女性
学科背景	艺体类 3.27> 人文社科类 3.20> 自然科学 3.18	F=0.505，Sig.=0.604，不同学科背景之间不存在显著性差异
第一学历	大学以上 3.35> 大学 > 大学以下 3.15	F=1.965，Sig.=0.874，第一学历之间无显著性差异
初任年龄	35 岁以下 3.27>41~45 岁 3.22>36~40 岁 3.16>46~50 岁 3.15>51 岁以上 3.11	F=1.070，Sig.=0.370，初任校长时的年龄间无显著性差异
已任年限	16 年以上 3.28>6~10 年 3.23>11~15 年 3.20>5 年及以下 3.15	F=1.073，Sig.=0.359，已任校长年限间无显著性差异
校长类型	卓越型校长 3.42> 优秀型校长 3.34> 教育家型校长 3.33> 称职型校长 3.12	F=6.917， Sig.=0.004，卓越型校长显著高于称职型校长； Sig.=0.000，优秀型校长显著高于称职型校长

续表

类别	均值	差异性
地区	蒙藏新宁桂3.33>其他广大地区3.18>京沪苏浙粤3.17	F=2.269，Sig.=0.104，所在地区之间无显著性差异
地域	地级以上城市城区 3.32>城市郊区或县城 3.14>乡镇农村 3.15	F=5.095，Sig.=0.010，地级以上城市城区显著高于城市郊区或县城；Sig.=0.004，地级以上城市城区显著高于乡村
层次	薄弱学校3.23>普通学校3.21>示范学校3.15	F=0.593，Sig.=5.553，不同层次的学校之间无显著性差异
学段	幼儿园3.35>中学3.25>小学3.14	F=2.921，Sig.=0.001，幼儿园显著高于小学；Sig.=0.22，幼儿园显著高于中学
家庭	家庭氛围和谐3.22>家庭不和谐3.02	F=3.924，t=2.410，Sig.=0.017，和谐家庭氛围显著高于不和谐
子女	子女成长理想3.26>不理想3.08	F=13.094，t=3.534，Sig.=0.000，子女成长理想显著高于不理想

注：里克特量表5点计分，1为最低值，3为一般水平，5为最高值，均值位于两者之间；组间没有显著性差异的，在表中不呈现。

关于校长们当年对后来成为学校领导的预期方面，情况也有明显不同。个人层面，男性预期显著高于女性、卓越型校长显著高于称职型校长、优秀型校长显著高于称职型校长，而学科背景、第一学历、初任正校长年龄、已任正校长年限没有影响。学校层面，城市显著高于乡镇、幼儿园显著高于其他学段，而地区、学校层次则没有显著性差异。家庭方面，同样是和谐家庭显著高于不和谐家庭，子女理想情况显著高于不理想情况，如表3-5所示。

表3-5　学科对不同类别校长影响的均值及差异性情况

类别	均值	差异性
性别	女4.11>男3.82	F=7.270，t=-5.848，Sig.=0.000，女性显著高于男性
学科背景	艺体类4.05>人文社科类3.98>自然科学类3.76	F=8.785，Sig.=0.000，人文社科类显著高于自然科学类；Sig.=0.000，艺体类显著高于自然科学类
第一学历	大学以上4.22>大学（本、专）3.96>大学以下3.86	F=5.981，Sig.=0.001，大学以上显著高于大学以下；Sig.=0.015，大学以上显著高于大学
初任年龄	51岁以上4.09>46~50岁3.98>36~40岁=35岁以下3.93>41~45岁3.90	F=0.773，Sig.=0.543，初任校长时年龄间无显著性差异
已任年限	16年以上4.08>11~15年3.95>6~10年3.92>5年及以下3.88	F=2.660，Sig.=0.025，16年以上显著高于5年及以下
校长类型	教育家型校长=卓越型校长4.27>优秀型校长4.09>称职型校长3.83	F=12.963，Sig.=0.000，优秀型校长显著高于称职型校长；Sig.=0.000，卓越型校长显著高于称职型校长；Sig.=0.005，教育家型校长显著高于称职型校长

续表

类别	均值	差异性
地区	蒙藏新宁桂 4.04> 京沪苏浙粤 3.94> 其他广大地区 3.92	F=1.358，Sig.=0.257，说明不同地区之间无显著性差异
地域	地级以上城市城区 4.12> 城市郊区或县城 3.97> 乡镇农村 3.78	F=19.672，Sig.=0.016，地级以上城市显著高于城市郊区或县城；Sig.=0.000，地级以上城市城区显著高于乡镇农村；Sig.=0.002，城市郊区或县城显著高于乡镇农村
层次	示范学校 4.18> 普通学校 3.89> 薄弱学校 3.73	F=22.067，Sig.=0.000，示范学校显著高于普通学校；Sig.=0.000，示范学校显著高于薄弱学校；Sig.=0.013，普通学校显著高于薄弱学校
学段	幼儿园 4.16> 中学 3.97> 小学 3.85	F=7.413，Sig.=0.000，幼儿园显著高于小学；Sig.=0.002，幼儿园显著高于中学
家庭	家庭氛围和谐 3.96> 家庭不和谐 3.72	F=10.803，t=2.572，Sig.=0.011，家庭氛围和谐显著高于不和谐家庭
子女	子女成长理想 4.01> 不理想 3.78	F=8.206，t=4.242，Sig.=0.000，子女成长理想显著高于子女成长不理想

注：里克特量表 5 点计分，1 为最低值，3 为一般水平，5 为最高值，均值位于两者之间；组间没有显著性差异的，在表中不呈现。

学科对不同类别校长影响。个人方面，女性显著高于男性，人文社科类显著高于自然科学类、艺体类显著高于自然科学类，大学以上显著高于大学及大学以下，已任正校长年限 16 年以上的显著高于 5 年及以下，教育家型、卓越型、优秀型校长均显著高于称职型校长，而初任校长时年龄没有影响。学校方面，城市学校显著高于农村学校，示范学校显著高于普通学校、普通学校显著高于薄弱学校，幼儿园显著高于其他学段，而不同地区之间没有显著性差异。家庭方面，同样是和谐家庭显著高于不和谐家庭，子女理想情况显著高于不理想情况，如表 3-6 所示。

表 3-6 家庭对不同类别校长影响的均值及差异性情况

类别	均值	差异性
性别	女 4.06> 男 3.97	F=2.695，t=-1.700，Sig.=0.086，男女间不存在显著性差异
学科背景	人文社科类 4.02> 艺体类 4.00> 自然科学类 3.97	F=0.362，Sig.=0.696，不同学科背景之间无显著性差异
第一学历	大学以上 4.15> 大学（本、专）4.03> 大学以下 3.95	F=2.132，Sig.=0.119，不同的第一学历之间无显著性差异
初任年龄	51 岁以上 4.16>41~45 岁 4.06>35 岁以下 =46~50 岁 4.01>36~40 岁 3.93	F=1.266，Sig.=0.281，初任正校长年龄之间无显著性差异
已任年限	11~15 年 4.03>16 年以上 4.02>6~10 年 >5 年及以下	F=0.113，Sig.=0.952，已任正校长年限之间无显著性差异

续表

类别	均值	差异性
校长类型	卓越型校长 4.36> 优秀型校长 4.15> 教育家型校长 4.11> 称职型校长 3.91	F=10.713，Sig.=0.000，优秀型校长显著高于称职型校长；Sig.=0.000，卓越型校长显著高于称职型校长
地区	蒙藏新宁桂 4.14> 京沪苏浙粤 4.00> 其他广大地区 3.98	F=2.253，Sig.=0.105，不同地区之间无显著性差异
地域	地级以上城市城区＝城市郊区或县城> 乡镇农村 3.86	F=11.797，Sig.=0.000，地级以上城市城区显著高于乡镇农村；Sig.=0.000，城市郊区或县城显著高于乡镇农村
层次	示范学校 4.24> 普通学校 3.97> 薄弱学校 3.79	F=20.298，Sig.=0.000，示范学校显著高于薄弱学校；Sig.=0.000，示范学校显著高于普通学校；Sig.=0.005，普通学校显著高于薄弱学校
学段	中学 4.20> 幼儿园 4.02> 小学 3.95	F=2.746，Sig.=0.004，中学显著高于小学
家庭	家庭氛围和谐 4.09> 家庭不和谐 3.02	F=17.854，t=9.677，Sig.=0.000，和谐家庭氛围明显高于不和谐
子女	子女成长理想 4.12> 不理想 3.76	F=8.491，t=6.590，Sig.=0.000，子女成长理想型显著高于不理想型

注：里克特量表5点计分，1为最低值，3为一般水平，5为最高值，均值位于两者之间；组间没有显著性差异的，在表中不呈现。

家庭环境对校长的影响。个人方面，全部不存在显著性差异，即校长的性别、学科、学历、任校长的年龄和年限，都不存在显著性差异，也就是不管是什么校长，家庭对其影响都是同等重要的。学校方面，不同地区之间无显著性差异，不过城市显著高于农村，示范学校显著高于普通学校、普通学校显著高于薄弱学校，中学显著高于小学。家庭方面，显而易见，和谐家庭氛围明显高于不和谐，子女成长理想型显著高于不理想型。

二、校长的教育性格特征

如前面所述，校长的教育性格特征包括四个方面，即态度特征、理智特征、情绪特征和意志特征。态度特征就是对教育的看法和行为倾向，数据显示67.61%的校长强烈、27.38%的校长比较强烈地发自内心热爱教育事业，热爱学校，关心师生。合计达到94.99%，可见校长群体的教育态度是积极端正的。理智特征是处理办学事务过程中表现出来的认知特点，数据显示49.14%的校长完全能够、41.18%的校长基本能够对所遇问题或困难进行调查研究、独立思考，主动想办法直到成功解决。合计达到90.32%，表明校长在办事风格上理性程度较高。情绪特征包括情绪对行为的影响，以及自身情绪的控制能力。数据显示50.03%的校长完全、38.23%的校长基本可以把控自己的情绪，常常处于积极乐观的心境状态。合计达到88.26%，表明校长的情绪状态比较平和稳定。意志特征体现的是校长的意志品格，能否目标坚定、毅力顽强。数据显示，60.32%的校长完全、31.94%的校长基本拥有清晰的教育梦想，并矢志不移地追求，踏踏实实、兢兢业业。合计达到92.26%，表明校长具有较强的意志力。具体数据如表3–7所示。

表 3-7　校长性格四特征基本情况

特征	强烈（完全符合）/%	较强（比较符合）/%	合计 /%
态度特征	67.61	27.38	94.99
理智特征	49.14	41.18	90.32
情绪特征	50.03	38.23	88.26
意志特征	60.32	31.94	92.26

转换成如图 3-1 所示的柱状图和图 3-2 所示雷达图，则显得更为直观。

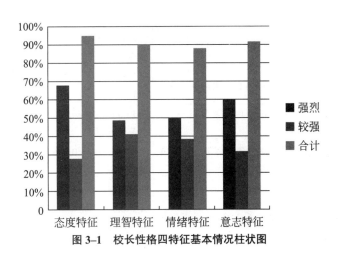

图 3-1　校长性格四特征基本情况柱状图

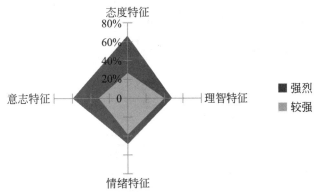

图 3-2　校长性格四特征基本情况雷达图

我们可以发现，比较四个特征而言，校长在态度、意志方面比情绪和理智要更胜一筹。也就是说，校长们在教育态度方面非常端正，也有顽强的意志力。但是在理智和情绪方面，要逊色一些，即办学过程中如何更好地利用好理智和情绪这两把利剑，需要进一步努力。具体而言，不同类型的校长在四个特征方面还存在显著性的差异，下面进行差异性分析。

（一）态度特征

教育态度方面的差异性。个人方面的因素，女性显著高于男性，卓越型校长显著高于优秀型校长、优秀型校长显著高于称职型校长,而学科背景、学历、任职时间等问题则没有显著性差异。表明女性校长对教育行业的热爱程度更高,越优秀的校长态度也更积极端正。学校方面的因素,地区之间没有显著性差异,但是城市显著高于乡村、示范学校显著高于非示范学校、幼儿园显著高于其他学段。家庭方面的因素,显而易见,和谐家庭氛围明显高于不和谐家庭,子女成长理想型显著高于不理想型,具体数据如表3-8所示。

表3-8 不同类别校长性格态度特征均值及差异性情况

类别	均值	差异性
性别	女 4.71> 男 4.55	F=67.512,t=-5.751,Sig.=0.000,女性显著高于男性
学科背景	艺体类 4.65> 自然科学类 4.60> 人文社科类 4.62	F=0.617,Sig.=0.540,不同学科背景之间无显著性差异
第一学历	大学以上 4.69> 大学(本、专)4.62> 大学以下 4.60	F=1.085,Sig.=0.338,不同第一学历之间无显著性差异
初任年龄	51 岁以上 4.71>36~40 岁 4.64>41~45 岁 4.61>35 岁以下 4.60>45~50 岁 4.59	F=1.000,Sig.=0.406,不同初任正校长的年龄间无显著性差异
已任年限	11~15 年 4.65>16 年以上 4.62>5 年及以下 =4~10 年 4.61	F=0.354,Sig.=0.786,不同已任正校长年限间无显著性差异
校长类型	卓越型校长 4.82> 教育家型校长 4.80> 优秀型校长 4.68> 称职型校长 4.57	F=10.012,Sig.=0.000,优秀型校长显著高于称职型校长;Sig.=0.000,卓越型校长显著高于称职型校长;Sig.=0.037,卓越型校长显著高于优秀型校长;Sig.=0.011,教育家型校长显著高于称职型校长
地区	蒙藏新宁桂 4.69> 其他广大地区 4.61> 京沪苏浙粤 4.60	F=2.010,Sig.=0.134,不同地区之间无显著性差异
地域	地级以上城市城区 4.68> 城市郊区或县城 4.66> 乡镇农村 4.55	F=8.757,Sig.=0.000,地级以上城市地区显著高于乡镇农村;Sig.=0.003,城市郊区或县城显著高于乡镇农村
层次	示范学校 4.72> 普通学校 4.60> 薄弱学校 4.53	F=10.266,Sig.=0.001,示范学校显著高于普通学校;Sig.=0.000,示范学校显著高于薄弱学校
学段	幼儿园 4.71> 中学 4.61> 小学 4.58	F=3.377,Sig.=0.001,幼儿园显著高于小学;Sig.=0.007,幼儿园显著高于中学
家庭	家庭氛围和谐 4.64> 家庭不和谐 4.35	F=34.854,t=4.972,Sig.=0.000,和谐家庭氛围明显高于不和谐的
子女	子女成长理想 4.69> 不理想 4.45	F=79.989,t=7.296,Sig.=0.000,子女成长理想的显著高于不理想的

注:里克特量表5点计分,1为最低值,3为一般水平,5为最高值,均值位于两者之间;组间没有显著性差异的,在表中不呈现。

(二)理智特征

理智特征方面的差异性。个人方面的因素,女性显著高于男性、大学以上学历者显著高于大学以下学历，教育家型校长、优秀型校长显著高于称职型校长，而学科背景、任职时间等没有显著性差异。学校方面的因素，不同地区之间没有显著性差异，但是城市显著高于乡村、示范学校显著高于非示范学校、幼儿园显著高于其他学段。家庭方面的因素，显而易见，还是和谐家庭氛围明显高于不和谐，子女成长理想型显著高于不理想型，具体数据如表 3–9 所示。

表 3–9　不同类别校长性格理智特征均值及差异性情况

类别	均值	差异性
性别	女 4.46> 男 4.33	$F=0.023$，$t=-3.714$，$Sig.=0.000$，女性显著高于男性
学科背景	艺体类 4.41> 人文社科类 4.39> 自然科学类 4.35	$F=0.855$，$Sig.=0.425$，不同学科背景之间不存在显著性差异
第一学历	大学以上 4.55> 大学（本、专）4.41> 大学以下 4.33	$F=5.866$，$Sig.=0.014$，大学以上显著高于大学以下
初任年龄	51 岁以上 4.52>36~40 岁 =46~50 岁 4.39>41~45 岁 4.38>35 岁以下	$F=1.120$，$Sig.=0.345$，不同初任正校长的年龄间无显著性差异
已任年限	16 年以上 4.43>6~10 年 4.39>11~15 年 4.37>5 年及以下 4.36	$F=0.708$，$Sig.=0.547$，不同已任校长年限间无显著性差异
校长类型	教育家型校长 4.62> 卓越型校长 4.61> 优秀型校长 4.51> 称职型校长 4.30	$F=17.175$，$Sig.=0.000$，优秀型校长显著高于称职型校长；$Sig.=0.008$，教育家型校长显著高于称职型校长
地区	京沪苏浙粤 4.43> 蒙藏新宁桂 4.41> 其他广大地区 4.38	$F=0.467$，$Sig.=0.627$，不同地区之间无显著性差异
地域	地级以上城市城区 4.45> 城市郊区或县城 4.36> 乡镇农村 4.35	$F=0.418$，$Sig.=0.021$，地级以上城市城区显著高于乡镇农村
层次	示范学校 4.49> 普通学校 4.35> 薄弱学校 4.35	$F=8.709$，$Sig.=0.000$，示范学校显著高于普通学校；$Sig.=0.003$，示范学校显著高于薄弱学校
学段	幼儿园 4.50> 小学 4.35> 中学 4.34	$F=3.683$，$Sig.=0.003$，幼儿园显著高于小学；$Sig.=0.039$，幼儿园显著高于中学
家庭	家庭氛围和谐 4.41> 不和谐 4.17	$F=0.028$，$t=4.247$，$Sig.=0.000$，家庭氛围和谐显著高于不和谐
子女	子女成长理想 4.46> 不理想 4.22	$F=0.019$，$t=6.711$，$Sig.=0.000$，子女成长理想显著高于不理想

注：里克特量表 5 点计分，1 为最低值，3 为一般水平，5 为最高值，均值位于两者之间；组间没有显著性差异的，在表中不呈现。

（三）情绪特征

情绪特征方面的差异性。个人方面的因素，女性显著高于男性，教育家型、卓越型、优秀型校长显著高于称职型校长，而学科背景、学历和任职时间等没有显著性差异。学校方面的因素，同样是不同地区之间没有显著性差异，但城市显著高于乡村、示范学校显著高于非示范学校、幼儿园显著高于其他学段。家庭方面的因素，显而易见，和谐家庭氛围明显高于不和谐，子女成长理想型显著高于不理想型，具体数据如表 3–10 所示。

表 3–10　不同类别校长性格情绪特征均值及差异性情况

类别	均值	差异性
性别	女 4.48> 男 4.29	F=4.050，t=-5.473，Sig.=0.000，女性显著高于男性
学科背景	艺体类 4.39> 人文社科类 4.37> 自然科学类 4.35	F=0.268，Sig.=0.765，不同学科背景之间无显著性差异
第一学历	大学以上 4.50> 大学（本、专）4.38> 大学以下 4.33	F=0.824，Sig.=0.060，不同学历之间无显著性差异
初任年龄	51 岁以上 4.46>36~40 岁 =46~50 岁 4.39>35 岁以下 4.35>41~45 岁 4.33	F=0.804，Sig.=0.523，不同初任正校长年龄间无显著性差异
已任年限	15 年以上 4.43>11~15 年 4.41>6~10 年 4.36>5 年及以下 4.32	F=2.123，Sig.=0.095，已任正校长年限间无显著性差异
校长类型	教育家型校长 4.67> 卓越型校长 4.59> 优秀型校长 4.45> 称职型校长 4.30	F=11.220， Sig.=0.000，优秀型校长显著高于称职型校长； Sig.=0.000，卓越型校长显著高于称职型校长； Sig.=0.001，教育家型校长显著高于称职型校长
地区	蒙藏新宁桂 4.45> 其他广大地区 4.36> 京沪苏浙粤 4.24	F=3.498，Sig.=0.010，不同地区之间无显著性差异
地域	地级以上城市城区 4.43> 城市郊区或县城 4.36> 乡镇农村 4.32	F=3.698，Sig.=0.022，地级以上城市城区显著高于乡镇农村
层次	示范学校 4.45> 普通学校 4.35> 薄弱学校 4.31	F=4.789， Sig.=0.028，示范学校显著高于普通学校； Sig.=0.016，示范学校显著高于薄弱学校
学段	幼儿园 4.51> 小学 4.33> 中学 4.31	F=4.769， Sig.=0.000，幼儿园显著高于小学； Sig.=0.003，幼儿园显著高于中学
家庭	家庭氛围和谐 4.40> 不和谐 4.02	F=1.040，t=6.472，Sig.=0.008，家庭氛围和谐显著高于不和谐
子女	子女成长理想 4.45> 不理想 4.18	F=0.291，t=7.351，Sig.=0.000，子女成长理想显著高于不理想

注：里克特量表 5 点计分，1 为最低值，3 为一般水平，5 为最高值，均值位于两者之间；组间没有显著性差异的，在表中不呈现。

（四）意志特征

意志特征方面的差异性。个人方面的因素，女性显著高于男性，学历高低之间存在显著性差异，教育家型、卓越型、优秀型校长显著高于称职型校长。学科背景虽然不存在显著性差异，但是具体音乐学科出身的校长在意志特征方面显著高于其他学科。任职时间没有显著性差异。学校方面的因素，同样是不同地区之间没有显著性差异，但城市显著高于乡村、示范学校显著高于非示范学校、幼儿园显著高于其他学段。家庭方面的因素，显而易见，和谐家庭氛围明显高于不和谐，子女成长理想型显著高于不理想型，具体数据如表 3–11 所示。

表 3–11 不同类别校长性格意志特征均值及差异性情况

类别	均值	差异性
性别	女 4.62> 男 4.45	F=28.340，t=−5.451，Sig.=0.000，女性显著高于男性
学科背景	艺体类 4.54> 人文社科类 4.52> 自然科学类 4.48	F=0.819，Sig.=0.441，不同学科背景间无显著性差异。但具体学科音乐显著高于其他学科
第一学历	大学以上 4.65> 大学（本、专）4.54> 大学以下 4.47	F=4.421，Sig.=0.034，大学（本、专）显著高于大学以下；Sig.=0.010，大学以上显著高于大学以下
初任年龄	51 岁以上 4.62>36~40 岁 4.54>46~50 岁 4.53>41~45 岁 4.49>35 岁以下 4.48	F=1.253，Sig.=0.286，初任正校长年龄间无显著性差异
已任年限	6~10 年 4.54>16 年以上 4.53>11~15 年 4.52>5 年及以下 4.49	F=0.734，Sig.=0.532，已任正校长年限间无显著性差异
校长类型	卓越型校长 4.76> 教育家型校长 4.71> 优秀型校长 4.64> 称职型校长 4.43	F=17.969，Sig.=0.000，优秀型校长显著高于称职型校长；Sig.=0.000，卓越型校长显著高于称职型校长；Sig.=0.006，教育家型校长显著高于称职型校长
地区	蒙藏新宁桂 4.60> 其他广大地区 4.50> 京沪苏浙粤 4.45	F=2.621，Sig.=0.073，不同地区之间无显著性差异
地域	地级以上城市城区 4.58> 城市郊区或县城 4.54> 乡镇农村 4.46	F=5.726，Sig.=0.001，地级以上城市城区显著高于乡镇农村；Sig.=0.050，城市郊区或县城显著高于乡镇农村
层次	示范学校 4.63> 普通学校 4.50> 薄弱学校 4.41	F=12.425，Sig.=0.000，示范学校显著高于普通学校；Sig.=0.000，示范学校显著高于薄弱学校；Sig.=0.037，普通学校显著高于薄弱学校
学段	幼儿园 4.63> 小学 4.48> 中学 4.47	F=3.977，Sig.=0.001，幼儿园显著高于小学；Sig.=0.001，幼儿园显著高于中学
家庭	家庭氛围和谐 4.54> 不和谐 4.12	F=11.507，t=4.723，Sig.=0.000，家庭氛围和谐显著高于不和谐
子女	子女成长理想 4.60> 不理想 4.32	F=32.962，t=7.988，Sig.=0.441，子女成长理想显著高于不理想

注：里克特量表 5 点计分，1 为最低值，3 为一般水平，5 为最高值，均值位于两者之间；组间没有显著性差异的，在表中不呈现。

三、校长的 PDP 性格类型

前面所述，PDP（行为特质动态衡量系统）将人的性格分为五种类型，即支配型、外向型、耐心型、精确型、整合型。而且还将这五种类型的个性特质形象化，分别称为"老虎型""孔雀型""无尾熊型""猫头鹰型""变色龙型"。为了探测校长性格的形象化表征，本研究以此进行了调查。结合校长办学实践，将"老虎型"的性格定位在办学过程中，强调目标导向、奖罚分明，行事雷厉风行，校长个人威信十足；"孔雀型"则魅力四射，富有激情和感染力，乐于自我表现，自我存在感强烈；"无尾熊型"是指平实朴素、亲和力强，遇事淡定、持之以恒的校长;"猫头鹰型"则是那些教育专业精深、洞察秋毫、直指要害,同时强调纪律制度的理性程度极高的校长;"变色龙型"的性格特点是社会能力非常强、内方外圆、协调性好,能够整合各种办学资源,形成合力,促进学校的优质发展。具体数据如表 3–12 所示,具体分布如图 3–3 和图 3–4 所示。

表 3–12　PDP 五型校长人数及比例

选项	人数	比例 /%
支配型 / 老虎	398	22.15
外向型 / 孔雀	131	7.29
耐心型 / 无尾熊	651	36.23
精确型 / 猫头鹰	262	14.58
整合型 / 变色龙	355	19.76

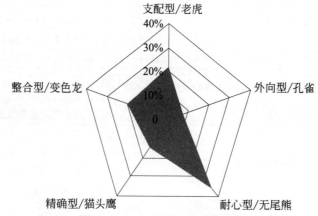

图 3–3　PDP 五型校长分布雷达图

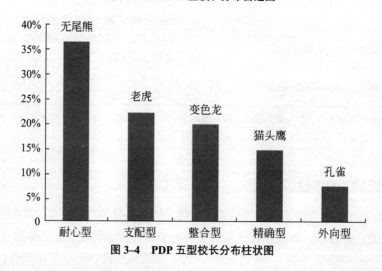

图 3–4　PDP 五型校长分布柱状图

上面是总体情况,为了考察不同性别在五类校长中的占比差异,将各类型的某一性别的校长人数除以该性别的总人数,计算百分比。比如"支配型 / 老虎"男校长人数为 229 人,男校长总人数为 1071 人,229/1071=21.38%,也就是男性校长中有 21.38% 为"支配型/老虎";又如"外向型/孔雀"型校长中有56位女性,而女校长总数位726人,因此56/726=7.71%,即女性校长中有7.71%为"外向型/孔雀",如表3-13所示。

表3-13 男女在五类校长中占比的分布

性别/性别总体	支配型/老虎	外向型/孔雀	精确型/猫头鹰	耐心型/无尾熊	整合型/变色龙
男/男性总体	21.38%	7.00%	16.06%	34.83%	20.73%
女/女性总体	23.28%	7.71%	12.40%	38.29%	18.32%

转换成直观的折线图如图3-5所示。

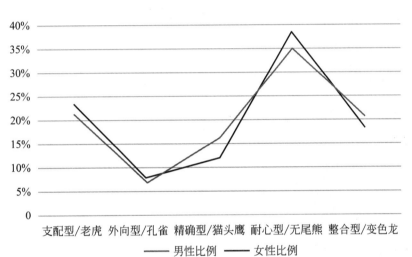

图3-5 男女在五类校长中占比分布的折线图

我们可以直观地看出,无论男女,"外向型/孔雀"型校长占比最低,其次是"精确型/猫头鹰"型,再次是"整合型/变色龙"型和"支配型/老虎"型,最高的是"耐心型/无尾熊"型。无论哪一种类型,男女都没有明显的差异,几乎相差无几。具体来说,男性在"精确型/猫头鹰"型和"整合型/变色龙"型两个维度上略高于女性,其他三个维度女性略高于男性。

四、基于"认知—行为"的校长性格

笔者在调研的过程中,发现校长们在"认知—行为"方面,有明显不同的方式。认知上,有的偏理性,有的偏感性;行为上,有些慷慨大方、气度不凡,我们称为"大度"。相反有些则往往斤斤计较、度量有限,对一些事情难以释怀,我们称为"悭吝"。

事实上,"理性"与"感性"不是完全对立的,恰恰相反,两者是共生的,只不过是认知的倾向不同而已。从理性角度来说,理性的人主要是通过深度的思维,对众多负责的教育现象或问题进行分析,抽丝剥茧、条分缕析,从而找到问题的要害,对症下药。往往不会被表面现象所迷惑,在处理过程中一般也不好考虑情感的因素,也就是我们常说的"对事不对人"。从感性角度来说,感性的人往往对教育充满了情感,热爱师生。虽然也会理性地分析问题,但更多的是人性关怀,充满情感地对待别人和处理事情。"大度"与"悭吝"，通常是两种不同的行为方式。不仅外在方式不一样，隐含于其中的价值观也相距甚远。"大度"体现在心有大局，把学校看作一个共同体，考虑问题不会单单从个人的角度去考虑。而且，不会去纠结一些过往的不愉快经历，有一颗宽容的心，从容不迫、坦坦荡荡。相反"悭吝"则是任何事情都以自己为中心，对不符合自己意愿的人和事耿耿于怀。

"理性"与"感性""大度"与"悭吝"，可以形成四种配对，即四类不同的性格。它们对应的数据如表3–14所示。

表 3–14 基于"认知—行为"的四类校长性格

类型	人数	比例 /%
感性—大度	580	32.28
感性—悭吝	38	2.11
理性—大度	1158	64.44
理性—悭吝	21	1.17

转换成直观的柱状图如图3–6所示。

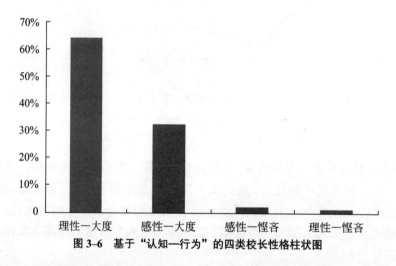

图 3–6 基于"认知—行为"的四类校长性格柱状图

我们发现，64.44%的校长为"理性—大度"型、32.28%的校长为"感性—大度"型，可以发现"大度"的校长合计占据96.72%。可见作为学校的第一负责人，校长都是宽容大度的人，或者说不大度的人难以胜任校长，抑或是校长在办学的过程中随着阅历的丰富而变得越发大度。从认知倾向来看，近乎三分之一的校长是感性为主，三分之二则主要是理性的。一言以蔽之，校长是一群理性为主感性为辅的大度的教育领导者。

上面是总体情况，为了考察不同性别在四类校长中的占比差异，将各类型的某一性别的校长人数除以该性别的总人数，计算百分比。比如"理性—大度"型男校长人数为751人，男校长总人数为1071人，751/1071=70.12%，也就是男性校长中有70.12%为"理性—大度"型；又如"感性—大度"型校长中有301位女性，而女校长总数为726人，因此301/726=41.46%，即女性校长中有41.46%为"感性—大度"型，如表3–15所示。

表 3–15　男女在四类校长中占比的分布

性别 / 性别总体	感性—大度	感性—悭吝	理性—大度	理性—悭吝
男 / 男性总体	26.05%	2.52%	70.12%	1.30%
女 / 女性总体	41.46%	1.52%	56.06%	0.96%

转换成直观的折线图如图 3–7 所示。

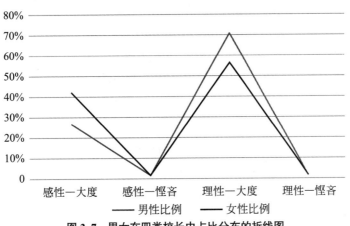

图 3–7　男女在四类校长中占比分布的折线图

我们可以直观地看出，无论男女，"理性—悭吝"型校长占比最低，其次是"感性—悭吝"型，而且这两种类型的占比，男女几乎相当。差别主要体现在"感性—大度"型和"理性—大度"型，具体来说，女性校长中"感性—大度"型的比例（41.46%）明显高于男性（26.05%）。而男性校长中"理性—大度"型的比例（70.12%）明显高于女性（56.06%）。可见男女在四类型上的分布还是有着明显的特点，就是"悭吝"的校长很少，校长们都很"大度"。但是男性更多的是"理性"的"大度"，而女性更多的是"感性"的"大度"。

第二节　校长人格论

人格是指个体在一系列社会性活动过程中表现出来的内部倾向性和心理特征，表现为需要、动机、兴趣、能力、气质、性格、理想、价值观和体质等方面的整合。具有动力一致性和连续性的自我，是个体在社会化过程中形成的独特的心身组织。人格具有整体性、稳定性、独特性和社会性。西方关于人格模型主要有"大五"人格和"九型"人格等，我国传统文化中尤其是儒家和道家对人格的追求也有其鲜明的特色。本研究拟以这些观点或视角对校长人格进行测评。

一、西方"大五"人格和"九型"人格

"大五"人格因素模型（OCEAN）被认为是人格结构的最好范型，通过几代心理学家的不懈努力，最终将人格分为五大因素：外向性（Extraversion）、宜人性（Agreeableness）、

尽责性（Conscientiousness）、情绪性（Neuroticism 也译作神经质）、开创性（Openness），如图3-8所示。[1]关于大五因素模型的研究范式，主要有两种，即词汇研究和问卷研究。词汇研究是基于词汇假设进行词汇的相关语境分析研究，而问卷研究则是基于人格心理学研究者们的理论构想对人格文献分析归类的研究。这两种研究分别从世俗和科学两个维度来分析人格。"大五"人格因素模型在实践中得到了许多的应用，如诊断临床障碍和治疗心理疾病、预测和确定健康行为与问题、人格与工作绩效之间的关系等方面。尤其值得一提的是，"大五"模型对于管理者选拔而言也是一个十分有用的工具，在预测领导力的人格特质方面意义重大[2]。如区别不同管理岗位所匹配的人格特质，从而探讨人格子维度与职务绩效的关系使得它的意义更加凸显[3]。当然，我们在使用"大五"模型分析时，不能不考虑东西方文化存在的差异。比如有研究者构建了中国人格的"大七"因素模型，包括七个人格维度，即外向性、人际关系、行事风格、才干、情绪性、善良、处世态度等[4]。

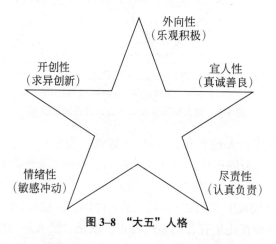

图 3-8 "大五"人格

"九型"人格（Enneagram），起源于两千多年前阿富汗一带古巴比伦的民间智慧，类似于我国的太极八卦。后来逐渐发展成为一门完善的性格类型学说。[5]自20世纪60年代传入欧美地区，而后风靡学术界及工商管理界。"九型"人格将人格分为九类，分别是完美型（追求完美）、助人型（助人为乐）、成就型（追求成功）、自我型（个性至上）、理智型（沉着淡定）、敏感型（多疑顺从）、活跃型（快乐自嗨）、权力型（管控欲望）及和谐型（与世无争），如图3-9所示。这一理论认为每个人都有自己的人格类属，当然人格并不是一成不变的。当人处于健康状态时，随时有可能整合人格的不同方面。由于个体的成长环境不可复制，所以虽然同类型人之间存在有许多共同点，但却也有一些自己的特质。"九型"人格在人力资源管理中有着广泛的应用，在招聘选拔、培训发展、员工职业规划、薪酬福利和文化建设等方面有着极强的实践意义。[6]基于西方人格模型的校长人

[1] 李红燕.简介"大五"人格因素模型[J].陕西师范大学学报（哲学社会科学版），2002（S1）：89-91.
[2] 任国华，刘继亮.大五人格和工作绩效相关性研究的进展[J].心理科学，2005（02）：406-408.
[3] 刘玉凡，王二平.大五人格与职务绩效的关系[J].心理学动态，2000（03）：73-80.
[4] 崔红，王登峰.西方"大五"人格结构模型的建立和适用性分析[J].心理科学，2004（03）：545-548.
[5] 李建功.九型人格理论与领导者的沟通艺术[J].领导科学，2009（12上）：24.
[6] 裴宇晶.九型人格理论在企业人力资源管理中的应用[J].现代管理科学，2011（12）：97.

格观测点,如表3-16所示。

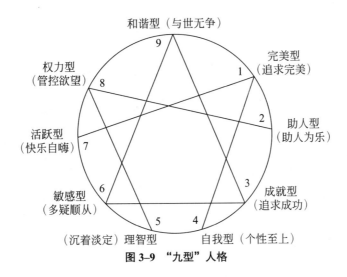

图3-9 "九型"人格

表3-16 基于西方人格模型的校长人格观测点

"大五"人格	开创性	富于想象,乐于欣赏,将心比心,体谅他人,敢于尝试,求异创新
	尽责性	对自己的办学能力非常自信,有目标感、责任感,克服苦难,兢兢业业,成熟稳重
	外向性	性格开朗,与师生关系亲密,精力充沛,善于学习
	宜人性	相信他人,坦率真诚,悲天悯人,不喜冲突,谦逊,没有架子
	情绪性	心境平和,安全感强,自我控制能力强,情绪波动不大
"九型"人格	完美型	坚守教育理想、追求卓越、力求完美
	助人型	乐于付出,竭尽全力去促进师生的健康成长
	成就型	殚精竭虑想把学校办成一所有特色的高品质学校,同时实现自己的人生价值
	自我型	有个性、有才华,感情真挚、多愁善感,诗性气质
	理智型	遇事冷静,有深刻的洞察力、分析能力,对教育有深度的理性思考
	敏感型	为人忠诚勤恳,但安全方面想得太多,内心深处常有担心和不安
	活跃型	天生喜乐、乐观豁达的校长,给师生带来快乐
	权力型	正义公道、勇于担当的校长,自信坚定、决断力、行动力强,师生敬畏
	和谐型	平和的校长,万事以和为贵,哪怕忍让。喜欢顺其自然,希望平平安安

"大五"人格各维度的占比如表3-17所示,83.36%的校长具有良好的宜人性,他们能够相信他人,坦率真诚,悲天悯人,不喜冲突,谦逊,没有架子,和师生关系融洽。75.85%的校长具有良好的开创性,他们富于想象,乐于欣赏,将心比心,体谅他人,敢于尝试,求异创新。72.40%的校长具有良好的尽责性,责任感强、自信心强,有目标感,克服困难,兢兢业业,成熟稳重。69.34%的校长具有良好的外向性,他们性格开朗,精力充沛,善于学习。63.11%的校长具有良好的情绪稳定性,他们心境平和,安全感强,自我控制能力强,情绪波动不大。可以看出在"大五"人格的维度上,校长们的表现为,

宜人性＞开创性＞尽责性＞外向性＞情绪性，如图3-10所示。可以简单地素描一下，校长们在办学过程中，从外面来看，他们能够很好地处理各种人际关系，有一定的开拓性和责任感，但是不够外向开放、情绪还不够稳定，如图3-11所示。

表3-17 "大五"人格各维度校长的表现情况

维度	累计人数/人	占比/%
开创性	1363	75.85
尽责性	1301	72.40
外向性	1246	69.34
宜人性	1498	83.36
情绪性	1134	63.11

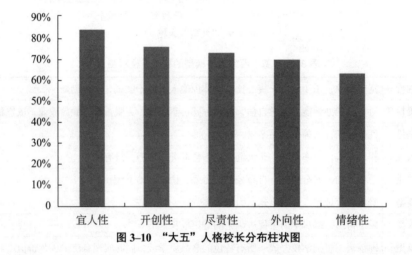

图3-10 "大五"人格校长分布柱状图

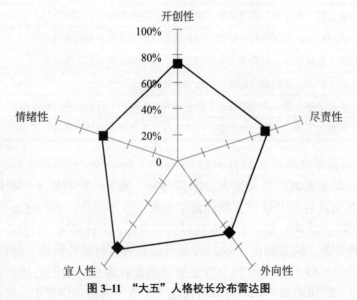

图3-11 "大五"人格校长分布雷达图

"九型"人格各维度的占比如表3-18所示，具体分布如图3-12和图3-13所示，82.97%的校长为助人型，他们总是乐于付出，竭尽全力去促进师生的健康成长。65.00%的校长为完美型，他们坚守教育理想、追求卓越、力求完美。61.71%的校长为成就型，他们想把学校办成一所有特色的高品质学校，同时实现自己的人生价值。60.04%的校长为权力型，他们是正义公道、勇于担当的校长，自信坚定、决断力、行动力强。56.09%的校长为敏感型，他们为人忠诚勤恳，但往往想得太多，内心深处常有担心和不安。55.87%的校长为理智型，他们遇事冷静，有深刻的洞察力、分析能力，对教育有深度的理性思考。50.81%的校长为和谐型，他们万事以和为贵，哪怕忍让。喜欢顺其自然，希望平平安安。37.56%的校长为活跃型，他们是天生喜乐、乐观豁达的校长，给师生带来快乐。29.44%的校长为自我型，他们是有个性、有才华的校长，感情真挚、多愁善感，诗性气质。可以看出在"九型"人格的维度上，校长们的表现为，助人为乐＞追求完美＞追求成功＞管控欲望＞多疑顺从＞沉着淡定＞与世无争＞快乐自嗨＞个性至上。这表明校长在办学的过程中，是在助人成长的同时追求自我价值实现，他们往往从学校办学的角度出发，个性的展现相对有限。

表3-18 "九型"人格各维度校长的表现情况

维度	累计人数/人	占比/%
完美型	1168	65.00
助人型	1491	82.97
成就型	1109	61.71
自我型	529	29.44
理智型	1004	55.87
敏感型	1008	56.09
活跃型	675	37.56
权力型	1079	60.04
和谐型	913	50.81

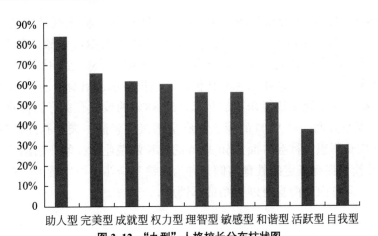

图3-12 "九型"人格校长分布柱状图

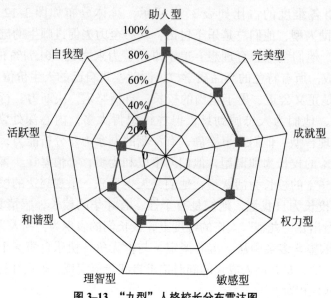

图3-13 "九型"人格校长分布雷达图

二、我国传统文化中的人格追求

中国传统文化中,儒家和道家的思想是它的内核。《大学》中提出的三纲八目,可谓儒家精神旨趣的框架。三纲即明德、亲民、止于至善,八目即格物、致知、诚意、正心、修身、齐家、治国、平天下。可以看出在儒家的视野中,完善的人格应该包括自身、家庭、社会三个维度。道家哲学的核心思想,是人法地、地法天、天法道、道法自然。而自然就是自然而然、水到渠成、无为而治、上善若水。因此,离"自然"越远则远离"道",越接近"自然"则越近"道"。如果按照教书育人的"道"来办学,就意味着校长人格的完善。《道德经》有云,"太上,不知有之;其次,亲而誉之;其次,畏之;其次,侮之。信不足焉,有不信焉。悠兮,其贵言。功成事遂,百姓皆谓:我自然。"这可以视为道家人格的四个层次。除了西方视角,本研究也从中国传统文化的角度对校长人格进行探测。

如表3-19所示,具体分布如图3-14和图3-15所示,儒家视域中的健全人格应该包括三个方面,自身、家庭和社会。自身就是校长本人的身心健康,包含格物、致知、诚意、正心、修身。家庭就是齐家,让家庭幸福、和睦,子女健康成长。社会就是治国、平天下,将其作为校长的责任担当和时代使命。数据显示,自身方面,50.03%的校长认为自己身心健康,总是处于积极乐观的状态,58.38%的校长有良好的自我认知,能处理好各种关系。家庭方面,90.93%的校长家庭情感氛围和谐,夫妻和睦,68.84%的校长认为自己子女成长理想。社会方面,60.32%的校长兢兢业业办学,踏踏实实服务师生成长,52.81%的校长拥有坚定的教育信仰,并为之终身奋斗。可以看出,在家庭方面的情况要明显高于社会方面,而自身健康则最不理想。

表 3–19　基于我国传统文化的校长人格观测点及百分比

儒家	自身	身心健康，总是处于积极乐观的状态	50.03%
		有良好的自我认知，能处理好各种关系	58.38%
	家庭	家庭情感氛围和谐，夫妻和睦	90.93%
		亲子关系融洽，子女健康成长	68.84%
	社会	兢兢业业办学，踏踏实实服务师生成长	60.32%
		拥有坚定的教育信仰，并为之终身奋斗	52.81%
道家	背道而驰	"侮之"，刚愎自用，师生不敬重甚至羞辱校长	1.17%
	并行不悖	"畏之"，没有交互、各行其道，师生畏惧校长	2.56%
	扶持而行	"亲而誉之"，支持师生成长，师生亲近赞美校长	29.72%
	顺道而为	"不知有之"，按照"道"即规律办学，校长功成弗居	66.56%

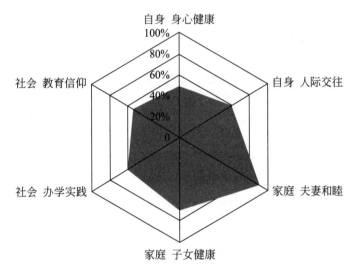

图 3–14　儒家视域中校长人格维度分布雷达图

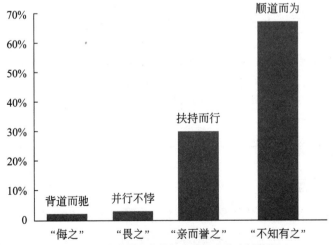

图 3–15　道家视域中校长人格层次分布柱状图

根据道家的思想，人格层次可以分为四层。由低到高分别是，背道而驰、并行不悖、扶持而行和顺道而为。位于最低层次的校长占比1.17%，也就是"侮之"这类，他们往往不尊重教育教学规律，也不能因时因地因人制宜，而是刚愎自用，背道而驰，所以得不到师生的敬重，甚至被羞辱，可谓咎由自取。第二层次为"畏之"这类，占比2.56%，校长与师生没有什么交集，各行其道，老死不相往来，所以师生畏惧他们，不愿意亲近他们。第三层次为"亲而誉之"这类，占比29.72%，他们关心爱护师生，鼎力支持师生的成长，鞠躬尽瘁、情真意切，所以师生自发亲近并感恩赞美校长。最高层次的校长类型为"不知有之"，占比66.56%，这类校长按照"道"即规律办学，学生健康成长、教师专业发展，一切水到渠成，成就了师生、成就了学校，但是校长功成弗居，隐而退之。可见，在办学的过程中只有极其少数的校长不顾教育教学和学生成长的规律；约三分之一的校长在殚精竭虑努力促进师生发展，获得他们的认可和尊重；约三分之二的校长，顺道而为，以至师生"不知有之"。

第三节　校长风格论

前面已经谈到，风格就是校长在办学过程中表现出来的理论修养和实践风范。它稳定而深刻地反映了校长个人的教育思想、领导理念、精神气质、价值追求等内部特性。本研究从领导力模型、"人—事"模型、"三商"模型、"三性"模型等视角对校长的风格类型进行了研究，试图了解不同类型的校长在领导力不同维度上的表现差异，从而更好地为校长提供自我完善的有效策略。具体分析框架如表3-20所示。

表3-20　校长风格论的不同分析框架

校长风格	领导力模型	四维模型：愿景—思变—行动—共情
		五力模型：感召力、前瞻力、决断力、控制力、影响力
	"人—事"模型	人文情怀（深/浅）—办学业务水准（强/弱）
		师傅型（浅强）、父母型（深弱）、路人型（浅弱）、菩萨型（深强）
	"三商"模型	"智商"是对问题的感知、分析、解决，以及对教育实践或理论的创新
		"情商"是对校长身份的良好认知，对师生家长等适切的关怀体谅
		"行商"是校长基于信念殚精竭虑实现梦想的坚持不懈的行动力
	"三性"模型	"方向性"指了解并遵循党和国家的教育方针政策
		"专业性"指了解和遵循教育教学规律、孩子成长规律
		"灵活性"指灵活处理各种极度复杂的社会性疑难问题

一、领导力模型

我们发现，有两个模型适合于风格的分析，即本研究在前面第一章领导力理论分析部分构建的领导力通适模型和中科院课题组提出的五力模型。先来分析通适模型视角下的校长风格。通适模型包括四个维度，即愿景、思变、行动、共情。愿景，就是团队共同的目标与追求，缺乏愿景就没有凝聚力，形同散沙。思变，穷则思变，生于忧患。外在环境瞬息万变，组织内部也在不断变异，需要校长不断去学习、思考和改变。行动，仅有思维上的创新还远远不够，还需要强大的行动力。一旦形成学校发展的决策，无论大小都需要立即行动。共情，校长个人和育人团队一定要共情，为实现共同的价值诉求而戮力同心、竭诚奉献。

再看中国科学院科技领导力研究课题组提出的五力模型。他们指出领导力由五个方面组成，分别是感召力、前瞻力、决断力、控制力、影响力[1]。具体来说，感召力是经典的特质领导能力，通常表征为坚定的信念和崇高的理想、高尚的人格和高度的自信，丰富的阅历，乐于挑战，充满激情，等等。前瞻力是一种着眼未来、预测未来和把握未来的能力，反映的是校长对教育发展规律的认识深度。影响力是领导者积极主动地影响团队成员的能力，主要体现为对团队成员需求和动机的洞察，有效的沟通方式与行为，等等。决断力是针对办学过程中的各种问题和突发事件而进行快速和有效决策的能力，需要理论与实践结合，统整方法与过程，把握时机化解风险。控制力是有效控制组织的发展方向、战略实施过程和成效的能力，需要拟定共同的价值追求，制定规范，信息畅通，协调灵活。基于通适模型和五力模型的风格测试题及数据，如表 3-21 所示。

表 3-21 基于通适模型和五力模型的风格测试题及数据

模型	维度	测试题	累计百分比 /%
四维模型	愿景	您和全校师生共享美好的发展愿景	72.06
	思变	您善于学习，喜欢思变，追求创新	69.62
	行动	您的控制力、执行力强，言必信，行必果	64.83
	共情	您善于共情，让学校拥有家庭般的温馨	74.68
五力模型	感召力	拥有理想信念、人格魅力、人生智慧等	70.62
	前瞻力	把握社会发展趋势和未来教育发展、人才培养的样态等	47.86
	决断力	能够预见问题、化解风险、利用时机、选择策略等	56.98
	控制力	可以价值引领，制定规章制度，实现问题解决	54.65
	影响力	能够关注师生的需要，进行各种沟通，成就师生	79.52

从表 3-21 我们可以看出，基于通适模型，有 72.06% 的校长能够和全校师生共享美好的发展愿景。74.68% 的校长善于共情，让学校拥有家庭般的温馨，为师生成长提供良好的人文环境。有 69.62% 的校长善于不断学习，喜欢思变、追求创新。64.83% 的校长拥有良好的控制力、执行力强，言必信，行必果。可以明显地看出，校长的现实领导风格让模型瘦身了，如图 3-16 所示。也就是说，领导力的核心两翼思变和行动，明显不足。虽然校长能够很好地与师生共情，也有较好的愿景，但是在行动实践层面逊色许多。

---

[1] 中国科学院"科技领导力研究"课题组. 领导力五力模型研究 [J]. 领导科学，2006（9）：20-23.

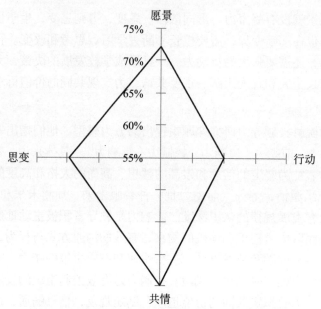

图 3-16　基于领导力通适模型的校长风格分布雷达图

基于中科院五力模型的分析，我们发现校长在影响力和感召力方面，情况较好，如图 3-17 所示。有 79.52% 的校长能够关注师生的需要，能够进行各种沟通，促进师生成长。70.62% 的校长拥有坚定的理想信念、人格魅力和阅历智慧等。同样，在实践层面要逊色许多。有 56.98% 的校长能够预见一些问题，选择合适的策略和时机去化解风险。有 54.65% 的校长可以进行价值引领、制定制度规范等。有 47.86% 的校长能够较好地把握社会发展趋势和未来教育发展的样态等。一言以蔽之，两个模型测查的结果高度一致，那就是校长办学在理念层面和实践层面相距较远，理念稍胜一筹，实践略逊一等。

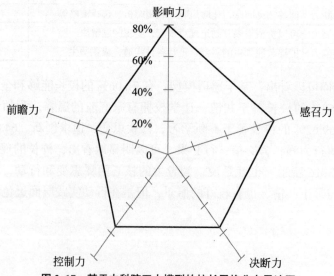

图 3-17　基于中科院五力模型的校长风格分布雷达图

二、"人—事"模型

从实践调查的经历来看,复杂的办学其实可以简化为两项关键事件,一是关于人的问题,二是关于事的问题,即"人—事"模型。关于人的问题,主要涉及人际关系、沟通、情感、激励、生命价值、人生意义等等,体现的是校长的人文情怀;关于事的问题,就是涉及什么事情、怎么回事、怎么办等,体现的是校长业务的专业水平,包括教育教学水平和领导管理层次。基于"人—事"模型,我们发现人文情怀有深有浅、业务水准有高有低,这样就可以形成四种组合,即第一种"业务水准高-人文情怀浅",我们称为"师傅型"校长,因为通常意义上师傅的主要职责就是传授技术而已。第二种"业务水准低-人文情怀深",我们称为"父母型"校长,因为父母一词意味着关爱,但是并不教给孩子职业能力。第三种为"业务水准低-人文情怀浅",我们称为"路人型"校长,意思就是各行其道,没有交集,学校的氛围和办学水平都非常不理想。第四种为"业务水准高-人文情怀深",我们称为"菩萨型"校长,这里需要注意,"菩萨"一词与宗教、迷信没有任何关系,只是借用这一民间词汇来隐喻高层次校长的品质内涵。民间"菩萨"一词,意味着"有求必应"和"救苦救难"。有求必应,就是校长关注到师生的需要、情感,体现的是人文关怀。救苦救难,就是帮助师生走出困境,为他们提供针对性的、有效的指导。四类校长的分布如表3–22及图3–18和图3–19所示。

表 3–22 基于"人—事"模型的四类校长分布

类型	特征	百分比 /%
"师傅型"校长	业务水准高 – 人文情怀浅	16.08
"父母型"校长	业务水准低 – 人文情怀深	28.38
"路人型"校长	业务水准低 – 人文情怀浅	4.12
"菩萨型"校长	业务水准高 – 人文情怀深	51.42

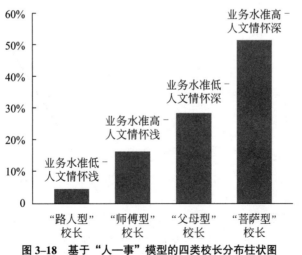

图 3–18 基于"人—事"模型的四类校长分布柱状图

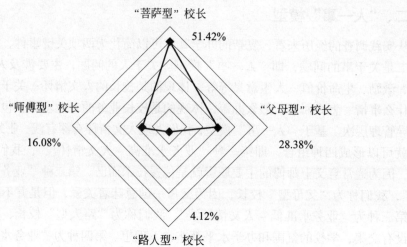

图 3–19　基于"人—事"模型的四类校长分布雷达图

上面是总体情况，为了考察不同性别在四类校长中的占比差异，将各类型的某一性别的校长人数除以该性别的总人数，计算百分比。比如"师傅型"男校长人数为 177 人，男校长总人数为 1071 人，177/1071=16.53%，也就是男性校长中有 16.53% 为"师傅型"；又如"菩萨型"校长中有 425 位女性，而女校长总数为 726 人，因此 425/726=58.54%，即女性校长中有 58.54% 为"菩萨型"，如表 3–23 和图 3–20 所示。

表 3–23　男女在四类校长中占比的分布

性别 / 性别总体	师傅型	父母型	路人型	菩萨型
男 / 男性总体	16.53%	32.21%	4.67%	46.59%
女 / 女性总体	15.42%	22.73%	3.30%	58.54%

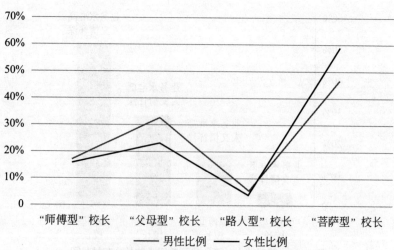

图 3–20　男女在四类校长中占比分布的折线图

转换为直观的折线图，我们可以发现：

无论男女，"路人型"校长占比最低，其次是"师傅型"。而且"师傅型"和"路人型"的占比，男女几乎相当。差别主要体现在"父母型"和"菩萨型"，具体来说，女性校长中"菩萨型"的比例（58.54%）明显高于男性（46.59%）。而男性校长中"父母型"的比例（32.21%）明显高于女性（22.73%）。可见男女在四类型上的分布还是有着明显的特点。

下面分别从业务水准和人文情怀两个维度来分析校长风格。业务水准主要包括教育教学和领导管理方面的能力等。33.11%的校长认为他们具有很高的业务水准，能够在教育教学和管理上引领学校发展，带领教师专业发展和促进学生健康成长。52.14%的校长认为他们具有较高的业务水准。校长人文情怀包括教育理想、正能量、人格魅力、宽容大度、人性光辉等。42.79%的校长认为他们具有深厚的人文情怀，自身具有坚定的教育理想，关爱生命、以人为本，在办学过程中一言一行、一举一动都闪耀着美好的人性光辉。48.64%的校长认为他们的人文情怀比较深厚。具体来说，不同类别的校长在一些方面还是存在显著性的差异，如表3-24所示。

表3-24 不同类别校长在业务水准方面的差异性

类别	均值	差异性
性别	女 4.27> 男 4.11	F=6.207，t=-5.012，Sig.=0.000，女性显著高于男性
学科背景	艺体类 4.19> 自然科学 4.17= 人文社科 4.17	学科背景之间不存在显著性差异
第一学历	大学以上 4.31> 大学 4.20> 大学以下 4.11	F=5.966，Sig.=0.003，学历之间存在显著性差异。多重比较结果： Sig.=0.005，大学以上显著高于大学以下； Sig.=0.007，大学显著高于大学以下
初任年龄	51岁以上 4.27>46~50岁 4.21>35岁以下 4.19>36~40岁 4.17>41~45岁 4.13	F=0.982，Sig.=0.416，初任正校长年龄之间无显著性差异
已任年限	16年以上 4.31>11~15年 4.22>6~10年 4.15>5年及以下 4.11	F=7.089，Sig.=0.000，已任正校长年限之间存在显著性差异。 多重比较结果： Sig.=0.010，11~15年显著高于5年及以下； Sig.=0.000，16年以上显著高于5年及以下； Sig.=0.001，16年以上显著高于6~10年； 其他组间无显著性差异
校长类型	教育家型 4.67> 卓越型 4.61> 优秀型 4.39> 称职型 4.03	F=60.534，Sig.=0.000，不同校长类型存在显著性差异。 多重比较结果： Sig.=0.000，称职型显著低于优秀型； Sig.=0.000，称职型显著低于卓越型； Sig.=0.000，称职型显著低于教育家型； Sig.=0.001，优秀型显著低于卓越型； Sig.=0.027，优秀型显著低于教育家型； 其他组间无显著性差异
地区	经济发达地区 4.26> 广大中部地区 4.16> 民族地区 4.13	F=2.660，Sig.=0.07，地区间无显著性差异

续表

类别	均值	差异性
地域	城市 4.33＞县城 4.19＞乡镇 4.05	F=28.372，Sig.=0.000，地域间存在显著性差异。多重比较结果： Sig.=0.001，城市显著高于县城； Sig.=0.000，城市显著高于乡镇； Sig.=0.001，县城显著高于乡镇
层次	示范学校 4.37＞普通学校 4.13＞薄弱学校 4.04	F=30.330，Sig.=0.000，学校层次间存在显著性差异。多重比较结果： Sig.=0.000，示范学校显著高于普通学校； Sig.=0.000，示范学校显著高于薄弱学校
学段	幼儿园 4.29＞小学 4.12＞中学 4.11	F=5.309，Sig.=0.000，学段之间存在显著性差异。多重比较结果： Sig.=0.000，幼儿园显著高于小学； Sig.=0.001，幼儿园显著高于中学
家庭	家庭氛围和谐 4.20＞不和谐 3.95	F=0.067，t=4.349，Sig.=0.000，家庭氛围和谐显著高于不和谐
子女	子女成长理想 4.25＞不理想 4.00	F=31.488，t=7.177，Sig.=0.000，子女成长理想显著高于不理想

从数据可以看出，在业务水准方面存在许多差异。个人方面，女性显著高于男性，大学以上学历、大学均显著高于大学以下学历，任校长时间越长业务水准越高、校长层次越高业务水准越高。而学科背景、初任年龄没有显著性差异。学校方面，地区间无显著差异，但是城市显著高于其他、示范学校显著高于非示范学校、幼儿园高于其他学段。家庭方面，家庭和谐的显著高于不和谐的，子女成长理想的显著高于不理想的，如表 3–25 所示。

表 3–25　不同类别校长在人文情怀方面的差异性

类别	均值	差异性
性别	女 4.41＞男 4.29	F=3.152，t=−3.997，Sig.=0.000，女性显著高于男性
学科背景	人文社科 4.36＞艺体类 4.32＞自然科学 4.29	F=1.874，Sig.=0.154，学科背景之间不存在显著性差异
第一学历	大学以上 4.52＞大学 4.34＞大学以下 4.30	F=5.525，Sig.=0.004，学历之间存在显著性差异。多重比较结果： Sig.=0.001，大学以上显著高于大学以下； Sig.=0.006，大学以上显著高于大学
初任年龄	51 岁以上 4.47＞46~50 岁 4.34＞41~45 岁 4.33=36~40 岁 4.33=35 岁以下 4.33	F=0.951，Sig.=0.434，初任正校长年龄之间无显著性差异
已任年限	16 年以上 4.40=11~15 年 4.40＞6~10 年 4.31＞5 年及以下 4.30	F=2.908，Sig.=0.033，已任正校长年限之间存在显著性差异。多重比较结果： Sig.=0.024，11~15 年显著高于 5 年及以下； Sig.=0.032，16 年以上显著高于 5 年及以下； Sig.=0.048，11~15 年显著高于 6~10 年

续表

类别	均值	差异性
校长类型	教育家型 4.67> 卓越型 4.65> 优秀型 4.49> 称职型 4.24	F=33.042，Sig.=0.000，不同校长类型存在显著性差异。 多重比较结果： Sig.=0.000，称职型显著低于优秀型； Sig.=0.000，称职型显著低于卓越型； Sig.=0.000，称职型显著低于教育家型； Sig.=0.023，优秀型显著低于卓越型
地区	经济发达地区 4.46> 广大中部地区 4.32> 少数民族地区 4.28	F=5.527，Sig.=0.004，地区间存在显著性差异。 多重比较结果： Sig.=0.015，经济发达地区显著高于少数民族地区； Sig.=0.001，经济发达地区显著高于广大中部地区
地域	城市 4.44> 县城 4.36> 乡镇 4.25	F=15.262，Sig.=0.000，地域间存在显著性差异。 多重比较结果： Sig.=0.000，城市显著高于乡镇； Sig.=0.004，县城显著高于乡镇
层次	示范学校 4.50> 普通学校 4.30> 薄弱学校 4.23	F=23.165，Sig.=0.000，学校层次间存在显著性差异。 多重比较结果： Sig.=0.000，示范学校显著高于普通学校； Sig.=0.000，示范学校显著高于薄弱学校
学段	幼儿园 4.38> 中学 4.34> 小学 4.29	F=3.354，Sig.=0.010，学段之间存在显著性差异。 多重比较结果： Sig.=0.019，幼儿园显著高于小学
家庭	家庭氛围和谐 4.36> 不和谐 4.13	F=0.179，t=4.290，Sig.=0.000，家庭氛围和谐显著高于不和谐
子女	子女成长理想 4.42> 不理想 4.16	F=6.673，t=7.696，Sig.=0.000，子女成长理想显著高于不理想

从数据可以看出，在人文情怀方面存在许多差异。个人方面，女性显著高于男性，大学以上均显著高于大学及以下学历，任校长时间越长、校长层次越高则人文情怀越深。而学科背景、初任年龄没有显著性差异。学校方面，地区之间存在显著差异，经济发达地区显著高于其他地区，城市显著高于乡镇、示范学校显著高于非示范学校、幼儿园高于小学。家庭方面，家庭和谐的显著高于不和谐的，子女成长理想的显著高于不理想的。

我们可以发现，在业务水准和人文情怀方面存在相似的情况。女性校长均高于男性校长，学历、任职时长等都显著相关。也就是说随着经验阅历的丰富，校长们在实践中逐步成长。学校方面，往往城市地区会高一些。家庭方面，几乎无一例外，就是家庭的幸福影响校长的一切方面。看来想成为教育家型的校长，自身的家庭幸福就是毋庸置疑的前提条件。

三、"三商"模型

心理学研究的内容主要涉及知、情、意、行,虽然是老生常谈,但是它却能涵盖人的方方面面。"三商"模型,包括智商、情商和行商。知、情,基本对应智商、情商。意、行,笔者以行商统筹之。[1] 所谓行商,即在人生信仰的前提下,正能量地把自己的梦想变诸现实的踏踏实实的、一以贯之的、坚持不懈的行动力。对于校长而言,"智商"就是办学过程中,对问题的感知、分析、解决,以及对教育实践或理论的创新;"情商"是对校长身份的良好认知,以及对师生家长等适切的关怀体谅;"行商"是校长在强大的教育理想与信念的引领下,殚精竭虑实现教育梦想的坚持不懈的行动力。"三商"对于校长成为校长的贡献的测查点及数据如表 3–26 及图 3–21 所示。

表 3–26 "三商"对校长成为校长的贡献率

类型	内容	累计百分比 /%
智商	教育教学专业能力	75.46
	管理能力	78.69
情商	与校内师生之间良好的人际关系	72.12
	得到上级领导的赏识	58.54
行商	教育理想与激情	64.77
	教育实践与踏实	71.84

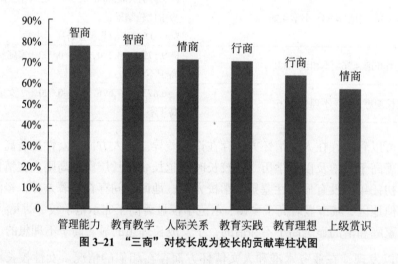

图 3–21 "三商"对校长成为校长的贡献率柱状图

从数据分析可知,"三商"对于支持校长们成为校长,起了重要作用。"智商"方面,75.46% 的校长认为教育教学专业能力非常重要,支持了他们的成长;78.69% 的校长认为管理能力非常重要。"情商"方面,72.12% 的校长认为与校内师生之间良好的人际关系是

---

[1] 吴晗清. 以课程意识带动教师专业发展 [J]. 湖北教育(教育教学),2016(1):1.

得到支持的重要因素，也有 58.54% 的校长认为得到上级领导的赏识不可或缺。"行商"方面，64.77% 的校长认为教育理想与激情在引领他们，71.84% 的校长认为校长是干出来的，是兢兢业业的教育实践成绩成就了他们。如果以智商、情商、行商三维度来分析，每一维度又有高低水平，那么可以得出八种类型的校长，具体类型及数据如表 3–27。

表 3–27　基于"三商"模型的八类校长及其分布

类型	三商程度	比例 /%
普通型	智商一般，情商一般，行商一般	57.68
聪明型	智商很高，情商一般，行商一般	5.23
温暖型	智商一般，情商很高，行商一般	10.07
坚韧型	智商一般，情商一般，行商很高	9.68
聪明又温暖型	智商很高，情商很高，行商一般	3.06
聪明又坚韧型	智商很高，情商一般，行商很高	2.78
温暖又坚韧型	智商一般，情商很高，行商很高	6.45
完美型	智商很高，情商很高，行商很高	5.06

笔者以"聪明"一词来简化智商的内涵，同样分别以"温暖""坚韧"来简化情商和行商。那么我们可以用这些词组合起来，描述八类校长。零高，就是每一维度都低，我们称为"普通型"。一高，就是一维度高，仅智商高，称为"聪明型"；仅情商高，称为"温暖型"；仅行商高，称为"坚韧型"。二高，即两个维度高，我们在两个词之间加"又"字命名之。三高，即三个维度均高，称为"完美型"。可以发现，57.68% 的校长在三商维度方面均表现一般，为"普通型"校长；5.06% 的校长在三商维度方面均表现非常好，为"完美型"。一高方面，"温暖型"校长占 10.07%、"坚韧型"校长占 9.68%、"聪明型"校长占 5.23%。二高方面，"温暖又坚韧型"校长占 6.45%，"聪明又温暖型"校长占 3.06%，"聪明又坚韧型校长"占 2.78%。转换成直观的柱状图和雷达图如图 3–22 和图 3–23 所示。

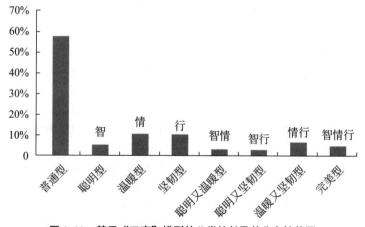

图 3–22　基于"三商"模型的八类校长及其分布柱状图

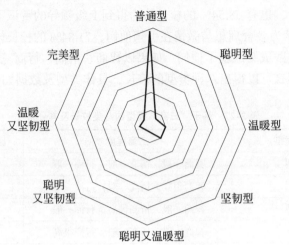

图 3-23 基于"三商"模型的八类校长及其分布雷达图

将"三商"分开来检测，数据进一步显示，智商方面，37.67%的校长认为他们"智商"很高，在办学过程中，能非常敏锐地发现教育教学问题，分析思考，并使问题得到解决；49.47%的校长认为他们"智商"比较高，合计 87.14%。情商方面，58.38%的校长认为他们"情商"很高，他们对校长身份有良好的自我认知，并总是能够体谅师生、家长等，能够设身处地为他人着想；37.28%的校长认为他们"情商"比较高，合计 95.66%。行商方面，52.81%的校长认为他们"行商"很高，作为校长，他们拥有坚定的人生信仰、教育理想，并不畏艰辛、持之以恒地努力奋斗；39.18%的校长认为他们"行商"比较高，合计 91.99%。上面从描述性统计的角度对基于"三商"模型的八类校长进行初步的呈现。那么对于不同类别的校长，他们在三商方面有哪些显著性差异呢？下面就对差异性进行分析，如表 3-28 所示。

表 3-28 不同类别校长在"智商"维度上的差异性分析

类别	均值	差异性
性别	女 4.30 > 男 4.21	$F=5.813$，$t=-2.785$，$Sig.=0.005$，男性显著低于女性
学科背景	艺体类 4.29 > 人文社科 4.24 > 自然科学 4.23	$F=0.541$，$Sig.=0.582$，学科背景之间不存在显著性差异
第一学历	大学以上 4.50 > 大学 4.27 > 大学以下 4.17	$F=11.843$，$Sig.=0.000$，学历之间存在显著性差异。多重比较结果： $Sig.=0.000$，大学以上显著高于大学以下； $Sig.=0.001$，大学以上显著高于大学； $Sig.=0.004$，大学显著高于大学以下
初任年龄	51 岁以上 4.43 > 46~50 岁 4.26 > 35 岁以下 4.25 > 36~40 岁 4.23 > 41~45 岁 4.21	$F=2.147$，$Sig.=0.073$，初任正校长年龄之间无显著性差异
已任年限	16 年以上 4.36 > 11~15 年 4.28 > 6~10 年 4.23 > 5 年及以下 4.18	$F=5.228$，$Sig.=0.001$，已任正校长年限之间存在显著性差异。多重比较结果： $Sig.=0.025$，11~15 年显著高于 5 年及以下； $Sig.=0.000$，16 年以上显著高于 5 年及以下； $Sig.=0.011$，16 年以上显著高于 6~10 年

续表

类别	均值	差异性
校长类型	教育家型 4.64> 卓越型 4.59> 优秀型 4.44> 称职型 4.12	F=45.571，Sig.=0.000，不同校长类型存在显著性差异。多重比较结果： Sig.=0.000，称职型显著低于优秀型； Sig.=0.000，称职型显著低于卓越型； Sig.=0.000，称职型显著低于教育家型； Sig.=0.034，优秀型显著低于卓越型； Sig.=0.048，优秀型显著低于教育家型
地区	经济发达地区 4.34> 少数民族地区 4.26> 广大中部地区 4.23	F=3.293，Sig.=0.037，地区间存在显著性差异。多重比较结果： Sig.=0.011，经济发达地区显著高于广大中部地区
地域	城市 4.35> 县城 4.25> 乡镇 4.16	F=13.106，Sig.=0.000，地域间存在显著性差异。多重比较结果： Sig.=0.042，城市显著高于县城； Sig.=0.000，城市显著高于乡镇
层次	示范学校 4.41> 普通学校 4.20> 薄弱学校 4.14	F=22.457，Sig.=0.000，学校层次间存在显著性差异。多重比较结果： Sig.=0.000，示范学校显著高于普通学校； Sig.=0.000，示范学校显著高于薄弱学校
学段	幼儿园 4.35> 中学 4.29> 小学 4.17	F=5.651，Sig.=0.010，学段之间存在显著性差异。多重比较结果： Sig.=0.000，幼儿园显著高于小学； Sig.=0.038，中学显著高于小学
家庭	家庭氛围和谐 4.27> 不和谐 4.01	F=7.531，t=4.542，Sig.=0.000，家庭氛围和谐显著高于不和谐
子女	子女成长理想 4.33> 不理想 4.06	F=23.397，t=7.842，Sig.=0.000，子女成长理想显著高于不理想

校长在"智商"方面的差异性。"智商"主要体现教育教学、学校管理方面的智慧。从数据可以看出，个人方面的因素，女性显著高于男性，学历高低之间存在显著性差异，已任正校长年限16年以上显著高于5年及以下、6~10年，11~15年显著高于5年及以下，教育家型和卓越型校长显著高于称职型和优秀型校长，优秀型校长显著高于称职型校长。学科背景、校长初任年龄没有显著性差异。学校方面的因素，经济发达地区显著高于广大中部地区、城市显著高于县城与乡镇、示范学校显著高于非示范学校、小学显著低于其他学段。家庭方面的因素，和谐家庭氛围明显高于不和谐，子女成长理想型显著高于不理想型，如表3-29所示。

表3-29 不同类别校长在"情商"维度上的差异性分析

类别	均值	差异性
性别	女 4.59> 男 4.50	F=3.493，t=-2.977，Sig.=0.003，女性显著高于男性
学科背景	艺体类 4.57> 人文社科 4.53= 自然科学 4.53	F=0.264，Sig.=0.745，学科背景之间不存在显著性差异

续表

类别	均值	差异性
第一学历	大学以上 4.66>大学 4.54>大学以下 4.52	F=2.667，Sig.=0.070，学历之间不存在显著性差异
初任年龄	51岁以上 4.59>35岁以下 4.55=36~40岁 4.55>46~50岁 4.54>41~45岁 4.49	F=0.909，Sig.=0.458，初任正校长年龄之间无显著性差异
已任年限	16年以上 4.60>11~15年 4.58>6~10年 4.51=5年及以下 4.51	F=2.744，Sig.=0.042，已任正校长年限之间不存在显著性差异
校长类型	卓越型 4.73>教育家型 4.69>优秀型 4.66>称职型 4.47	F=18.066，Sig.=0.000，不同校长类型存在显著性差异。 多重比较结果： Sig.=0.000，称职型显著低于优秀型； Sig.=0.000，称职型显著低于卓越型
地区	经济发达地区 4.60>广大中部地区 4.53>少数民族地区 4.49	F=1.857，Sig.=0.157，地区间不存在显著性差异
地域	城市 4.60>县城 4.54>乡镇 4.49	F=5.164，Sig.=0.006，地域间存在显著性差异。 多重比较结果： Sig.=0.004，城市显著高于乡镇
层次	示范学校 4.64>普通学校 4.51>薄弱学校 4.48	F=11.386，Sig.=0.000，学校层次间存在显著性差异。 多重比较结果： Sig.=0.000，示范学校显著高于普通学校； Sig.=0.000，示范学校显著高于薄弱学校
学段	幼儿园 4.62>中学 4.54>小学 4.50	F=3.221，Sig.=0.012，学段之间存在显著性差异。 多重比较结果： Sig.=0.004，幼儿园显著高于小学
家庭	家庭氛围和谐 4.56>不和谐 4.36	F=3.870，t=3.872，Sig.=0.000，家庭氛围和谐显著高于不和谐
子女	子女成长理想 4.59>不理想 4.43	F=7.684，t=5.274，Sig.=0.000，子女成长理想显著高于不理想

校长在"情商"方面的差异性。情商主要体现在自我认知、体谅他人方面。从数据可以看出，个人方面的因素，女性显著高于男性，卓越型和优秀型校长显著高于称职型校长。而学科背景、第一学历、校长初任年龄、已任年限没有显著性差异。学校方面的因素，城市显著高于乡镇、示范学校显著高于非示范学校、幼儿园显著高于小学，但地区间不存在显著性差异。家庭方面的因素，和谐家庭氛围明显高于不和谐，子女成长理想型显著高于不理想型，如表3-30所示。

表3-30 不同类别校长在"行商"维度上的差异性分析

类别	均值	差异性
性别	女 4.52>男 4.39	F=1.390，t=-4.324，Sig.=0.000，女性显著高于男性
学科背景	艺体类 4.49>人文社科 4.45>自然科学 4.41	F=1.425，Sig.=0.241，学科背景之间不存在显著性差异

续表

类别	均值	差异性
第一学历	大学以上 4.66> 大学 4.45> 大学以下 4.41	F=6.680，Sig.=0.001，学历之间存在显著性差异。多重比较结果： Sig.=0.001，大学以上显著高于大学以下； Sig.=0.000，大学以上显著高于大学
初任年龄	51 岁以上 4.51>46~50 岁 4.49=36~40 岁 4.49>35 岁以下 4.44>41~45 岁 4.36	F=3.081，Sig.=0.015，初任正校长年龄之间存在显著性差异。多重比较结果： Sig.=0.002，36~40 岁显著高于 41~45 岁； Sig.=0.012，46~50 岁显著高于 41~45 岁； Sig.=0.041，51 岁以上显著高于 41~45 岁
已任年限	16 年以上 4.50>11~15 年 4.49>6~10 年 4.44>5 年及以下 4.40	F=2.188，Sig.=0.088，已任正校长年限之间不存在显著性差异
校长类型	教育家型 4.69= 卓越型 4.69> 优秀型 4.58> 称职型 4.36	F=21.716，Sig.=0.000，不同校长类型存在显著性差异。多重比较结果： Sig.=0.000，称职型显著低于优秀型； Sig.=0.000，称职型显著低于卓越型； Sig.=0.004，称职型显著低于教育家型； 其他组间无显著性差异
地区	经济发达地区 4.51> 广大中部地区 4.43> 少数民族地区 4.42	F=1.754，Sig.=0.173，地区间不存在显著性差异
地域	城市 4.50> 县城 4.44> 乡镇 4.41	F=3.147，Sig.=0.043，地域间存在显著性差异。多重比较结果： Sig.=0.013，城市显著高于乡镇
层次	示范学校 4.58> 薄弱学校 4.49> 普通学校 4.30	F=15.098，Sig.=0.000，学校层次间存在显著性差异。多重比较结果： Sig.=0.000，示范学校显著高于普通学校； Sig.=0.000，示范学校显著高于薄弱学校
学段	幼儿园 4.53> 中学 4.46> 小学 4.40	F=3.209，Sig.=0.012，学段之间存在显著性差异。多重比较结果： Sig.=0.001，幼儿园显著高于小学； Sig.=0.028，幼儿园显著高于中学
家庭	家庭氛围和谐 4.47> 不和谐 4.22	F=3.540，t=4.608，Sig.=0.000，家庭氛围和谐显著高于不和谐
子女	子女成长理想 4.53> 不理想 4.26	F=4.948，t=8.068，Sig.=0.000，子女成长理想显著高于不理想

校长在"行商"方面的差异性。行商主要体现在教育理想、信念和行动力方面。从数据可以看出，个人方面的因素，女性显著高于男性，学历高低之间存在显著性差异，初任校长年龄为 36~40 岁、46~50 岁、51 岁以上显著高于 41~45 岁，教育家型、卓越型、优秀型校长显著高于称职型校长。学科背景、任职时间不存在显著性差异。学校方面的因素，不同地区之间没有显著性差异，但城市显著高于乡镇，示范学校显著高于非示范学校，幼

儿园显著高于小学和中学。家庭方面的因素，和谐家庭氛围明显高于不和谐，子女成长理想型显著高于不理想型。

四、"三性"模型

在实践调研的基础上，我们发现还可以从宏观、中观、微观的角度对校长风格进行分析。宏观上，体现对办学"方向性"的把握。"方向性"指了解并遵循党和国家的教育方针政策，在这一前提下依法治校。中观层面上，体现在办学的"专业性"。"专业性"指了解和遵循教育教学规律、孩子成长规律，实现专业办学。微观层面上，体现在处理各种疑难杂症、琐碎问题过程中的"灵活性"。"灵活性"指灵活处理各种极度复杂的社会性疑难问题，为师生成长扫除各种障碍，铺平发展的康庄大道。因此，"三性"模型解读的就是校长办学过程中，面临宏观、中观、微观层面问题时的"方向性""专业性"和"灵活性"。"三性"模型的测查如表3-31所示。

表3-31 基于"三性"模型的校长风格观测点

三观	三性	观测点	完全符合/%
宏观	方向性	对学校党建工作非常重视，开展起来得心应手，并富有成效	28.77
		对党和国家教育方针政策、法律法规非常熟悉并依法办学	44.30
中观	专业性	了解孩子的成长规律，并在教育教学活动中遵循	49.64
		了解教育教学规律，并在实践中遵循	50.36
微观	灵活性	办学过程中，遇到各种棘手问题时总是淡定自若，能够用非常规的手段或方式来解决非常规的疑难问题	31.72
		拥有广泛的社会资源并行之有效地调用起来为学校服务，是一名有重要影响力的社会公众人物	18.36

从上面的数据可以看出，宏观"方向性"方面，28.77%的校长完全符合"对学校党建工作非常重视，开展起来得心应手，并富有成效"这一叙述，43.52%比较符合，合计72.29%；44.30%的校长完全符合"对党和国家教育方针政策、法律法规非常熟悉并依法办学"这一表述，42.57%比较符合，合计86.87%。可见宏观方向性上有待加强。中观"专业性"方面，49.64%的校长完全了解孩子的成长规律，并在教育教学活动中遵循。43.63%比较了解，合计93.27%；50.36%的校长完全了解教育教学规律，并在实践中遵循，43.46%比较了解，合计93.82%。可见，中观专业性上表现较好。微观"灵活性"方面，31.72%的校长在办学过程中，遇到各种棘手问题时总是淡定自若，能够用非常规的手段或方式来解决非常规的疑难问题。49.97%比较符合，合计81.69%；18.36%的校长拥有广泛的社会资源并行之有效地调用起来为学校服务，是一名有重要影响力的社会公众人物；35.61%比较符合，合计53.97%。可见，微观灵活性方面最为逊色。

笔者用一个"红"字来表征宏观方向性，用一个"专"字来表征中观专业性，用一个"活"字来表征微观灵活性，加之每一性又具有高低两种程度，因此基于"三性"模型同样可以将校长分为八种类型。这八种类型及数据分布如表3-32所示。

表 3-32　基于"三性"模型的八类校长及其分布

类型	三性程度	比例 /%
普通型	"方向性"一般,"专业性"一般,"灵活性"一般	57.73
"红"	"方向性"很强,"专业性"一般,"灵活性"一般	7.51
"专"	"方向性"一般,"专业性"很强,"灵活性"一般	7.79
"活"	"方向性"一般,"专业性"一般,"灵活性"很强	5.73
"又红又专"	"方向性"很强,"专业性"很强,"灵活性"一般	6.95
"又红又活"	"方向性"很强,"专业性"一般,"灵活性"很强	2.78
"又专又活"	"方向性"一般,"专业性"很强,"灵活性"很强	3.50
完美型	"方向性"很强,"专业性"很强,"灵活性"很强	7.40

可以看出,三性都比较一般的校长占比 57.73%,称为"普通型"。而三性都很强的校长,占比 7.40%,称为"完美型"。三性有一方面突出者,"专"占 7.79%、"红"占 7.51%、"活"占 5.73%;三性有两方面突出者,"又红又专"占 6.95%、"又专又活"占 3.50%、"又红又活"占 2.78%。转换成直观的柱状图和雷达图如图 3-24 和图 3-25 所示。

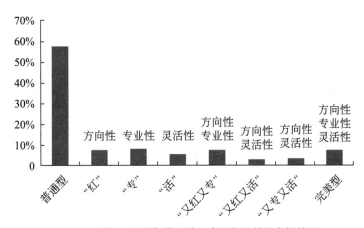

图 3-24　基于"三性"模型的八类校长及其分布柱状图

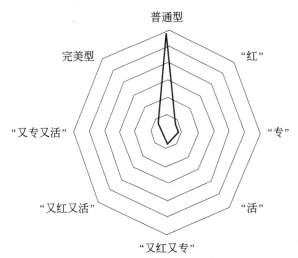

图 3-25　基于"三性"模型的八类校长及其分布雷达图

上面从描述性统计的角度对基于"三性"模型的八类校长进行初步的呈现。那么对于不同类别的校长，他们在三性方面有哪些显著性差异呢？下面就对差异性进行分析，如表3–33所示。

表3–33 不同类别校长在宏观"方向性"上的差异

类别	均值	差异性
性别	女 4.33＞男 4.29	$F=9.871$，$t=-1.221$，$Sig.=0.222$，女性显著高于男性
学科背景	自然科学 4.33＞人文社科 4.30＞艺体类 4.29	$F=0.264$，$Sig.=0.768$，学科背景之间不存在显著性差异
第一学历	大学以上 4.43＞大学 4.32＞大学以下 4.27	$F=2.738$，$Sig.=0.065$，学历之间不存在显著性差异
初任年龄	51岁以上 4.46＞46~50岁 4.36＞36~40岁 4.30＞35岁以下 4.30＞41~45岁 4.26	$F=1.929$，$Sig.=0.103$，初任正校长年龄之间不存在显著性差异
已任年限	16年以上 4.39＞11~15年 4.34＞6~10年 4.30＞5年及以下 4.26	$F=2.633$，$Sig.=0.048$，已任正校长年限之间存在显著性差异。 多重比较结果： $Sig.=0.008$，5年及以下显著低于16年以上； 其他组间无显著性差异
校长类型	卓越型 4.54＞教育家型 4.51＞优秀型 4.42＞称职型 4.23	$F=13.580$，$Sig.=0.000$，不同校长类型存在显著性差异。 多重比较结果： $Sig.=0.000$，称职型显著低于优秀型； $Sig.=0.000$，称职型显著低于教育家型； $Sig.=0.000$，称职型显著低于卓越型
地区	经济发达地区 4.37＞少数民族地区 4.36＞广大中部地区 4.29	$F=1.638$，$Sig.=0.195$，地区间不存在显著性差异
地域	城市 4.36＞县城 4.29＞乡镇 4.27	$F=2.426$，$Sig.=0.089$，地域间不存在显著性差异
层次	示范学校 4.42＞薄弱学校 4.27＞普通学校 4.24	$F=9.272$，$Sig.=0.000$，学校层次间存在显著性差异。 多重比较结果： $Sig.=0.000$，示范学校显著高于普通学校； $Sig.=0.000$，示范学校显著高于薄弱学校
学段	幼儿园 4.36＞小学 4.30＞中学 4.28	$F=0.732$，$Sig.=0.570$，学段之间不存在显著性差异
家庭	家庭氛围和谐 4.33＞不和谐 4.02	$F=0.627$，$t=5.357$，$Sig.=0.000$，家庭氛围和谐显著高于不和谐
子女	子女成长理想 4.38＞不理想 4.13	$F=0.834$，$t=7.008$，$Sig.=0.000$，子女成长理想显著高于不理想

宏观"方向性"方面，也就是"红"，主要体现在党和国家教育方针政策、法律法规、党建引领等方面。从数据来看，个人因素，女性显著高于男性，任职时间为16年以上显著高于5年及以下，教育家型、卓越型、优秀型校长显著高于称职型校长。不同学科背景、学历、初任校长年龄没有显著性差异。学校方面的因素，示范性学校显著高于非示范性学校，不同地区、地域和学段没有显著性差异。家庭方面的因素，显而易见，和谐家庭氛围明显高于不和谐，子女成长理想型显著高于不理想型，如表3–34所示。

表 3-34 不同类别校长在中观"专业性"上的差异

类别	均值	差异性
性别	女 4.56> 男 4.34	F=7.150, t=-7.494, Sig.=0.000, 女性显著高于男性
学科背景	艺体类 4.49> 人文社科 4.43> 自然科学 4.40	F=1.859, Sig.=0.156, 学科背景之间不存在显著性差异
第一学历	大学以上 4.64> 大学 4.45> 大学以下 4.37	F=9.836, Sig.=0.000, 学历之间存在显著性差异。 多重比较结果: Sig.=0.000, 大学以上显著高于大学以下; Sig.=0.031, 大学显著高于大学以下; Sig.=0.003, 大学以上显著高于大学
初任年龄	51 岁以上 4.57>46~50 岁 4.49>36~40 岁 4.42>41~45 岁 4.41>35 岁以下 4.40	F=2.117, Sig.=0.076, 初任正校长年龄之间不存在显著性差异
已任年限	16 年以上 4.49>11~15 年 4.45>6~10 年 4.43>5 年及以下 4.40	F=2.090, Sig.=0.100, 已任正校长年限之间不存在显著性差异
校长类型	教育家型 4.69> 卓越型 4.63> 优秀型 4.54> 称职型 4.35	F=18.310, Sig.=0.000, 不同校长类型存在显著性差异。 多重比较结果: Sig.=0.000, 称职型显著低于优秀型; Sig.=0.000, 称职型显著低于卓越型; Sig.=0.001, 称职型显著低于教育家型
地区	经济发达地区 4.52> 少数民族地区 4.42> 广大中部地区 4.41	F=3.447, Sig.=0.032, 地区间存在显著性差异。 多重比较结果: Sig.=0.009, 经济发达地区显著高于广大中部地区
地域	城市 4.54> 县城 4.41> 乡镇 4.35	F=17.104, Sig.=0.000, 地域间存在显著性差异。 多重比较结果: Sig.=0.001, 城市显著高于县城; Sig.=0.000, 城市显著高于乡镇
层次	示范学校 4.57> 薄弱学校 4.38> 普通学校 4.36	F=17.754, Sig.=0.000, 学校层次间存在显著性差异。 多重比较结果: Sig.=0.000, 示范学校显著高于普通学校; Sig.=0.000, 示范学校显著高于薄弱学校
学段	幼儿园 4.60> 中学 4.39> 小学 4.36	F=11.034, Sig.=0.000, 学段之间存在显著性差异。 多重比较结果: Sig.=0.000, 幼儿园显著高于小学; Sig.=0.000, 幼儿园显著高于中学
家庭	家庭氛围和谐 4.45> 不和谐 4.23	F=0.819, t=4.204, Sig.=0.000, 家庭氛围和谐显著高于不和谐
子女	子女成长理想 4.50> 不理想 4.26	F=0.513, t=7.774, Sig.=0.000, 子女成长理想显著高于不理想

中观"专业性"方面,也就是"专",主要体现在教育教学规律、孩子成长规律两方面。从数据来看,个人方面的因素,女性显著高于男性,学历高低之间存在显著性差异,教育家型、卓越型、优秀型校长显著高于称职型校长。学科背景、初任校长年龄、任职时间没

有显著性差异。学校方面的因素，经济发达地区显著高于广大中部地区，城市显著高于县城、乡镇，示范性学校显著高于非示范性学校，幼儿园显著高于小学、中学。家庭方面的因素，显而易见，和谐家庭氛围明显高于不和谐，子女成长理想型显著高于不理想型，如表 3-35 所示。

表 3-35 不同类别校长在微观"灵活性"上的差异

类别	均值	差异性
性别	男 4.65> 女 4.62	F=0.863，t=0.762，Sig.=0.446，性别不存在显著性差异
学科背景	艺体类 3.73> 自然科学 3.64> 人文社科 3.61	F=1.652，Sig.=0.192，学科背景之间不存在显著性差异
第一学历	大学以上 3.99> 大学 3.67> 大学以下 3.54	F=13.324，Sig.=0.000，学历之间存在显著性差异。 多重比较结果： Sig.=0.000，大学以上显著高于大学以下； Sig.=0.003，大学显著高于大学以下； Sig.=0.000，大学以上显著高于大学
初任年龄	51 岁以上 3.88>35 岁以下 3.70>46~50 岁 3.68>36~40 岁 3.57>41~45 岁 3.56	F=3.868，Sig.=0.004，初任正校长年龄之间存在显著性差异。 多重比较结果： Sig.=0.023，35 岁以下显著高于 36~40 岁； Sig.=0.017，35 岁以下显著高于 41~45 岁； Sig.=0.003，51 岁以上显著高于 36~40 岁； Sig.=0.002，51 岁以上显著高于 41~45 岁
已任年限	16 年以上 3.81>11~15 年 3.70>6~10 年 3.61>5 年及以下 3.55	F=7.052，Sig.=0.000，已任正校长年限之间存在显著性差异。 多重比较结果： Sig.=0.009，11~15 年显著高于 5 年及以下； Sig.=0.000，16 年以上显著高于 5 年及以下； Sig.=0.002，16 年以上显著高于 6~10 年
校长类型	教育家型 4.42> 卓越型 4.20> 优秀型 3.82> 称职型 3.48	F=48.838，Sig.=0.000，不同校长类型存在显著性差异。 多重比较结果： Sig.=0.000，称职型显著低于优秀型； Sig.=0.000，称职型显著低于卓越型； Sig.=0.000，称职型显著低于教育家型； Sig.=0.000，优秀型显著低于卓越型； Sig.=0.000，优秀型显著低于教育家型
地区	经济发达地区 4.65> 广大中部地区 4.64> 少数民族地区 4.58	F=0.237，Sig.=0.789，地区间不存在显著性差异
地域	县城 4.68> 城市 4.65> 乡镇 4.60	F=1.099，Sig.=0.333，地域间不存在显著性差异
层次	示范学校 4.83> 薄弱学校 4.57> 普通学校 4.56	F=16.494，Sig.=0.000，学校层次间存在显著性差异。 多重比较结果： Sig.=0.002，示范学校显著高于普通学校； Sig.=0.034，示范学校显著高于薄弱学校

续表

类别	均值	差异性
学段	中学 3.96> 幼儿园 3.67> 小学 3.56	$F=4.517$，$Sig.=0.001$，学段之间存在显著性差异。 多重比较结果： $Sig.=0.010$，中学显著高于幼儿园； $Sig.=0.001$，中学显著高于小学
家庭	家庭氛围和谐 3.66> 不和谐 3.45	$F=2.237$，$t=2.830$，$Sig.=0.005$，家庭氛围和谐显著高于不和谐
子女	子女成长理想 3.72> 不理想 3.46	$F=1.232$，$t=5.656$，$Sig.=0.000$，子女成长理想显著高于不理想

微观"灵活性"方面，也就是"活"，主要体现在，用非常规的手段或方式来解决非常规的疑难问题、有效调用广泛的社会资源为学校服务等方面。从数据来看，个人方面的因素，学历高低之间存在显著性差异，学历越高灵活性越强。教育家型、卓越型、优秀型校长显著高于称职型校长，校长层级越高灵活性越强。初任校长年龄为 35 岁以下、51 岁以上显著高于 36~40 岁、41~45 岁，这表明青年校长和老年校长的灵活性显著高于中年校长。任职时间为 11~15 年、16 年以上显著高于 5 年及以下，16 年以上显著高于 6~10 年，表明任职时间长，经历丰富，处理问题更灵活。而不同性别、学科背景没有显著性差异。学校方面的因素，示范学校显著高于非示范学校，中学显著高于幼儿园和小学。而不同地区、地域没有显著性差异。家庭方面的因素，和谐家庭氛围明显高于不和谐，子女成长理想型显著高于不理想型。

第二篇
办学价值体系领导力

第四章

办学理念的确立

本研究将校长领导力解构为四个休戚相关的体系，即"愿景—价值"体系、"思变—实践"体系、"行动—支持"体系和"共情—制度"体系，它们构成一个完整的有机整体。其中"愿景—价值"体系的核心工作便是办学理念的确立，需要校长带领团队基于学校的发展历史诊断学校发展现状，从而展望学校的未来，凝练体现学校的核心价值精神，形成科学合理旗帜鲜明的办学理念，让师生浸润其中，内化于心外显于行。

何谓理念，仁者见仁，智者见智，莫衷一是。一般来说，哲学概念上的理念是指一种高度理性的认识。如柏拉图认为所谓理念，就是把从个别事物中抽象而得的普遍概念加以绝对化，理念是事物的原型，事物是理念的"影子"或"摹本"。又如康德的理念，被称为"纯粹理性概念"，它是从知性产生的而又超越经验可能性的概念体系。理念是自在自为的真理，是概念和客观性的绝对统一。而日常生活中，理念通常指人们对某一事物的观点、看法、理解、态度等。它不同于哲学上的概念，体现了更强的实践性、丰富性和感性。

那么教育上的理念指向什么，与哲学上的、日常生活中的理念有何不同。有研究者认为教育理念是指人们对于教育现象（活动）的理性认识、理想追求及其所形成的教育思想观念和教育哲学观点。[1] 办学理念是指学校发展中的一系列教育观念、教育思想及其教育价值追求的集合体，是学校自主建构起来的学校教育哲学。[2] 可以看出，教育理念是理念在教育领域的应用，是教育思想、教育哲学的体现。我们知道，校长办学是实践性极强的社会实践活动，但同时又需要极强的理性指导，从而更好地培养指向未来的人才。因此，办学理念应该定位于日常实践和哲学世界的中间层级。也就是说，学校办学理念的核心特征就是丰富实践性和高度理性的完美融合。十年树木，百年树人，办学理念可以在一段时期内甚至很长时间内指导学校的办学实践，使得学校能够长足而平稳地发展，因此构建学校适恰的、稳定的办学理念显得十分必要。[3]

本研究从三个视角来对办学理念的构建进行理性分析。首先是宏观角度，包括遵循党和国家的教育方针政策及广泛汲取中外教育思想的精华。这一角度具有普适性，也是我国每一所基础教育学校在建构办学理念时都必须要考虑的。其中党和国家的教育方针政策体现的是方向性，关系为谁培养人、培养什么样的人、如何培养人等核心问题。教育是人类

---

[1] 韩延明. 理念、教育理念及大学理念探析 [J]. 教育研究，2003（09）：50–56.
[2] 郭元祥. 论学校的办学理念 [J]. 教育科学论坛，2006（04）：5–8.
[3] 叶文梓. 论中小学校长的办学理念 [J]. 教育研究，2007（04）：85–89.

长期探索的一项重要实践活动,古今中外已经积淀了丰厚的教育思想。合理汲取这些思想精华,就会让我们的学校不走错路、少走弯路,让孩子们成长在康庄大道上。其次是中观角度,包括分析学校的历史发展、现实状况和考虑当地的地域文化及特色。内篇这一角度具有独特性,也就是不同地域的不同学校应该有些不一样的特点。《晏子春秋·内篇杂下》中晏子说:"橘生淮南则为橘,生于淮北则为枳,叶徒相似,其实味不同。所以然者何?水土异也。"学校也是一样,每所学校都有自身的发展历程、现实困境,也带有浓郁的地域色彩。所以办学理念虽然有共通的地方,但是不宜千校一面,应该具有不可复制的个性特点。最后是微观角度,包括思考未来社会究竟需要什么样品质的人才以及结合学段特点和孩子身心发展规律。宏观教育是人类历史活动,中观教育是学校办学实践,微观教育是具体的育人活动。育人就是培养学生,主要是两个方面,一方面是结合学段特点和孩子身心发展规律,培养孩子良好的个性;另一方面是放眼未来,考量孩子成年后的社会究竟需要什么样的人才,从而培养孩子未来的社会适应性。当然,整合宏观、中观、微观角度的教育考量后,体现的就是教育团体的教育理想和育人情怀。

因此笔者认为,办学理念就是校长领导团队凝聚多方力量构建的学校发展愿景的个性化表达。办学理念的方向一定要正确,它必须遵循党和国家的教育方针、政策,旨向培养社会主义建设者和接班人。当然并非千人一面,他们除了具有良好的社会适应性,还需要拥有个人独创性;办学理念一定要体现教育的专业性,它必须从古今中外丰富的教育思想中汲取营养,同时展望未来社会对教育、人才的需求,结合学段的特点,符合孩子身心发展的规律,科学办学;办学理念一定要有个性特色,因此它必须结合学校的历史发展、地域文化特点,在一定程度上要有不可复制的因素。就连表达方面,也需要言简意赅、朗朗上口。

第一节　构建办学理念的宏观视角:教育方针和教育思想

一、遵循党和国家的教育方针政策

作为教育领导者尤其是校长,毋庸置疑,需要系统掌握党和国家的教育方针政策,这是我们办学方向的指引,同时也是我们放眼未来、把握当下的历史基础。我们梳理了中华人民共和国成立以来,我国教育方针政策的整体发展思路。大致可以分为初步确立阶段(1949—1965),严重扭曲阶段(1966—1976),积极探索阶段(1977—1989),稳固发展阶段(1990—2006)和新时代创新发展阶段(2007至今),下面分而述之。

(一)初步确立阶段(1949—1965)

中华人民共和国成立初期,党的教育方针的演变发展建立在当时的理论基础和实践基础之上。理论基础除了马克思主义理论、毛泽东思想外,还包括青少年身心发展规律,主要包括遗传、环境、教育三个要素。实践基础需要依靠当时的经济、政治状况等现实依据。

1949年12月,教育部召开第一次全国教育工作会议,依照"中华人民共和国的文化教育为新民主主义的,即民族的、科学的、大众的文化教育"这一精神,确定了教育的总方针,即"教育必须为国家建设服务,学校必须向工农开门。建设新教育要以老解放区新教育经验为基础,吸收旧教育某些有用的经验,借助苏联教育的先进经验。教育工作的发展方针是普及与提高的正确结合"。1951年,教育部召开第一次全国中等教育会议,首次提出要使青年一代在智育、德育、体育、美育各方面获得全面发展,成为新民主主义社会自觉的积极的成员。

1957年毛泽东在《关于正确处理人民内部矛盾的问题》一文中指出:"我们的教育方针,应该使受教育者在德育、智育、体育几方面都得到发展,成为有社会主义觉悟的有文化的劳动者。"1958年中共中央、国务院发布《关于教育工作的指示》指出:"党的教育工作方针,是教育为无产阶级的政治服务,教育与生产劳动相结合,为了实现这个方针,教育必须由党领导。"后来经中共中央批准,将教育方针完整地表述为:"教育必须为无产阶级政治服务,教育必须同生产劳动相结合,使受教育者在德智体几方面都得到发展,成为有社会主义觉悟的有文化的劳动者。"这就是党的教育方针"二必须+一培养"的基本表述形式。

(二)严重扭曲阶段(1966—1976)

在"文化大革命"中,教育是重灾区。"文革"时期的教育方针在表述上虽然坚持了"二必须+一培养"的教育方针,但是在实践上却进行了根本的异化。将"必须为无产阶级政治服务"异化为"为阶级斗争服务",将"必须与生产劳动相结合"异化为简单的体力劳动。认为教育与生产劳动相结合就是为了改造教师的"资产阶级"世界观,把劳动作为惩罚人的手段;将"培养有社会主义觉悟的有文化的劳动者"转变为"宁要没文化的劳动者,不要有文化的剥削者",将脑力劳动者等同于"有文化的剥削者",认为没有文化的体力劳动者才是真正的无产阶级政权的接班人和建设者。这样对教育方针的理解,实乃是对教育方针的极大歪曲,使教育事业偏离了教育目的和规律,最终导致我国教育事业的大倒退。历史惨痛的记忆,值得我们永远警醒。

(三)积极探索阶段(1977—1989)

1977年,教育开始了积极的探索。1981年,中共十一届六中全会通过的《关于建国以来党的若干历史问题的决议》中提出:"要加强和改善思想政治工作,用马克思主义世界观和共产主义道德教育人民和青年,坚持德智体全面发展、又红又专、知识分子与工人农民相结合、脑力劳动与体力劳动相结合的教育方针。"这里没有再提"教育为无产阶级政治服务",用"全面发展"取代了"都得到发展"。

1985年《中共中央关于教育体制改革的决定》发布,提出"教育必须为社会主义服务,社会主义建设必须依靠教育……面向现代化,面向世界,面向未来……大规模地准备新的能够坚持社会主义方向的各级各类人才……所有这些人才,都应该有理想、有道德、有文化、有纪律……具有实事求是、独立思考、勇于创造的科学精神"。1987年,党的十三大报告指出"百年大计,教育为本。必须坚持把发展教育事业放在突出的战略位置,加强智力开发。随着经济的发展,国家要逐年增加教育经费,同时继续鼓励社会各方面力量集资办学。要坚持教育为社会主义现代化建设服务的方针,按照实际需要,改善教育结构,提高教育质量,克服教育脱离实际和片面追求升学率的倾向"。这里强调了人才的重要性和人才的核心品质,从而大大提升了教育的战略位置。

(四)稳固发展阶段(1990—2006)

1990年,《中共中央关于制定国民经济和社会发展十年规划和"八五"计划的建议》中提出:"各级各类学校必须切实纠正忽视德育的倾向,贯彻教育为社会主义建设服务,教育与生产劳动相结合,德智体全面发展的方针。"1992年,党的十四大报告指出,"我们必须把教育摆在优先发展的战略地位……各级各类学校都要全面贯彻党的教育方针,全面提高教育质量"。1995年,八届人大三次会议审议通过《中华人民共和国教育法》,总则第五条明确提出:"教育必须为社会主义现代化建设服务,必须与生产劳动相结合,培养德、智、体等方面全面发展的社会主义事业的建设者和接班人。"至此,我国新时期的教育方针,写进了教育根本大法。

1999年,中共中央、国务院颁布《关于深化教育改革,全面推进素质教育的决定》(以下简称《决定》),赋予教育方针新的内涵,《决定》指出:"实施素质教育,就是全面贯彻党的教育方针,以提高国民素质为根本宗旨,以培养学生的创新精神和实践能力为重点,造就'有理想、有道德、有文化、有纪律'的、德智体美等全面发展的社会主义事业建设者和接班人。"这里有一个重要变化,就是"德智体"之后增加了"美",把美育纳入了全面发展的范畴。2002年,党的十六大报告再次完整地提出党的教育方针:"教育是发展科学技术和培养人才的基础,在现代化建设中具有先导性全局性作用,必须摆在优先发展的战略地位。全面贯彻党的教育方针,坚持教育为社会主义现代化建设服务,为人民服务,与生产劳动和社会实践相结合,培养德智体美全面发展的社会主义建设者和接班人。"党的教育方针增加了教育"为人民服务"的内容,这是"三个代表"重要思想在教育方针的具体体现。教育方针中教育与生产劳动相结合中增加了"社会实践",体现了党对马克思主义关于教育与生产劳动相结合思想认识的深化,更加符合时代要求。

(五)新时代创新发展阶段(2007至今)

随着教育在社会主义建设事业中战略地位的加强,我国的教育方针也日臻完善。2007年,党的十七大报告中提出,"优先发展教育,建设人力资源强国……要全面贯彻党的教育方针,坚持育人为本、德育为先,实施素质教育,提高教育现代化水平,培养德智体美全面发展的社会主义建设者和接班人,办好人民满意的教育。优化教育结构,促进义务教育均衡发展,加快普及高中阶段教育,大力发展职业教育,提高高等教育的质量"。在此阶段,党和国家在对素质教育的重视和推动人全面发展、保障公民平等接受教育的权利上有了一定体现。

2010年,中共中央、国务院印发了《国家中长期教育改革和发展规划纲要(2010—2020年)》,其中对教育方针作了明确的表述:"全面贯彻党的教育方针,坚持教育为社会主义现代化建设服务,为人民服务,与生产劳动和社会实践相结合,培养德智体美全面发展的社会主义建设者和接班人。"并且还提出了教育改革发展的工作方针:优先发展、育人为本、改革创新、促进公平、提高质量。

2018年，全国教育大会在北京召开。中共中央总书记、国家主席、中央军委主席习近平强调，"在党的坚强领导下，全面贯彻党的教育方针，坚持马克思主义指导地位，坚持中国特色社会主义教育发展道路，坚持社会主义办学方向，立足基本国情，遵循教育规律，坚持改革创新，以凝聚人心、完善人格、开发人力、培养人才、造福人民为工作目标，培养德智体美劳全面发展的社会主义建设者和接班人，加快推进教育现代化、建设教育强国、办好人民满意的教育"。在新时代，立德树人、五育并举是一面重要的旗帜。

我们发现，党和国家的方针政策并不是先验存在的，而是在摸着石头过河的历史实践中由探索得来的。虽然现在还不尽完美，但是凝聚了一代代领导者和教育人的理性思考和实践智慧，为我们办学提供了重要的指引方向和思想资源，具体体现在以下三个方面：第一是教育愿景，指向社会主义建设者和接班人，因此我们教育的格局是将个体的发展与国家兴旺发达和中华民族的伟大复兴高度统一起来，是儒家修身齐家治国平天下追求的当代表达；第二是教育内容，德智体美劳，五育并举，不可偏废。我们需要推进真正的素质教育，促进孩子个性而全面发展，使其身心健康，具有良好的实践能力和创新精神。因此片面追求分数和升学率，像生产统一规格产品一样去培养学生，会使其缺乏个人独创性和良好的社会适应性，显然与时代背道而驰；第三是教育智慧，包括理性和实践。理性就是教育一定要遵循孩子身心发展规律、教育教学规律，实事求是，因材施教、因地制宜，理性办学。实践就是要继承丰富的教育实践经验，而坚决杜绝历史上教育之殇的重演。教育智慧属于我们教育共同体，属于我们时代，属于整个人类的教育事业，理应好好继承和发扬。

二、汲取古今中外的教育思想精华

古今中外，教育思想灿若星辰、精彩纷呈，然而时间的流逝、空间的阻隔，往往使其难以有效地成为我们的思想资源。本书虽然不是教育思想史，但是系统关注一下教育思想的精髓显得十分必要。厘清教育思想的脉络，为校长们提供教育思想的基本地图，从而有利于他们去深耕各自不同的价值观。下面分别从我国教育传统和西方教育发展两方面来分析。

（一）中国教育思想精髓

我国的教育思想源远流长，以儒家为正统。孔子开儒家思想先河，孟子和荀子继承和发展了孔子的思想。到了汉代，董仲舒根据时代的需要，继承和发展了儒家的教育思想。朱熹和王阳明分别以"理"和"心"造就了各自的儒家教育哲学。颜元对理学教育进行批判，强调"行"也就是实践的重要性。到了现代，蔡元培和陶行知结合当时中国的特点，提出了新的教育见解。他们的教育思想体现在教育目的、教育原则、教育内容、教育方法等方面。

《学记》开篇就说，"玉不琢，不成器；人不学，不知道。"孔子认为教育非常重要，其目的就在于培养得"道"之人，即"君子"。何谓君子，君子有敬畏之心，"畏天命，畏大人，畏圣人之言"。君子泰然自若，问心无愧。"君子坦荡荡，小人长戚戚""君子和而不同，小人同而不和""君子周而不比，小人比而不周""君子泰而不骄，小人骄而不泰""君子不忧不惧"。君子强调行动实践，"君子耻其言而过其行""君子欲讷于言而敏于行""文质彬彬，然后君子"。君子是终身的修炼，"君子不器""君子有三戒：少之时，血气未定，戒之在色；及其壮也，血气方刚，戒之在斗；及其老也，血气既衰，戒之在得"，从而达到"仁者不忧，智者不惑，勇者不惧"的境界。其实，孔子一直不曾远去，他就在我们的身边。他提出的君子人格，从来都是我们孜孜以求的教育追求。另外，有教无类、因材施教、愤启悱发、学思结合的思想更是穿越时空，具有永恒的教育魅力。

孟子、荀子继承并发展了孔子的教育思想。孟子与孔子一样，主张施行仁政，提出"性善论"，认为教育的社会作用是"得民心"，目的是"明人伦"。教育内容主要是以孝悌为主体的道德教育，强调高贵人格的养成，那就是"塞于天地之间"的"至大至刚"的"浩然之气"，就是"富贵不能淫，贫贱不能移，威武不能屈"的气节，就是"穷则独善其身，达则兼善天下"的人生态度。除了这些自强不息的精神之外，还有厚德载物的情怀。比如"恻隐之心""老吾老以及人之老，幼吾幼以及人之幼"的人性善良。孟子还留给了我们人生的教育智慧，"生于忧患，死于安乐""天时不如地利，地利不如人和""人必自侮，然后人侮之""得道者多助，失道者寡助"等等。这些思想，早已成为中华文化和中国教育的标志性符号。荀子不同于孟子，认为"人之性，生而好利"，提出了"性恶论"，并基于此提出教育在人发展中的作用是"化性起伪""故必将有师法之化，礼义之道，然后出于辞让，合于文理，而归于治"。荀子也重视教育的社会作用，认为教育能统一思想、统一行动，使国富民强。荀子以"大儒"为培养目标，以"六经"为教学内容，采取"闻见知行"结合的教学方法。总之，教育都承担着化民成俗的重要功能。

在漫长的发展中，董仲舒和朱熹是儒家主流教育思想的代表。董仲舒继承了先秦儒家的一些观点。在人性论上，他调和了孟子的"性善论"和荀子的"性恶论"，提出了"性三品说"，将人性分为圣人之性、中民之性、斗筲之性，中民"渐待于教训而后能为善"，这也是董仲舒基于其人性论所提出教育的作用。董仲舒认为德教是立政之本[1]，以"三纲五常"为道德教育的内容，提出了"强勉行道""必仁且智"等教育原则和方法[2]。到了宋代，朱熹是集大成者。朱熹继承了儒家的一贯主张，以其客观唯心主义哲学为基础。朱熹认为教育的作用和目的在于"明人伦"。朱熹以年龄和智力为标准，分出了"大学"和"小学"两个阶段，学习内容有所不同，小学以学事为主，形成封建教育所要培养的人格，大学是在学事的基础上明理，培养对国家有用的人才，采取了"居敬穷理""学思力行"等教学原则和方法。

王阳明的心学教育思想不同于朱熹的理学教育思想，他以其主观唯心主义哲学为基础，认为教育的作用和目的在于"致良知"，即"学以去其昏蔽"，凡是有助于"求其心"者皆可以为教育内容[3]。他还主张"随人分限所及"的教育原则，提倡因材施教、循序渐进。颜元的教育思想也是对理学教育的批判，"经世致用"是其教育思想的核心，认为机械学

---

[1] 王兴业.试论董仲舒的刑德思想[J].山东大学文科论文集刊，1981（01）：112–121.
[2] 沈壮海，李育.董仲舒德教方法论探析[J].武汉大学学报（哲学社会科学版），1995（04）：110–116.
[3] 王炳照，郭齐家，等.简明中国教育史[M].北京：北京师范大学出版社，2008：216.

习儒家经典之于人才培养是南辕北辙，缘木求鱼。"今手不弹，心不会，但以讲读琴谱为学琴，是渡河而望江也，故曰千里也。今目不睹，耳不闻，但以谱为琴，是指蓟北而谈云南也，故曰万里也。"因此教育培养目标指向实才实德之士，为此教育内容也是强调了"实学"，以"三事""六府""三物"为教学内容，学习的是"实学"，以"习行"为教育方法，强调学习应躬行实践。

在近代，陶行知和蔡元培可谓基础教育和高等教育闪耀的星星。他们面对西方文化和教育的强大冲击，在新时代对传统进行了伟大的探索性改造。在陶行知的教育思想中，"生活教育"为其核心思想，包括了"生活即教育""社会即学校""教学做合一"的完整理论体系。生活无时不含有教育的意义，现实生活是教育的中心。"社会即学校"是"生活即教育"思想在学校与社会关系问题上的具体化，是关于学校教育的本质看法。"教学做合一"是生活教育理论的教学论，是"生活即教育"在教学方法问题上的具体化。[1]蔡元培的教育思想包括了"培养健全人格"的教育目标、"五育"并举的教育方针、"尚自然、展个性"的教育原则、"思想自由，兼容并包"的办学原则、"教授治校，民主管理"的教育管理原则。健全人格内分为四育，即体育、智育、德育、美育，这四育是一样重要，不可放松一项[2]，后来世界观教育也写入新的教育宗旨，形成"五育"并举的教育方针。蔡元培提倡儿童个性，认为"教育者，与其守成法，毋宁尚自然；与其求划一，毋宁展个性"。[3]在高等教育领域，贯彻"思想自由，兼容并包"的办学原则，包容不同的学术和学说流派，在治校上也将"民主"贯彻其中，提倡教授治校，让懂教育的人来管理教育。他们的这些思想，今天依然散发着魅力的光芒。

我们梳理我国教育思想流变的主线，意义并不在思想本身，而是通过梳理，我们更好地认识中国的教育传统，分析利与弊，充分认识自己，才能更好地做好自己。中国传统教育思想的积极意义，体现在以下几个方面。首先是中华风范。我们知道，所谓"越是民族的，越是世界的"，就是任何事物之所以成为它自身，必定有区别于其他的地方。中国传统精神中的"君子"人格、"仁爱"品质，都是我们教育的标志性追求，我们一直没有放弃，未来必定也不会放弃。其次是主体与客体的问题。程朱理学与陆王心学讨论的中心话题便是到底是"性（客体）即理"还是"心（主体）即理"，实际上两者都是教育的重要方面。教育就是主体与客体之间交互作用，非此即彼的方式不是教育应有之态。再次是理论与实践的问题。我国漫长的封建时代，教育主要是通过对儒家经典的传诵展开的。尤其到了宋代之后，科举考试内容往往是四书五经中的内容摘录，甚至断章取义。难以培养经世致用的人才，所以颜元才深深地痛斥那种"以谱为琴"远离实践的教育方式。最后是传承与创新的问题。中国教育在清末民初受到的打击最大，教育救国的呼声非常强烈，但是历史告诉我们全盘西化绝非正道。中华民族从来都是守着正道，以包容的心态汲取一切滋养，不断强大。教育何尝不是如此，因此办学应该汲取各种资源，内化为我们自身的力量，走出不一样的道路。在传承中创新，在开放中成长，在包容中强大。

---

[1] 王炳照，郭齐家，等.简明中国教育史[M].北京：北京师范大学出版社，2008：411-413.
[2] 蔡元培.蔡元培教育文选[M].北京：人民教育出版社，1980：116.
[3] 蔡元培.蔡元培教育文选[M].北京：人民教育出版社，1980：49.

（二）西方教育思想核心

西方教育思想滥觞于古希腊，经中世纪发展，而后在欧洲、美国等百花齐放。在古希腊，苏格拉底、柏拉图是核心人物。苏格拉底认为教育的目的在于培养治国之材，因此教育的任务在于培养美德、探求知识以及增进健康。具体来说就是要培养人们具有智慧、正义、勇敢、节制这四种美德。[1]苏格拉底的教育方法被称为"苏格拉底法"，亦称"产婆术"，主要是通过谈话的方式引导人们得出正确的结论。柏拉图认为教育的目的在于培养"哲学王"，所谓的哲学王也就是国家的最高统治者。在谈到教育的作用时，他强调说："我认为一种适当的教育，只要保持下去，便会使一国中的人性得到改造，而具有健全性格的人受到这种教育又变成更好的人，胜过他们的祖宗，也使他们的后裔更好。"[2]柏拉图提出了金字塔式的教育体系，即根据儿童的身心特点划分教育阶段，安排教育内容。

中世纪的阴霾过后，近代欧洲的文艺复兴影响到各个领域，也迎来了教育之春。教育思想界人才辈出，遍地开花，如夸美纽斯、卢梭、洛克等。夸美纽斯的教育思想可以分为两部分，泛智教育和适应自然。所谓"泛智"就是使所有的人通过教育而获得广泛、全面的认识，并使智慧得到普遍的发展。[3]夸美纽斯认为世间万物都遵循着一种秩序，也就是普遍规律。所以，一切的教育活动都应该顺应自然。洛克认为教育者可以对孩子进行涂改与塑造，学生就像一张"白板"。教育的目的在于培养绅士，所谓绅士，是指具有德行、学问、礼仪、能力之人。因此，洛克针对绅士培养的目标，提出了他在健康教育、德育、智育方面的主张。关于教育的方式，洛克反对学校教育，提倡家庭教育的方式，旨在让具有丰富社会经验和良好文化素养的人对儿童产生积极影响。卢梭认为人性本善，认为教育就是要顺应人的天性，回归自然，发展人的天性。卢梭强调儿童不同于成人，不能用成人的眼光看待儿童，从而提出了婴孩期、儿童期、认知期、成年期四个阶段组成的教育阶段论。卢梭认为教育的目的就是培养"自然人"或者说"合格的公民"。对于前者而言，自然人就是指身心协调发展的人；对于后者而言，合格的公民是自然教育培养出来的、能够忽略自身利益而维护国家利益的公民。

到了十九世纪和二十世纪，教育思想的体系化、科学化越发彰显，赫尔巴特和杜威是两套截然不同思想体系的著名代表。赫尔巴特认为，教育目的可以分为可能的目的与必要的目的。可能的目的是指为孩子将来选择职业而做准备的目的，必要的目的是指培养所有人都必须具备的道德品格。在此基础上，他首次提出了"教育性教学"一词，强调教育与教学的关系是目的与手段的关系。基于心理学的认识，赫尔巴特提出了"教学形式阶段"，认为人的心理活动可分为"专心"和"审思"两个阶段，教学过程可以分为"清楚""联合""系统""方法"四个阶段。他强调知识为本、教师主导及教材中心。与之针锋相对，杜威强调孩子的经验为本，学生主体和活动中心。他由"经验"一词出发，认为教育的过程就是经验的改造和重组的过程。杜威教育思想另一个重要的部分就是"教育即生活"与"学校即社会"。杜威认为教育是儿童正在经历的生活本身，而不是为了将来的生活而做准

---

[1] 单慧中.西方教育思想史[M].北京：教育科学出版社，2007：13.
[2] 华东师范大学，杭州大学教育系.西方古代教育论著选[M].2版.北京：人民教育出版社，2001：38.
[3] 王天一，夏之莲，朱美玉.外国教育史[M].北京：北京师范大学出版社，1985：123.

备。与此同时，学校应该反映大社会的需求，呈现儿童现在的社会生活。在杜威的教育思想中，强调"做中学"这一原则，也就是教学应该从儿童的经验出发，让儿童通过亲身活动进行学习。相对而言，苏霍姆林斯基在实践中弥合了不同的理论争锋。他认为教育应该促进"个性全面和谐发展"，即让智育、体育、德育、劳动教育和审美教育深入地互相渗透和互相交织。[1] 他在帕夫雷什中学的实践中，完美地体现了他的教育思想，或者说他的思想来自这所学校的实践。

到了近代，各种综合性的教育思想流派更是百家争鸣，但是这些教育思想我们并不陌生。其原因就在于西方教育思想的核心基本不会改变，这也是我们为办学而梳理这一内容的意义所在。主要体现在以下几个方面。首先，是基于理想化的假设追求理性教育。比如在苏格拉底和柏拉图那里，教育就是为"理想国"培养"理想的"人才。这一传统在西方教育中体现得非常明显，夸美纽斯类比自然的教育思考、洛克的白板说、卢梭的自然主义教育等，都是基于一种理性假设的教育思考。其次，是教育建立在哲学基础之上，主要是理念论和经验论。从古希腊开始，经历中世纪，到了近代笛卡尔和培根时代，更加明显。哲学基础的不同，就引发了教育上的不同争论。如知识（理念论）重要还是经验（经验论）重要，教学方式应该是教师指导（理念论）为主还是学生主动学习（经验论），理论（理念论）重要还是实践（经验论）重要，学生应该多动脑（理念论）还是多动手（经验论），等等。最后，是教育的心理学化、科学化。从裴斯泰洛齐、赫尔巴特开始探索，经教育心理学的发展，到现在的脑科学进展，都试图让教育学变得更加精细化、科学化。这三个传统是我国教育思想不曾有过的，他山之石可以攻玉，海纳百川、博采众长，这些值得我们在办学中多维度借鉴。

第二节　构建办学理念的中观视角：学校历史和地域文化

一、充分挖掘学校历史文化资源

以铜为镜，可以正衣冠；以古为镜，可以知兴替；以人为镜，可以明得失。读史使人明智，这里的"史"并不只是与自己无关的历史，更包括自身的发展历史。事实上，认识自己非常必要，但是并不容易，此所谓旁观者清，当局者迷。一所学校，无论类型各异、层次高低，都有自己的发展历程。任何一名校长都不能忽视学校的历史文化资源，不仅不能忽视，还需要深度挖掘，办一所扎根土壤有生命力的学校。回首过去、展望未来，才能更好地把握现在。

校史是整个学校发展历程中所发生的一切的总和，包括记录、保存下来的和随着时光消逝的事物。通常所说的校史，主要是指记录和保存下来的学校记忆，包括人物、事件，及以建筑为主的学校物质环境。它以连续的方式反映出学校的精神变化，所以校史的育人意义不可或缺。校史教育，可以增强学生对学校的认同感并激发学生的责任感，使学生更好地融入集体、热爱校园，让学校精神代代相传；可以激励教师，使其爱岗敬

---
[1] 苏霍姆林斯基. 苏霍姆林斯基选集[M]. 北京：教育科学出版社，2001：13.

业,更好地投入教书育人的事业中;还可以让学校的"建筑说话""空气养人",成为师生的精神家园。

比如清华大学附属小学的"1+X课程"到"成志教育"。2010年11月,窦桂梅担任清华附小校长。她带领全体教师诊断学校现状,制定了《清华附小办学行动纲领》。学校初步建立了师德高、教艺精、底蕴厚、发展快的研究型教师团队。在整个团队的努力下,学校进行"1+X课程"育人模式的构建与实施,开创了学校课程建设的新时期。2013年5月,清华附小召开"1+X课程"体系建构与实施阶段汇报会。教育部,清华大学等部分高校、中国教育科学研究院、北京市教委等单位的专家、领导,以及来自全国各地的教育同仁近千人参加了会议。著名教育专家称赞清华附小具有清华大学的气质和追求,认为"1+X课程"从学校的生源、历史出发,把一个国家的宏观课程框架具体化,变成可以施工的蓝图,将自上而下的改革和自下而上的改革结合起来,找到了课程改革的关键路径即课程整合。2014年,相关成果获得了国家基础教育成果一等奖,这是基础教育界的最高殊荣。但是下一步该如何走,如何引领学校开创新的辉煌?窦桂梅校长一度没有很好的突破口。日思夜想,回到校史中去,反反复复研究学校的发展历程。众里寻他千百度,蓦然回首,得来全不费工夫,那就是办"成志教育"!原来,清华附小的前身叫作"成志学校"。她成立于1915年,专为清华大学也教职员工子弟求学而设,冯友兰、朱自清、叶企孙、马约翰、潘光旦等著名教授都曾在成志学校先后被委任校董事会成员。1937年抗战爆发,清华大学被迫南迁,成志学校一同前往,在西南联大度过了艰苦的岁月。1946年秋,清华大学由昆明迁回清华园,同年12月,成志学校复校开学。1952年8月,中学部和小学部分离,成志学校小学部更名为清华大学附设小学。1960年,正式更名为清华大学附属小学。自强不息、厚德载物,学校的历史从来就没有与国家的命运分开过。我们的学校过去叫"成志学校",那我们现在办"成志教育"多好啊!让孩子们"志于中国,成就自我",将个人的成长与伟大的祖国紧密交融。学校开启新的征途,清华附小从学科育人到系统育人、从局部改造到整体改革、从教育实践到中国特色基础教育理论的全面跃升,清华附小将继续秉持"儿童站立学校正中央"的教育哲学,把每一个儿童的成长当作附小教师的最高荣誉。2018年,《成志教育:小学立德树人的校本实践》再度荣膺国家基础教育成果一等奖。

又如成都市实验小学"雅教育"的来龙去脉。陆枋从师范学校一毕业就进入成都市实验小学,28岁时被破格评为当时四川省内最年轻的特级教师,36岁成为校长开始执掌这所天府名校。陆枋校长的办学名片就是"雅教育","小学校,大雅堂"是办学愿景。她曾说,"雅"可不是凭空想出来的,而是从实验小学的历史发展血脉里流淌出来的。从创校开始,实验小学就翻开了儒雅的历史篇章。办学史上,有两位举足轻重的校长奠定和沉淀了"雅"的灵魂。第一位便是创校校长胡颜立先生。1935年,35岁的胡颜立先生受教育部派遣来川负责创办实验小学并担任校长,此后12年,他殚精竭虑,不辱使命,成就了这所绵延至今的天府名校。他师从杜威,和陶行知先生一样倡导"从做上学",主张解放学生的头脑、双手、眼睛、嘴巴,主张解放学生的空间和时间,使教学做合而为一。学校会按时举办有计划的校外教学,如远足、参观等,给予儿童以写作、绘画、采集的机会,回来后再从事研究、整理,举办成绩展览。要求教师必须具有健康的身体、乐业的精神、研究的兴趣，除担任教学、训导等工作外，还要从事实验研究，创造新的教育方法。他的人本主义教育思想、德智体美群劳六育并举的树人宗旨，以及实证地进行试验、探索规律以改进教法，勤俭办校、以厂（场）养校等，都为实验小学未来的发展奠定了坚实的基础。第二位是苏文钰校长，1978年，34岁的苏校长接掌校印，他是公认的儒雅型校长，这种风范不仅仅源于他令人心仪的外表，更因为他有一颗慈爱的心。此后他在实验小学整整耕耘了24年直到退居二线。24年里，他带领全校教师进行了两个卓有成效的教改实验，一个是学校整体改革实验，一个是活动教学实验。整体改革实验从1983年开始，历时6年，通过活管理、活教育、活学习，培养思想活跃、个性活泼、手脑灵活、充满活力的学生。尽管整体改革实验取得了极大的成功，但是苏校长并没有停止探索。1996年开始开展"活动教学与小学生素质发展"的实验，以活动促发展，把课堂还给学生，不依赖老师，也不依赖书本，这和半个多世纪以前胡颜立校长所提倡的"自动学习"何其一致。教育要以人为本，解放学生、解放老师，让课堂焕发出生命的活力。两位校长深邃的教育理想、儒雅的大家风范，深深地滋养后继的陆枋校长，水到渠成地滋生了"雅教育"。

二、展现地域文化的独特魅力

"橘生淮南则为橘，生于淮北则为枳"，一方水土养一方人。笔者十多年来，东奔西走、辗转南北，在幅员辽阔的中华大地上体验了太多不一样的风土人情。此时此刻，有关齐齐哈尔、呼伦贝尔、呼和浩特、大连、青岛、曲阜、济南、邯郸、郑州、洛阳、武汉、长沙、重庆、成都、贵阳、昆明、宁波、上海、深圳、广州、厦门等地的画面在我脑海中迅速切换，美不胜收。比如西北的朋友告诉我，他们那里的山羊，吃的是"中草药"，挤出的是"太太口服液"，拉出来的是"六味地黄丸"，多么生动形象地展现了他们引以为豪的羊肉品质。一个人、一个家庭、一所学校、一座城市、一个民族、一个地区，都有各自的风格特色。学校不能独立存在，它一定是置于特定的地域空间，因此学校教育要在一定程度上体现地域文化的特色。

地域文化是中华文化的重要载体。自古以来，我国就是一个幅员辽阔、民族众多的国家，不同的地域空间造就了不同的地域文化形态。地域文化有其独特的个性，主要体现在民风民俗、性格气质、精神面貌、民间信仰等方面。比如江南文化、齐鲁文化、巴蜀文化、燕赵文化等，各有千秋、迥然不同。事实上，地域文化反映的是民族、地区的多元共生，是中华民族精神的重要组成部分。下面从地域文化的发展历程及地域文化的精神特色等方面，来讨论几个典型的地域文化。

（一）温婉细腻包容的江南文化

"江南"是中国历史文化及现实生活中一个重要的区域概念，它不仅是一个地理概念，还是一个历史概念，同时还是一个具有极其丰富内涵的文化概念。江南文化的区域范围相当于今天苏南、浙江及徽南地区，它是春秋吴越国的核心地区，是文化意义上典型的南方。江南的远古文明源远流长，与黄河流域的文化一样古老灿烂，是中国古代文明的主要发源地之一。

江南文化传统的形成经历了几个阶段。商周以前是江南文化的发轫期。吴、越是同一文化区内部的两个政权，国虽为二但实为一体，作为文化整体属于统一的江南文化区域，其间文化的许多特点决定了后来江南文化的基本内涵；春秋战国是成型期。春秋战国诸侯争霸，南北东西文化交流频繁，江南文化也较多地受到中原文化的影响。中原文化已经为吴、越贵族所熟悉掌握。此时吴、越相继称霸，是江南文化成型并获得很大发展的时期；秦汉是发展过渡期。统一中央王朝的出现，加上吴、越土著和北方人民互相迁移，使江南文化的性质开始发生改变，逐渐由尚武崇霸向尚礼崇文转变；魏晋南北朝隋唐是转型发展期。这一时期，江南相对于战乱不断的北方而言社会较为安定，再加上东晋、南朝政权建立在江南，所以江南经济文化都有了很大的发展。在漫长的历史发展中，江南文化特征经历了由尚武向崇文的转变，文化地位也经历了由偏远到成为中心的转变。

江南文化经历了长期的发展与变化转型，在不断的整合与重构中形成一个具有丰富内涵的文化体系，到隋唐之际其主要内涵已经比较稳定。因此，江南文化具有细腻柔和、柔中寓刚、兼收并蓄的特点。首先是细腻柔和。青山秀水、茂林修竹，水性在中国传统思维中是与"柔""灵动"联系在一起的。生活于江南清丽自然环境中的人性情多柔和，这种环境不仅使人们热爱自然，也使人们情感细腻而思维活跃，启迪遐思，滋润灵性。其次是柔中寓刚。在长期的征服江河海洋的过程中，江南居民又养成刚毅的品性，形成心胸旷放、豪迈勇武的气质。江南文化特征还有刚性的一面。吴、越青铜宝剑锋利无比又精美非凡，将实用的刚强和艺术的秀丽巧妙结合，充分体现了柔中寓刚的特点。最后是兼收并蓄。江南文化自远古以来就不断地吸收、融合其他区域文化。江南文化是在与楚文化、中原文化的交融中得到发展的。另外，江南士人乐意与外来文士交往相处并向他们学习，江南地处沿海，广泛的对外交流也使人视野开阔并接受异域文化。在这一时期的都市文化中，它所呈现的许多新特点与现代都市文化在内涵上都十分接近。[1]因此，江南的学校应该让学生濡染江南文化的核心品质，身上散发出江南的气息，像苏州园林一样温婉雅致、赏心悦目。

（二）礼仪诚朴厚重的齐鲁文化

西周初年到东周末年，现在山东的地盘上，有两个最大的诸侯国：齐国和鲁国。齐国从公元前1046年至公元前221年，历时八百多年。鲁国从公元前1043年至公元前256年，历时近八百年。这期间，在齐鲁大地上产生的一切文明成果，概称齐鲁文化。齐鲁文化主要以齐文化的道家文化与鲁文化的儒家文化构成。老子以"有无"的概念阐释事物虚实相生的道理，孔子以"仁义礼智信"来编制人伦社会之网。因此齐鲁文化是通过具有中国特色的道家与儒家哲学思想表现的。任何一种思想文化的产生，都是历史的产物，更是时代的产物，齐鲁文化脱胎于三种社会环境。

首先，礼乐文化的广泛影响。礼乐文化是一种制度文化，它以"礼"为社会秩序的基础和核心，明贵贱、辨等级、正名分，一切人和事都要遵循礼的规范和准则。其次，百家争鸣的生动局面。春秋战国是中国历史上大变革大转折的重要时期，五霸迭起、争斗不止，天下大乱，是"礼崩乐坏"的时代。春秋战国又是思想大解放大发展的时代，于是就出现

---

[1] 刘士林.江南都市文化的历史源流及现代阐释论纲[J].学术月刊，2005（8）.

了思想领域里"百家争鸣"的局面。它深刻影响了诸侯国统治下的整个中国社会,猛烈冲击着传统专制统治秩序和思想意识形态,为齐鲁文化的产生发展开辟了道路。最后,稷下学宫的浓厚氛围。稷下学宫在鼎盛时期,容纳了当时"诸子百家"所有学派,汇集了天下贤士上千人,任其"不治而议论"。其中著名学者有孟子、淳于髡、邹衍、鲁仲连、荀子等。稷下学宫的创建,开辟了民主议政的先河,不仅促进了齐国的昌盛,而且为齐鲁文化的融合发展创造了良好的社会环境。文明之地、礼仪之邦,山东地区的学校在中国优秀传统文化教育方面,得天独厚,理应做出更多的探索。

(三)自然浪漫质朴的巴蜀文化

巴蜀是四川、重庆地区的古称,川东称巴,川西称蜀,大致以涪江为界,但没有具体的界限。关于"巴"的说法,最早见于先秦《山海经·海内经》中"西南有巴国"的描述,位于四川盆地东部,以今重庆为中心;"蜀"的说法则更为多见,最早可追溯至殷墟发现的甲骨文中。郭沫若诗云,"巴蜀由来古,殷周已见传",一语道出了巴蜀历史的悠久。关于巴蜀文化的界定,学术界主要有两种,一是指秦统一巴蜀之前时期的文化,一是指整个四川古代及近代的文化。[1] 因为古代的交通和通信主要依赖于车马船等传统工具,而这些交通工具的使用又受到地域的限制,所以地域特点对文化的影响不容忽视,虽不能起到决定作用,但却有利于地域自身文化特点的形成,使我们在今天依然能够从生产力发展所带来的文化融合中找到各种文化原来的痕迹,从而回归到地理范围中去。巴山蜀水赋予了这块土地充沛的灵气,孕育出瑰丽的巴蜀文化,彰显其文化特色。

首先是充满生机活力。这正是得益于巴蜀交通枢纽的位置和蜀道的存在。来自四面八方的不同文化习俗通过蜀道和水道在这里得以汇聚,如注重耕织的荆楚文化、讲究商业的秦陇文化、崇尚周礼的中原文化,四川盆地天然的阻隔将各种文化的精髓扎根于此,和巴蜀自身的文化交相辉映,相互融合。它把荆楚文化的代表《楚辞》发展为汉大赋,进而有了文学史上不可超越的诗词成就。其次是文化的延续性和创造性。文天祥就曾发出过"蜀自秦以来,更千余年无大兵戈"的感叹。战祸较少是巴蜀的地形特点为文化带来的最大福祉,使得巴蜀文化如细水长流,生生不息。同时,远离王权中心、相对隔绝的状态,也有利于文人个性的张扬,使得巴蜀一带文人辈出。再次是农业繁荣为文化繁荣提供有利条件。纵观世界上任何文明的产生,都依赖于农业的繁荣。凡是水好土肥的地方就会出现人的定居和文明的开化,两河流域、尼罗河流域优良的气候和土壤条件孕育了同中华文明一样耀眼的美索不达米亚文明和埃及文明,而巴蜀文化的发展,得益于"天府之国"的富庶,特别是秦代李冰在蜀中兴建了一系列水利工程,更加促使成都平原成为一块膏腴之地。所以,四川、重庆等地的学校要考虑巴蜀文化的育人价值。

(四)慷慨激昂辽阔的燕赵文化

燕赵大地,历史悠久,是中华文明的发源地之一。燕赵文化是中华文明的重要支脉,在中华文明发展史上占有重要位置。在战国时期,河北省辖域内,北为燕诸侯国之地(北

---

[1] 林向."巴蜀文化"辩证[J]. 华中师范大学学报(人文社会科学版), 2006(04).

京房山），南为赵诸侯国之地（邯郸），因此常用燕赵来指代今天的京津冀地区。[1] 从重大历史贡献来看，燕赵之地有三张独一无二的文化名片。一是东方人类从这里走来，约200万年前，东亚人种在张家口阳原县泥河湾发源。二是中华文明从这里走来，5000多年前，炎帝、黄帝、蚩尤在涿鹿合符，中华文明由此开启。三是新中国从这里走来，毛主席在西柏坡指挥三大战役，召开七届二中全会，从这里进京开创建国大业。改革开放以来，河北文化在发展中又逐步打造和形成了五大文化品牌：红色太行的革命文化、壮美长城的和合文化、诚义燕赵的根脉文化、神韵京畿的直隶文化以及弄潮渤海的开放文化，丰富了燕赵传统文化的精神实质。

具体来说，首先是慷慨悲歌、好气任侠的精神。从文化特征上看，燕赵区域最具有独特性的文化特征就是慷慨悲歌、好气任侠。慷慨悲歌的文化特征形成于战国时期，标志性事件是燕太子丹派荆轲刺秦，荆轲在易水河畔悲亢地放歌："风萧萧兮易水寒，壮士一去兮不复还！"成为这种文化特征成熟的标志。这种文化特征前后持续两千余年，已形成了悠久而稳定的传统。其次是担当进取、开放包容的精神。战国时赵武灵王为了国家的强大突破"夷夏之防"的思想藩篱，从实际出发，向北方少数民族学习，推行"胡服"、教练"骑射"，使赵国一跃而成为可以与强秦相抗衡的强国。再次是英勇不屈、舍身为国的精神。河北处于长城内外的咽喉要道和华北敌后的前哨，英雄的燕赵儿女在抗日战争中不畏强暴、英勇抗敌，舍身为国的豪迈，深刻诠释了伟大抗战精神的真谛，也同时彰显了中华民族精神的真谛。最后是谦虚谨慎、艰苦奋斗的精神。在西柏坡召开的党的七届二中全会上，毛泽东提出的"两个务必"成为中国共产党人宝贵的精神财富，激励着全党在实现民族复兴的伟大征程中，不断迎接新的考验，走向新的胜利。因此在京津冀地区的学校教育中，如何融进燕赵文化中的优良传统，是一个需要考虑的重要问题。

第三节 构建办学理念的微观视角：未来人才和成长规律

一、教育教学要旨向未来人才所需的核心品质

人们一直希望知道未来是什么样，可是我们一直都不会准确地知道，也不能清晰地知道。因为整个社会的发展是众多因素协同变革的结果，人类认知不可能驾驭这么复杂的变化体系。差之毫厘，谬以千里，因此人们总是难以准确地预料未来。另外，人生的意义在于探索，在于一种对未知的期待，如果未来一目了然地呈现在我们面前，未来也就变得索然寡味了。尽管如此，教育还需要展望未来，因为我们培养的学生会生活在不久的未来。办学过程中，一定的前瞻性非常必要。

未来教育无论如何发展，教育传承文化、创新知识和培养人才的本质不会变，立德树人的根本目的不会变。[2] 远古时期的生存经验，通过人们的肢体语言进行无意识传播。

---

[1] 佟贵银. 弘扬燕赵优秀文化传统提高河北文化软实力 [J]. 河北大学学报（哲学社会科学版），2011，36（05）：77–81.

[2] 顾明远. 未来教育的变与不变 [N]. 中国教育报，2016-08-11（003）.

随着语言、文字的出现，教育由家族式教育转变为小规模化的学校，由于造纸术和印刷术的发明和应用，学校中出现班级授课制。20世纪20年代以来，工业革命推动了科学技术的迅猛发展，从无声"视觉教学"发展到有声的"视听教学"，逐步提高了教学效果。直到20世纪90年代，随着信息技术的发展，多媒体计算机在教育中的应用日益增多，逐渐成为教学中的主要媒体。[1] 21世纪以来，网络技术、信息化发展更加迅猛，数字化、智能化、个性化、多样化的信息技术融入生活，打破了传统教育体系的生态平衡，使其开始向信息化教育迈进。[2]

有研究者认为，未来学校将会变成学习中心，开学和毕业没有固定的时间，教师的来源和角色多样化，学生一人一张课程表，学习将是基于个人兴趣和解决问题需要的自发学习，是零存整取式的学习，是大规模的网络协作学习。[3]互联网将推动出现一些从根本上进行重新设计的学校，学校将为学生提供更为灵活的课程安排、更适合学生的个体需求。[4]《中国未来学校白皮书》则指出，未来学校将突破时间、空间、内容、师资等限制，满足人们不同需要，可以更好地提高全民素养，以应对未来更加复杂的社会挑战。[5]因此，可以说未来学校是在信息时代迅猛发展的时代背景下，从学校的环境、课堂、教师、评价方式和组织管理等方面的变革来培养适应未来社会所需要的人。

未来学校的环境建设。具有"未来特征"的校园环境是未来学校的基础建设，要建设好未来学校，首先要创造适宜学生发展的"未来"环境，学校应是学习的乐园。[6]未来的校园应该是温馨、自在、开放、多元的具有特色的校园，除了最基本的教学的软硬件设施，未来学校校校通、班班通、人人通，[7]未来学校不仅全面数字化，还根据学生年龄的特点进行空间建造，创建各种各样的活动空间和创新实验室，并将各种校园空间有机融合，为学生的未来发展奠定最基本的环境氛围。智慧型学习环境是信息化、数字化背景下，学生对学习环境发展的诉求，也是有效促进学习与教学方式变革的支撑条件。[8]智慧型的课堂环境，首先强调对智慧教学系统的引入，包括智能学习终端、智慧学习管理平台、智慧学习软件与资源的网络系统环境等[9]；其次强调智慧教学系统对教学活动支持的智慧性，学习者可以利用教学工具进行信息与资源的获取、分析、处理、编辑、制作等，以及表征自己的思想、与他人交流协作等。[10]

未来学校的教与学变革。为了培养未来社会所需要的创新型人才，未来学校会进一步整体降低原来的统一化、标准化的学习内容，所以未来的学习内容将会是定制化和个

---

[1] 涂涛,李文.新媒体与未来教育[J].中国电化教育,2015(01):34–38.
[2] 杨宗凯.从信息化视角展望未来教育[J].电化教育研究,2017,38(06):5–8.
[3] 余胜泉,王阿习."互联网+教育"的变革路径[J].中国电化教育,2016(10):1–9.
[4] 崔跃华."未来学校"研究综述[J].教育科学论坛,2017(14):16–19.
[5] 李笑非.创造最适宜学生的"未来"教育——基于核心素养与学习能力的未来学校建设探索.[J].教育科学论坛,2016,(14):27–31.
[6] 尚俊杰.未来学校建设的三层境界[J].基础教育课程,2014(23):73–76.
[7] 张东.智慧学习环境：有效支撑学与教方式的变革[N].中国教育报,2012–05–25(011).
[8] 刘军.智慧课堂："互联网+"时代未来学校课堂发展新路向[J].中国电化教育,2017(07):14–19.
[9] 余胜泉,吴娟.信息技术与课程整合[M].上海：上海教育出版社,2005.
[10] 朱永新.未来学校十五个变革可能[J].教育,2017(Z1):5–11.

性化的。[1] 未来的学习方式主要会关涉以下四个方面：一是深度学习。未来社会科技发展更为迅猛，面对复杂的未来社会，学习应该由原来的掌握式学习转向深度学习。[2] 深度学习的问题在于学生如何整理信息化时代的海量碎片化知识，并提取出有效的信息。二是虚拟学习。虚拟学习就是在虚拟环境中实现真实环境下难于操作或者危险的实验。虚拟学习结合真实情境中的学习，可以增强学习的效果。三是线上线下结合学习。"线上"的教育是人机对话，"线下"的教育更多体现人文关怀。[3] 有机结合线上线下教育的优点，既能提高学习效率，也能保证学习效果。四是跨学科学习。如 STEM 最初是将科学、技术、工程和数学跨学科学习整合起来，后来在 STEM 中增加了"A"（arts），即人文艺术学科，成为 STEAM。继而，STEAM 中又最新增加了"R"（writing），即写作能力，成为 STREAM。[4] 从 STEM 到 STREAM 的发展演变历程可以看出，未来学习是多学科、跨领域的，终极目标是培养终身学习的完整的人。

正如上面谈到，清晰准确地预知未来是不可能的。但是未来教育发展的大概趋势还是可以预见的，我们必须正视它、拥抱它，主要体现在以下三个方面：第一，技术发展是历史的潮流，无人能挡。人力车、机动车、飞机、扇子、电风扇、空调，每一次技术的变革，都改变了人们的存在方式。教育技术也是一样，改变了教育、学校的存在方式。所以无论哪位校长办何种学校，都不能不拥抱技术时代的到来。第二，未来技术的日新月异，究竟能够带来什么。主要是资源的极大丰富、途径的极大便利、效率的极大提高，渠道极其畅通、方式极其多样。应该说，就像甲骨、竹简、纸张、数字化对文字传播产生的革命一样，教育技术的发展对学校教育会产生革命性的变化。第三，未来技术再发达，教育有哪些是永恒需要关注的。我们发现凡是人工智能替代不了的，在未来社会就显得越发重要，这就是教育之所以是教育的地方。它们是身心健康、情感充沛、德行雅致，实践能力、创新精神，合作与交往、跨文化理解，格局与视野、系统与战略等。一言以蔽之，面向未来我们要做的就是一件事，即拿技术去促进人的健康成长。

二、教育教学要遵循孩子身心发展的规律

笔者在调研的过程中发现，几乎所有教育工作者都把身心发展规律挂在嘴边，但是实际上对孩子成长规律的认知非常有限。其实学段越低、年龄越小，教育的专业性越强。就是因为孩子成长的规律性在小时候更复杂，更难以把握。举个直观的例子，一个人从出生到小学毕业，经历十二年时间。同样从不惑之年到五十二岁，也经历十二载光阴。但是这两个十二年，究竟哪一个重要，哪一个变化大，答案显而易见、毋庸置疑。因此无论多么高大上，办学都必须落脚孩子的培养，这一前提便是成长规律的把握。下面从幼儿园、小学、初中、高中来分段讨论孩子身心成长的特点。

---

[1] 严文蕃. 未来学校更重视什么 [J]. 中国教师，2017（04）：5–9.
[2] 严文蕃. 未来学校课程注重什么：中美比较和跨学科的视角 [J]. 新课程评论，2017（06）：117–123.
[3] 郭春才，金义富. 基于未来教育空间站的 O2O 应用模式研究 [J]. 中国电化教育，2015（06）：24–30.
[4] 严文蕃. 未来学校的学与教 [J]. 教育，2017（Z1）：134–138.

（一）幼儿园阶段

幼儿园是对 3 周岁以上学龄前幼儿实施保育和教育的机构。幼儿园教育是基础教育的重要组成部分，是学校教育制度的基础阶段。[1] 幼儿阶段具有明显的发展特点。首先，儿童的发展是一个整体，要注重领域之间、目标之间的相互渗透和整合，促进幼儿身心全面协调发展，[2] 健康、语言、社会、科学、艺术，都是重要载体。其次，要充分理解和尊重幼儿发展进程中的个别差异，切忌用一把"尺子"衡量所有幼儿。有的孩子说话非常晚、动作技能非常弱，但是不影响孩子后续的健康成长。再次，幼儿的学习是以直接经验为基础的，游戏和日常生活非常重要。要最大限度地支持和满足幼儿通过直接感知、实际操作和亲身体验获取经验的需要，切忌"拔苗助长"。让孩子在安全的环境中，自由去探索。最后，幼儿在活动过程中表现出的积极态度和良好行为倾向是终身学习与发展所必需的宝贵品质。要充分尊重和保护幼儿的好奇心和学习兴趣，帮助幼儿逐步养成积极主动、认真专注、不怕困难、敢于探究和尝试、乐于想象和创造等良好学习品质。单纯追求知识、技能的学习，是极度错误的。我国与日本在科学技术方面的差距，从学前阶段就开始了，我们应该警醒。

具体来说，健康领域，主要是关注孩子身体、心理和社会适应方面。儿童身体发育和机能发展极为迅速，也是形成安全感和乐观态度的重要阶段。不宜过度保护和包办代替，以免剥夺幼儿自主学习的机会。语言领域，幼儿期是语言发展特别是口语发展的重要时期。[3] 应为幼儿创设自由、宽松的语言交往环境，提供丰富、适宜的低幼读物，培养语言表达能力、阅读兴趣和良好的阅读习惯，进一步拓展学习经验。社会领域，幼儿的社会性主要是在日常生活和游戏中通过观察和模仿潜移默化地发展起来的。[4] 社会性的不断完善，才能奠定健全的人格基础。家庭、幼儿园和社会应共同努力，创设关爱、平等的生活氛围。科学领域，幼儿的思维特点是以具体形象思维为主，应注重引导幼儿通过直接感知、亲身体验和实际操作进行科学学习，切忌灌输知识和强训技能。艺术领域，每个幼儿心里都有一颗美的种子。[5] 在大自然和社会文化生活中萌发幼儿对美的感受和体验，丰富其想象力和创造力，让幼儿用自己的方式去表现和创造美。

（二）小学阶段

当前小学阶段教育的年限一般为 6 年，小学生一般为 6~12 岁的儿童。小学阶段学生的身心发展特点，既不同于幼儿也不同于中学生。6~9 岁儿童体格发育基本上是平稳的，身高平均每年增长 4~5 厘米，体重平均年增长 2~3.5 千克。10 岁以后，随着青春期的到来，体格发育进入快速增长阶段。这一时期儿童的骨骼弹性大而硬度小，不易发生骨折，但容易变形。肌肉的力量和耐力都比成人差，容易出现疲劳。这时儿童的肺活量也明显增加，对各种呼吸道传染病的抵抗力也增强。随着儿童大脑皮层的发育成长，大脑结构逐步完善。

---

[1] 教育部.幼儿园工作规程.http：//www.moe.gov.cn/srcsite/A02/s5911/moe_621/201602/t20160229_231184.html.2016。
[2] 教育部.3—6 岁儿童学习与发展指南.http：//www.moe.gov.cn/srcsite/A06/s3327/201210/t20121009_143254.html.2012.2-2。
[3] 教育部.3—6 岁儿童学习与发展指南.http：//www.moe.gov.cn/srcsite/A06/s3327/201210/t20121009_143254.html.2012.14-14。
[4] 教育部.3—6 岁儿童学习与发展指南.http：//www.moe.gov.cn/srcsite/A06/s3327/201210/t20121009_143254.html.2012.22-22。
[5] 教育部.3—6 岁儿童学习与发展指南.http：//www.moe.gov.cn/srcsite/A06/s3327/201210/t20121009_143254.html.2012.43-43。

当身体受外界刺激后，能以很快的速度准确传到大脑皮层的高级中枢，条件反射也比较容易建立，能够更好地支配和控制自己的行为。这是联想、推理、抽象等思维过程的物质基础，也说明这一阶段神经系统的发育特别是脑的发育在机能上进一步成熟。

具体来说，认知方面，可以概括为从被动注意过渡到主动注意、从机械记忆过渡到有意义记忆、感知觉从浅层过渡到深层、从具体思维过渡到形象思维、从无意想象过渡到有意想象等。在认知过程中主要依赖于第一信号系统（指现实的具体的刺激，如声、光、电、味等刺激），小学生视觉感受性增长速度很快，观察事物时观察的目的性、持续性和概括性都比较差。他们已经能够掌握一些简单的概念，并能进行初步的判断、推理，自我调节能力也逐渐提高，注意力稳定性也得到了提高，注意范围也逐渐扩大，分配注意的能力也逐渐提高。情感方面，随着认知发展，个体意识逐渐增强，情绪内容也越来越丰富，而且情感深度也有所发展。小学生的情感控制力较幼儿园阶段有所增强，可以逐渐克服诱惑。在小学阶段，学生的各种情感逐渐系统起来，构成与道德、理智和审美活动诸方面有关的高级情感。同时小学生的意志发展虽较幼儿园阶段已经有很大进步，但是还不完善。个性发展方面，较学龄前儿童来说，小学生自我认识程度增强，个性特点也逐渐形成和明确，同时个体之间的差异也越来越显著。自我意识处于上升时期。随着年龄和认知的增长，学生的独立性和评价能力逐渐增长，学生不再无条件服从、信任教师，能够自己独立做出判断。虽然小学生在认知、情感和个性方面都有一定的发展，但是发展水平并不成熟。主要表现有，兴趣广泛但不稳定，喜欢且善于模仿，易接受新知但又易于遗忘，情感易外露，自制力和应激能力较差，易于受到榜样的激励作用，等等。[1] 所以，小学阶段在保证孩子身心健康的基础上，要引导孩子从感性认识向理性认知过渡，要丰富孩子的情感世界。让孩子初步认识自我，"做最好的自己"。

（三）初中阶段

初中阶段，学生身体迅速发育生长，这可以说是他们的第二个成长高峰期。初中生在这个时候有三大巨变，包括体貌特征凸显、内脏成熟及性的成熟。一般来说，13岁左右脑力会迅猛成长，同时他们的心肺功能也得到很大的提高。性成熟是初中生最敏感的方面，身体快速的变化，会让孩子身心感到不适应，从而产生一定的心理压力，这也是叛逆期的生理基础。

初中阶段学生心理和智力都发生了明显的变化，个性发展上也出现了很多新的特点，表现在自我意识、情绪情感、日常心态以及人际关系等多方面。突出的表现有，生理发展与心理发展之间的不平衡性。初中阶段是儿童到青年必须经历的过渡时期，但是由于生理上发育过快，导致孩子手足无措，难以适应这种变化。这种生理上的变化，让初中生对异性产生强烈的好奇，但真正面对的时候他们又会无所适从，早恋及相关问题由此而生。心理成长、社会性发展远远跟不上生理的发育，还导致学生身上出现成人感与幼稚性的矛盾性。生理上让他们觉得"已经"是个成年人了，似乎可以像老师和家长一样独立了。他们要求在日常生活和学习过程中不受管制和干扰，有权决定自己的事情。这种想法越强烈，

---

[1] 樊继磊. 根据小学生身心特点促进其技能发展 [J]. 小学教学参考，2008（33）：200.

就越反感父母和老师的管教,"叛逆"程度也就越高,甚至会出现过激的行为。一句话,就是"身"与"心"的异步发展,是初中生所有"问题"的症结,解铃还须系铃人,教师和家长应从"身""心"入手,引导孩子顺利度过青春期。

(四)高中阶段

高中是人生发展中的重要阶段,是个体向成人发展的关键时期,不仅是个体生理迅速发展的时期,也是人生观、价值观和世界观基本形成的时期;不仅是知识、技能学习和发展的时期,也是为未来学习、职业和生活做准备的时期;不仅是各方面积极品质发展的时期,也是心理、行为问题高发的时期。[1]生理上,高中生身体发育速度明显缓慢,男生每年平均增长2.22厘米,女生0.61厘米,增长速度明显低于小学、初中阶段。而体重,每年增加2~3.5千克。高中生骨化过程基本完成,骨骼变粗,韧带也基本强化,不过心脏的发育要到20岁左右的时候才能稳定。高中生的脑和脑神经发育及功能基本完善,第二信号系统(指现实的抽象刺激,如语言文字)的调节能力加强,有较强的逻辑思维和抽象思维能力。性机能也趋向成熟,男生的肩膀增宽显得壮美,女生的身体变圆显得丰满。到了高中阶段,从体型方面看已经非常接近成年人,但实际上他们并未完全成熟。[2]

心理上,高中阶段是学生身心发展的最重要时期,他们处于儿童向成人过渡的末尾阶段,是一种质向另一种质的转变过程。通常而言,他们的心理难以琢磨,行为难以改变。他们的情绪体验和表现方式不再像儿童那样单一幼稚,心理和行为上表现出强烈的自主性,迫切希望从教师和家长的束缚中彻底解放。[3]高中生身心发展的基本特征就是不平衡性,生理发展迅速走向成熟,而心理发展相对落后,在理智、情感、道德、社会等方面都未达到成熟的指标,还处在人格化的过程中。也就是说,高中生的生理与心理、心理与社会关系的发展不同步。发展的不平衡性一方面创造了个性发展以及道德和社会的意识发展的条件,另一方面也造成了高中生心理过程的冲突与矛盾。如果处理不当,很容易出现不良的情况。如自卑、焦虑甚至抑郁。高中生的自卑主要表现有自我评价过低,具有泛化性、敏感性和掩饰性、性别差异性等。[4]焦虑有对新环境的不适应、对学习的不适应、考试方式的不适应、对自身健康状况的过分关注等。抑郁的原因也是多方面的,学习成绩下降、人际关系紧张、学习竞争激烈等。总之,高中是基础教育的最后一个阶段,如果高中毕业时学生身心健康,那么基础教育的使命也就完成了,同时可以预期后续的健康发展。

为什么要在办学理念这里系统分析孩子身心发展的规律,大道至简,就是一句话,孩子的成长是连续的,教育不应当"各司其职""流水作业"。社会上流行着一句"笑话",大学老师骂中学没有教好,中学老师骂小学没有教好,小学老师骂幼儿园没有教好,幼儿园老师骂父母没有教好,父母后悔生了孩子!其实,父母的确是孩子的第一任教师,也是终身导师。家庭是孩子最重要的成长沃土,然后是学校的教育力量,当然社会环境也是有教育影响的。三者戮力同心,合力才能铸就孩子的身心健康和卓越成长。

---

[1] 方晓义.构建高中生三级发展指导模式[J].北京师范大学学报(社会科学版),2014(01):37–43.
[2] 吴金勇.高中生身心发展特点与体育教学研究[J].成才之路,2015(34):98.
[3] 曹瑜.基于高中生心理发展特点谈音乐教育的影响[J].北方音乐,2018,38(02):128+142.
[4] 赵昆伦.基于高中生身心发展规律的优质教学策略研究[J].辽宁教育,2017(15):8–10.

第四节　办学理念的实证分析

一、办学理念构建的基本现状

在前面提到，本研究从三个视角来对办学理念的构建进行理性分析。第一，宏观视角。包括遵循党和国家的教育方针政策，以及广泛汲取中外教育思想的精华。这是通适性的要求，是每一所学校在建构办学理念时的时空大背景。第二，中观视角。包括分析学校的历史发展和现实状况，以及融进当地的地域文化及特色。这是学校独特性的表现，是一所学校区别于其他学校的重要方面。第三，微观视角。办学落脚点在培养孩子，因此微观视角包括思考未来社会所需人才之品质，以及结合学段特点和孩子身心发展规律来办学。这是办学专业性的重要表征，也是学校发展的奠基石。整合宏观、中观、微观角度的教育考量后，体现的就是教育团体的教育理想和育人情怀。

那么校长在办学理念的现实构建中，是如何考虑这些不同的视角的呢？我们发现，校长们在考量不同视角时，存在一些不均衡的情况，具体如表 4-1 所示。

表 4-1　校长在办学理念构建过程中的考量视角

视角	选项	比例 /%
宏观	遵循党和国家的教育方针政策	83.14
	汲取古今中外的教育思想	68.23
中观	分析学校的历史发展和现实状况	73.57
	融进学校所在地的地域文化及特色	78.19
微观	考虑未来社会需要的人才品质	72.79
	把握学段特点和孩子身心发展	93.27
情怀	展现校长团队的教育理想、育人情怀	75.74

可以看出，校长们在办学理念的现实构建中，较好地考量了方方面面。具体来说，在结合学段特点和孩子身心发展规律方面表现非常好，占比达到 93.27%；也能较好地遵循党和国家的教育方针政策，占比 83.14%。但是在汲取古今中外的教育思想和关注未来社会需要的人才品质方面，分别占比 68.23% 和 72.79%，相对逊色多了。可以这么认为，以时间轴上的历史、现在和未来三个点来说，校长更多的是关注现在，对历史和未来关注不够。以空间轴上的学校、地方和国家来说，校长更多的是大空间取向，全国均较趋同，办学理念个性化不够。有 75.74% 的校长认为他们的办学理念关照了团队的教育情怀。

办学理念的现实情况如何呢？本研究从办学理念的建构、办学理念的表达、办学理念的实践三个维度来讨论，它们对应三个问题，想不想凝练办学理念、理念本身怎么样、理念的实际效果怎么样。具体来说，办学理念的建构主要是办学愿景和办学特色；办学理念的表达主要是理念，及体现理念的"一训三风"和校训、校歌、校徽等；办学理念的实践主要是认知和行为两方面，即师生是否对理念体系有良好认知和实践行为层面能否体现理念。具体情况如表 4-2 所示。

表 4–2　校长在办学理念方面的基本情况

理念维度	项目	非常符合	比较符合	合计
理念建构	a 注重学校发展战略规划，凝聚智慧建立共同目标	40.85%	47.97%	88.82%
	b 尊重学校传统和实际提炼学校办学理念，办出特色	46.86%	43.35%	90.21%
理念表达	a 学校已有清晰的、适切的办学理念	45.46%	44.02%	89.48%
	b 学校已有基于办学理念的"一训三风"	48.25%	38.56%	86.81%
	c 学校已有基于办学理念的校训、校歌、校徽、校标等	40.46%	37.79%	78.25%
理念实践	a 师生能够清晰地表达出办学理念和"一训三风"	46.41%	34.34%	80.75%
	b 办学实践中能够很好地体现出办学理念和"一训三风"	40.11%	31.28%	71.39%

转换成直观的柱状图如图 4–1 所示。

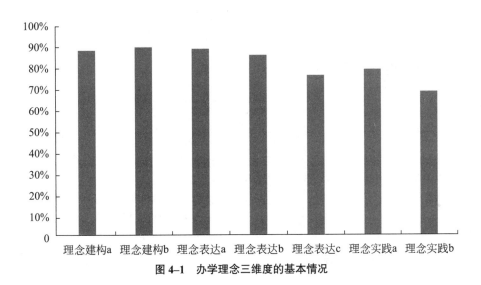

图 4–1　办学理念三维度的基本情况

可以看出，根据每一项非常符合和比较符合合计的百分比来分析，办学理念的建构、办学理念的表达、办学理念的实践三个维度，占比越来越低。通俗地说就是，校长们很想凝练办学理念，但是凝练出来的理念并不怎么理想，而理念的实践效果更为逊色。具体来说，46.86% 的校长强烈想基于历史和现实提出有特色的办学理念，45.46% 的学校已有非常清晰的适切的办学理念，40.11% 的办学实践能够很好地体现出办学理念。

这与笔者在实践调研中的感受是一样的，就是校长都在关注办学理念，但是凝练出来的办学理念并不理想，比如千篇一律没有特色、脱离学校发展历程、没有地域特点、没有体现教育的专业性等。在实践层面，更是不理想，大概三分之二的校长连办学理念都背不下来，遑论理念的实践效果。有一次，我请一位校长向我介绍他的办学理念，他直接带我到办公楼的大厅，念了一遍墙上的各种标语。其实理念不仅贴在墙上，更应该"随风潜入夜，润物细无声"，潜移默化地让师生内化于心，外显于行，体现在举手投足、一颦一笑之间。

二、不同类别校长在办学理念方面的差异性分析

上面呈现的是描述性统计，下面将不同类别的校长在办学理念总体方面（办学理念的

建构、办学理念的表达、办学理念的实践)的差异性进行分析,从而试图找出办学理念方面存在的一些深层次问题,对症下药,为不同类别的校长提供反思的角度。如表4-3所示。

表4-3 不同类别校长在办学理念方面的均值及差异性

类别	均值	差异性
性别	男 4.32> 女 4.26	$F=0.006$,$t=-2.106$,$Sig.=0.035$,男性显著高于女性
学科背景	人文社科 4.30> 艺体类 4.27> 自然科学 4.26	$F=0.926$,$Sig.=0.396$,学科背景之间不存在显著性差异
第一学历	大学以上 4.51> 大学 4.30> 大学以下 4.24	$F=9.686$,$Sig.=0.000$,学历之间存在显著性差异。 多重比较结果: $Sig.=0.000$,大学以上显著高于大学以下; $Sig.=0.000$,大学以上显著高于大学
初任年龄	51岁以上 4.39>46~50岁 4.32>36~40岁 4.31>35岁以下 4.28>41~45岁 4.22	$F=2.486$,$Sig.=0.042$,初任正校长年龄之间存在显著性差异。 多重比较结果: $Sig.=0.015$,36~40岁显著高于41~45岁; $Sig.=0.032$,46~50岁显著高于41~45岁; $Sig.=0.016$,51岁以上显著高于41~45岁
已任年限	16年以上 4.37>6~10年 4.33>11~15年 4.32>5年及以下 4.21	$F=7.506$,$Sig.=0.000$,已任正校长年限之间存在显著性差异。 多重比较结果: $Sig.=0.001$,6~10年显著高于5年及以下; $Sig.=0.003$,11~15年显著高于5年及以下; $Sig.=0.000$,16年以上显著高于5年及以下
校长类型	卓越型 4.67> 教育家型 4.55> 优秀型 4.50> 称职型 4.10	$F=66.524$,$Sig.=0.000$,不同校长类型存在显著性差异 多重比较结果: $Sig.=0.000$,称职型显著低于优秀型; $Sig.=0.000$,称职型显著低于卓越型; $Sig.=0.000$,称职型显著低于教育家型; $Sig.=0.002$,优秀型显著低于卓越型
地区	经济发达地区 4.39> 少数民族地区 4.34> 广大中部地区 4.26	$F=5.803$,$Sig.=0.003$,地区间存在显著性差异。 多重比较结果: $Sig.=0.001$,经济发达地区显著高于广大中部地区
地域	城市 4.39> 县城 4.33> 乡镇 4.19	$F=21.290$,$Sig.=0.000$,地域间存在显著性差异。 多重比较结果: $Sig.=0.000$,城市显著高于乡镇; $Sig.=0.000$,县城显著高于乡镇
层次	示范学校 4.49> 普通学校 4.25> 薄弱学校 4.13	$F=46.083$,$Sig.=0.000$,学校层次间存在显著性差异。 多重比较结果: $Sig.=0.002$,示范学校显著高于普通学校; $Sig.=0.034$,示范学校显著高于薄弱学校; $Sig.=0.005$,普通学校显著高于薄弱学校

续表

类别	均值	差异性
学段	中学 4.33> 小学 4.29> 幼儿园 4.24	F=1.573，Sig.=0.179，学段之间不存在显著性差异
家庭	家庭氛围和谐 4.31> 不和谐 4.08	F=5.904，t=4.133，Sig.=0.000，家庭氛围和谐显著高于不和谐
子女	子女成长理想 4.37> 不理想 4.12	F=4.145，t=8.144，Sig.=0.000，子女成长理想显著高于不理想

注：里克特量表 5 点计分，1 为最低值，3 为一般水平，5 为最高值，均值位于两者之间；组间没有显著性差异的，在表中不呈现。

办学理念总体包括理念建构、理念表达、理念实践三个方面。对三个方面进行总体分析，发现不同类别的校长存在一些差异。从数据来看，个人方面的因素。性别因素，男性显著高于女性，表明男校长在办学理念方面更胜一筹。学历方面，大学以上显著高于大学、大学以下，也就是研究生学历的校长在办学理念方面会考虑更多一些。已任正校长年限之间也存在显著性差异，发现年限长的校长显著高于任职 5 年及以下的新手型校长。办学理念属于精神层面，看来校长在厘清繁杂的事务性工作后才有精力去思考顶层设计。在校长类型方面，教育家型、卓越型、优秀型校长也均显著高于称职型校长，可见办学理念是办学水平（包括理性和经验）的一个重要表征。学科背景之间没有显著性差异。

学校方面的因素。学校所在地区间存在显著性差异，经济发达地区显著高于广大中部地区，可见经济发展较好的地区尤其一线城市，学校在完成基础使命后，追寻的是学校的高品质发展，一定程度上引领了我国基础教育的改革方向。地域方面，城市、县城显著高于乡镇，这与地区一样，受经济发展水平的明显影响。学校层次方面，示范学校显著高于普通学校、普通学校显著高于薄弱学校。同样表明办学理念是办学水平的重要表征，九层之台起于垒土，学校的发展需要稳扎稳打，只有保证完成基本任务之后才可能有更高的发展。学段方面，虽然中学方面办学理念得分较高、小学次之、幼儿园再次，但是三者之间并不存在显著性差异。

家庭方面的因素，主要是家庭关系和子女成长两个观测点。几乎没有悬念地发现，家庭氛围和谐的校长，在办学理念上明显要更先进。子女成长理想的校长，同样胜过那些子女成长不理想的。其实，这里的关系非常复杂，是因为家庭好才导致办学好呢，还是办学水平高导致家庭幸福呢？或许这里压根就没有因果关系，而是相伴相生，一以贯之。当我们以有温度的感情和有深度的理性去担当时，可能路越走越宽，天时地利人和，一切困境迎刃而解。

第五节 办学理念的案例探讨

笔者自 2008 年以来，一直在关注校长办学的问题。光阴荏苒，一晃已经十几年了。非常感慨在实践调研的过程中，校长们的实践智慧给予了我丰厚的滋养。有很多的问题，刚开始并没有深入系统地理性思考，后来慢慢从具体的办学个案中超脱出来，形成一套系统的理论分析框架。本章讨论办学理念构建的宏观视角（教育方针和教育思想）、中观视角（学校历史和地域文化）及微观视角（人才品质和成长规律）就是典型代表之一。理论来源于实践，又反哺实践，正是这样不断地螺旋上升，使得我们对办学理念有了更全面而深刻的把握。下面对几个案例进行探讨，然后再强化办学理念构建的分析框架。这些案例都是多年来笔者的研究团队，在深入学校一周深度调研的基础上完成的。它们深度融合了以校长为代表的学校团队的实践探索和笔者研究团队的理性思考，两者就像太极模型图一样，彼此水乳交融、浑然天成、相互推进、和谐共生。

一、江西新余城北幼儿园办园理念："体能健康、快乐向上"

新余是一座有特色的小城市，这与新余钢铁集团有限公司（简称"新钢"）有莫大的关系。"新钢"员工来自上海和其他地区，几十年的融合，使得这座城市与其他内地小城市相比，更为包容和开放。新余市城北幼儿园建于1990年，2000年被评为江西省示范幼儿园，2002年首批通过省示范幼儿园复评，在当地享有极高的社会声誉。新时期，诚朴担当的符春梅园长带领团队，进行顶层设计，铸造办园特色，将办园理念界定为"体能健康、快乐向上"。这里并不是仅仅强调健康领域，而是以健康为出发点，展示园所精彩的方方面面。下面从教育方针政策、学前教育思想和幼儿园发展历程三个维度来分析。

教育方针政策方面。孩子的健康不仅是个人最大的财富，对于国家、民族的强大来说也是最重要的基础。幼儿的生命发展是身体和精神充分和谐发展的过程，身体是精神的存在载体，为精神发展提供生理的前提。对幼儿来说，身体健康始终是第一位的。《幼儿园教育指导纲要（试行）》明确指出："幼儿园必须把保护幼儿的生命和促进幼儿的健康放在工作的首位。"幼儿园的教育内容是全面性的、启蒙性的，但是健康是核心，语言、社会、艺术、科学等领域从不同的角度促进幼儿情感、态度、能力、知识、技能等方面的发展，旨向幼儿健康这一总目标。《3—6岁儿童学习与发展指南》中首先强调的也是健康方面，包括"身心保健"和"身体运动与发展"两个子领域，其中"身心保健"着眼于保护，"身体运动与发展"着眼于锻炼。城北幼儿园在实践中，始终关注孩子的体能健康，以此为抓手，让孩子情绪安定愉快，较好适应幼儿园的生活，从而养成良好的生活与卫生习惯，具有基本的生活自理能力，具备基本的安全知识和自我保护能力，为健康保驾护航。

学前教育思想方面。古今中外，教育家们都非常关注孩子的健康问题。古希腊人认为勇敢是人类最重要的品质，勇敢需要力量、力量需要体魄，体魄来自锻炼、锻炼需要体育。所以体育就是培养勇敢品质的重要方法，可见体育的意义远远不只是增强体质。亚里士多德提倡在幼儿教育时期要注重儿童的体能发展，从而为勇敢品质奠基。卢梭是第一位完整且系统地提出体育重要性的教育家，他认为体育必须先于智育和德育，是一切教育发展的物质基础。教育是为了培育自然人，所谓自然人也就是身、心协调发展的人。"由于他经常不断地运动，所以他不能不对事物进行仔细的观察与好好地考虑其影响，他从小就获得了许多的经验，所以他能不断地把身体和头脑的作用结合起来，他的身体愈健壮，他就变得愈加聪明和愈有见识。"自然人的模特就是爱弥儿，"请看一看我的爱弥儿！他现在已经年过二十，长得体态匀称，身心两健，肌肉结实，手脚灵巧，他富有感情，富于理智，心地十分的仁慈和善良……"幼儿时期的体育尤为重要,这一阶段是儿童进行身体养护、发展四肢的重要时期,同时体育是提高儿童思维能力的重要途径。蒙台梭利也认为幼儿体育承担着极其重要的角色,在她的"儿童之家"中通过运动的方式激发学生潜能,通过肢体的锻炼促进大脑和其他生理器官的生长,以促进生理、心理、智力的协调均衡发展。在我们被认为处于半殖民地半封建社会时,陈鹤琴就提出"强国必先强种,强种必先强身,要强身先要注意幼年的儿童"。中华人民共和国成立后,他一如既往地关注幼儿的健康问题。我们可以发现,学前教育家们都认为健康是最重要的。因此以健康来凸显幼儿园的标志性实践,应该是没有问题的。

幼儿园发展历程方面。城北幼儿园在发展过程中,一直关注健康。但是它之所以成为幼儿园的品牌和特色,得益于体能健康方面的课题研究,以及后来形成健康特色的园本课程体系。城北幼儿园深入把握幼儿身心发展规律,依据幼儿年龄特点,合理组织幼儿的一日活动,动静交替,注重幼儿的直接感知、实际操作和亲身体验,让幼儿喜欢上城北幼儿园充实快乐的生活。他们可以参加丰富的户外活动与体育锻炼,从而确保身心健康。同时在活动中他们还形成了主动探究、积极交往、敢于表达和乐于欣赏的习惯,水到渠成地完成了科学、社会、语言和艺术等领域的学习。可以发现,城北幼儿园的实践探索,以健康为切入点,以活动为载体,最终让幼儿完成了各个领域的学习、各方面的和谐发展,达到"健康"的教育目标。教师在教学过程中,也深深地体验了这种甜头,不仅快乐地陪伴孩子们成长,也促进了自身的专业发展。所以大家一致同意将"体能健康、快乐向上"确立为新时期的办园理念,从促进体能健康开始,快乐学习,快乐教学,师生积极昂扬,快乐向上,尽情享受幸福安康的园所生活。

二、辽宁昌图实验小学办学理念:"美好心灵、多元智能"

昌图县位于辽宁省铁岭市,是全国著名的农业大县。"昌图"蒙古语音为"常突额尔克",是"绿色草原"之意。当然现在已经是一片片肥沃的土地。认识昌图实小的范勇校长,是我教育研究过程中非常重要的缘分。他是典型的教育家型校长,虽然并不在北上广深。他的理性思考、实践智慧,就像教育宝库一样,笔者深深为之震撼。让孩子在一个小小的县城,享受现代化的国际教育,功德无量。昌图县实验小学始建于1960年,是辽宁省首批重点小学。面对校园毫无生机的困顿,范校长仔细分析原因,发现语数英所谓主科教师天天抓知识,而学生天天看分数。一片死气沉沉,学生没有童年的快乐,完全没有彰显个性的可能。相反,音体美教师则无所事事,也没有成就感。2008年,范勇校长确立"多元智能"的办学理念,进行了大刀阔斧的改革。刚开始反对声音强烈,但随着孩子们特长发展起来,语数英学科的成绩不降反升,反对的声音也就自然而然消失了。但是后来每个孩子都魅力四射、特长突出,一个个变得越来越自负起来。团队决定在理念和实践中,加入"美好心灵"方面的教育。现在孩子们健康快乐,自信而不自负。这就是"美好心灵、多元智能"理念的来龙去脉。下面从几个方面来探讨。

传统文化方面。"形而上者谓之道,形而下者谓之器",中国传统文化在关于成人方面,一直强调内圣外王、道器融通。这里的"圣""道"主要是指心灵、道德等,而"王""器"

则侧重于智力、技能。因此"心""智"的完美和谐，才是真正的人。"心"方面，孟子提出"四心"，即恻隐之心、善恶之心、辞让之心、是非之心。核心是仁爱之心，重要特征是真诚、正直、孝顺和爱人。"交人要交心，浇树要浇根"。因而在实际的教育教学中，涵养学生美丽而平和的心灵就显得格外的重要。"智"方面，就是各种技能。孔子说"君子不器"。所谓"君子不器"，即君子不能像器具那样仅有一种用途，君子必须具备多种才能和技艺。我国古代的教育内容就很多元化，《论语》"游于艺"中的"艺"，包括礼、乐、射、御、书、数。昌图实小教育的实际也围绕"六艺"展开，礼主要对应人际交往智能、自然观察智能，乐主要对应的是音乐智能，射主要对应的是身体运动智能，御主要对应的是生存智能，书主要对应的是语言智能，数主要对应的是数理逻辑智能。用现在的话讲，大体上就是要德、智、体、美、劳全面发展。

教育方针、政策、思想方面。《中华人民共和国宪法》第四十六条规定，"国家培养青年、少年、儿童在品德、智力、体质等方面全面发展"，培养德、智、体、美、劳全面发展的社会主义建设者和接班人。全面发展，心智健全是前提。"心智"教育理念所要表达的"美好心灵、多元智能"，是贯穿人一生卓越发展的要求。中国学生核心素养包含三个方面，自主发展、社会参与、文化基础：包括六大素养，学会学习、健康生活、责任担当、实践创新、人文底蕴和科学精神，其中每一素养的培养，都和"心智"教育理念存在着密不可分的关系。健康生活、责任担当、人文底蕴三素养的培育发展是"美好心灵"的必备要素；学会学习、实践创新、科学精神三素养的培育发展是"多元智能"的必备要素。我们认为培育学生"美好心灵、多元智能"的品质就是学生发展核心素养的基本手段。

地域文化及特色。包括历史文化、自然物产和人才资源。历史文化方面，昌图北吸内蒙古草原之气息，西沐辽河水之甘露，东倚吉林四平之名市，南触沈阳大都市之繁华。昌图历史悠久，先秦时期为肃慎属地，秦、汉、晋时期为扶余鲜卑地，南北朝及隋唐时期为契丹所占领。唐五代时期，属渤海国，建王都首府于扶余城（今昌图县的四面城）。辽代设五道，金代属咸平路，元代为蒙古族游牧地，明清属蒙古族科尔沁部游牧地，民国改府为县。在历史的长河中，昌图以多元共融的方式对民族团结、文化交流、社会发展起到了重要作用。自然物产方面，昌图在历史上就是全国著名的产粮大县，被誉为"天下粮仓"。今天又被誉为新兴煤电能源大县、换热设备产业之都、辽河发源地的生态新城。物产丰富，水源充足。包含矿藏12种、中草药14种、野生动物多种等。人才资源方面，昌图人杰地灵，这片神奇而美丽的黑土地曾经养育过著名的文学家、政坛杰出人士和科技巨星。中华人民共和国成立后更是名人才辈出，如享誉海内外的著名作家、红学家端木蕻良，著名作家、辽宁省原政协主席孙奇，书法家佟韦，现代诗人李松涛等；留美科学家孙国封，核工业专家黄河和艾连友，化工专家任景文，能源专家翟玉林，中国载人航天工程总设计师王永志，桥梁专家、中国农工民主党副主席刘树勋等；世界举重冠军吕刚、李卓等。他们给孩子们做了"心智"健全人物的榜样，激励着孩子们的成长。

三、内蒙古莫旗尼尔基第三中学（初中）办学理念："刚健笃实，辉光日新"

这是一所名字很长很长的初中学校，全称是"内蒙古自治区呼伦贝尔市莫力达瓦达斡尔族自治旗尼尔基第三中学"，一共29个字。笔者和许桂秋校长是在北京师范大学内蒙古国培校长班上认识的，课后我们聊孩子的成长，觉得非常投缘。大概两年后，我们经过齐齐哈尔来到嫩江边上这所朴实的学校。这是一所几乎没有任何特色的优秀学校，没有特色就是这所学校实在太普通了。优秀是指学业成绩，这所学校孩子的中考成绩，几十年来在本地都是名列前茅。面对这种情形，办学理念的构建不能扣一些高大上的帽子，一定要基于学校实际。鞋舒不舒服只有脚知道，理念一定要适切。调研时，让所有中层及以上领导、不同教龄的教师代表分别用几个词语表达对学校的真实感受，很快就发现了共同点，"踏实""朴实""实实在在""真实""实打实""实干"等词喷薄而发。毋庸置疑，这所学校的理念，"实"是绝对少不了的。在新阶段，领导团队试图构建共同愿景，戮力同心，让学校发展上一个新的台阶，因此"新"是必要的。办学理念"实·新"教育，"刚健笃实，辉光日新"应运而生。下面从几个方面去分析论证。

  传统文化方面。《周易·大畜》中《象辞》说："大畜，刚健笃实，辉光日新。其德刚上而尚贤，能止健，大正也。"所谓"实·新"的内涵，即刚健笃实，辉光日新。畜，积也，聚也。大畜，犹言积蓄者大，强调积累与包容的力量。大畜卦，为易经中第二十六卦，含蕴为畜德、养贤。大畜卦为易卦相叠，内卦为乾，乾为天，性刚健；外卦为艮，艮为山，性厚实。大畜卦的卦象为山天大畜，上为山，下为天，"天在山中"，所蓄之大，莫大于天，有容乃大，容天更大。有容天的胸怀，也就代表有极高的道德修养。并且，天光山气相映生辉，光景常新。而刚健故无私欲，笃实故不虚浮，上下两体交互影响渗透，使刚健者更刚健、笃实者愈笃实，辉光照映，日新又日新。也就是说，刚健的人和笃实的人会互相影响，刚毅坚卓的人会更加刚健，笃实的人也会更加笃实，这二者的进步光芒互相映照，让人每天都在更新与变化。这与尼尔基三中师生的精气神、校风非常匹配，而且厚积薄发，新的辉煌指日可待。

  教育方针政策方面。党的十九大报告中着重提出"实干兴邦"的思想，"实"就是实心、实在、老实、切实、踏实；"实干"就是实心实意地干、老老实实地干、实实在在地干，就是言行一致、说到做到、言而有信、有诺必践。"实干"是"实干精神"生成的源泉和发展的动力。"实干精神"是反映"实干"的需要和规律，包括尊重规律、求真务实的精神，勇于担当、埋头苦干、任劳任怨的精神，不怕挫折、攻坚克难的精神，团结合作、顾全大局的精神，等等。对于个人来说，"实干"是修身养性、陶冶情操、立德励志、实现价值的根本途径。对于社会来说，"实干"是引导观念、涵养精神、弘扬文化、凝心聚力的根本途径。尼尔基三中始终践行"实干精神"，实心实意办学校、实实在在办教育。为推动社会主义核心价值观融入教育教学，研制出了中国学生发展核心素养体系。明确学生适应终身发展和社会发展需要的必备品格和关键能力，系统落实社会主义核心价值观的要求。尼尔基三中"实·新"教育理念，"实"主要体现在核心素养中的健康生活、责任担当、人文底蕴等维度，"新"主要体现在核心素养中的学会学习、实践创新、科学精神等维度。

  地域文化及特色方面。尼尔基第三中学位于祖国边疆地区的莫力达瓦达斡尔族自治旗，是一个各民族相互交融、民族特色鲜明的地区。莫力达瓦，达斡尔语意为"骏马难以逾越的高山"，寓意孩子们踏踏实实、健健康康、厚积薄发、不断超越，翻过人生一座座"骏马难以逾越的高山"。莫力达瓦达斡尔族自治旗，地处呼伦贝尔市最东部、大兴安岭东麓中段、嫩江西岸。全旗有达斡尔族、汉族、蒙古族、回族、满族、朝鲜族、俄罗斯族、白族、黎族、锡伯族、维吾尔族、壮族、鄂温克族、鄂伦春族等 17 个民族，主体民族是达斡尔族。人们在漫长的生产生活实践中，形成了优秀的民族文化，在歌舞、体育运动、服饰、饮食等方面独具民族风情。莫力达瓦达斡尔族旗人文景观独具特色，旅游资源丰富。有风情独特的中国达斡尔民族园、达斡尔民族博物馆、历史悠久的金界壕、风景秀丽的莫力达瓦山。丰富的地域文化资源，为学校新的发展提供了极大的空间。在这片历史悠久、多元团结、物资丰富、开放包容的土地上，尼尔基三中正在致力于培养新时代的"实·新"少年。

四、广西贵港港北高级中学办学理念："格物致知，胸怀大局"

"读万卷书、行万里路""灵魂和身体总要有一个在路上""知行合一、手脑并用"，这些俗语实在是有道理的。十几年来，笔者去过绝大部分省份的绝大部分地区，对小时候地理课本上的一个词感慨良深，那就是"幅员辽阔"。广西、贵州、甘肃等地，经济虽然发展不是特别好，但如果我们置身其间，一定会为先入为主的偏见感到羞愧。珠江自西往东流经广西，一段一名，美不胜收。覃秋明校长是我挚友黄都教授的朋友，所以我才有缘造访贵港港北高级中学。这所学校建于 1970 年，几易其名，2014 年被确认为自治区示范性普通高中，同年更名为港北高级中学。办学理念"格物致知，胸怀大局"的凝练，有着特殊的时代背景。下面分而述之。

杰出校友"时代楷模"，我国著名地球物理学家黄大年同志。"作别康河的水草，归来作祖国的栋梁。天妒英才，你就在这七年中争分夺秒。透支自己，也要让人生发光。地质宫五楼的灯，源自前辈们的薪传，永不熄灭。"这段 2017 年《感动中国人物》颁奖词，就是黄大年人生的真实写照。习近平总书记对黄大年先进事迹作出重要指示，"我们要以黄大年同志为榜样，学习他心有大我、至诚报国的爱国情怀，学习他教书育人、敢为人先的敬业精神，学习他淡泊名利、甘于奉献的高尚情操"。黄大年高中就读于贵县附城高中（现港北高级中学），难忘的高中时光为黄大年辉煌的一生奠定了扎实的文化基础，也培养了他不屈的精神品质。"振兴中华，乃我辈之责"是 1982 年黄大年写给同学毛翔南的毕业赠言，他用一生实现了对祖国的承诺。1992 年，黄大年赴英国攻读博士学位前，坚定地对同学说："我一定会把国外的先进技术带回来。""海漂"18 年，他从未忘记祖国。2009 年，他毅然放弃国外优越条件回国，刻苦钻研，勇于创新，填补国内航空地球物理领域多项技术空白。由于以前信息不发达，学校后来才知道黄大年是校友，在惋惜其英年早逝的同时，全体师生振奋不已，感到无比自豪，认真体悟黄大年精神，并谱写学校发展新篇章。

中国优秀传统文化。《大学》云，"致知在格物，物格而后知至""所谓致知在格物者，言欲致吾之知，在即物而穷其理也"讲的就是研究事物而获得知识、道理。遵循朱熹的解释，清末的洋务学堂，也把物理、化学等学科称为"格致"，即"格物致知"的简称。因此格物致知，研究事物本源，最终获得学识与道理是在每个人求学的过程中不可或缺的品质。胸怀大局，则自成高品，可修身、齐家、治国、平天下。《大学》载，"古之欲明明德于天下者，先治其国；欲治其国者，先齐其家；欲齐其家者，先修其身；欲修其身者，先正其心；欲正其心者，先诚其意；欲诚其意者，先致其知，致知在格物。物格而后知至，知至而后意诚，意诚而后心正，心正而后身修，身修而后家齐，家齐而后国治，国治而后天下平。"可见，"格物致知，胸怀大局"是传统文化中完美人格的表征。

贵港地域特点。贵港位于广西壮族自治区东南部，西江流域中游，浔郁平原中部，被称为中国西部地区内河第一大港。贵港面向粤港澳，背靠大西南，联通东南亚，是集水路、公路、铁路于一体的重要交通枢纽，是一座开放包容、充满生机的新兴内河港口城市。独特的地理优势造就了贵港开放包容的大格局。同时贵港的历史悠久，古时为西瓯骆越地，秦统一岭南后设桂林郡，郡治于境内的布山县（今桂平市区西南），三国吴时期迁治于今贵港市市区，布山作为历代郡治、州治地方政权的政治中心长达1600年之久。汉武帝时改为郁林郡，自汉代以来，都是祖国南疆的政治要地、军事重地和商贸集散地，对民族团结、文化交流、社会发展起到了重要作用。主要旅游景点有太平天国起义遗址、桂平西山风景区、龙潭国家森林公园等。目前，贵港的经济发展快速，形成了以制糖、建材、化工以及港口运输等支柱产业和以冶金、机械、食品、医药、服装为特色的地方工业体系。雄厚的经济实力加速了贵港发展的进程。历史悠久、地理位置优越、物资丰富，有利于培养"格物致知，胸怀大局"的未来人才。

五、办学理念表达的方法论思考

有人说，这是一个喧嚣的时代，动不动就提出什么"教育"，令人反感。实实在在的，笔者以前也有类似想法。但是深入实践之后，我少了一些牢骚，多了一些理解和尊重。如果仅仅是为了标榜什么"教育"，诚然是不合适的。但是，如果是因时因地寻求合适的教育方式，则未尝不可。适切办学理念的构建，不仅可以引领学校的跨越式发展，同时也是教育智慧的显现，属于教育同仁的共同财富。

办学理念的构建需要系统思考，也就是一再强调的宏观视角（教育方针和教育思想）、中观视角（学校历史和地域文化）及微观视角（人才品质和成长规律）。当然，不见得每一所学校在建构的过程中都需要面面俱到。比如百年老校，可能需要更多地考虑学校发展的历史文化资源。新创办的高规格学校，可能更加需要高瞻远瞩，分析未来社会所需人才的核心品质，从而为未来培养前瞻性的人才，等等。如果办学理念初步凝练了，该如何表达呢？大概有三种方式。

第一，直指培养目标的核心品质。诸如"坚毅教育""阳光教育""幸福教育"，等等。比如北京密云古北口小学，因学校坐落在历代兵家必争之地古北口长城脚下，提出"坚毅教育"的办学理念。将"坚毅"解构为"坚韧明理、智勇弘毅"，这就是要在孩子身上形成的重要品质。坚韧，指坚定不动摇，持之以恒。明理，指明白道理、探索原因。智勇，指智谋、勇敢。弘毅，指宽宏大量，发扬刚毅的精神。这是所有教育教学活动都需要考量的。

第二，区域或者地名、校名特色。比如我们凝练北京顺义木林镇中心小学的理念，就是"木林教育"，即"众木成林"，强调孩子的个性和社会性同时发展；又如高岭学校，我们提出"高岭教育"，高，意味着脚踏实地与仰望星空。岭，横看成岭侧成峰，意味着个性张扬与和谐共存。再如山东临沂半程中学的家校共育方面做得非常有成效，我们就提出"伴成教育"，理念就是"相伴而行、成就人生"。这里我们不主张过度牵强附会，生硬地赋予意义，一定要贴切自然才好。

  第三，对数字进行隐喻。如清华附小"1+X"，强调国家的"1"与学校打印清华烙印的"X"之间的黄金搭配。又如北京延庆靳家堡小学，探索让孩子"成为更好的自己"，实践相当出色。我们提出"1.01教育"，寓意孩子每天在原有"1"的基础上，发展一点点，进步一点点。千里之行始于足下，日积月累，成就卓越。当然还有其他的方式，只要能够适切地表达办学理念，名实相符，言简意赅、琅琅上口就可以。

第五章

培养目标的厘定

第一节　教育目的观照下的培养目标

无论是过去还是现在，学界对于教育目的相关研究与争论似乎从未停止过，甚至将来还会继续，因为教育本身随着社会的发展在不断变化。教育目的是整个教育教学活动的努力方向，它指导着各级各类学校和教育机构的教育教学活动。培养目标是教育目的的具体化，是一个下位概念。因此讨论不同学段不同类型学校的培养目标，必须基于教育目的这一上位概念的探讨。

一、目的与教育目的

什么是目的？《社会心理学词典》将其界定为"意志行动所要达到的结果"，[1] 这里将目的看成是有意识的行为活动，以表象或概念形式存在于头脑中。而在《中国中学教学百科全书·政治卷》中的解释是"在思想上对活动的结果以及借助一定手段达到这种结果的途径的设计"，[2] 这里认为目的是在人们进行某一实践活动之前在脑海里形成的预期"结果"和可能"路径"。我们发现目的是人脑中的观念意识，既然是观念或者意识就会受到主体本身及所处历史社会环境的限制和影响。

教育目的，《中国大百科全书》将其定义为"一种总要求"，[3] 这种总要求指既要符合人的发展，同时满足社会发展的要求。《辞海》中对教育目的的解释为"一定社会、一定阶级培养人的总要求"。[4]《简明教育辞典》也强调教育目的是"把受教育者培养成为一定社会需要的人的总要求，是培养人的质量规格"。[5] 作为有影响力的辞书，它们都一致指向"总要求"。可见，教育目的一个非常重要的上位概念，"是关于人才培养规格的设想和规定"。[6] 它要求教育要基于客观的社会现实或者未来发展，同时也要满足主观个人发展的需要。教育目的是存在于人们脑海中的一幅理想的预期图景，当然现实中它可以引领教育的发展，也可能落后于社会的发展。

---

[1] 时蓉华. 社会心理学词典 [M]. 成都：四川人民出版社，1998：447.
[2] 王德胜. 中国中学教学百科全书政治卷 [M]. 沈阳：沈阳出版社，1990：458.
[3] 中国大百科全书编辑委员会. 中国大百科全书·教育 [S]. 北京：中国大百科全书出版社，1985：172.
[4] 辞海编辑委员会. 辞海 [S]. 上海：上海辞书出版社，1989：4364.
[5] 周德昌. 简明教育辞典 [M]. 广州：广东高等教育出版社，1992：492.
[6] 北京教育行政学院教育学教研室. 普通教育学 [M]. 北京：知识出版社，1983：36.

二、教育目的的价值取向

从上述对教育目的的定义就可以看出来,"总要求"主要包括两个方面,即个体和社会。在教育过程中过于强调个人的需要或个人的价值,就是"个人本位论"的价值取向,反之如果太强调社会的需要、国家的发展就会形成"社会本位论"的价值取向。[1]当然如果两者能够完美融合,那就是最佳状态了。不过在人类社会的发展过程中,和谐状态几乎就没有发生过,比如"中庸""不偏不倚""恰到好处"从来都是理想。实际上,"失之偏颇""过犹不及""此起彼伏"才是常态。因此不同历史时期、不同国家的教育目的价值取向相距甚远。

个人本位价值取向。在西方教育史上的一些特定时期,曾经受到人们的追捧。不同时期也会有不同的表现形式,如古希腊智者派的人本主义价值取向,主要以普罗泰戈拉和苏格拉底为代表,他们基于人是万物的尺度以及对个性的崇拜,强调教育目的主要是弘扬人性、发展人的个性。到了文艺复兴时期,人文主义教育家提出自然主义的教育思想,反对宗教神学的束缚,主张以培养自由人为教育目的。[2]如卢梭所说的自然人,首先是独立自主的人,能够体现出自己的价值。其次,所有的人都是平等的,不造就王公贵族或奴隶。最后是自由的人,他是无所不宜、无所不能的,不囿于他的固定职业。个人本位论的代表人物还有裴斯泰洛齐、康德、福禄贝尔等。他们以理性、自由及人的一切潜在能力的和谐发展为宗旨,基于此提出教育目的就在于全面和谐地发展人的一切天赋力量和才能。

社会本位价值取向。十九世纪后期至今,教育活动在确定其教育价值时更多的指向社会本位论,这也是大势所趋。就是在经济全球化、信息网络化的世界里,人们的个体成长与社会发展已经越发密不可分。社会本位论以社会需要出发,将人看作促进社会发展的原料,教育目的的制定要满足社会发展的需要,代表人物有洛克、涂尔干、凯兴斯泰纳等。比如洛克认为教育目的就是培养绅士,这种"绅士需要有实业家的知识,合乎他的地位的举止,能按照自己的身份成为国内著名的和有益于国家的一个人物"。[3]他既要有健壮的体魄,能够适应外出进行商业和社交时的艰难险阻,能够成为符合新兴资产阶级要求的实业家和国家需要的人,很明显洛克的教育目的是从社会的需要出发培养促进资本主义社会发展需要的新型人才。[4]

个人本位与社会本位的融合趋势。其实发展到今天,两者的分歧越来越小了,持有纯粹和绝对的个人本位论或者社会本位论的价值取向的学者并不存在,只是在作理论派别的划分和归类时将这些理论抽象化和绝对化了,形成了非此即彼的一元论者。[5]人是生成性存在,教育要促进人的自我实现,唤醒受教育者的创新精神和超越意识。[6]同时,教育目的在本质上是属于价值范畴的概念,具有强烈的人文性,认为人的发展、人的完善、人的幸福

---

[1] 黎军,宋亚峰.社会本位论与个人本位论教育目的之再审视 [J]. 2017(10):3-6.
[2] 刘黎明.文艺复兴时期的自由教育思想探析 [J]. 2016(34):137-142.
[3] 洛克.教育漫画 [M].傅任敢,译.北京:人民教育出版社,1979:78.
[4] 王春玲.个人本位论与社会本位论教育目的之比较 [J]. 2012(02):61-63.
[5] 扈中平.教育目的中个人本位论与社会本位论的对立与历史统一 [J].华南师大学报,2000,(02):87.
[6] 岳伟.促进人的自我实现:一种新的教育目的观 [J].南京师大学报,2008(01):79-84.

是教育信仰终极追求的。[1] 在教育实践中，要在对立统一中实现个人与社会二维视域的有机融合。

三、教育目的到培养目标的过渡

有研究者认为教育目的可以分为"广义的教育目的和狭义的教育目的"。[2] 广义的教育目的指一个国家对教育要达到成果的一种期待，狭义的教育目的指各级各类学校对人才培养的总体要求。其实，这里狭义的教育目的就是培养目标。不过两者之间的过渡，并没有想象中的容易，事实上需要跨越"应然"与"实然"之间的天堑鸿沟。所谓应然的教育目的，就是根据国家的一定政治体制，由教育专家团体或学者组织根据调研社会需要、学生发展，以及他们所信奉的教育哲学而制定有关教育目的的法定文献。这种应然的教育目的，具有指令性和法律效力，是理想状态下的描述。各级各类的学校就会根据应然的教育目的来实施教学计划，教学活动在实施的过程中主观上会受到校长、教师对教育目的领悟程度的影响，同时在客观上会受到当地教育资源等因素的限制。这些被影响后形成现实状态下的教育目的，便是"实然的"。

有人指出，"应然"的教育目的太抽象，可操作性并不强，社会主义的教育目的虽然一直强调德智体美劳五育共同发展，但实际上只有德、智两育比较受重视，其他的三育也仅仅停留在口号上。[3] 而且"应然"与"实然"之间一致性不强，甚至出现了两张皮的分离现象。在现实生活中，家长认为孩子接受教育的目的往往是"考上好大学""找到好工作"，而学校教师也常以"美好的未来""幸福的生活"来激发学生努力学习。这些显然与"德智体美全面发展的社会主义建设者和接班人"存在霄壤之别。简言之，这就是理想与现实之间的差别，理想很丰满，现实很骨感。主要原因有我国基础教育的发展还不够充分和均衡，过于追求升学率导向的知识和技能教育，过度关注"精英"的培养，[4] 忽视学生发展的全面性与个性等。[5] 那么，学校如何弥合理想与现实、理性与实践之间的隔阂呢？

教育从宏观、中观、微观方面都对教学对象作了不同层级的描述，比如教育方针、教育目的、培养目标、教学目标等。[6] 教育方针是政策性的话语，基于一定国家的社会、政治、经济等发展要求而提出，教育目的据此而定。培养目标是各级各类学校对培养人才的规格质量的具体要求，是教育目的的具体化，这一过程中校长起着非常重要的作用。教育目的的对象具有普遍性即针对所有的受教育者，而培养目标是针对不同学校的学生，例如基础教育阶段的培养目标与高等教育阶段的培养目标是不同的。教育目的具有一般性与普遍性，而中观、微观的目的是特殊的具体的，是为实现最高的目的而服务的。[7]

---

[1] 扈中平. 教育目的应定位于培养"人"[J]. 北京大学教育评论，2004（03）：25-29.
[2] 扈中平. 教育学原理[M]. 北京：人民教育出版社，2008：189-190.
[3] 薛诚. 提升校长领导力是实现阳光教育的关键[J]. 甘肃教育，2019（14）：47.
[4] 赵联，孙福平. 试论我国的教育目的及其完善[J]. 江西社会科学，2010（8）：241-245.
[5] 游永恒. 重新思考我们的教育目的[J]. 清华大学教育研究，2004（02）：35-40.
[6] 柳海民. 教育原理[M]. 长春：东北师范大学出版社，2000：270.
[7] 张等菊，扈中平. 对层次教育目的的思考[J]. 2001（04）：1-3.

四、学校培养目标厘定的方法论思考

苏霍姆林斯基曾说,"一个好校长,就是一所好学校"。这句话虽然并不完美,但的确表达了校长对一所学校的重要引领价值。如果说理想是天、现实是地,那么校长就是顶天立地、连天接地的不可或缺的重要人物。学校培养目标就是教学目标和教育目的之间的重要桥梁,校长就是桥梁的主要设计者和构建者。结合上面的理性分析和实践经历,笔者认为以下几个方面是学校培养目标厘定所需要考量的重要因素,即方向上要不折不扣遵守党和国家的教育方针、教育教学等专业活动,要遵循孩子身心成长规律,还要深度把握各个学段普适性的培养目标,再基于学校办学理念提出培养目标的个性化表达。

首先,我们在方向上要不折不扣遵守党和国家的教育方针,这一点是毋庸置疑的。教育不可能独立于社会发展,它一定存在于特定的时间和空间。所以我国基础教育学校必定要"全面贯彻党的教育方针,坚持教育为社会主义现代化建设服务,为人民服务,与生产劳动和社会实践相结合""培养德智体美劳全面发展的社会主义建设者和接班人"。各级各类学校的培养目标,都应该指向这颗恒定的"北极星"。

其次,在专业上我们要遵循孩子身心成长规律。孩子在不同的学段,身心发展呈现不同的特征。幼儿就是幼儿、少年就是少年、青年就是青年,所以培养目标的表述要与孩子所在的学段相适应。如果在幼儿阶段谈培养实践能力和创新意识,显然是不合适的。在小学阶段谈世界观、价值观和人生观教育,也是不合适的。培养目标的表达一定要具有鲜明的学段特征,以区别于不同层级的学校。

再次,必须深度把握各个学段普适性的培养目标。《幼儿园教育指导纲要(试行)》指出幼儿的培养目标是,身体健康,在集体生活中情绪安定、愉快;生活、卫生习惯良好,有基本的生活自理能力;知道必要的安全保健常识,学习保护自己;喜欢参加体育活动,动作协调、灵活。《义务教育课程设置实验方案》指出义务教育要培养学生具有爱国主义精神、社会主义民主法制意识、社会责任感等,具有健壮的体魄和良好的心理素质,养成健康的审美情趣和生活方式,成为有理想、有道德、有文化、有纪律的一代新人。《普通高中课程方案(2017)》指出高中应培养"有理想、有本领、有担当的时代新人",具体包括具有理想信念和社会责任感、具有科学文化素养和终身学习能力、具有自主发展能力和沟通合作能力。每一所学校培养目标的厘定,都应基于上述对应学段培养目标的分析框架。

最后,要基于学校办学理念提出培养目标的个性化表达。调研时经常发现学校的办学理念与培养目标之间的脱节,两者没有什么关系。实际上,我们发现办学理念的凝练正是基于教育方针政策、学生身心发展规律等方面的考量。也就是它们是办学理念和培养目标考虑的交集。所以,基于学校办学理念提出培养目标的个性化表达,是在一以贯之地进一步推进学校价值体系的创建。如青岛市黄岛双语小学杨世臣校长团队构建的办学理念是"和悦"教育,那么培养目标一以贯之下来,就是培养"厚德乐学、自主合作,具有国际视野的和悦少年",具体来说包括四个维度,"身心和融、悦纳自我,人伦和善、悦纳他人,社会和谐、悦纳社会,自然和美、悦纳自然"。可见这一培养目标的表述,既遵循了教育方针,符合小孩子身心发展特点,同时又与办学理念高度匹配。

第二节 学校培养目标的实证分析

学校培养目标是连接微观教学目标和宏观教育目的之间的重要桥梁，校长就是桥梁的主要设计者和构建者。为了了解培养目标厘定的实然情形，本研究从三个方面来调查，即宏观目标、目标内涵、目标表达。宏观目标，包括培养"德智体美劳全面发展的社会主义建设者和接班人"，以及他们的中国情怀和国际视野。前者是根本目的，后者是新时代根本目的的重要表征。目标内涵，包括核心素养也就是适应终身发展和社会发展需要的必备品格和关键能力，以及高层次的素养即实践能力和创新精神。目标表达，包括学校培养目标是否有清晰的个性化表达，以及培养目标与办学理念是否一以贯之。具体框架和数据如表 5–1 所示。

表 5–1 培养目标实证分析框架及数据

维度	项目	非常符合	比较符合	合计
宏观目标	a 德智体美劳全面发展的社会主义建设者和接班人	52.81%	39.07%	91.88%
	b 注重中国情怀也关注世界眼光和国际视野	39.79%	42.90%	82.69%
目标内涵	a 必备品格和关键能力	49.25%	41.96%	91.21%
	b 责任意识、创新精神和实践能力	47.13%	43.63%	90.76%
目标表达	a 适切培养目标的清晰的个性化表述	49.86%	41.46%	91.32%
	b 培养目标，与办学理念一以贯之	50.75%	40.90%	91.65%

将上述表格中"非常符合"的数据，转换成直观的柱状图如图 5–1 所示。

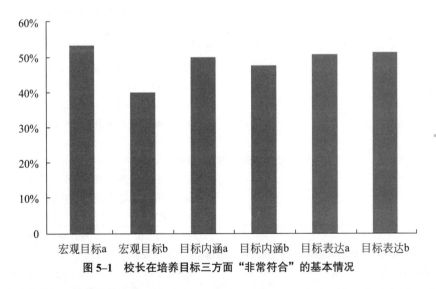

图 5–1 校长在培养目标三方面"非常符合"的基本情况

从数据可以看出，几乎半数的校长完全符合培养目标三方面的六个观测点。但是也有一些明显的差异。如同时非常注重中国情怀和国际视野的校长，占比 39.79%，明显低于其他。在非常注重责任意识、创新精神和实践能力方面，也只有 47.13%。当然，如果加上"比较符合"的数据，各项基本占比均达 90% 左右。具体来说，91.88% 的校长在践行将学生培养成"德智体美劳全面发展的社会主义建设者和接班人",82.69%的校长注重培养孩子们的中国情怀和世界眼光。91.21%的校长关注孩子们的核心素养,即他们适应终身发展和社会发展需要的必备品格和关键能力,90.76%的校长注重培养学生的责任意识、创新精神和实践能力。91.32%的校长根据学校实际,确立了适切的培养目标并有清晰的表述,91.65%的校长提出的培养目标与办学理念紧密相连。

上面是基于描述性统计,对校长厘定培养目标方面的情况呈现的总体概况。那么,不同类别的校长在培养目标方面是否存在显著性差异呢?本研究试图分析这些差异,从而为不同类别的校长厘定培养目标提出针对性的建议。不同类别校长在培养目标方面的均值及差异性如表5–2所示。

表5–2 不同类别校长在培养目标整体方面的均值及差异性

类别	均值	差异性
性别	女 4.34> 男 4.18	t=-4.643,Sig.=0.000,女性显著高于男性
学科背景	艺体 4.41> 人文 4.39> 科学 4.32	F=1.051,Sig.=0.950,学科背景之间不存在显著性差异
第一学历	大学以上 4.50> 大学 4.26> 大学以下 4.19	F=8.038,Sig.=0.000,学历之间存在显著性差异。多重比较结果: Sig.=0.000,大学以上显著高于大学以下; Sig.=0.000,大学以上显著高于大学(本、专)
初任年龄	51岁以上 4.51>46~50岁 4.47>36~40岁 4.45>35岁以下 4.41>41~45岁 4.35	F=1.386,Sig.=0.236,不同初任正校长年龄之间不存在显著性差异
已任年限	16年以上 4.53>11~15年 4.49>6~10年 4.42>5年及以下 4.34	F=6.692,Sig.=0.000,不同已任正校长年限之间存在显著性差异。多重比较结果: Sig.=0.006,6~10年显著高于5年及以下; Sig.=0.000,11~15年显著高于5年及以下; Sig.=0.000,16年以上显著高于5年及以下
校长类型	教育家型 4.66> 卓越型 4.59> 优秀型 4.45> 称职型 4.11	F=30.196,Sig.=0.000,不同校长类型存在显著性差异。多重比较结果: Sig.=0.000,优秀型显著高于称职型; Sig.=0.000,卓越型显著高于称职型; Sig.=0.003,教育家型显著高于称职型
地区	发达地区 4.41> 少数民族地区 4.22> 其他广大普通地区 4.21	F=5.643,Sig.=0.004,地区间存在显著性差异。多重比较结果: Sig.=0.001,发达地区显著高于其他广大普通地区; Sig.=0.000,发达地区显著高于少数民族地区
地域	城市 4.38> 县城 4.26> 乡镇 4.13	F=20.685,Sig.=0.000,地域间存在显著性差异。多重比较结果: Sig.=0.000,城市显著高于乡镇; Sig.=0.001,县城显著高于乡镇

续表

类别	均值	差异性
层次	示范学校 4.49＞普通学校 4.18＞薄弱学校 4.07	$F=38.831$，$Sig.=0.000$，不同层次学校之间存在显著性差异。 多重比较结果： $Sig.=0.000$，示范学校显著高于普通学校； $Sig.=0.000$，示范学校显著高于薄弱学校； $Sig.=0.000$，普通学校显著高于薄弱学校
学段	幼儿园 4.41＞小学 4.37＞中学 4.34	$F=1.380$，$Sig.=0.235$，不同学段之间不存在显著性差异
家庭	家庭氛围和谐 4.26＞不和谐 4.04	$t=4.763$，$Sig.=0.000$，和谐家庭显著高于不和谐家庭
子女	子女成长理想 4.32＞不理想 4.07	$t=7.550$，$Sig.=0.000$，理想情况显著高于不理想情况

注：里克特量表 5 点计分，1 为最低值，3 为一般水平，5 为最高值，均值位于两者之间；组间没有显著性差异的，在表中不呈现。

上面的数据呈现了不同类别校长在培养目标厘定方面的差异性。从个人方面的因素来说，女性显著高于男性；学历为大学以上显著高于大学及大学以下；教育家型、卓越型、优秀型校长均显著高于称职型校长；已任校长年限大于 5 年的显著高于 5 年以下的新手校长。而学科背景、初任年龄在培养目标方面没有影响。我们发现，学历、校长层级、校长经历等都是校长在厘定培养目标过程中的重要因素。

从学校方面的因素来看，发达地区显著高于少数民族地区、其他广大普通地区；城市学校显著高于农村学校；示范学校显著高于普通学校、普通学校显著高于薄弱学校；而不同学段之间没有显著性差异。和办学理念类似，由于发达地区、城市、示范校，往往发展层次更高。有必要且有条件实现更高层面的办学追求，因此会相应地高于欠发达地区、农村及薄弱学校。

家庭方面，同样是家庭和谐、子女成长理想的校长，在培养目标厘定方面要更胜一筹。这几乎就是一条铁律，是办学成功影响了家庭幸福，还是家庭幸福支持了办学成功。抑或两者合二为一，反映的就是校长的个性品质，只不过是他们在校长、夫妻、父母等不同角色上的体现而已。

第三节　培养目标的案例探讨

如前所述，学校培养目标是微观教学目标和宏观教育目的之间的重要桥梁，校长就是桥梁的主要设计者和构建者。要想实现"培养德智体美劳全面发展的社会主义建设者和接班人"这一伟大使命，就必须构建适切的学校培养目标，为孩子们的成长搭建台阶。办学理念的凝练正是基于教育方针政策、学生身心发展规律等方面的考量，因此培养目标需要沿着办学理念进一步推进，构建系统科学的一以贯之的育人体系，从而使得各方形成合力，指向目标，促进孩子们的健康发展。多年来，笔者的研究团队和学校育人实践团队精诚合作，在培养目标方面做了一些探索。下面以案例探讨的方式，来强化培养目标厘定的一些原则和策略。

一、北京延庆二幼培养目标：健康快乐、自主合作的幸福儿童

北京市延庆区第二幼儿园，建园于 1981 年，位于美丽的妫水河南岸。它是一所深受幼儿喜爱、家长称赞的，具有良好社会声誉的儿童乐园。北京市一级一类幼儿园，还是北京市示范幼儿园。延庆二幼在"雁阵"办园理念的引领下，全心全意培养"健康快乐、自主合作的幸福儿童"。

何谓"雁阵"教育？就是以"雁阵"的优良品质来隐喻教育。众所周知，大雁是一种大型候鸟，往往群居水边。迁徙时群雁飞行，时而"一"字、时而"人"字，人们称之为"雁阵"。"风翻白浪花千片，雁点青天点一行。"便是对这种景象的生动描绘。"大雁"在中国传统文化中有着深厚的文化底蕴，自古被视为"五常俱全"的灵物，是伦理道德理念的象征。李时珍在《本草纲目》中说，"雁有四德：寒则自北而南，止于衡阳，热则自南而北，归于雁门，其信也；飞则有序而前鸣后和，其礼也；失偶不再配，其节也；夜则群宿而一奴巡警，昼则衔芦以避缯缴，其智也"。另外，雁阵中的"老弱病残"也不会遭到抛弃，做到了"老有所养，幼有所依"，可谓其仁也。可以说以雁阵比拟教育，具有深厚的传统文化意蕴。

首先谈健康快乐。健康快乐是幼儿良好发展的重要保障和前提，因此致力于孩子的幸福，就要让他们健康快乐。"雁阵教育"鼓励孩子们和老师、同伴们一起学习，彼此合作、互相帮助。老师如"头雁"和孩子们组成一支独特的"雁阵"，"大雁小雁齐飞行"，长幼有序依次排列，其乐融融。在快快乐乐的"雁阵"活动中，学会关心他人、以礼待人，知道爱家护园、探索世界。再来看自主合作。自主合作是"雁阵"的核心精神，自主侧重于某一只雁，比拟孩子的个性；合作侧重于雁群，比拟孩子的社会性。"自主"意味着主动探索、独立思考，遇事能有主见，对自己行为能够负责的一种能力。"合作"是指团结协作、互相配合，是幼儿发展必不可少的要素。"雁阵"教育确保孩子们在活动中，健康快乐、自主合作，最终从破壳而出的"雏雁"成长为展翅翱翔的"壮雁"，进而为他们幸福、卓越的一生打下坚实的基础。

二、内蒙古呼和浩特太平街小学培养目标：会读能写的健康少年

塞外青城，辽阔旷远。南北贯通的扎达盖河，穿过呼和浩特的城区。创建于 1948 年的太平街小学，就坐落在河边，书香气息浓郁。学校有着厚重的历史积淀，发展到今天已具有良好的社会口碑。李建忠校长团队在新的历史时期，为了学校实现突破性进展，凝聚多方力量，构建了"读写"教育的办学理念。"读写"教育，即"畅读童年，书写未来"。同时依据办学理念，将学校的培养目标个性化地表达为，培养会读能写的健康少年。

这一理念的构建，与太平街小学发展中几件大事密切相关。1995 年，学校以《听说观思说写结合，大面积提高语文教学质量》为题进行了多年的语文教学整体改革实验。通

过优化语文课堂教学、语文活动和语言环境三条途径，根据学生学习语文和语文能力形成的规律，以思维训练为核心，多形式、多方法启发学生大量进行语言实践，促进学生自主、主动发展语文基本素质，实验效果颇丰。2000年，经过长期的努力实践，以培养学生自学能力为目标，遵循以"学生为主体、教师为主导、训练为主线"的课堂教学基本原则，构建了教读课、自读课、作文课的课堂教学模式。2011年，太平街小学以"大量阅读，书香满园"为主要目标，以活动、评价为推动，教师有计划、有目的地进行阅读指导，带领学生潜心品读经典美文，积累优美句段、国学经典，在大量的阅读和积累、及时的评价、活动的展示中培养学生良好的阅读习惯和兴趣。到了2017年年底，智慧大气的李建忠校长决定，语文学科中的教育探索，已经形成了一种文化。应该把语文中的"读写"精神，上升到办学理念的高度，引领整个学校的发展。

从此，"读写"已经不再是语文学科的事情了。读，不仅读有字的书，还要读无字的书。读懂自己、读懂他人、读懂社会、读懂世界、读懂人生。通过读，让孩子们浸润在人文的殿堂，遨游在科学的世界，漫步于艺术的生活。写，写字、写感受、写反思、写文章，写生涯规划、写未来发展、写人生辉煌。谋划卓越人生发展，共绘美丽中国蓝图。将孩子个体的成长和社会的发展，通过"读写"紧密联系起来。新时期，太平街小学的培养目标定位为"培养会读能写的健康少年"。"会读"要求学生不仅学会阅读课本、畅游书海，还要求学生学会阅读"无字之书"，用心用情去感悟生活中的点点滴滴。"能写"同样不只是书面的书写，它还包含学以致用、实践创新，对于人生未来的规划等。而健康少年，则是会读能写的前提，健康在这里包含了身心健康与品行雅致。只有在健康的状态下才能够自由地"畅读童年"，用饱满的精神"书写未来"。

三、山东临沂第二十中学培养目标：培养有担当的青少年

好客山东、大美沂蒙。一提到沂蒙，人们就会情不自禁地哼起沂蒙小调，"人人那个都说，沂蒙山好，沂蒙那个山上，好风光"。的确，蒙山巍巍、沂水汤汤，美不胜收。而且沂蒙人民热情好客，朴实勤恳，大气善良。"爱党爱军、开拓奋进、艰苦创业、无私奉献"的沂蒙精神，更是名不虚传。临沂第二十中学始建于1987年，历经罗庄镇中心中学、罗庄办事处初级中学、罗庄区第二中学等阶段。新时期，刘峰校长团队凝心聚力，确立"担当"教育为办学理念。"担当"教育，就是"自强不息、家国天下"的精神。在这一理念的指引下，将学校培养目标界定为，培养"自立自强、服务社会、胸怀天下的有担当的青少年"。毋庸置疑，"担当"教育是在教育方针政策的指引下，依据教育教学规律和学生身心发展特点，结合中国优秀传统文化、沂蒙地域文化特色及学段特点而凝练出来的。培养目标的三个维度，即自立自强、服务社会、胸怀天下，也是与办学理念一以贯之的。

"自立自强"是中华民族的传统美德，《易经》云，"天行健，君子以自强不息"。这些精神融进了中华儿女的血脉之中，无时无刻不影响着中国人。这也是中华文明得以绵延千年，生生不息的精神动力。未来社会所需要的人才必须具备良好的适应能力、鲜明的个性特征和自强自立的观念。"服务社会"是人存在意义的基本向度。雷锋曾说，"要把有限的生命，投入到无限的为人民服务之中去"。杜威也指出，"劳动受人推崇，为社会服务是很

受人赞赏的道德理想"。"胸怀天下"的"胸"是心胸之意，胸怀天下是一个人的品格与精神，是以天下为己任，先天下之忧而忧，后天下之乐而乐。古往今来，凡取得重大成就的仁人志士，都胸怀天下之志，古有孔子的"修身齐家治国平天下"，今有周恩来的"为中华之崛起而读书"，培养青少年胸怀天下的品质，是当代教育的重要使命。

具体而言，自立自强是一种良好的品质，对于促进个体成长与社会发展具有重大价值，在临沂第二十中学的实践里，包括身体健康、心灵和美、艺术气度、道德修养等。服务社会是指满足社会需求的社会活动，需要我们有"能力"地去服务，需要我们掌握必要的知识与技能，才能够很好地服务于社会。临沂第二十中学从人文精神、科学素养及实践创新等方面去培养学生服务社会的能力。胸怀天下是指以天下为己任，少年强则国强。只有胸怀天下，才能有大局意识、领袖意识，才能担当起社会责任和时代使命，临沂第二十中学主要从家国情怀和全球视野的角度去进行实践探索。

四、培养目标厘定的原则和策略

通过案例分析，其实我们发现培养目标的厘定虽无定法，但还是有些共性的原则、要求及策略。首先，就是办学目标一定要基于办学理念。我们不厌其烦地强调，办学工作是一个系统，每一环节之间一以贯之、环环相扣。而不是各自为政、彼此独立，甚至背道而驰的。如延庆二幼在"雁阵"办园理念的引领下，培养"健康快乐、自主合作的幸福儿童"。两者什么关系？很显然"健康快乐"是基础，而"自主"源自个体大雁的比拟、"合作"来自雁群的隐喻。太平街小学的培养目标个性化地表达为，培养"会读能写的健康少年"。很明显这一目标源自"畅读童年，书写未来"的办学理念。同理，"担当"教育，就是"自强不息、家国天下"的精神。临沂第二十中学培养"自立自强、服务社会、胸怀天下的有担当的青少年"，也来自对"担当"的解构。

还有，培养目标的表达一定要与学段匹配起来。比如"健康快乐""幸福儿童"等词汇就非常适合幼儿园的孩子们，而不是特别适合年龄较大的学生。"会读能写的健康少年"，特别适合小学生，因为幼儿阶段读写不是主要目标，而中学阶段的切入点则比读写要深一些。相应的，"自立自强、服务社会、胸怀天下的有担当的青少年"就只能和中学匹配了。其实在笔者的调研经历中，目标表达与学段不符的情况并不少见，这一现象值得校长们思考。

最后不必赘述的是，我们在方向上要不折不扣遵守党和国家的教育方针。也就是说不管培养什么人，必定是指向"德智体美劳全面发展的社会主义建设者和接班人"，当然可以是不同的基础、不同的阶段、不同的规格等。在专业上一定要符合教育教学规律、孩子身心发展特点。低水平重复或者目标太低，当然不可取。但是好高骛远、揠苗助长同样过犹不及。一言以蔽之，需要按照规律来厘定适切的培养目标。

第六章

战略决策的运筹

第一节 战略决策的理性分析

基础教育，承载着民族的未来和国家的希望。学校要办好教育，要为未来社会培养人才，这一切都要依赖于有效的办学策略。毋庸置疑，不同学校的办学策略各有不同。管窥一所学校的办学策略，就可以看出这所学校的办学理念。办学策略具有很强的独特性，对于不同校长、不同理念，不同地区、不同学校，相应的办学策略具有明显的差异。

根据文献分析和实践研究，笔者认为考量办学战略决策主要有四个维度，即人、国家、地方和学校，具体如图6-1所示。第一维度"人"，主要指教育者尤其是校长，和被教育者——学生。大量的实践案例表明，如果一个校长没有高瞻远瞩的教育理想和踏踏实实的教育行动，所谓的战略决策都是空中楼阁、形同虚设。如果战略决策没有指向孩子的发展，也是缘木求鱼、南辕北辙。人的这一因素，是最为核心的维度，其他三个维度均围绕"人"而展开。第二维度"国家"，主要是党和国家的教育方针、政策，社会主义核心价值观，中华民族的优良传统以及社会正能量等。学校虽然不同于社会，但是必须要传递当代社会所需的精神和文化，这是我们学校不同于其他历史时期和其他国家学校的重要地方。第三维度"地方"，主要包括地域文化、地方教育资源。学校的特色，很大程度上离不开地域的特点。因此办学也需要因地制宜，很好地发挥学校所在时空的优势。第四维度"学校"，包括学校的历史发展、办学理念、学校文化、育人队伍、制度管理等方面。

图6-1 办学战略决策考量的维度

一、灵魂维度：以人育人

在大量实践考察的基础上，笔者深深地感受到，人是一切因素中最重要的，没有"人"就没有一切。因此，从这种意义上讲，一个好的校长的的确确就代表了一所好的学校。校长个人的人格魅力、道德修养至关重要，同样重要的还有校长的行商，就是一以贯之、坚持不懈地为了实现梦想的强大行动力。两者缺一不可，相得益彰。也就是一个校长不仅"做人要好"，还要殚精竭虑地"把事做好"。其实正如常言道"人无完人"，所以一提到近乎完美的校长，人们很容易嗤之以鼻，说那是宣传罢了。非常遗憾地告诉大家，在我做校长研究的过程中，的确大部分校长是兢兢业业但并不十分出众的人。然而，让我这样作为一个底层教育研究者的人，感动不已的案例并不少见。他们在人生的过程中，通过努力早就走过了经济困难期，物质的价值对于他们几乎没有任何意义。他们为了教育梦想，为了父老乡亲的嘱托，为了时代的使命，为了社会的担当，筚路蓝缕、殚精竭虑。他们仰望星空、脚踏实地，孜孜以求。在世俗的社会中，他们像夜空里一盏盏明亮的星星。虽然并不是多么耀眼，但是清澈透亮、安宁静谧，给人们以灵魂的抚慰、心灵的皈依。

温暖做人。丁晓斌园长是学前教育界殊胜的存在，她在一座叫作新余的江西小城市把幼儿园办到了极致。她用三四十年的时间，追踪了数以百计孩子的成长经历，记载了孩子们从幼儿园到四十多岁的生命历程。证明了谚语"三岁看大，七岁看老"是基本可靠的，因而她极度强调学前教育的重要性。丁园长如今近七十岁，依然奋战在私立幼儿园园长的岗位上。大概在三十年前，她就决心要创建一所可以按照个人专业意志和教育情感来办的幼儿园。首要的战略方案，就是培养一支有爱心的教师队伍。因为她坚信"爱在孩子心中是一块闪光的宝石，有了爱，才有了教育的前提和基础"。但是现实社会生活物欲横流，一个教师要充满爱地行走在日复一日的教育工作中是非常困难的。丁园长非常透彻地理解老师的这种艰难，所以她在这三十年中一直在寻求如何让教师们获得这种爱，因为只有教师有了爱，才有传递爱的可能性。

丁园长认为"爱"是一种能力，园所的培养目标就是将孩子培养成一个有爱的能力的人。那孩子怎样形成这样一种能力呢？丁园长认为孩子一定需要得到足够的爱，她举了一个特别形象的例子。当一只蚕要作茧的时候，如果它的身体是透明的，那它一定可以蜕变成一只美丽的蝴蝶。相反，如果它是很饿的，虽然饿了也会吐丝，但是蜕变之后就只能变成皮肤皱皱的蛾子。所以丁园长非常清楚自己必须去爱园所的老师们，让老师们在许多细节里感受到来自园长和幼儿园的爱。这种爱应该落地，老师才能真正实实在在地感受到这种爱。之后她们才会去爱这个集体，去爱她们的园长，自然而然地爱幼儿园，然后把所有的爱都集中到爱孩子身上。这样孩子有了爱，才有了健康成长的可能。一个孩子的成长应该是全身心的成长，而孩子整个心智的发展一定是建立在被爱的基础上。所以走过二三十年的历程，丁园长很庆幸自己达到了目的，办成了这样一所有爱的幼儿园，现在园所团队是一个充满了教育热情和对孩子充满爱的团队。

专业做事。丁园长是名副其实的哲学家、教育家。其实笔者与丁园长仅仅是忘年之交，没有其他任何的世俗关系。我这么称呼她为什么家之类，她是不愿意的。这恰恰是大家的品质，自己并不高看自己。然而如果她们不是教育家，试问谁是呢？简单陈述几个细节，可以想见丁园长的专业追求。早在工作之初，作为一个幼儿教师，她居然在工作之余，系统地自学了教育史上众多教育家的重要著作，文学史上的经典名著。一大摞摘录笔记、读后感等，依然整整齐齐地摆放在书架上。对于其中的核心思想、精彩句段，她至今依然可以信手拈来。二十世纪八十年代，丁园长自费到北京师范大学学习教育学。几十个小时的火车，舟车劳顿却不以为苦，结识了顾明远、冯晓霞、裴娣娜等教育学者，虚心请教。这些知名教育学者的人品学品，使她深受教益。然而她发现教育的复杂程度远远超过所谓的理论，很多的问题只能基于现实困境进行理性思考和反复实践。后来到了九十年代及以后，丁园长以实践反思、开放交流的方略，继续自费前往美国、日本、韩国及欧洲交流，这进一步丰富了她的幼儿教育实践。丁园长的微信公众号"康盛世纪幼儿园"，里面的文章每一篇都是原创，到现在有约四百篇。从图片、文字、编辑、发布，全是她一个人的工作。问及原因，她说每一张照片的内涵只有拍摄者自己明白，每一句文字都有温暖和情感，一旦流水作业，就损失了其中的内涵。我们不得不承认，卓越的教育者一定有不为人知的过人之处。我们不得不承认，并不是每个人都把物质看得那么重。我们不得不承认，校长园长的个人品质，对孩子的成长至关重要。我们特别感动，有一群人，他们是民族的脊梁，他们在无私地从事功德无量的事业。

二、宏观维度：家国情怀

上面已经述及，办学战略决策要有家国情怀。主要包括遵循党和国家的教育方针、政策，把社会主义核心价值观融进学校教育，要关注中华民族的优良传统，等等。这是我们当前办学，以区别于以往历史时期和其他国家学校的重要地方。

万玉霞校长，是湖北省知名的教育家型校长，也是笔者至交。她不仅有大江大湖的辽阔胸怀，同时温婉细腻、厚德载物，是全校师生心目中的"万妈妈"。万校长认为战略决策，相当于一种办学的顶层设计，一个办学的思路。它应该是一条科学的育人轨迹，必将会让学生受益，每个家庭受益，整个社会也受益。她认为战略决策的制定，首先是要遵从国家的决策。我们大的国家教育方针，其根本任务是立德树人，就是培养什么人、怎样培养人、为谁培养人的问题。我们要把培养德智体美劳全面发展的社会主义建设者和接班人，作为我们终极的培养目标。其次，基于大的方针政策，需要确立自己适恰的办学理念和厘定具体的培养目标。万校长认为先进的办学理念、科学育人的办学思想是一个阀门，它是宏观和微观之间的闸口。她的办学理念是促进每一个学生生命的自主发展、全面发展和可持续发展。这一理念，是她一切教育行为的出发点。根据这一理念，确定学生发展的五个重要品质，即身心健康、智慧生活、楚汉气度、中国人格和国际视野。身心健康被放在了最核心首要的位置，它主要指向学生个体。而相应的，智慧生活、楚汉气度、中国人格和国际视野分别主要指向家庭、社会、国家和世界。虽然表述不一样，但是本质上是不矛盾的，而是完美契合。德智体美劳，五育并举。

又如社会主义核心价值观观照下的"实·新"教育，也就是前面提到的莫旗三中案例。社会主义核心价值观教育，要充分发挥学校教育的主阵地作用，把培育和践行社会主义核心价值观活动贯穿学校教育教学全过程中，引导全体师生以社会主义核心价值观为个人价值追求、精神支柱和道德规范。莫旗三中提出"实·新"的理念，即"刚健笃实，辉光日新"。刚健笃实包括身心健康、基础扎实两个方面，其中身心健康包括身体健康、心灵和美两个维度；基础扎实包括人文底蕴和科学素养两个维度。辉光日新包括德行雅致、实践创新两个方面，其中德行雅致包括道德品质和艺术修养两个方面；实践创新包括实践能力和创新精神两个维度，如图6-2所示。

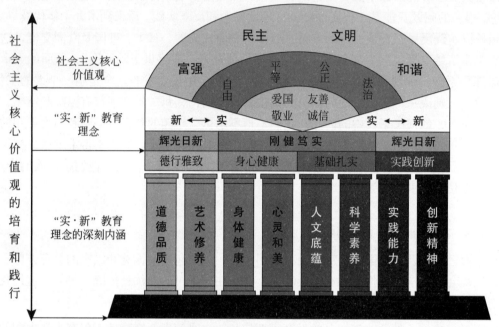

图6-2　社会主义核心价值观观照下的"实·新"教育

为了实现社会主义核心价值观的导向作用，尼尔基第三中学的战略决策紧紧围绕核心价值观。如图6-2所示，纵向上从上往下可分为三个层次，第一层是社会主义核心价值观的内容，引领和统领学校教育理念和课程设置。第二层是"实·新"教育理念，是在社会主义核心价值观观照下提出来的，"实"是刚健笃实，表示实实在在、脚踏实地、勤劳朴实等特点；"新"是辉光日新，表示每天有进步，每天有突破。第三层是"实·新"教育理念的深刻内涵。从这个逻辑来说，学校关注师生的个人发展，培育其个人层面"爱国、敬业、诚信、友善"的核心价值观，夯实基础，从而培育学校和社会层面"自由、平等、公正、法治"社会主义核心价值观，进而为培育国家层面"富强、民主、文明、和谐"的社会主义核心价值观努力奋斗。从上往下看，是一条社会主义核心价值观的践行路线；从下往上看，是一条社会主义核心价值观的培育路线。两者并行不悖、同时发力，确保良好的教育成效。

三、中观维度：地域优势

越是民族的越是世界的，自身的特点往往成就了自己。在办学的过程中，不宜一味追求高大上。而要因地制宜，分析优缺点，巧用劲以便化劣势为优势，或者将优势发挥到极致。从而让别人不易重复、难以模仿，做出标志鲜明的特色教育来。

古北口小学坐落于"京师锁钥"之地，背靠雄伟的卧虎山长城，东连蟠龙山长城。这里山势险峻，是偏僻的山村。留守儿童居多，但凡条件好一点儿的家庭都将孩子送到城区就读。然而就是这样一所学校，如今很多有条件在城区入学的家庭，也让孩子留在古北口小学。是什么战略决策，让学校发生了这么大的变化呢？徐国文校长是笔者挚友，他认为战略决策就是对学校未来规划做出长远性、全局性、战略性、开放性的正确决定。不仅要有高的政治站位，坚持社会主义办学方向，培养社会主义的建设者和接班人，更要有坚定的理想信念，办好人民满意的教育。根据学校的地域特点，制定适恰的战略决策，这是办好学校的关键所在。他在办学的过程中，经历了接手时的困惑（无从下手）、办学中的迷茫（抓不住重点）、静下心的思考（学校的定位、地域特点、现状问题等）、战略性的定位（确定学校的办学思想和办学目标，走课程建设发展之路）等过程。具体来说，调研发现学生现状堪忧，抗挫能力不强、心理健康不理想、问题意识创新意识比较弱等，学校教育改革迫在眉睫。经过认真分析，抓住重要的地域资源寻找教育的契合点，把学校实际、学生问题、地区特色、教育资源有机结合起来进行综合考虑。为此学校依托长城文化推动学校发展，重新审视了几千年来以"坚毅、通达、包容"为特质的长城精神。为了突出这一特质，学校以"扎根土壤、坚毅成长"为办学理念，以培养"坚韧明理、智勇弘毅"的人为育人目标，逐步形成了学校的办学理念体系，提升了学校的办学品质。数年后，我们也确实见到了可喜的效果，学校办学品质得到提升，特色项目形成优势，学生爱国主义情感和国家认同感得到增强，学习意识、合作意识、问题意识、创新意识有了提升，教师的课程设计能力明显提升，优秀传统文化得到传承，进一步坚定了文化自信。这是一所偏远山村学校的前世今生，其华丽蜕变让人感动。

又如北京市中关村中学。它始建于 1982 年，是一所颇具特色的北京市示范性普通高中。它的发展历程，始终与"中关村"这一高科技代名词的地域息息相关。1982 年暑假，教育局代学校招收了第一批三百多名学生。那时，学校的领导班子刚刚组建，教学楼还没有竣工，没有教室、没有课桌椅、没有办公室……面对诸多困难，第一任校长任联卿带领刚刚报到的二十多名教职工，开始了创建中关村中学的历程。任校长号召大家苦战两个月，争取科学院各所的协助与社会各界的帮助，"一定要准时开学！"筚路蓝缕，不辱使命。第二任校长段兴起及其领导团队在前期基础上，提出了将中关村中学建成让领导放心，社会、家长、学生信得过的学校、有特色的一流学校，并提出要进一步攀登教育事业高峰的办学目标。为满足当时中关村中学学生发展的特点和高科技教育资源的优势，1987 年将初中部改为完全中学，实现办学策略的重大转变。"人无我有，人有我优，注重超前实用"是当时提出的一项具有前瞻性、时代性和地域性特点的办学策略，在科技教育方面领先全国。段校长是一位宅心仁厚、公益心很强的校长，在师生中享有很高的威望。2000 年，邢筱萍出任第三任校长。时值申报示范学校，她以"申办不成功就辞职"的魄力杀出重围，成为当时海淀区最年轻的市级示范高中掌门人。她提出"一切为了学生，为了学生的一切，为了一切学生"的"三个为了"办学理念，结合科技特色，实施人才培养计划，推进"青年教师工程""名师工程""继续教育工程"等。大概 2008 年，笔者第一次参观中关村中学时，就被她的科技特色惊讶得目瞪口呆。她是北京市金鹏科技团、北京市科技教育示范校。组建了创意思维、头脑奥林匹克、建模、航模、智能控制、机器人、无线电测向、程序设计、天文、天象等科技社团，而这些科技社团竟然早早地滥觞于1983年的天文小组。学生参加各级各类科技比赛成绩突出，连续多年在国内外重大赛事上折桂。这是将地域优势发挥到极致的范例。

四、微观维度：学校实际

微观维度的战略决策，更多的是针对学校发展的实际困难，条分缕析、对症下药，解决实际困难的一些方法或策略。它往往涉及课程、教学、德育、教师队伍培养、制度与管理等方面。虽然这些方面比较细节，但是对于办学是至关重要的。没有这些细节问题的解决，美好的愿景就没有实现的可能性。

广西贵港港北高中的覃校长，也是笔者的好友。他曾经任一所农村初中校长，当时的战略决策记忆犹新。覃校长认为，校长处于学校决策和管理的最高层，在一定程度上决定着、控制着和影响着学校发展的方向，因而在一定程度上影响着学生的成长和教师的发展。他任职农村初中的时候，提出的办学战略是"让农村孩子享受与城市孩子一样好的教育"。背景原因是，当时虽然这所学校是当地一所比较好的农村初中。但是农村的小学毕业生并不把这所学校当作初中的第一选择，而是当作备胎。为了让学校能够有更好的生源、提振老师的信心，也提高社会对学校的认同感，促进学校的长远发展，他提出了这一办学方略。决策制定的过程，首先是校长对学校进行全面的了解，然后针对学校存在的问题、困难，把社会和家长对学校的期望，教育局对学校的发展要求等诸多因素结合起来一起研究。由校长提出初步的构想，再与领导团队、老师交流讨论。在讨论当中逐步完善学校的办学目标，也在讨论当中，获得了老师和团队的理解和认同。实施过程中，遇到的困难主要包括几个方面：一是办学条件的制约；二是教师教学水平的参差不齐；三是学生素质偏低；四是社会和家长对学校的认可不高；五是领导对学校的支持不够。后来坚持下来，效果还是很不错。从此之后，学校围绕着师资的培养、学生的发展目标和学校的发展定位制定了很多详细的措施，想出了很多点子，做出了很多实践。学校得到了明显的改变，从校园建设、办学条件的改善，到教师教学水平的提高，再到生源进一步优化，还有学生的综合素养得到进一步的提高，再就是学校的特色发展得到了进一步的张扬。这是从微观层面对学校进行全面分析、诊断及改进的案例。

遵义四中是一所百年老校，在贵州享有崇高的声誉。校长张志奎是一位智慧仁义的兄长，他在学校发展到很高层次的时候，将着眼点降到最低处，即课堂教学。以小博大，从教学着手撬动整个学校的新发展。他认为，学校的一切行为都是可以聚焦课堂的，因为育人是学校的根本任务，而课堂是育人的主阵地。他提出校长课堂治理的战略决策，即"经忧"课堂。何谓"经忧"，大抵是西南地区的方言，通常有三种用法：一是"经忧"老人，"经忧"老人就是陪伴、服侍、护理老人，比孝敬老人的概念更加具体；二是"经忧"小孩，指的是看管、陪伴、抚养、教育；三是"经忧"某一件特定的事情，指专注地去经营、管理、处理某一件事。综合三种形式的"经忧"，它的含义包含四个方面，一是亲历、亲自参与、陪伴；二是管理，理事与管人结合，先理后管；三是服务，侍奉；四是养与育。"经忧"课堂，就是要走进课堂、观照课堂、经营课堂、研究和改革课堂。"经"是经历，参与，强调的是躬身参与；"忧"是思考，研判，强调的是心系课堂。

校长怎么"经忧"课堂？需要做的第一件事情就是走进课堂，听课应当成为校长每天的必修课。校长听课要避免盲目性，同时对某一学科课堂了解的覆盖面要广。比如2019年，张校长听了40位语文老师的课（几乎全覆盖），然后对语文教师的结构情况、优劣势等进行分析总结，并提出语文学科课堂建设意见。要做的第二件事情就是评课、研课。评课原则是激励＋建议＋理念。激励，要求每个评课人要尽量评出上课老师的亮点，在此基础上提出不同的意见或建议，然后再达成共识。这样做的结果，老师既愿意让人听课，更乐于接受评课，老师们参与研课的积极性也得到了提升。要做的第三件事就是"观学"。观察课堂上学生的状态（包括学习习惯、教与学互动的情况）、教师的课堂理念、学习发生真实程度、学生课堂的个体差异等，通过对多个班级的"观学"，观照学校课堂价值理念的落实情况，为提升课堂内涵积累了第一手材料，为优化课堂过程管理提供了依据。要做的第四件事是撰写课堂调研报告。课堂调研报告分两类。一类是针对某一个学科整体性问题的，另一类是针对学校各类课堂共性问题的。撰写调研报告，一方面能让老师们从更宽的视野上看到真实的课堂存在的问题，另一方面能让老师们明白课堂改进的策略和变革的方向。总之，"经忧"课堂，无论采取什么办法，都是为了了解课堂的真实情况，了解师生的发展情况，有的放矢推动课堂改革，落实落细，不断丰富课堂的内涵和提升课堂效率。

五、办学战略决策的方法论思考

随着调查研究的深入，笔者越来越被校长们的实践智慧所折服。高手在民间，实践胜理论。只要勤于思考、勇于实践，我们发现的方法、策略总是比问题、困难多。还是回到上面的一句话，人是一切因素中最核心的力量。没有人的自主性、主动性和创造性，一切都不可能实现。办学困难重重，尤其想创办优质的特色学校。但是，适恰的战略决策是可以实现教育梦想的。实践表明，从方法论的角度来看，制定决策大概要遵循以下路径或原则。

首先，自上而下、自下而上相结合。我们都有这样的体验，在解决一个疑难杂症时总是没有清晰的思路，眉毛胡子一把抓，摸着石头过河。因此需要自上而下、自下而上相结合。自上而下就是从党和国家对基础教育的政策，地区教育部门的要求，再到学校的教育教学的考量。自下而上就是分析学校的实际，对比上级的要求，找到差距，确定奋斗方向。其实在办学实践中，这两条线路是拧在一起的。不然的话，差之毫厘就谬以千里了。像万玉霞校长的案例就是典型。

其次，是全面分析、各个击破相结合。所谓全面分析，就是对学校方方面面进行诊断。比如理念、目标、课程、教学、德育，教师发展、家校共育、社区互动，制度与管理，等等。各个击破，就是要找到关键的突破口。每一所学校的情况都各有不同，所以切入口也肯定不一样。打蛇打七寸，解决问题要抓住关键要害。譬如古北口小学，徐国文校长就是从建构"坚毅教育"的办学理念着手。而优质的百年老校遵义四中，张志奎校长反而是从特别细微的课堂教学变革开始。

再次,实践反思、理论学习相结合。没有实践做基础的理论是肤浅的、空洞的,而没有理论指引的实践也是盲目的、低效的。理论学习,让我们了解人类教育活动的整体思想地图。知道古今中外教育先贤们做过什么探索,成效如何,有哪些经验教训,等等,可以让我们不犯或者尽可能少犯专业性错误。但是教育是一项非常复杂的实践活动,因人因校差异巨大。灵活有效的决策举措,只能来源于深厚的实践智慧。丁晓斌园长就是经典的范例,系统学习教育史、自费求学北师大、国外考察学前教育,等等,进行了丰富而专业的理论学习。而几十年中对几百个孩子的追踪研究、丰富多彩的办园实践,则是典型的反思实践、研究实践,从而生发出了很多属于丁园长自己的理论,比如没有园长对教师的爱,就没有教师对孩子的爱。爱是一种能力,一种强大的心灵力量。这些虽是大道至简的话语,但是您了解她的教育实践之后,会感受到强大的心灵震撼。

另外,内部力量、外部资源相整合。一所学校的教育力量,肯定主要是内生的。核心来自校长的个体魅力、领导团队的合力和教师的精诚团结。内生的力量,就像一个化学反应的吉布斯自由能,也就是说它决定一个行为能不能发生。只有这个条件达到了,外部资源才能很好地发挥作用,使得化学反应不断地正向移动,靠近我们的愿景。外部资源包括人力资源,比如教育理论专家、行政领导、家长资源等;也包括物质资源,比如各种教育基地、科研场馆、图书资料、教育资讯等等,中关村中学的发展,就是这种典型范例。

最后,学习观摩、输出推介相结合。毋庸置疑,校长及教育团队的不断学习,是优质办学的重要因素。因此,不断的理论学习、实践观摩都显得非常重要。但是光有向内的学习还不够,同时需要展示自己的风采。一则为他人提供学习的地方,二则勉励自己不断进步。比如密云二小,在王长华校长多年的努力之下更上一层楼。学校现在科技教育、艺体教育、英语教育等方面,都有非常显著的成绩。因此多次在国际、国内的重要活动中,学校都积极主动地承担了一些接待任务,并做了精彩的展示。为同行提供学习的同时,也在更高地要求自己、发展自己、变革自己。

第二节　战略决策的现状调查

战略决策是落实办学理念、实现培养目标的重要举措,它直接决定办学愿景达成的可能性。本研究从理性、实践和特色三个方面,对学校办学的战略决策进行实证分析。所谓理性战略,就是基于办学理念、培养目标、办学现状等进行理性分析,它指向战略决策的科学性、适切性等。从清晰性和连贯性两个角度去审视。所谓实践战略,就是考察如何去实施战略决策。比如是否会组织多方诊断学校发展现状,及时发现和研究分析学校发展面临的主要问题;是否制定学校中长期发展规划,制订学年、学期工作计划等;是否会监测学校发展规划的实施,根据实施情况修正、调整、完善行动方案等。而特色战略主要是指能否因时因地、因校因人制宜,找到办学质量提升的突破口。主要表现为能否体现标志性的办学特色,以便明显区别于一般学校的常规实践。如办学理念、培养目标、课程体系,教学模式或风格，德育活动及制度与管理，等等。实证分析框架及数据如表6–1所示。

表 6–1　校长在办学战略决策方面的基本情况

维度	项目	非常符合	比较符合	合计
理性战略	a 已有清晰的办学定位、战略规划和实施方略	43.96%	45.30%	89.26%
	b 战略决策与办学理念一以贯之	39.51%	47.19%	86.70%
实践战略	a 诊断学校发展现状和存在问题	38.06%	50.81%	88.87%
	b 中长期发展规划、学年学期工作计划等	37.62%	46.30%	83.92%
	c 妥善监测、修正、调整学校发展规划	35.34%	50.03%	85.37%
特色战略	a 有明显区别于其他学校的特色	39.29%	43.24%	82.53%
	b 特色体现在哪些方面：①办学理念、培养目标；②课程体系；③教学模式或风格；④德育活动；⑤制度与管理			

从上面的数据可以看出，总体上超过80%的校长在办学战略方面表现良好。理性战略方面，43.96%的校长有非常清晰的办学定位、战略规划和实施方略，45.30%的校长比较清晰，合计占比89.26%。而办学方略与办学理念的一致性，39.51%非常连贯，47.19%比较连贯，合计占比86.70%。实践战略方面，38.06%的校长会很好地组织多方诊断学校发展现状，及时发现和研究分析学校发展面临的主要问题，50.81%的校长能够较好地做到这一点，合计占比88.87%。37.62%的校长能够很好地组织多方参与学校中长期发展规划，制订学年、学期工作计划等，46.30%的校长能够较好组织，合计占比83.92%。35.34%的校长会很好地监测学校发展规划的实施，根据实施情况修正、调整、完善行动方案。50.03%的校长可以较好地调控，合计占比85.37%。将上述"非常符合"的数据转换成直观的柱状图，如图6–3所示。

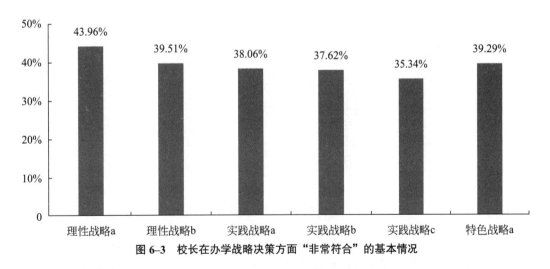

图 6–3　校长在办学战略决策方面"非常符合"的基本情况

从柱状图可以直观地看出来，战略决策方面表现非常好的校长占比并不理想。尤其值得关注的是，从理性到实践每况愈下。也就是说，校长在理性层面考虑更多一些，他们有清晰的办学定位、战略规划和实施方略，通常还会形成一些规范的文本或文件。然而实践中明显逊色许多，少部分校长会很好地组织多方诊断学校发展现状，及时发现和研究分析学校发展面临的主要问题，较少校长能够很好地组织多方参与学校中长期发展规划，制订学年、学期工作计划等，而很好地监测学校发展规划如何实施的校长则更少。一言以蔽之，他们计划的比实施的好，做的比想的逊色。

关于办学特色方面，39.29% 的校长认为他们的学校有显著区别于其他学校的特色，43.24% 的校长认为他们比较有特色。特色主要体现在以下五个方面，即办学理念、培养目标，课程体系，教学模式或风格，德育活动，制度与管理。办学特色及数据如表 6–2 所示。

在办学特色方面，累计占比从高到低分别是，理念 > 德育 > 管理 > 教学 > 课程如图 6–4 所示。也就是说，和上面得到的结论相同，即理性战略方面高于实践战略。校长们理性思考比实践行动的要多，想的比做的好。他们往往较多地提出了自己的办学理念，但是理念落实的效果不尽人意。这是我们在办学过程中，需要警惕的地方。

表 6–2　办学特色的体现及累计人数和百分比

办学特色	人数/人	比例/%
①办学理念与培养目标	1479	82.30
②课程体系	958	53.31
③教学模式或风格	1046	58.21
④德育活动	1212	67.45
⑤制度与管理	1061	59.04

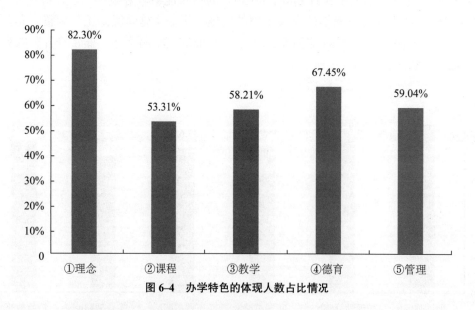

图 6–4　办学特色的体现人数占比情况

上面是基于描述性统计，对校长办学战略决策方面总体情况的基本呈现。那么，不同类别的校长在战略决策方面是否存在显著性差异呢？本研究试图分析这些差异，从而为不同类别的校长运筹战略决策提出针对性的建议。不同类别校长在战略决策方面的均值及差异性如表 6–3 所示。

表 6–3 不同类别校长在战略决策整体方面的均值及差异性

类别	均值	差异性
性别	女 4.48＞男 4.31	t=−3.623，Sig.=0.000，男性显著低于女性
学科背景	艺体 4.59＞自然科学 4.51＞人文社科 4.48	F=0.732，Sig.=0.481，学科背景之间不存在显著性差异
第一学历	大学以上 4.61＞大学 4.38＞大学以下 4.34	F=9.369，Sig.=0.000，学历之间存在显著性差异。多重比较结果：Sig.=0.000，大学以上显著高于大学以下；Sig.=0.000，大学以上显著高于大学；Sig.=0.001，大学显著高于大学以下
初任年龄	51 岁以上 4.43＞36~40 岁 4.26＞46~50 岁 4.25＞35 岁以下 4.23＞41~45 岁 4.12	F=2.129，Sig.=0.075，不同初任正校长年龄之间不存在显著性差异
已任年限	16 年以上 4.45＞11~15 年 4.43＞6~10 年 4.39＞5 年及以下 4.31	F=5.915，Sig.=0.001，不同已任正校长年限之间存在显著性差异。多重比较结果：Sig.=0.001，11~15 年显著高于 5 年及以下；Sig.=0.001，16 年以上显著高于 5 年及以下
校长类型	教育家型 4.70＝卓越型 4.70＞优秀型 4.55＞称职型 4.26	F=49.760，Sig.=0.000，不同校长类型存在显著性差异。多重比较结果：Sig.=0.000，称职型显著低于优秀型；Sig.=0.000，称职型显著低于卓越型；Sig.=0.000，称职型显著低于教育家型
地区	京 4.54＞蒙 4.36＞其他 4.35	F=7.331，Sig.=0.001，地区间存在显著性差异。多重比较：Sig.=0.000，京沪苏浙粤显著高于其他广大地区
地域	城市 4.52＞县城 4.41＞乡镇 4.25	F=29.445，Sig.=0.000，地域间存在显著性差异。多重比较：Sig.=0.007，城市显著高于县城；Sig.=0.000，城市显著高于乡镇；Sig.=0.000，县城显著高于乡镇
层次	示范学校 4.59＞普通学校 4.33＞薄弱学校 4.22	F=44.107，Sig.=0.000，不同层次学校之间存在显著性差异。多重比较结果：Sig.=0.000，示范学校显著高于普通学校；Sig.=0.000，示范学校显著高于薄弱学校；Sig.=0.000，普通学校显著高于薄弱学校
学段	幼儿园 4.46＞中学 4.35＝小学 4.35	F=3.898，Sig.=0.004，学段之间存在显著性差异。多重比较：Sig.=0.001，幼儿园显著高于小学；Sig.=0.017，幼儿园显著高于中学
家庭	家庭氛围和谐 4.40＞不和谐 4.16	Sig.=0.000，和谐家庭显著高于不和谐家庭
子女	子女成长理想 4.45＞不理想 4.21	Sig.=0.000，理想情况显著高于不理想情况

注：里克特量表 5 点计分，1 为最低值，3 为一般水平，5 为最高值，均值位于两者之间；组间没有显著性差异的，在表中不呈现。

从表 6–3 我们可以看出，不同类别校长在战略决策方面的差异性。从个人因素来看，性别方面是女性显著高于男性，学历方面是大学以上显著高于大学及大学以下，已任正校长年限 16 年以上的"老校长"显著高于 5 年及以下的"新校长"，教育家型、卓越型、优秀型校长均显著高于称职型校长，而学科背景、初任正校长年龄没有影响。因此，基本上可以认为学历越高、任职越长、层级越高的校长在办学战略决策方面明显要稍胜一筹。从学校因素来看，发达的京沪苏浙粤地区显著高于其他广大地区，城市学校显著高于农村学校，示范学校显著高于普通学校、普通学校显著高于薄弱学校，幼儿园显著高于其他学段。同样可以得出，发达城市地区的示范学校，在办学方略方面要明显胜过其他学校。从家庭因素来看，同样是和谐家庭显著高于不和谐家庭，子女成长理想显著高于不理想情况。

第三节　两位特级校长办学战略决策的案例探讨

我们在前面已经谈到，考量办学战略决策主要有四个维度，即人、国家、地方和学校。其中人是最核心的因素，说得直白一些，就是校长是关键的灵魂人物。校长不仅要积极主动运筹办学的战略决策，方向还必须是正确的。调查研究也表明，经历丰富、层级越高的校长在战略决策方面的表现显著优于其他校长。在前面的讨论中，我们主要是以学校的案例来呈现办学方略。本节拟从校长个体的角度来分析，探讨教育家型校长是如何通过适切的战略决策实现其高品质引领学校发展的。

北京中小学校长职级分为特级、高级、中级、初级。2020 年元旦前夕，首批 93 名北京市中小学特级校长名单公布了。应该说，他们的整体水平代表了我们基础教育办学的最高水准。特别荣幸，笔者很多朋友荣膺了这一殊胜的称号。比如清华附小窦桂梅校长、史家胡同小学王欢校长、北大附小尹超校长、北京小学李明新校长等。他们共同的特点是，知名教师、知名校长、知名学校，校长和学校几近捆绑，是公众和媒体眼中的明星。笔者并没有对他们进行案例分析，主要原因就在于校长高山仰止，学校的优越条件又不能复制，他们的战略决策肯定高大上，但是给予普通校长的借鉴或许没有那么容易和深刻。

因此，笔者在此分析两位"特殊"的校长。之所以说特殊，一是因为他们都是首批北京市中小学特级校长；二是因为他们都不在城区名校，而是在农村校长岗位上奋战二三十年而战绩卓著的校长。他们是远郊延庆区的段金星校长和远郊密云区的王长华校长，他们俩都是笔者尊敬的兄长。他们在农村奋战，因地因校制宜，兢兢业业、屡建战功。逆流而上，让城区的校长经常去参观学习。下面详细陈述两位校长的案例，然后从校长个性品质的角度来分析如何进行高瞻远瞩而又脚踏实地的战略决策。

一、段金星校长：以人为本、文体优先

段校长风趣幽默，延庆口音较重，但是掩饰不了他对教育的激情和对朋友的热忱。我们第一次结识已经很早了，当时笔者初任副教授，他对此表示了一点点的不放心，觉得年纪不够大。后来接触下来，彼此都觉得酒逢知己、相见恨晚了。段校长的能力、品质、水

准笔者早就熟悉了，但是这次两人在办公室激动地聊了三个小时，系统梳理了他二三十年的校长生涯后，还是震撼不已、感动不已。

（一）功夫不负有心人、机会垂青准备者

段校长从师范学校毕业后就去教书，当了五年的班主任，教了三批学生。第一批从四年级开始到毕业，第二批接了一个六年级的班，第三批又接了一个五年级的班并教到毕业。他认真对待每一个孩子，用心用情。在1988年得到了"延庆县先进教育工作者"称号，这是他参加工作的第四年。第五年，他接了一个谁也不接的班，这个班有32个学生，来自8个村，这些学生的基础参差不齐并且行为习惯特别差，有很多留过级，于是他给每个学生都制订了个人学习计划。由于优秀的教学和管理，他在1989年获得"北京市第二届紫荆杯优秀班主任"奖以及"延庆县青年教师评优课大赛优秀奖"。

同年，正逢延庆教育局和师院要从小学招收教师，组成语文大专班。每所小学有两个名额，他报名并参加成人高考，这次机会也圆了段校长的大学梦。那一个月的时间里，因准备考试，边学边听辅导，段校长瘦了14斤，功夫不负有心人，段校长考了第一名。重新分配工作时，他留在了县教育局。这一年，他把延庆从有教育到现在的发展清清楚楚地捋了一遍，感慨教育发展的不容易。一年后他调入教育局小学教育科，正式进入行政管理阶段，在小学教育科工作了六年零三个月。此后，段校长便开启了他真正的校长生涯，共任职五所小学的校长，从张山营到井庄，然后到延庆四小、三小，再到现在的一小，五站地，五个阶段，每一阶段都是浓墨重彩。

（二）第一站张山营：以人为本、无为而治，课堂灵活、文体优先

1997年，段校长被教育局安排去张山营当校长，时年31岁。段校长综合分析了学校的现状：校办工厂亏损，老师们被学校氛围影响，无心工作，有能力却不作为。于是，段校长结合儒家和道家思想提出了"坚持以人为本，提倡无为而治"的办学方略，在思想上贯彻以人为本，在管理上实行无为而治。这样既扶正了教师们的思想，又不会给教师太大的压力。同时还提出"课堂灵活，文体优先"，鼓励老师开展各种文体活动。当时排练了一个"山路十八弯"的舞蹈，后来在全区巡回演出，体育教育也获得了很好的成绩。第一年初见成效，三年后学校就回到全县中游水平。

当时教导主任和总务主任是一直在学校工作的老教职工，很了解学校的情况，很多年轻人想建功立业但是苦于没有渠道。段校长通过各种方法，首先保障了教师的工资，抚慰了老师们的心情。解决了后顾之忧，老师就踏踏实实奔向"课堂灵活，文体优先"的目标。当时，加拿大大使馆的人想办一所希望小学，段校长通过教育局获得了这个资源。拿到投资后，学校的办学条件改善了，老师们的待遇也提高了，学校工作很快进入佳境。段校长告诉老师们要"以德育德、以智培智、以全促全"，只有老师德行好、全面发展，才能培养出有道德的学生，才能促进学生的全面发展。四年时间，段校长不仅改变了学校现状，培养了学生，还促进了学校很多干部、教师的发展。

(三) 第二站井庄：以人为本、以理代管，课堂第一、文体优先

2002 年，段校长来到了井庄小学。井庄的条件相对张山营要好很多，硬件甚至与延庆城区不相上下。所以任务是让它向上发展，因为它本身就处于一个不错的位置。当时恰逢老局长退休，新主管领导提出要办一所农村优质学校。但是什么是农村优质学校，段校长只能摸着石头过河。段校长提出将井庄小学打造成一流的农村中心优质学校，让每一个孩子都能健康快乐地成长。管理上提出了"以人为本，以理代管"的理念，让学校活起来。所谓"以理代管"，指的是对于所有的教学、教师、孩子、校园都不管制，只是理顺。只要把一切都理顺了，问题就能迎刃而解。

对于教学，段校长提出了"课堂第一、文体优先"的策略。段校长利用自身积累的各种资源，邀请了市里的专家和区里的教研员，帮助学校打造一流的课堂，让老师们觉得发挥的天地很大。课堂算是优质了，但是优质课堂还必须文体优先。在段校长的带领下，井庄小学凭借自身音乐教师的力量及外界帮助，在合唱比赛中获得延庆一等奖。体育方面，段校长十分重视足球、武术等小型体育项目，开创了花样跳绳项目并进行班级展示，如此学生的体育成绩也上去了。2005 年，井庄小学破天荒地在县运会上获得第二名。关于课堂，段校长说"课堂不一定在教室，课堂在生活当中的任何一处。班主任老师可以是各种角色，既可以是导游，也可以是编剧"，这样学生活起来了，课堂就活起来了。不辱使命，井庄小学成为延庆第一批农村中心优质小学之一，在教育教学方面与农村学校拉开了很大的差距，可以与城市小学相提并论，也成为后几批农村中心优质小学的标杆。孩子发展好了，进入井庄中学。在好几年时间里，井庄中学的中考成绩名列前茅，能够比肩北京市内重点中学。可见教育是一项慢的艺术，但是也是一项产生持久影响的艺术。

(四) 第三站延庆四小：行为习惯、生态教育，合作学习、文体优先

从 2006 年到 2016 年，这十年段校长掌门延庆四小。因其地处城乡接合部，四小当时是城里较弱的学校，与其对应的延庆二中高考成绩也不好。生源差、教师缺乏敬业态度，当时的学生行为习惯也非常不好，学校整体成绩还比不上农村的井庄小学。在这样的背景下，段校长从改变学生的习惯入手，修改并完善了以前的办学战略，提出"让每一个孩子都能健康快乐地成长，让每一位教师都能全面主动地提高"，也就是说做教育不仅要关注孩子的问题，还要重视教师所起的决定性作用。恰逢 2007 年延庆提出生态战略，段校长紧跟其后提出"生态教育"理念，即"打造钢筋水泥丛林中的一片绿洲"，提出了一个"打造生态教育特色，创建京城知名小学"的办学目标。当时所提出的生态教育包括打造"生态管理、生态课堂、生态课程、生态环境"。

为了实现生态教育，就要从习惯入手，改变学生行为习惯差的现状。段校长给学校每位老师买了关鸿羽教授的著作《教育就是培养习惯》，要求参照书中所说的每一点去培养学生各方面的行为习惯。另外，依然坚持"文体优先"，这一理念可以说是贯穿段校长的整个校长生涯。在段校长的带领下，原本从未进入前三名的四小，一年后一举打破了 5 项县纪录，以超过第二名 100 多分的好成绩拿下团体冠军。这样的好成绩不仅激发了教师的工作热情，也激发了学生努力学习的动力，让四小全体师生都拥有极大的自信，走向未来

的道路。

通过习惯的培养，孩子慢慢懂事了。段校长带领大家立下了四五年要赶上城区的其他几所优质学校的目标。2009 年，全北京市正在举行大课堂活动，有了这个契机，段校长坚持"教室不是课堂，课堂不仅仅在教室里，在任何合适的地方都是课堂"的信念，把北京市大课堂活动和教学完美地结合，这样学校的课就更"活"起来了。这一"活"使延庆四小成为"首批北京市大课堂先进学习单位"。2008 年北京开办奥运会，有几百个孩子去观赛，段校长精心组织了观赛活动。在组织观赛活动时，学校安排井井有条，细节把握到位。以小组为单位，小组老师带组，同时凸显小组合作的优点。由于奥运会观赛活动的基础，延庆四小在开展大课堂活动时就更加游刃有余，如此以来，延庆四小就形成了培养行为习惯和团队合作行动习惯的项目模式。

在 2009 年大课堂活动时，段校长将象棋作为学校的特色。学校请来象棋世界冠军、国际特级大师蒋川先生作为名誉校长，将县里的象棋冠军请来当象棋老师，开始打造象棋特色。之所以打造象棋特色，一部分原因是段校长本身热爱象棋，另一部分重要原因是象棋可以让人有大局观念。它永远需要全局谋划，象棋不是走一步算一步，它是通盘考虑，这是一个战略的问题。象棋可以培养学生的大局观念、整体观念和系统性观念。段校长曾经写过一副对联来描写他对象棋的感受，即"人生似棋，步步需用智；世事如艺，局局可出奇"。有一个特别精彩的小故事，外校来进行期末考试监考的教师发现，四小的低年级孩子拿到试卷后并不着急做题，而是先通览试卷，大为震惊，可见教育就是春风化雨、润物无声的过程。随着象棋特色教学的成功，段校长觉得光有象棋还不够，要建立一种类似于体制的东西。于是 2012 年将足球特色教学进行了研究和实施。学校请了三个足球专业的体育老师，每周每班一节足球课。这一举措使延庆四小成为首批足球特色学校之一。随着课堂教学"活"了起来，延庆四小的教学水平也在不断提高，有几门学科可以和直属学校比肩抗衡。四小的孩子发展好，对应地进入二中，使得延庆二中的教学成绩也飞速提高。

2011 年，段校长去加拿大学习。上半年在国内由加拿大皇家大学的教授讲课，下半年去加拿大进行学习。段校长去学习期间，是副校长主持工作，段校长相当于"远程指导"。在段校长出差的这段时间里，四小的成绩一直稳定在高水平。在加拿大经历的一件事，让段校长真正感受到必须变革课堂。什么事呢？段校长的英语基础非常薄弱，他就自然而然地成为班上"最差"的学生。英语老师在讲台上讲得"天花乱坠"，但是他一句都听不懂。想用中文表达，但是被老师没有商量地拒绝。不仅个人极度压抑，甚至都有了文化自卑的倾向。段校长不禁感慨："孩子要是以这样的状态学习，那上学对他们来说就是一件极其痛苦的事情，十几年的学习要是都这么度过，会把生命彻底地毁掉！"段校长决定一定要改变课堂，如果课堂再不改变，就是在浪费学生的生命。

2013 年 1 月，段校长回来后就开始着手实施。如何彻彻底底地变革课堂？就是要把真正的小组合作学习完全融入课堂。改造了韩立福教授学本课堂的模式，把"死"的形式上的东西抛掉，留下真正"活"的有生命的东西。刚开始为了保险起见，并没有在所有年级中进行整改。在三年级升四年级时，这个阶段四小的成绩在四所直属学校中排名第四，所以他决定拿这个年级做实验。第一，让这个年级的所有学科都进入小组合作的课堂模式中,而其他年级先照常。第二,将这个年级的任课老师组织起来,段校长会给他们上一节小组合作的研讨课,待老师们理解之后才开始正式让小组合作的模式进入课堂。第三,先将班级中的学生进行分组、起组名、设置小组目标等,以提高学生的积极性。在实际课堂中,一定要让每一个学生都行动起来,都参与进课堂,一个都不能少。如果有学生不会说,那老师就要说出来,让学生当着全班同学的面进行转述。总而言之,就是让学生在课堂中勇于发言,参与课堂。这样的课堂进行了半年,半年之后正好进行年级检测,进行了小组合作模式学习的年级,成绩比第2名高出两三分,遥遥领先。头一年实行小组合作学习的孩子们已经参加了中考,后劲依然十足。2018年的中考,全区前10名中,这批孩子占7个,且包揽了前三名。

从2013年9月开始,学校里的所有年级、所有学科全部都推行小组合作学习。当时段校长跟全校说:"我们现在正在做的事,等于在荆棘丛中闯条道。我们这一路要披荆斩棘,但是一旦我们成功了,其他人就要跟着你们的脚步。你们将来就是带头的专家,可以在全国各地传授自己的经验。"后续事实就是如此。2013年下半年到2014年,吴正宪老师等开始把四小作为基地学校,带着城区的老师前来观摩学习。听完课就直接跟他们说:"你们看见没有,这就是远离天安门的孩子,你们的孩子能达到这程度吗?我们不是就想看到这样的孩子吗?"延庆四小实实在在成了京城知名学校,2015年及以后,北京市海淀、丰台、昌平等区,河南、河北、山东、山西、内蒙古等地的教育同仁纷纷前来观摩切磋。

(五)第四站延庆三小:健康儒雅、灵动负责,合作学习、劳动教育

2016年1月到2019年7月,在三年半的时间里,段校长任职于延庆三小。相对来说,延庆三小比较弱,但比接手四小时情况要好不少。当时三小正好赶上全国挂牌督导、教育部督查、创城创卫等,所以领导又给的任务就是办一所创城的示范校。为了创城就抓文明,抓孩子的习惯培养,当时在三小原有的"灵动教育"基础上加了一个"儒雅",即"儒雅灵动",又儒雅又灵动,然后提出培养"健康儒雅,灵动负责"的孩子,段校长将原来的办学目标稍微调整为"教儒雅的孩子示范全区,建灵动的学校享誉京城"。段校长以此为战略目标,让老师们反复地研讨战略决策,怎么实现战略目标?分几步走?按什么步骤和战术?

对于培养孩子的习惯,段校长延续原来的小组合作,直接应用于课堂,然后段校长将劳动教育思想融入综合实践活动。其实早在2002年、2003年井庄时期,劳动教育思想就开始了。当时开设了"环保与民俗"课程,开始研究垃圾分类;到了延庆四小时期,就"一班一省"开展劳动教育,开始让孩子种地。所谓"一班一省"即一个班级研究一省,主要研究这个省是怎么发展起来的,是保护了生态发展起来的,还是以破坏环境为代价发展起来的?这个省有什么特色,有哪些动植物?足球发展怎么样?以及每周该省的天气情况,每周大事,每周足球动态等。由此将10亩地按照东南、东北、西南、西北分成36块,每班一块,对应一个省。全都匹配起来后,让孩子开始学种地。到了延庆三小,段校长把校园周边空地弄成菜园,但由于太小而称作"一米菜园"。让孩子们进行综合实践课程,并与其他学科结合起来,开展学科综合实践课程。这是活课堂,有小组合作,跟生活实际结合,让孩子在生活中学习。

三小很快就如愿成为区里的创城示范学校，而后在审评文明校园时，也顺利成为首批北京市文明校园，三年之后成为延庆唯一的全国首批文明校园。之后，北京音像教育出版社、报刊总社，做了一个拍身边好学校的栏目。一个区县选一所学校，在延庆选的就是三小。拍摄的作品在北京地铁站、公交车等循环播放，算是实现了享誉京城的目标。此外，延庆三小还成为当时北京市三所能效（即节约能源）领跑者之一，北京教育学院协同创新项目示范校等。这是在创城的背景之下，通过提高孩子的文明习惯，通过小组合作学习，通过"一米菜园"等主要战略举措，提高了孩子的综合素养。这也激励着老师们，获得各种高规格的奖项，比如第一届启航杯一等奖、北京市语文评优课一等奖等。

（六）第五站延庆一小：书院传承、时代辉煌

2019年的7月到2020年1月，大概半年时间，段校长开始主持拥有几百年校史的延庆一小。延庆一小的前身是"冠山书院"，所以在很长时间内都是延庆最好、最老的学校。就连延庆一中都曾是小学的附设学校。延庆一小有一个特别优良的传统，就是踏实，实实在在地教学生，并一直坚持着。但是这几年由于各种影响，相对来说一小的发展比不上二小、三小和四小，其百年老校的特色也没有彰显出来。带着对一小的高期望，段校长提出"传承百年老校文化，焕发生态教育新村"的战略目标。初步带领教研室对新老师进行培训，并在课堂教学方面进行实践。这半年来的成效很显著，孩子的课堂表现大不相同，延庆一小的教学焕发了新春。相信在段校长的带领之一，古老厚重的一小一定会实现新时代的新辉煌。

二、王长华校长：科研立校、开放办学

王长华校长是一位非常朴实的校长，话不多，很慢热，又特别谦虚。因此，和他的交往费了较长的时间。早些年只知道他在密云校长界很有分量，并没有深交。后来为他的名校长工作室汇报如何进行教育科研，为他学校的家长们报告家庭教育等，也就慢慢熟悉了起来。但是成为挚友还是晚一些的事情，三个小故事非常能够说明问题。一是某次我到古北口徐校长那里研讨，王校长知道我去了以后专程从密云城区驱车一小时到古北口。我以为有什么工作上的安排，没想到他就是想见见朋友，非常感动。二是某次我带研究生团队到了密云，他知道后一定要约聚，请十几个人的团队晚餐。聊了很多经历，同时给研究生们上了一堂人生成长的哲学课，让学生们获益匪浅。三是年前我发很长的微信给王校长，想就办学战略决策这一话题访谈他，他仅回复"收到"二字。正月初三上午接到他的电话，连"新年好"都没有说，就直奔主题聊起了战略决策，一聊就是一个多小时，让我百感交集。这种朋友值得交往。

王校长在其校长生涯中，经历了四所学校。依次是大城子中心小学、一所寄宿制学校、密云一小及当前的密云二小。王校长虚怀若谷、诚朴踏实，他说在前两所学校任职时没有获得明显的成就。而在密云一小时期，主要通过教育科研，既发展了学校，同时也促进了自身的成长。2001年，王校长来到密云一小。当时密云区对教育科研工作的重视程度不高，于是他就定了一个比较远的决策，即通过教育科研带动学校整体的发展。当时主要利用信息技术对教学进行研究，2002年时学校就建立了实验班，每个学生都配有笔记本电脑。

同时依托市级课题《基于移动终端的小学生学习方式的探索性研究》，通过三年的努力探索，学生成绩显著，学校还获得了北京市教育科研优秀成果奖。在密云二小时期，王校长更是成绩斐然，因此这次访谈内容主要侧重这一阶段。

（一）密云二小的战略决策

2007年，王校长来到密云二小。经过一年多的调研，于2009年提出学校的战略决策，即"思想立校、文化育人、创新强师、精细管理、开放合作、追求卓越"。并在2010年"十三五"初期就确定下来，没有轻易变过。当时也遇到了一些困难，部分教师认为这几句话没有用。但王校长坚持了下来，并以此引领发展以及建立愿景。

"思想立校"方面。从2007年开始研究，到2009年就确定了学校"幸福教育"的办学理念。"幸福教育"的理念在于"教育的目的和结果是为了人的幸福，教育的过程是学生体验幸福的过程"。在实践中，主要研究幸福如何体现在课堂上。让学生在上学的同时，既学得快乐、阳光、充满激情，还要学业优秀！"文化育人"主要是体现在物质、精神和制度方面。密云二小起源于1594年（明万历二十二年）的一座书院，于1834年重建，属于官学。院训是"恕慎诚敬，俭让勤恒"，特别讲究尊重文化和学术自由。在这样的历史文化熏陶下，密云二小的师生素养很高。另外书院自明清以来，环境优美，茂林修竹。设有祠堂，还保持着"自动研究"的传统，即自己自发研究。王校长通过投资近400万、历经6年建设学校的校园文化，以达到文化育人的目的。"创新强师"是指在新的情况下，创造一种新的机制来培养教师。因为书院原来就有导师制，王校长在此基础上构建"多重导师制"，即聘请特级教师（在职或退休的），还有一些市、区级的教研员以及大学教授，来担任密云二小教师的导师。因为退休的特级教师有时间还有学术造诣，而市、区级的教研员的信息比较及时、比较灵通、比较超前，高校的专家有理论的优势。各自充分发挥自己的作用，为教师培养共同发力。此外，一个学科选三个骨干老师，然后再从这三个老师辐射，达到创新强师的目的。"精细管理"主要是做好学校的每个细节，做得越细，效果越好。"开放合作"主要是校校合作，包括密云区内的学校、北京市的学校以及全国的学校。这些学校主要是一些大学，包括北京航空航天大学、北京理工大学，主要涉及孩子科技活动方面的合作。外省市学校的合作，如湖北竹溪县的实验二小等。"追求卓越"主要是目标性质的，即在现有的条件基础之上，充分发挥自己的优势，把学校办得更好。

（二）战略决策制定的背景

毋庸置疑，这些战略决策的提出是基于密云二小悠久的书院历史文化以及对教师的深度认知。王校长认为学校最主要的三个因素就是教师、学生和环境，而教师是其中最重要的一个因素。但此前密云二小并没有相关明晰的举措来重视教师的培养，所以必须加强教师队伍建设。想把学校建成北京市一流学校，必须从思想、文化、教师、管理、对外交流等方面进行全面的考虑，必须跟北京市的学校合作，还要跟国内外的学校合作。只有通过相互合作，才能注入新鲜的血液。另外，由于学校人工智能资源有限，王校长依靠个人魅力获取与百度合作的机会。百度用他们的专家和技术，正在合作编一本"人工智能"的校本教材。

但是在战略决策确定的过程中，所遇的最大困难在于一些教师和家长的不理解。因此在确定战略决策以后，校长一定要坚持。王校长确定了"幸福教育"的办学理念，一直深入探索，并于2010年出版《"幸福教育"的理论与实践》一书，落实文化育人。在长达六七年的学校文化建设中，投入了近四百万资金，从专用教室、雕塑、对联到一花一草，通过物力的投入达到精神的影响。另外需要提及的是，校园物质建设背后结合了六个方面的文化，即社会主义核心价值观、传统书院教育、传统文化、现代文化、西方文化及东方文化。比如英语角的建设就是欧美风格，设有壁炉等。学校文化建设以"学校"为主导，但是鼓励学生及家长参与。比如蕴含学校文化的校歌歌词由学生和家长共同创作，由词作家修改，最后由《草原月色美》的作曲人王合声老师谱曲，历时近两年完成。文化建设任务非常艰巨，但是意义极其重要。

（三）战略决策拟定的影响因素

当问及密云二小战略决策拟定的影响因素时，王校长谈到了五个方面。

第一，学校的历史传承。一位校长到一所学校以后，肯定要考察该学校的历史。王校长认为历史就是现在的过去，也是未来的现在，过去、现在、未来肯定要联系到一起，不可能把它割裂开来，每所学校都有其特定的历史传承。

第二，校长个人的品性。这是影响校长战略决策至关重要的因素，校长个人是否想有所作为，这直接影响学校的战略决策。如果一位校长在这所学校干几年就不做了，或者把校长当成升迁的跳板，他就不会考虑战略决策的问题。但是，如果他要长期干下去，或者想踏踏实实办学，他都会思考学校的未来发展方向。例如开放合作的战略，如果不打算长久发展下去，学校发展成什么样都行，就根本不用考虑开放。但是若想着让学校在北京市知名、在全国有名，就必须实行开放合作，因为合作才能实现学校共赢，共同发展。

第三，学校的中层干部。有些学校的中层干部只是听领导的指示，上班该干啥就干啥。但是密云二小的中层干部不是这样的，他们都有一些自己的想法。因为大部分的中层干部在密云二小已经多年了，与他们聊天的时候，他们就会说到密云二小原来是什么样的，现在需要发展什么方面，并提出对于学校未来发展的想法。因此，学校的中层干部的想法对于学校的战略决策也是有影响的。

第四，社会主流价值观。社会整体发展的主流是一种引领，比如密云二小的"幸福教育"就主要来自社会的主流价值观。密云二小的"幸福教育"落实在课程上，国家课程校本化，着力培养孩子们的人文素养、科技素养、艺术素养、身心素养等。只有促进学生素养全面发展，比如好的身体、审美观以及各种能力，学生将来才能幸福。实际上学校当下所做的事，是为了学生的未来做一些准备的。王校长之前请顾明远先生写过一句话就是"为孩子的幸福人生奠基"，为孩子的幸福人生奠定人文、科技、艺术、身心的基础。

第五，地方因素。学校发展是不可能离开本地的经济、文化和社会的环境而独立的。

总的来说，要做好学校战略决策，要时时地思考、时时地落实，至少每个学期在做学校计划的时候要重温之前做的战略决策，同时还要不断地推进、改进。例如学校原来的战略决策是"开放交流"，后来改为"开发合作"。开放交流就是互相交流、汇报，但是这样远远不够，学校必须加强合作。例如密云二小与北京理工大学合作时，北京理工大学老师在下午3:30到5:00在密云二小教这里老师使用机器、无人机和3D打印，这样能够互相促进。

（四）战略决策形成的方式

王校长认为一般学校的决策存在两种方式：一是自上而下，二是自下而上。密云二小的做法主要是自上而下，校长根据学校的历史以及学校目前的状况，提出相关战略的某些想法，然后让老师和学生家长讨论，在讨论当中再进行修改，看是否符合学校的实际情况，是否适合学校未来十年的发展。密云二小之所以采用自上而下的方式，是因为密云区的某些家长文化水平不是很高，他们讨论、思考的内容可能不是很全面，所以密云二小的干部在暑假期间花费了10天左右的时间对提出的战略决策进行讨论。另外一种自下而上的方式也可以进行，多条腿走路，保障效率。另外，在做决策前会咨询一些专家，听取多方面意见，比如王校长就曾邀约了北京教育学院、教育科学研究院、北京师范大学、首都师范大学、上海师范大学的一些专家，还有京城知名校长等。

三、特级校长办学战略决策的共性分析

有人说，从两位校长的案例中总结共性可能过于草率。笔者想说的是，从实践调研的结果来看，特级校长的一些品质是全息性的，也就是共性，是只要想高品质地办学就必须具备的条件。不只是上面呈现的段校长和王校长，在清华附小窦桂梅校长、史家胡同小学王欢校长、北大附小尹超校长、北京小学李明新校长、清华附中王殿军校长等朋友身上，都体现得淋漓尽致。这些品质主要包括，以爱育人、以人为本，尊重历史、展望未来，好学思变、广结善缘，自强不息、使命担当等。

一是以爱育人、以人为本。爱是一种能力，只有被爱过，有过爱的经历和体验，才能爱人。儒家讲仁者爱人，爱应该是人类区别于其他一切的重要表征之一。然而在现实生活中，这些往往容易成为口号式的标语，难以付诸实践。所以战略决策的根本出发点，就是落实在以爱育人、以人为本上。江西新余康盛世纪幼儿园丁晓斌园长就是基于这一点，提出的战略决策是培养有爱的教师。路径是园长爱教师、教师爱孩子，创办有爱的幼儿园。因此，校长本身人格健全是高品质办学的基本前提。如果没有人格健全的校长，很难有健康发展的学校。上面谈到段金星校长的案例，我们发现他到每一所学校都有一项重要方略，那就是"文体优先"，而且这也特别行之有效。问及原因时，段校长说自己深爱文体活动且深知文体对成长的重要性。他小学时自学武术，包括少林拳、形意拳、八卦掌、太极剑等，中学时就特别喜欢足球、篮球、乒乓球，包括象棋。他认为这些运动、娱乐不会影响学习，反而会促进学习，让孩子有充足的体力去学习。会玩的孩子更会学，更健康。

二是尊重历史、展望未来。历史既是现在的过去，也是未来的现在，我们要在了解过去、展望未来中更好地把握现在。每所学校都有其特定的历史传承，即使是新办学校也有其创办的历史背景。因此每位校长不仅不能忽略历史因素，反而应该从中汲取教育力量。前面谈到，密云二小前身是明清书院，书院传下来一口古钟。王长华校长不仅保护好古钟，

还在每年九月开学典礼上，让全体师生家长聆听悠远的古钟新声，撰联曰，"百年钟声日日鸣，人才辈出镇美声"。这一教育仪式，镌刻进了每一位孩子的心灵。在尊重历史的同时，也不能忘掉前方的未来。卓越校长们总是"先见之明"地早于政策开展许多教育实践，而普通的校长们很容易跟在政策的后面疲于奔命。如段金星校长，在二十世纪末期就开设了"环保与民俗""垃圾分类"等校本课程；后来的象棋特色、足球特色、劳动教育特色等都远远走在了政策之前，所以水到渠成地成了各种特色的样板校、示范校。所以校长的眼光一定不可以局限于当下，而是将教育置于一个生态时空中去考量她的发展。

三是好学思变、广结善缘。好学思变侧重于做事，广结善缘侧重于为人。其实这本著作中，笔者很多次都谈到了"做人极度温暖、做事极度专业"。做人极度温暖，让一群有缘分的人戮力同心去做一件有价值的事。做事极度专业，就是方向不仅正确，而且匠心独运、不可复制。段金星校长就是典范，他师范毕业去教基础薄弱的孩子，没有混日子而是不断研究，成绩斐然。当有机会考大学时，瘦了十多斤一举拿下。进了教育局，系统梳理本不在工作范围内的延庆教育史，对之了如指掌。近五十岁有机会脱产去北美学习，虽然英语零基础但毅然前往。这种好学思变的精神，本身就是重要的教育资源，给师生做了很好的榜样。同时结交了很多志同道合的好朋友，这些朋友又对他办学鼎力支持。史家胡同小学王欢校长，也是广结善缘，人格魅力极强的人。她大名鼎鼎，但是温暖如春。有一次我在报告中提到一些案例，她竟然热泪盈眶。如此真诚，有童心大爱的校长，没有理由得不到大家的支持。北京小学李明新校长也是好学思变、广结善缘的典范。

四是自强不息、使命担当。水木清华，风云沧桑，清华附中"以育人为中心，以学生为主体"，走过百年辉煌历程。然而他们并没有停止步伐，而是不断强化素质教育，为学生的个性发展提供广阔空间。"大学预科班""高中理科试验班""马约翰体育班""一条龙试验班"和"美术特长班"等，已经成为清华附中的特色名片。在一次笔者参与的座谈会上，王殿军校长告诉附中的老师们："你们如果不引领中国的基础教育改革，请问谁来？"当时特别震动，表面上这是一句很"自负"的话，但是背后却是使命感、责任担当。不只是清华，所有的卓越校长都是自强不息、使命担当的角色。密云二小的王长华校长，发现自己办学时存在困境，就主动去参加一些会议。一次偶然的机会，与《中国教育技术装备》杂志社社长成为朋友。社长先生有一位朋友毕业于英国剑桥大学，是英国驻中国大使馆的一名成员。在这种机缘下，王校长接待了来自英国的教育同仁，且王校长团队也因此获得了去英国交流学习的机会。还有一次，北京市教委的一个项目，是委任一位来自塞尔维亚的老师到中国学校教足球。当时其他学校都不愿意接收，而王校长积极响应并接收外籍教师。后来，这些事件都成为学校高品质发展历程中的关键点。用王校长的话说，在生活及工作中一定要积极主动去做一些事情，这样我们可能会有好多次提升自我的机会。但是如果我们一直处于被动的地位，那么我们手中的机会就会减少，而且难以把握。这或许是"自强不息"最接地气的解释吧！

第三篇
办学实践体系领导力

第七章

课程顶层设计

第一节　课程建设的理性思考

　　陶行知先生在近百年前就说过,"教育界责任之最重要且最紧迫者,莫若利用教育学解决学校课程问题。盖课程为学校教育之中心,假使课程得有圆满解决,则其他问题即可迎刃而解"。时至今日,陶行知先生的话依然有着重要的现实意义。课程是沟通教育理想与现实之间的重要桥梁,是学校的办学水平的关键表征之一。随着学校课程理论研究和实践的深入,校长必须认识课程领导力在学校发展中的重要作用。课程是学校内涵发展的核心领域,课程领导力的强弱决定着学校是否能够规范化、高质量、有特色地持续发展。明确学校需要具备怎样的课程领导力,探索如何进行课程领导,成为学校内涵发展过程中解决自身问题的必然诉求。[1] 就一所学校而言,教师是否具有课程意识、课程理念是否深入人心、课程实施是否校本化、课程管理是否科学高效、课程质量的保障机制是否健全等主要取决于校长的课程领导力。[2] 有研究者提出,中小学课程领导力包括五个方面,即课程价值引导力与课程规划的决策力、国家课程校本开发力和校本课程开发创造力、课程与教学进展的判断力与教师改进教学的执行力、促进教师专业发展的推动力以及课程改革的影响力。[3] 可以看出,价值引导、课程目标、设计、开发、实施,教师评价、学生评价、学校评价,都是课程建设需要关注的重要内容。

　　新课改以来,对以往过于追求知识的确定性、客观性和绝对性的学科课程有较大的改观。学生作为一个生命体的自主性、主动性和创造性得到了很大程度上的彰显。但是学校之间的差异也是显而易见,笔者对当前众多学校的考察表明,低层次的学校把重心放在应试方面,功利取向非常严重;一般层次的学校热衷于教学模式的提炼、特色活动的建构等,有一定的个性色彩;而卓越的名校,往往在考量学校历史文化以及未来人才核心品质的基础上,构建顶层的课程设计。作为校长,在课程建设的实践中需要关注四个基本命题:课程目标需要与办学理念及培养目标相匹配,一以贯之地促进孩子全面而有个性的发展;课程内容不是学科课程或活动名称的堆砌,而是基于课程目标的高度结构化的内容体系;课程实施远远超越传统意义上的课堂教学范畴,尤其需要关注教师作为社会存在的复杂性及

---

[1] 徐淀芳. 基于问题解决——上海市提升课程领导力行动研究项目实施回顾 [J]. 基础教育课程,2013(6).
[2] 王越明. 有效教学始于校长课程领导力的提升 [J]. 中国教育学刊,2010(3).
[3] 陈玉琨. 课程领导力的基本框架和主要内容 [J]. 世界教育信息,2013(23):42–46.

学生作为学习主体的实质减负；课程评价已经超越简单的目标达成程度的检测，而旨在构建完善的激励系统。从目标、内容到实施，再到评价，高度一以贯之，精致结构，实现育人路径的最优化和价值的最大化。

一、课程目标：要与办学理念及培养目标相一致，在历史与未来的考量中培养有个性的社会人

（一）不同层面上的目标

现今，工业文明对人们生存方式的影响广泛且深刻，让我们的物质生活水平得到了空前提高。然而这种标准化、程序化与过分规则化的科学主义倾向也为社会带来了生态恶化、环境污染、水土流失、地区冲突加剧等负面问题。特别的，使现代公民在一定程度上成了隶属于社会机器的单向度的人。在教育领域人们进行着流水式的分工作业，培养出来的每个人仿佛仅仅是整个社会大机器中一个微不足道的零件，机械而又无可推脱地沦为社会运行的工具。导致人性的极大割裂，难以培养完整的人。因此，不同层次的微观、中观、宏观目标要旨向同一个终极目标：具有个性的、有特色的、完整的社会人。

宏观层面上，我们必须"全面贯彻党的教育方针，坚持教育为社会主义现代化建设服务，为人民服务，与生产劳动和社会实践相结合，培养德智体美劳全面发展的社会主义建设者和接班人"。中观层面上，培养目标是指宏观教育目的在各级各类学校的具体化。为了满足不同年龄层次受教育者的学习需求，以及各行各业对不同规格人才的需求，才建立了各级各类的学校。因此，各级各类学校要完成各自的任务，就要制定自身的培养目标。而狭义上的课程目标在定位于微观层次，即课程的设置、内容、实施和评价究竟能够给学生带来什么样的发展。可以从不同的视角来探讨，比如学生知识、情感、意志、行为的改变；或者孩子的个性发展和社会性生成；或者在德、智、体、美、劳等方面的进步；等等。不论什么学校，目标一定要一以贯之，不然在表述上显得杂乱无章，更重要的是无法达成人的培养。

（二）学校课程目标具体化表达的案例分析

在办学质量卓越的学校中，目标的界定与阐释最主要的着眼点有两个方面：一是悠久的历史办学历史文化，典型案例如北大附小、成都市实验小学；二是关注未来社会发展所需人才的品质，比如上海中学、深圳中学。

一方面，以学校悠久深厚的历史文化为切入点。北大附小受北大"兼容并包，思想自由"的文化熏陶，一直以来非常重视全人教育。近年来，提出并确立了"以人为本，快乐和谐发展"的办学理念。以人为本，就是"尊重、关爱、欣赏、包容、发展"，一切从师生的成长、生活需要出发，对人的天性予以尊重，对人的生命予以敬畏。快乐和谐发展，让学生"专心地学习，痛快地游玩"，全面发展而富有个性。具体培养目标是：让每一个孩子都得到独具特色的发展，使之成为幸福的、高素养的中国公民和世界公民。基于此，

北大附小将"多元、开放、立体、自主"作为学校的课程目标，构建其"生命发展课程"体系。

成都市实验小学有近百年历史，"实验研究、辅导地方"是其建校就肩负的使命。建校初就注重儿童整个生活的指导，注意成人教育及社会教育。现在，校训为"堂堂正正做人，勤勤恳恳做事"。其中，"堂堂正正做人"诞生于抗战的烽火中，而"勤勤恳恳做事"是实小人新时代赋予的内涵。人生在世，一是学会做人，二是学会做事。只要学会这两点，就能成为对社会有用的人。校训的精神体现在一"雅"字，雅是至正：言正、身正、品正，以正身；雅是勤奋：手勤、体勤、脑勤，以勤业。为人师，身正业勤才能立己达人；为学生，身正业勤才能成德达材。因此，其"雅"课程体系的目标可以表述为"立己达人，成德达材"。

另一方面，以未来人才发展所需品质为思考点。上海中学，身处国际化大都市，因此对未来的前瞻方面走在前列。上海中学以基础性学力、发展性学力和创造性学力为基础，以高素质、强潜能为核心，为学生成为国家栋梁之材打下早期基础。这一培养目标具体分解为，德育方面：三大意识（一流意识、时间意识、国际意识）、四大品性（爱国心、责任心、适应性、创造性）和五自准则（人格自尊、行为自律、学习自觉、工作自强、生活自理）；认知方面：三大能力（分析能力、应用能力、创造能力）和六大领域（语言、数学、社会科学、自然科学、艺术、技术）。其课程目标可以表述为"自主、创新，民族认同、国际视野"。

深圳创造了世界城市史上的奇迹。深圳中学也高瞻远瞩，其办学定位是"建设全球化时代中国卓越的学术性高中"，培养世界公民。校训为：主动发展、共同成长、不断超越。具体致力于培养"个性鲜明、充满自信、敢于负责，具有思想力、领导力、创造力的杰出公民"，期待他们无论身在何处，都能热忱服务社会，并在其中表现出对自然的尊重和对他人的关爱。因此，深圳中学的课程目标可拟定为"个性、责任，思想者、领导者"。

（三）课程目标界定的参考维度

其实，在符合我国教育指导思想和工作方针的前提下，学校课程目标的拟定除了上述历史与未来两个着眼点外，还需要从具体学段（如学前、小学、初中、高中等）、学校特色（如双语学校、艺术学校、特殊学校等）、地域文化（如海洋文化、楚文化、古都文化、丝路文化、草原文化等）以及教育者的情怀等方面来引领构建一所学校的共同目标和价值体系。具体如图7-1所示。也就是说，我们想拟定合适的课程目标，可以从三个维度即时间、空间和学段来考虑。时间维度，要把握学校办学的历史文化积淀、当下的社会生活要求以及未来社会所需的人才品质；空间维度，要把握学校所在地区的区域文化、我国的实情以及国际的视野；学段维度，要结合学前、小学、初中及高中等不同阶段的孩子的身心特点，切实拟定适恰的培养目标。

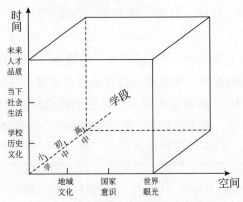

图 7-1　学校课程目标界定的参考维度

二、课程内容：构建基于理念、目标的高度结构化的内容体系

（一）课程的相关概念

广义上的课程包括学生成长中所经历的一切教育情境。按照课程内容的固有属性可划分为学科课程、活动课程；按照组织方式可分为核心课程、综合课程；按照表现形式可分为显性课程、隐性课程；按照编制的主体可分为国家课程、地方课程及校本课程；等等。

具体来说，学科课程，即分科课程，它以有逻辑的、层级的学科内容作为基础。十分注重学科的逻辑顺序，强调对学生的系统训练以及教学的连续性和科学性。但由于各学科之间界限分明，容易割裂知识内在的联系，窄化了学生的视野，束缚了学生的思维。活动课程，主张以儿童为中心。课程设置、教材编写、教学组织等都要围绕儿童的"活动"来进行。强调孩子的亲身实践、直接经验，而教师作为学生活动的咨询者、促进者。

核心课程是指所有学生都要学习的基本学科。如美国的科学、数学和语言，我国的语文、数学和外语等。综合课程则是采用各种形式，使学科中被分裂了的各部分知识之间有机关联起来。它不是对学科课程的简单否定，而是一种延伸、拓宽与再生。比如作为"综合实践活动"之一的"研究性学习"，是指学生在教师指导下，从学习生活和社会生活中选择和确定研究专题，主动地获取知识、应用知识、解决问题的学习活动。目前，综合课程大致有三种类型：合并型、融合型、课题型。

显性课程也叫正规课程、官方课程，是为实现一定的教育目标而正式列入学校教学计划的各门学科以及有目的、有组织的课外活动。是课程结构的主体，是培养人才的主要载体。隐性课程，与"显性课程"相对，也叫隐蔽课程、潜在课程、非正规课程等。它以内隐的、间接的方式呈现的课程，是学生在显性课程以外所获得的所有学校教育的经验。具有非预期性、潜在性、多样性、不易觉察性。它也是学生获得经验、价值观等意识形态的重要渠道。

国家课程是国家委托有关部门或机构制定的基础教育的必修课程或核心课程的课程标准或大纲以及统编教材等。它自上而下，确保了所有学生学习的权利，明确规定学生在接受学校教育期间应达到的标准。地方课程，一般指地方教育部门自主开发、实施的课程。

它弥补了国家课程的不足,加强了教育的地域性。校本课程,就是以学校为课程编制主体,自主开发与实施的课程。它可能是对国家课程的校本化改造,或者为了满足学生多样化的需要而开发。校本课程的开设不仅学生获益,也极大地促进了教师专业能力的可持续发展。

基于上述分析,结合实践考察经历,本研究将学校课程界定为:在符合党和国家教育方针政策的前提下,基于一定的办学理念凝练适切的培养目标,学校为了达成这一目标而开展的一系列旨向明确的、体系结构化的、一以贯之的教育教学活动。具有以下几个核心的特征。第一是目标指向明确,不是随心所欲地设置任意一项教育教学活动,而是每一项活动均需要考虑明确的目标指向。第二是体系结构化,不是漫无目的的活动大杂烩,而应是基于目标分解的精致化结构,不宜重叠交叉,也不应体系缺损。第三是一以贯之,即使再精致有效的某一活动,如果没有持续开展,也不能算是课程体系的组成部分。

（二）课程体系的层次及案例分析

如上所述,我们可以按照不同的视角将课程进行多种分类。然而学校的课程体系并不是各类课程的简单叠加,而是需要根据培养目标进行结构化。笔者对众多学校进行考察,发现课程呈现的层次差异巨大,如图7-2所示。第一,大部分学校位于低层次,所谓的课程就是课程表上科目名称的简单堆砌,就是语、数、英、政、史、地、理、化、生、音、体、美。第二,少部分中等水平的学校,其课程根据素养的不同类别进行了概括总结,比如文化基础类、自主发展类、社会参与类等,又如语言类、人文社科类、数理科技类、艺体类等,或者我们学校有国家课程什么什么、地方课程怎样怎样、校本课程如何如何,但是这种方式与培养目标并没有很好地结合起来,缺乏个性、独特性。第三,极少部分的卓越学校,是基于培养目标,将目标进行解构,找出子目标,从而建构精致的课程结构。

图7-2 目前学校课程呈现的水平层次

下面分析课程结构化较好的案例,也就是位于层次三的少部分卓越学校案例。江苏省锡山高级中学提出"生命旺盛、精神高贵、智慧卓越、情感丰满"的人才培养规格,这一育人目标以"人的成全"为旨归,凸显"生命力"。学校的课程基地非常有特色,基地以"人"为本,创新学习环境、变革学习方式。既支持单学科的深入学习,挖掘学科本质;也支持学科之间的融通,跨界探究,形成"学科群"或"跨学科"的综合课程。

锡山高中目前建成课程基地共有五个,分别是巅峰体育课程基地、人文课程基地、胡雨人自然科学实验课程基地、"想象·创造"课程基地、"云学习"课程基地。无一例外的,它们均指向人的"生命力",体现时代性和创造性。比如"想象·创造"课程基地,打破课程边界的藩篱,涵盖艺术、技术、自然科学等多学科。为培养充满"生命力"的人,学校开设了校园微电影、合唱、服装设计与表演等综合艺术课程。基地的学科教师、课程管理者、课程开发者,出于共同的专业愿景和兴趣,还成立了STEAM教师社群,实现了教师的深度专业成长。

再如成都树德中学,其培养目标为"基础宽厚、品性卓越,具有创新潜质"的未来社会的优秀公民。具体目标可解构为"五力",分别是道德力、学习力、实践力、创新力、领袖力。其中道德力是立身之根本;学习力、实践力是培养学生手脑并用的综合能力;而领导力则不仅定位于学生的终身发展,也旨向培养未来世界的领导者;创新力不是空洞的,而是体现在其他的四力之中。基于"五力",树德中学构建了四大类型的课程。第一类是品格课程。注重学生的内心修炼,滋养学生的精神世界。包含文明养成、德性塑造、责任培育三个维度。典型课程如礼仪、人生哲学,以及培养学生自治的校园"两会"等。第二类是学术课程。注重培养学生的创新思维。蕴含基础学术课程、深度学术课程(如学科竞赛)、国际课程(如大学先修)等。第三类是实践课程。注重学生的实践能力和创新精神。包括生活与生存(如自救)、运动与健康、实验与技术、社会与实践。第四类是未来课程。引领学生关注未来和国际发展趋势,着力培养学生的前瞻意识和领导能力。涵盖创新力课程(如视野、创造力)和领导力课程(如生涯规划、国际理解)等。

(三)课程内容体系的结构化

何谓课程结构化?课程结构化,就是基于学校实际情况,在一定的教育理念、价值引导下,将纷繁复杂的课程内容进行规整,使得课程目标、课程内容、课程实施、课程评价等构成的课程体系具有高度的内在一致性,核心价值一以贯之,从而使得内容简约、成本经济、反馈有效,高度达成培养目标,见图7-3。首先,课程目标要渗透课程内容中,内容也要充分体现目标;其次,课程的实施需要基于课程目标,这是基本原则,同时也通过实施不断完善目标;最后,课程评价的基本依据就是目标,但是不局限于目标,其核心的价值追求就是促进学生的最大化发展。

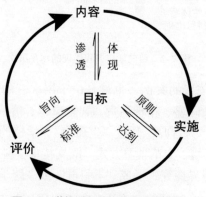

图7-3 学校课程结构化流程示意图

三、课程实施:远远超越传统意义上的课堂教学范畴,它需要关注"教师"作为复杂社会人的存在,同时对学习主体进行实质"减负"

何谓课程实施?在教育理论研究界大抵有两种不同的观点。其一,认为课程实施是将课程方案付诸实践的过程,属于课程体系的一个环节;其二,认为课程就是教学内容,那么课程实施就是教学了。其实我们不难看出,前者持有"大课程观",认为课程包括教学;后者持有"大教学观",认为教学包含课程。实际上随着改革的推进,资源越发丰富、管理更加灵活、实践更加多元,教师的课程能力(创生、实施、评价等)越来越重要地成为衡量教师水平的重要标准。基于此,笔者倾向于第一种观点,课程实施是课程体系的重要环节,是实现预期课程的理想手段,远超传统意义上的课堂教学范畴。然而有效的课程实施,在实践中并不会一帆风顺,而是困难重重、曲折坎坷,甚至举步维艰。

(一)基于"教师"作为社会存在视角的课程实施

首先,从最重要的实施主体教师谈起。任何课程改革,如果没有一线教师的全身心投入,则不可能取得成绩。笔者到访过全国大部分地区的中小学几百所,直接经验告诉我教师如果觉得课程改革是内在自身专业发展的需要,则一定全心全意搞课改,聚精会神谋发展。比如西南某地有个教师,多年来反复主动与笔者切磋教育教学问题,不断精进,后来还成立了名师工作室。相反的,如果教师不认同课改理念,与教育管理者尤其是校长之间面和心不和的话,想推进课程或许是痴人说梦。某地曾任校长升教育局长后,对教师缺乏基本的人性关怀,反而认为当地高考成绩落后就是教师不行,发话说要让全体教师闭卷考课程标准,不合格者踢出教学队伍。教师敢怒不敢言,不仅原本就没有改革发展意识的教师状态每况愈下,还让原本对教学研究感兴趣的教师产生反感。窃以为,一线教师是课程改革是否成功的第一要素。大抵归纳起来,主要涉及教师的生存状态、教育理念、教学能力、成就动机、发展意识、行动力等。与教师紧密相连的影响课程实施的主要因素,有三个方面:即精神层面、资源层面及制度层面。具体见图 7-4。

图 7-4 影响课程实施主体——教师的主要因素

具体从三方面来分析教师作为社会人的存在。首先,是精神层面。文化就是人化,是人们的思想观念。这里包括社会文化和教育文化。如功利主义、多元文化、网络文化都属社会文化范畴,教育理念、教育价值、改革背景、课程改革顶层设计、校园文化、家长期望等则属于教育文化。教师不是独立于社会之外的个体,他的思想和行为很大程度上受到文化的影响。其次,是物质层面。包括作为文本的课程标准和教材、校内外教学资源、网络资源等等。课标与教材本身的科学性及可接受性就对教师有很大的影响,如果教师不认同课标理念或觉得教材不行,效果可想而知。校内资源包括基本教学设施、实验室、图书室等。网络资源也是时代特色最鲜明的资源之一,作用不可小觑。最后,是制度层面。包括行政管理制度、教师专业发展制度以及学生评价制度。教育行政管理制度要一以贯之,且上下同一个方向,力往一处使,涉及指导机制、执行力与管理。教师专业发展的制度,比如教研制度、教育科研、名师工作室、"走出去引进来"、教师评聘、教师研修等。学生的评价,目前人们一般认为高考制度是最重要的瓶颈。其实不然,考试能力、学业成绩与综合素养的提升并不矛盾。传统的观点认为题海战术出清华、北大,这已经差不多被时代抛弃了。卓越的学校,如北京十一学校、武汉常青树实验学校、昌图县实验小学等,学生的卓越表现并不是"埋头苦干"的结果,而是在丰富多彩的活动中,手脑并用而成就的。

(二)基于"学生"作为学习主体实质减负视角的课程实施

关注学习主体的实质"减负",同样是课程实施效果的核心要素。国家教育行政部门,从宏观上描绘了一幅理想的学习图景。忙于处理综合素质与"应试"能力这对"矛盾",中观层面的学校教育往往对减负显得力不从心、捉襟见肘。而大部分家长,无视孩子的学习过程或者说没有能力关注孩子的学习过程,仅仅看重最后的考试成绩,自然而然对孩子学业负担重显得束手无策。因此这种认知上的混乱需要澄清,需要多方形成合力,对学习有一个清晰的、高度一致的认知。

笔者构建了"主体·客体·主客体"三维度学习模型,如图 7-5 所示。维度一即 X 轴,表示主体学习的心理体验,两极为痛苦和快乐;维度二即 Y 轴,表示客体学习内容本身的复杂程度,两极为容易和困难;维度三即 Z 轴,表示主客体的交互,即这一学习内容到之于学生成长的价值,两极为无价值和有价值。因此,我们发现从三个维度来分析学习,可以得到"2×2×2"八种组合。比如痛苦简单机械的无意义学习,又如快乐有难度挑战的有意义学习。这种澄清非常重要,因为很多人就错误地认为有困难的学习就是痛苦的。实际上,困难和痛苦并不在同一维度上。下面具体从三个维度来澄清人们对学习的可能混淆甚至错误的认识。

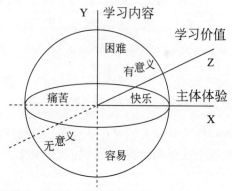

图 7-5 "主体·客体·主客体"三维度学习模型

第一，关于主体体验。快乐是心理上的一种愉悦、满足，是由内而外感到非常舒服的感觉。从生物学角度解释，就是产生多巴胺这一传递兴奋及开心的化学物质。学习上的快乐，源自自信、他人的信任、成功挑战困难等，本质上是一种激励。心理学上称为"期望效应"，也叫"皮格马利翁效应"。这一理论认为孩子们一旦受到可能成功的暗示，加上他人有意无意地通过积极的言语、温和的表情、激励的行为等传递内隐的期望，那么他们更容易给予教师积极的反馈，更倾向于成功。反之，如果学习长期失败受挫，遭遇打压，那么在学习上甚至生活方面都会非常消极，形成"习得性无助"状态。因此，一定要分析孩子的特点，对症下药、扬长避短，通过真诚的期待、温暖的交流，循循善诱，先其易者后其节目，让孩子爱上学习，挑战学习中的困难。关于这一点，笔者总结了一句话，即"激励产生奇迹，打压使人毁灭"。

第二，关于学习内容。这一维度的两极是容易（简单机械）与困难（复杂立体），如何让孩子们有效掌握学习内容是非常重要的事情。笔者调研发现，大部分孩子大脑里是碎片化知识的堆砌，缺乏精致的立体结构。因此，在知识运用的过程中难以提取，创造性的重组更是难上加难。学习内容在横向上，需要引导学生思考各个模块之间的关系，形成一个精致的知识结构。比如三角函数，并不是正弦、余弦、正切、余切的简单堆砌，而是彼此之间的关系可以通过几何直观或者相互推导得出，是一个相互关联的知识体系。学习内容在纵向上，应该在一定的空间内螺旋式上升，维果茨基称为"最近发展区"。教学应着眼于学生的最近发展区，发挥学生的主体性，为学生提供带有一定难度和高度的内容。同时，要根据学生的实际情况，适切评估学生可能达到的水平，不宜过于拔高。一言以蔽之，学习内容应该是一个动态的立体结构，横向上知识点彼此关联，纵向上螺旋上升。

第三，关于学习价值。马克思曾指出，"价值"这个普通的概念是从人们对待满足他的需要的外界物的关系中产生的，它表示物的对人有用或使人愉快等等的属性。因此价值既不是客体的属性，也不是主体的属性，而是指客体与主体之间满足与被满足的关系。学习价值需要注意三个问题，首先价值主体的鲜明性，即"究竟是指对谁的价值"，所以不要泛泛而谈什么学习重要之类，要清楚什么学习具体对谁重要；其次价值具有一定的相对性，比如数学学习对于未来成为科学家、工程师来说是非常重要的，但是如果将来成为艺术家，则并没有那么重要；最后，价值还有层次性，比如语文学习的价值有工具主义层面的、文艺层面的、道德心灵层面的。

上面笔者从主体、客体、主客体三个维度，论述了学习过程中的主体体验、学习内容的立体结构及学习之于学生发展的意义和价值。毫无疑问，从上面的分析可知，"减负"不是让学生肤浅地快乐，也不是一刀切地减少内容和降低难度。"减负"，首先，要根据孩子的特点进行深度分析，用心用情去激励孩子扬长补短，提升孩子的自我效能感，使得孩子爱上学习、乐于探究，积极进取，这是动力系统；其次，学习内容不是复杂知识的简单堆砌，需要给孩子呈现纵横有序、结构精致的学习内容体系，循序渐进，步步为营、稳扎稳打，为实践能力和创新精神奠定重要的知识基础，这是操作系统；最后，不要让学生被无谓的知识、机械的学习拖累，耗费青春，而要为一个个具体的生命发展负责，要培养学生一生成长的核心素养，即关注每一个学生的独特性，同时引导他们正能量成长，将来更好地服务社会，这是价值系统。可见，课程实施是一项非常复杂的系统工程。

四、课程评价：旨在构建达成目标、实现自由成长的激励系统

（一）已有课程评价的模式

课程评价的内涵由"课程"和"评价"共同决定，"课程"决定对象和内容，"评价"决定方法和属性。人们对课程评价的理解和认识不断深入，对其内涵的界定也不断发展着。大抵说来，评价就是"决定某一事物的价值"，把评价与价值判断结合起来。所谓课程评价，就是指考量课程究竟有什么价值的系列活动，主要是判断课程在促进学生发展方面起到了什么样的作用。课程评价主要有以下四个重要的功能：一是诊断课程方案、课标及教材和教学，看看是否符合教育实际；二是比较各种课程方案的相对价值，从而修正完善课程改革；三是考量课程的实施究竟有没有达成课程目标；四是预测新的教育需求，提出新的发展方向。

课程评价模式是评价者依据某种教育理念、课程思想或特定的评价目的，选取合适的途径与方法，科学地诊断课程实施的效果的一系列完整的程序。目前人们关注较为集中、较有代表性的课程评价模式主要有"目标模式""CIPP 评价模式""差距模式""回应模式""解释模式"等。这里主要简单评介前面两种。

目标模式，是被誉为"教育评价之父"的泰勒提出来的。在课程研究发展史上，他第一次把课程评价纳入课程开发过程并使之成为课程开发的核心环节之一。他提出的目标模式评价主要流程是，确定教育目标、设计评价情境、选择和编制评价工具、分析评价结果。他还指出，评价的方法不应仅仅限于纸笔测验，凡是能获得教育目标所指各种行之有效证据的任何途径，都可以看作是评价的适当方法。比如交谈、观察、轶事记录法、作品等，都可作为证明学生某种技能获得情况的支撑材料。

CIPP 课程评价模式，也称决策导向评价模式，是斯塔弗尔比姆在对泰勒行为目标模式反思的基础上提出的。CIPP 由四项评估活动的首字母组成：背景评价、输入评价、过程评价、成果评价。背景评价就是在特定的环境下评定学生的背景、基础、生存状况、发展需求等；输入评价是在背景评价的基础上，对资源配置进行评估，其实质是对方案的可行性和效用性进行评价；过程评价是对方案实施过程作连续不断地监督、调控和反馈；结果评价是考察是否达到目标，包括测量、判断、解释方案的成效，用来说明是否满足了学生发展的需要。该模式认为评价最重要的目的不在证明，而在改进。突出了评价的发展性功能，整合了诊断性评价、形成性评价和终结性评价，提高了人们对评价活动的认可程度。

（二）课程评价的整合模式：目标激励模式

多年来，笔者在考察众多学校课程的基础上，认为不同模式都可以整合成为中小学课程评价的目标激励模式，如图 7-6 所示。目标激励模式，不仅要评价学生的发展是否达到了课程目标的规定要求，还要诊断目标本身的合理性，从而修正、完善目标，甚至创造性地提出新的目标。主要有九个环节：一是课程目标。如前面所述，课程目标是基于学校的培养目标，根据时间、空间、学段等维度适恰地拟定出来的，这是课程评价的核心依据。二是目标细化。将课程目标用子目标的方式细化，并进行结构化。三是行为动词。要想使

每一个具体目标都具有可操作性、可检测性,就要提出我们所认可的行为目标。有了行为目标才能在教学中进行具体操作,届时才好实施具体的评价活动。四是目标场景。目标只有在具体的情景中才能够体现出它的具体内容、目标指向和目标特点,也就是要设置评价的情景,比如试卷、访谈、实验操作、随机解决问题等。五是测量技术。就是有效收集、提取和编码信息。比如用什么方法去收集、如何赋予信息以意义。六是学生资料。包括试卷、作业、作品,甚至行为方式、生活状态等。七是对比分析。分析收集的信息,与常模比较有什么意义,抑或独特的价值。八是评价结果。就是科学合理地呈现结果与目标之间的差异,衡量课程实施的效度。九是激励成长。评价的结果不是将学生分成三六九等,而是要指向学生的未来发展,激励其新的进步。

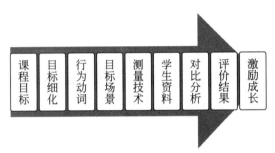

图 7-6　课程评价目标激励模式流程图

(三)目标激励模式的课程评价案例

这里我们尝试用目标激励模式进行课程评价,以青岛市黄岛双语小学为例。这是一所新近建立的学校,但是后来居上。该校构建了"和悦"课程体系。所谓和悦,就是和谐、平和,欢喜、喜悦。具体来说,一是课程目标。即"和悦",具体包括"身心和悦、师生和悦、亲子和悦、家校和悦"。二是目标细化。将"和悦"细化为"六爱",即"爱自己、爱他人、爱学校、爱家乡、爱祖国、爱世界"。三是行为动词。具体将这种和悦、爱的状态行为化,变得具体可操作,即"三雅",语言是否文雅、行为是否儒雅、品质是否高雅。而且"雅"还进一步细化为学生的细节行为。四是目标场景。那就是学生的家庭生活、学校生活以及社会生活。五是测量技术。黄岛双语小学用的是成长记录袋、学业成绩、同伴评价、教师评价、家长评价等手段收集学生的资料。六是学生资料。包括作业、作品、校内外活动记录等。七是对比分析。看看学生的材料是否达到了"和悦"的各个指标。八是评价结果。学生如果没有达标,则从多渠道鼓励学生。若结果优异,则激励新的挑战。九是激励成长。让所有的学生都达到"和悦"的状态,为成就卓越的人生奠定基础。

又如武汉常青树实验学校,将"孩子们的生命之树常青"作为教育的使命。希望通过"常青树课程",培养孩子们的仁爱之根、强健之干、聪慧之叶、美雅之花、创造之果等。从具体评价观测指标来说,仁爱之根主要有认识自我、珍爱生命,注重安全、健康成长,孝敬父母、尊敬师长,诚实守信、乐于助人,热爱集体、热爱家乡,感恩立志、放飞梦想,等等。强健之干主要有注意卫生、增强体质,坚持锻炼、爱好体育,自信乐观、友好相处,互帮互助、真诚待人,正确认识困难、挫折,敢于面对、勇于克服,调控情绪、增强自制能力，等等。聪慧之叶主要有主动求知、树立正确学习目的、勤奋学习、培养良好学习习惯，讲求方法、善于合作探究学习、精益求精、基础扎实追求卓越，等等。美雅之花主要有言语有礼有节、行为举止得体、公德意识良好、自觉保护环境、遵规守纪学法、抵制不良诱惑、学习正确审美、珍惜劳动成果，等等。创造之果主要有勤于观察思考、兴趣爱好广泛、勤于动手操作、提升探究能力、积极参加劳动、亲历社会实践体验、接触多元文化、积极参与对外交流，等等。以常青树课程体系为载体，兢兢业业，促进孩子的发展，让生命之树常青。

五、学校课程建设的方法论反思

我们知道，教育的第一属性便是实践性。而实践往往是丰富多彩的，复杂的。在众多学校课程体系建设实践的基础上，笔者以三个关键词来表达这一实践活动的方法论反思，分别是"自下而上""一以贯之"及"精致结构"。

首先来谈"自下而上"，即学校的课程体系，不是拿着一套千篇一律的模式去框架一所学校。恰恰相反，应该基于学校的办学历史、现状分析、发展定位等，来制定学校的课程体系。从形式到内容，从名义到实质，从构建到实施，均应自下而上，在不断实践的过程中去反思，去理性提升以至理论建构。

其次来看"一以贯之"，也就是说学校课程建设的灵魂需要明确，要在一条主线上。要在符合党和国家教育方针的前提下，针对性地凝练出一所学校的办学理念。根据这一理念，明确具体地表达培养目标。而后根据这一目标，构建课程体系，内容结构、实施、评价等必须基于这条主线。不能面面俱到地表达、漫无边际地实践，必须紧紧围绕核心理念，内化于心外显于行，合力于刃、玉汝于成。

最后再论"精致结构"，学校课程体系不应五花八门、杂乱无章，而应横纵有序，创建高度精致化的结构体系。拿横的方面来说，比如有些学校关于传统文化的相关课程非常多，相互重叠，因此"该减则减"；又如某些学校虽是国际学校，但是实际上国际理解、跨文化交往的课程非常有限，因此"该增就增"。从纵的角度来说，不应低水平重复，同一门课程对于不同年级的学生来说，应有合适的进阶梯度，从而在兴趣、知识、思维、能力等维度，促进学生的健康成长。

第二节　课程建设的实证研究

相关文献分析表明，研究者对课程领导力的解读不尽相同。上海市教育委员会在"提升校长课程领导力，进一步深化课程改革"的专题报告中，将"校长课程领导力"阐释为以校长为核心的学校课程共同体，根据培养目标和办学定位，领导学校课程设计、实施、评价和课程文化建设过程的能力。[1] 北京师范大学裴娣娜教授认为，校长课程领导力

---

[1] 徐淀芳. 基于问题解决——上海市提升课程领导力行动研究项目实施回顾 [J]. 基础教育课程，2013（6）.

包括以下几个方面：领导教师团队创造性实施国家课程计划的能力；开发和整合教育资源建设校本课程的能力；学校课程实施能力；组织学校课程实践的决策、引领和控制能力。[1] 综合起来不难发现，它们的核心都涉及课程理念、课程内容、课程评价、课程实施等关键内容。事实上，在这些方面表现出来的校长领导力，正是校长课程领导力的核心和主体。

本研究拟从课程理论、课程实践和课程产品三个角度，来分析校长在课程领导力方面的现实状况。所谓课程理论，主要涉及校长能否深度把握所在学段培养目标、精准理解课程标准，以及对课程编制、课程开发与实施、课程评价等相关理论知识的掌握；课程实践，主要涉及能否有效统筹国家、地方、学校三级课程，确保国家课程、地方课程的落实，推动校本课程的开发与实施，能否认真落实课程标准，切实减轻学生过重课业负担，不随意提高课程难度等；而课程产品，主要考察学校以及课程体系的品质，课程与办学理念、培养目标是否一致，课程体系是否拥有清晰的结构化等。具体观测点及数据如表7–1所示。

表7–1 校长在课程建设方面的基本情况

维度	项目	非常符合	比较符合	合计
课程理论	a 掌握学生不同发展阶段的培养目标和课程标准	31.00%	53.59%	84.59%
	b 了解课程编制、开发与实施、评价等相关理论知识	25.93%	52.20%	78.13%
课程实践	a 有效统筹国家、地方、学校三级课程，确保国家课程、地方课程的落实，推动校本课程的开发与实施	28.94%	47.86%	76.80%
	b 认真落实课程标准，切实减轻学生过重课业负担	38.56%	47.47%	86.03%
课程产品	a 学校有清晰的结构化的课程体系	31.00%	46.52%	77.52%
	b 课程体系的建设与办学理念和培养目标一以贯之	33.33%	48.41%	81.74%

通过数据发现，校长在课程建设方面的表现不理想，仅有三分之一左右的校长表现理想。具体来说，课程理论方面，只有31.00%的校长能够很好掌握学生不同发展阶段的培养目标和课程标准，有53.59%的校长表现较好，合计占比84.59%。只有25.93%的校长能够很好地了解课程编制、课程开发与实施、课程评价的相关理论知识，有52.20%的校长比较了解，合计占比78.13%。课程实践方面，28.94%的校长能有效统筹国家、地方、学校三级课程，确保国家课程、地方课程的落实，推动校本课程的开发与实施，而47.86%的校长表现较好，合计占比76.80%。只有38.56%的校长能认真落实课程标准，切实减轻学生过重课业负担，不随意提高课程难度，而47.47%的校长表现较好，合计占比86.03%。课程产品方面，只有31.00%的校长所在学校有清晰的结构化的课程体系，而46.52%的校长表现较好，合计占比77.52%。只有33.33%的校长表示其课程体系的建设是基于办学理念和培养目标的，与理念、目标紧密相连，而48.41%联系较为紧密，合计占比81.74%。将上述"非常符合"的数据转换成柱状图如图7–7所示。

---

[1] 裴娣娜. 课程领导力与学校课程规划与设计 [J]. 基础教育论坛, 2012 (10).

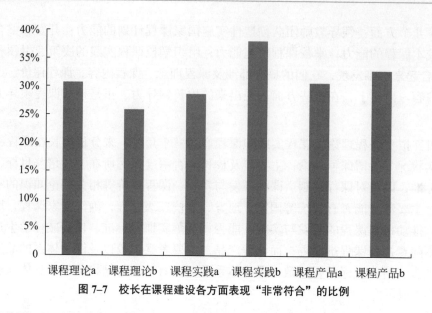

图 7-7 校长在课程建设各方面表现"非常符合"的比例

从柱状图可以更加直观地看出来,在课程理论、课程实践、课程产品方面都不尽人意。结合访谈发现,课程理论是校长的短板。他们对各阶段的培养目标并不熟悉,不大了解各个学科的课程标准,课程意识不足。在相关理论的学习方面,也非常欠缺。不了解课程编制原理、开发与实施的原则与要求、课程评价理论。甚至对课程概念也存在过于宽泛或者狭隘的理解。课程实践方面,国家课程基本都能够落实,但是地方课程落实情况就要逊色许多,校本课程差异巨大。课程产品方面,参差不齐。突出地表现在没有清晰的课程体系构架,以及课程构架与办学理念、培养目标不匹配等方面。总之,只有三分之一的学校课程差强人意。这表明办学实践中,作为育人核心载体的课程存在非常严重的问题,需要系统变革。

上面是基于描述性统计,对校长课程建设方面总体情况的基本呈现。那么,不同类别的校长在课程建设方面是否存在显著性差异呢?本研究试图分析这些差异,从而为不同类别的校长建设课程体系提出针对性的建议。不同类别校长在课程建设方面的均值及差异性如表 7-2 所示。

表 7-2 不同类别校长在课程设计方面的均值及差异性

类别	均值	差异性
性别	女 4.23> 男 4.03	$t=-5.289$,Sig.=0.000,男性显著低于女性
学科背景	艺体类 4.18> 人文社会学科 4.10> 自然学科 4.09	$F=3.048$,Sig.=0.048,学科背景之间存在显著性差异。多重比较结果: Sig.=0.022,艺体类显著高于自然学科; Sig.=0.021,艺体类显著高于人文社会学科
第一学历	大学以上 4.35> 大学 4.12> 大学以下 4.05	$F=9.842$,Sig.=0.000,学历之间存在显著性差异。多重比较结果: Sig.=0.000,大学以上显著高于大学以下; Sig.=0.001,大学以上显著高于大学

续表

类别	均值	差异性
初任年龄	51 岁以上 4.25>46~50 岁 4.17>36~40 岁 4.11=35 岁以下 4.11>41~45 岁 4.03	$F=4.807$，Sig.=0.001，不同初任正校长年龄之间存在显著性差异。 多重比较结果： Sig.=0.044，51 岁以上显著高于 35 岁以下（36~40 岁）； Sig.=0.017，51 岁以上显著高于 41~45 岁； Sig.=0.000，51 岁以上显著高于 46~50 岁
已任年限	16 年以上 4.19>11~15 年 4.16>6~10 年 4.10>5 年及以下 4.05	$F=5.084$，Sig.=0.002，不同已任正校长年限之间存在显著性差异。 多重比较结果： Sig.=0.047，16 年以上显著高于 5 年及以下； Sig.=0.050，16 年以上显著高于 6~10 年
校长类型	教育家型 4.56> 卓越型 4.41> 优秀型 4.24> 称职型 4.01	$F=2.701$，Sig.=0.000，不同校长类型存在显著性差异。 多重比较结果： Sig.=0.000，称职型显著低于优秀型； Sig.=0.000，称职型显著低于卓越型； Sig.=0.000，称职型显著低于教育家型； Sig.=0.001，优秀型显著低于教育家型； Sig.=0.018，卓越型显著低于教育家型
地区	经济发达地区 4.27> 广大中部地区 4.08> 少数民族地区 4.07	$F=3.363$，Sig.=0.013，地区间存在显著性差异。 多重比较结果： Sig.=0.013，经济发达地区显著高于少数民族地区； Sig.=0.008，经济发达地区显著高于广大中部地区
地域	城市 4.25> 县城 4.08> 乡镇 4.01	$F=13.204$，Sig.=0.000，地域间存在显著性差异。 多重比较结果： Sig.=0.007，城市显著高于县城； Sig.=0.000，城市显著高于乡镇； Sig.=0.000，县城显著高于乡镇
层次	示范学校 4.30> 普通学校 4.06> 薄弱学校 3.98	$F=22.865$，Sig.=0.000，不同层次学校之间存在显著性差异。 多重比较结果： Sig.=0.000，示范学校显著高于普通学校； Sig.=0.000，示范学校显著高于薄弱学校； Sig.=0.021，普通学校显著高于薄弱学校
学段	幼儿园 4.26> 小学 4.08> 中学 4.01	$F=13.048$，Sig.=0.048，学段之间存在显著性差异。 多重比较结果： Sig.=0.000，幼儿园显著高于小学； Sig.=0.000，幼儿园显著高于中学
家庭	家庭氛围和谐 4.13> 不和谐 3.89	$t=3.970$，Sig.=0.000，和谐家庭显著高于不和谐家庭
子女	子女成长理想 4.19> 不理想 3.93	$t=7.122$，Sig.=0.000，理想情况显著高于不理想情况

注：里克特量表 5 点计分，1 为最低值，3 为一般水平，5 为最高值，均值位于两者之间；组间没有显著性差异的，在表中不呈现。

我们可以发现，不同类别校长在课程建设的诸多方面都存在显著性差异。从校长个人方面的因素来看，女性显著高于男性；学历高低之间存在显著性差异，即大学以上显著高于大学及大学以下；校长层级越高，办学经历越丰富，课程建设的水准也越高，教育家型、卓越型、优秀型校长显著高于称职型校长；初任校长年龄为51岁以上显著高于初任职年龄为35岁以下、36~40岁、41~45岁和46~50岁，这表明年龄大的初任校长，教育经历更为丰富，更重视课程建设；任职年限为16年以上显著高于任职年龄为6~10年和5年及以下，表明校长任职时间越长，越重视课程建设。不同学科背景也有显著性差异，艺体类显著高于自然学科和人文社会学科，结合访谈发现，艺体类校长对于学校的艺术体育类课程更为重视，引领更为专业。学校方面的因素，地域上经济发达地区显著高于广大中部地区和少数民族地区；城镇地区显著高于非城镇地区；示范性学校显著高于非示范性学校；学段上幼儿园显著高于中小学。可以看出，经济因素是一个杠杆。家庭方面的因素，同样没有悬念的是，家庭氛围和谐的、子女成长理想的校长，在课程建设上面要稍胜一筹。家庭和工作相互影响，相互促进。

第三节　课程建设的案例分析

办学理念、培养目标，是办学的愿景。没有适恰的课程及有效的实施，愿景不可能得以实现。我们或许可以这么比拟，理念是名片，课程才是一所学校的核心产品。无论哪所优质学校，其成功的密码一定可以在课程上找到。近年来，笔者及研究团队总结了我国多个省市的几十所学校的课程建设经验，为本研究提供了大量的实践素材和理性思考。它们来自不同地区不同类型的学校，学段从学前、小学、初中到高中都有。我们发现，没有一所学校的课程体系是雷同的。即便办学理念的名称一样，比如都是"幸福教育"，但是它们的课程并不是一样的。这反映了校长实践智慧的丰富多彩，同时也为研究者提供了更深的思考。本节以内蒙古呼和浩特南马路小学和浙江杭州第二中学两所学校为例，一所小学、一所中学、一座大城市、一个民族地区，通过它们来分析实践中课程建设的一些共性问题。

一、呼和浩特南马路小学"求真"课程体系

(一) 学校发展简史

呼和浩特南马路小学始建于1957年，是回民区的一类学校。20世纪80年代初，学校以科研引领各项教育教学工作的发展，探索并实践"五步导学法"，教育教学成果显著。21世纪初，学校以前瞻的眼光提出了以信息技术的现代化带动学校新的发展，取得了良好的效果。2011年，刘建英同志担任南马路小学校长。刘校长提出了求真教育的办学理念，并以此为基础实施了一系列教育教学活动，为南小的发展注入了源源不断的活力，使各方面工作生机勃勃，实现跨越式发展。南马路小学秉持求真教育的理念，走创新教育道路，提升办学水平，努力把学校建成具有"求真"特色的现代化新型学校。

（二）办学理念与培养目标

南马路小学在尊重学校历史和分析现状的基础上，结合社会主义核心价值观、中国优秀传统文化和地域特色，提出了"求真"教育的办学理念。陶行知先生提出，"千教万教，教人求真；千学万学，学做真人"。陶行知先生所倡导的"真人"主要应具备下列条件，首先是追求真理，讲真话；其次是做来自于人民而又服务于人民的"人中人"，而不是做骑在人民头上的官僚或精神贵族；再次是做有理想、有责任心、有信仰的人；还要做立志改革，敢于开辟、试验和创造的人；最后，要做思想品德、文化科学、健康卫生、劳动美育和谐发展的人。"真教育是心心相印的活动，唯独从心里发出来，才能打动心灵的深处"。

"求真"教育理念强调，读书求学、教书育人的第一要务就是求真，倡导学习者要树立"追求真理""学为真人"的追求目标。同时，教育者在教育中应该贯彻"求真"的思想，培养"求真"的感情，养成"求真"的习惯。创造"求真"的民主环境，"学做真人""教人求真"，教育学生必须尊重真理，教育"不是灌输儿童死知识，而是让儿童养成追求真理的感情，并能努力奉行"。"吾爱吾师，吾更爱真理"，鼓励孩子要说真话，不说假话，从而使学生的个性得到解放，个性更趋完善，在灵魂深处"建筑人格长城"。

南马路小学在"求真"教育理念的引领下，致力于让孩子"说真话、做真事、养真性、成真人"。说真话指的是学生要养成优秀的道德品质，能在生活和工作中合理运用已学的语言文字知识；做真事就是按规律做事情，追求真理，不盲目迷信权威，有自己的看法、自己的见解、自己的思想，不随大流；养真性即从实际出发，遵循儿童发展规律，遵循人的本性，遵循教育规律，使学生养成良好的个性；成真人指的是学生拥有健康的身心。陶行知先生一向提倡要到老百姓中去，做人中人，体脑结合，要求儿童练就耐劳的身手。健康是人终生发展的基础，学校的最根本的任务就是培养一个身心健康的"活人""真人"。

（三）"求真"课程体系的内容与结构

上面已经谈到，学校基于"求真"教育的办学理念，将"求真"的培养目标解构为四个方面，即"说真话、做真事、养真性、成真人"。结合学校课程和目标内涵的分解，说真话主要体现在言语智能和道德品质，做真事主要体现在科学素养和实践创新，养真性主要体现在人文精神、艺术品位和综合活动，成真人主要表征为身体健康和心灵和美。这样就形成了"求真"课程体系的内容和结构图，如图7–8所示。

说真话。"真"从"贞"演化而来。贞，从贝从卜，意为占卜以求真相，所以真亦有真相之义，是最简单的一种求真过程。说真话，不仅需要说话的能力，更是一种品质。也就是说说真话，离不开言语逻辑和道德品质。因此它主要对应的课程模块为言语智能和道德品质，当然并不是简单的一一对应。比如言语智能主要包括语文、英语，但不表示这两门学科没有其他育人价值，也不表示数学等其他学科就没有语言教育的功能。相应的道德品质主要包括养成、法治、感恩及爱国主义等相关的内容。

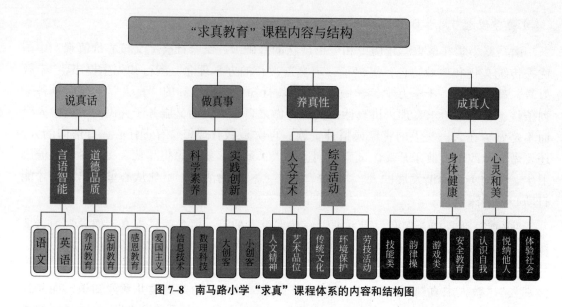

图7-8 南马路小学"求真"课程体系的内容和结构图

做真事。做人做事,虽不能让人人满意,但是应无愧于心。小学教育应该回归质朴的真实,学生应勇于表现自己,敢于做真事。做真事就是按规律做事情,追求真理,不宜人云亦云。它需要两大核心品质,一是拥有科学素养,即不断追求真理,有思想有见地;二是拥有实践创新的能力,即思想和行动上勇于创新,敢于实践。一个敢于做真事、敢于一往直前追求真理之人,其思想和行动上也必然是敢于革新、勇于创造与勇于挑战的。为培养学生做真事的优良品质,将科学素养与实践创新作为学生培养的基本点。

养真性。《孟子·尽心上》:"存其心,养其性,所以事天也。"真性即为天性、本性。养天性就是修养身心,涵养天性。落实到小学教育之中就是教育要遵循儿童发展规律,遵循人的本性,在全面发展的基础上,培养孩子自由而丰富的个性。这主要由两个方面的课程来支撑,即人文艺术和综合活动。

成真人。我们应该培养学生做真人,"要做人中人,不做人上人",做"既有公德,又要有私德,最好要有大德"的人。而这一切的基础是身心健康,学校教育培养人的最重要的目标应是培养"活人",培养健康的人。做事先做人,把自己修炼成"真人"后无论从事什么职业都是对社会有用之人。陶行知先生所说的真人,我们可以理解为身心健康、懂事且有文化的人。前面的目标"说真话""做真事""养真性"主要是"真"中的懂事且有文化,此处我们暂且从自立角度,将身心健康纳为成"真"人的基础目标。鉴于此,南马路小学开设的身体健康、心灵和美两类课程,为求真奠定基础。

(四)"求真"课程体系总图

南马路小学求真课程建设的总体框架,如图7-9,可以清晰地展示课程建设的来龙去脉。第一,是理念。也就是课程建设不是没有根据的,而是基于理念的一以贯之。理念是"求真",课程也一定是教人"求真"的课程。第二,是目标。课程建设的目的就是培养人,培养"求真"的人,即"说真话、做真事、养真性、成真人"。第三,是课程内容。内容肯定是基于目标来建构的,比如"说真话",需要"言语智能"和"道德品质"来支撑。

相应的,"科学素养"和"实践创新"类的课程支撑"做真事","人文艺术"和"综合活动"类的课程支撑"养真性","身体健康"和"心灵和美"类的课程支撑"成真人"。第四,是课程实施。南马路小学在"求真"课程的实践探索中,始终遵循分层分类、回归生活、实践体验、差异发展等基本原则。第五,是课程评价。强调方式多样、主体多元,成长记录、目标导向等原则。另外,课程体系的实践效果需要多方提供支持,除了最重要的教师队伍建设,还需要家校合力和社会支持。

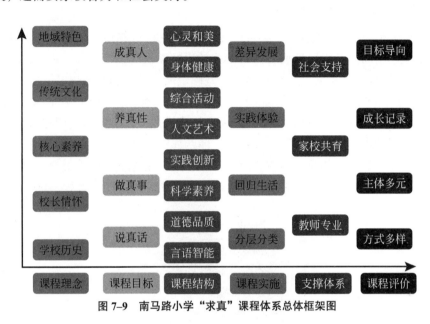

图7-9 南马路小学"求真"课程体系总体框架图

二、杭州二中"一体两翼三层四类"课程体系

（一）学校简史与理念目标

杭州二中,是历史文化名城杭州的百年老校,其前身是私立蕙兰中学和国立浙江大学附属中学。蕙兰中学是一所教会学校,创办于1899年,其校训是"诚、勤、爱"。浙大附中,由著名科学家竺可桢创办于1940年,训词曰"立志、努力、为公"。1951年,两校在"蕙兰"原址合并改称"杭州第二中学",蕙兰的体育运动精神以及附中的爱国民主传统,成为二中精神的基因。杭州二中属于浙江省首批一级重点中学,多年来办学业绩一直为社会瞩目,荣誉卓著。

从20世纪90年代开始,杭州二中积极推进以"促成学生自主发展"为宗旨的教育改革,构建了"面向全体学生、坚持全面发展、承认个体差异、充分发挥学生能动性"的"自主发展教育"体系。学校始终定位于素质教育的高水平推进,着力于每一位学生"全面而自由"的发展。终极追求是培养"卓越的二中人、杰出的中国人、优秀的世界人",也就是"基于人的卓越发展,育走向世界的精英人才"。

所谓"卓越"是指主动寻求更高目标,不断实现自我超越。只有不断追求卓越,才能不断激发潜质,主动实现全面发展,从而成就卓越人生,促进社会文明的进步。所谓"走向世界"是指学校始终以一种开放的心态、行走的状态，走向日益美好的世界，走向融入了人类追求与创造的世界。所谓"精英人才"，就是具有杭州二中"基因"的突出人才，他们既是"卓越的二中人"，又是"杰出的中国人"，还应该是"优秀的世界人"。对"精英人才"，我们有四个指向：第一，健全的公民素质；第二，卓越的学业基础；第三，突出的创新品质；第四，开阔的国际视野。

（二）学校课程体系的基本架构与特点

课程建设的指导思想，就是将"必备素养、学业基础、人格成长、智慧成长"融为一体，进而促成学生"全面而自由"地成长。目标就是通过课程建设，培养"走向世界的精英人才"，他们拥有健全的公民素质、卓越的学业基础、突出的创新品质以及开阔的国际视野。课程架构为"一体两翼三层四类"，如图7-10所示。一体，指向作为学业基础的国家必修课程，此称"核心课程"。两翼，一翼指向为人格成长的"社会类自主课程"，另一翼指向为智慧成长的"学术类自主课程"。三层，"一体两翼"三大板块的课程，均按由低到高三个目标层次设计与实施。四类，指核心课程、社会类自主课程、学术类自主课程和以现代学生必备的"11+1"基本素养为内容的"学校基本素质课程"四个课程类别。

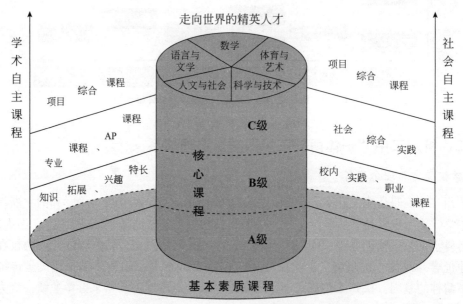

图7-10 杭州二中课程结构图

本课程架构重在体现层次性、选择性和开放性，并在课程方案中较好地处理了课程设计内的若干关系。首先，通过目标的分类与分解，再依据相应目标要求设计相应的课程项目，形成的课程构架类别清楚、层次清晰。其次，关注共同，体现差异。本课程方案不仅设置了"学校基础素质课程"，还在"核心课程"中设置了A、B、C三级课程，在"社会类自主课程"和"学术类自主课程"这两类校本课程中也同样设置了三级课程要求，以此满足不同层次的学生成长的共性及个性需求。再次，面向社会，开放课程。本课程方案充分关注社会教育资源在学校课程建设中的重要意义，在课程方案中设计了许多必须通过校际合作、校企合作、校政合作才能落实的课程项目,并在课程方案中预留了足够多的外延式课程接口,为学生"全面而自由"的发展提供开放性课程构架保障。最后,有增有减,平衡负担。本课程方案充分关注到了课程类型丰富之后带来的学生负担问题,力图通过核心课程的分层要求让学生有选择的自由,保障学生有更多的精力投入其自选课程的学习中。另外,本课程方案关注课程实施中的落实,特别注意个体学习与集体学习、感性体悟与理性思考、理论滋养与实践生成等学习方式在人成长过程中的不同意义,并力图通过课程项目予以实现。

学校课程总体设置及安排,如表7-3所示。

表7-3 杭州二中课程总体设置及安排

课程板块 (Ⅰ级)	课程门类 (Ⅱ级)	课程项目 (Ⅲ级)	目标指向
核心 课程	学科必修	数学、语言与文学、人文与社会、科学与技术、体育与艺术	学科 基础
	学科选修		
基本 素质 课程	德育课程	晨会课程、主题教育活动、仪式教育、行为通则	公民 必备 素质
	生存性课程	应急自救、游泳课程、体育俱乐部活动	
	生活性课程	心理基础、现代礼仪、校内服务、社团活动、岗位体验、职业技能课程	
	发展性课程	生涯规划通识、大学专业设置	
学术 自主 课程	兴趣与拓展	知识拓展、兴趣特长	拓展知识
	专业与研究	专业课程、研究课程、AP课程、大学基础	研究能力 创新意识 智慧成长
	项目综合	产品类项目课程	
社会 自主 课程	校内实践	热点论坛、蕙兰学堂、仿社会组织活动、社团课程	社会意识 交往能力 领导能力 人格成长
	社会综合实践	志愿者服务、带课题社会实践	
	项目综合课程	领导力开发课程	

(三)课程评价

学校课程评价体系是高水平实施学校课程建设方案的关键。由此,学校课程评价总的原则是"学生为大,发展为本,重在过程,重在选择"。每门课程的质量评估重点关注的是"自创性、生成性和适切性",其基本方式是通过"学生对课程的满意率调查""课程执教教师自评""学科同行互评""三位一体"的评价体系,同时兼顾家长和社会相关人士的评价来展现。

首先是课程满意率调查。学校制定课程满意率量表,在一轮选修课结束后让学生对所学课程进行满意度评价。若满意率低于60%,将取消该门课程的开设,若满意率位居前10名,学校则根据相关制度予以奖励。其次是课程执教教师自评。学校制定课程执教教师自评量表,在一轮选修课结束后要求执教教师从课程内容、设置、课堂教学、课程效果等多方面进行自评,及时总结经验教训,为下一轮课程的开始做好更充分的准备。最后是学科同行互评。学校制定课程学科同行互评量表,在一轮选修课结束后要求学科同行对该课程的实施情况及效果等方面进行评价，并对执教教师提出意见和建议，以便其能够及时调整并逐步完善该门课程。

三、优质课程建设案例的实践思考

杭州是经济发达的大城市、呼和浩特是民族地区，一所小学、一所中学。其实不止它们两所学校，还包括其他地区如北京、武汉、青岛、新余，也包括幼儿园。所有优质的课程建设都有一些共性，而这些共性与地区经济、学段等并不本质相关。所以，这些共性应该是课程建设中需要关注的。它们分别是课程体系的独特性、连贯性、结构化、操作性和开放性。

独特性。每所高品质的学校，都有其独特性，也就是不可复制。如何做到课程体系具有独特性呢？需要按照学校量身打造。因此，学校一定要考虑到自身发展的历史、现实困境，学段、地域等因素，"自下而上"来构建课程体系。比如杭州二中是浙江省龙头学校，也是全国知名学校，因此必须高瞻远瞩，站在时代的前沿，培养走向世界的精英人才。延庆旧县中心小学的孩子们大部分是留守儿童，没有良好的行为习惯，难以自立，因此提出"自立"教育，构建"自立"课程体系。正是因为不可复制，所以高品质课程往往具有很高的显示度，以区别于其他学校。

连贯性。也就是笔者多次提到的一以贯之。有许多学校办学理念、培养目标、课程体系之间没有良好的连贯性，是一堆概念和名词的简单堆砌。所以高品质课程需要理念、目标，到课程内容、结构、实施以及评价，均位于一条线路上。比如南马路小学的理念是"求真"教育，培养目标就是让孩子们"做最真的自己"，具体表征为"说真话、做真事、养真性、成真人"。课程体系紧紧围绕理念和目标来展开，比如"言语智能"和"道德品质"两类课程来支撑"说真话"等。课程实施过程中，也是因人因时制宜，实事求是。在拟定评价指标时，也是紧紧关注孩子们是否说了真话、是否做了真事、是否养了真性、是否能够成为真人。一言以蔽之，连续性就是整个学校的育人体系可以由一个核心关键词而逻辑展开，让学校方方面面的工作不仅有条不紊，而且目标一致。

结构化。如果说连贯性主要是纵向的，那么结构化主要就是横向的了。课程体系是复杂的，如果没有高度精致的结构化，那么就形同散沙。如何做到结构化呢？必须合理地一步步解构目标，也就是目标的细化。如杭州二中要培养走向世界的精英人才，毫无疑问，除了普通人才的基本品质之外，还需要很强的创新能力和领导能力。因此课程建设就需要考虑什么样的课程能够实现这种目标，那就是杭州二中课程体系中的"两翼"，即学术自主课程和社会自主课程。又如延庆旧县中心小学"自立"教育，那么何谓自立呢？自立就是要求学习自主、德行自如、审美自怡、身心自强，所以整个课程体系都是指向"四自"而建的。当然需要提及的是，结构化不可能做到绝对，因为某一课程虽然有其主要功能，但其功能毕竟是多维度的。

操作性。学校课程体系的意义和价值不在于文本，而在于实践。所以高品质的课程体系在于操作性，此所谓"鞋舒不舒服只有脚知道"。这也是在课程建设时强调"自下而上""量身定做"的原因。预设的课程再丰富多彩，但是如果操作不了，那么就形同虚设。

为了引导学生关心社会问题，探寻观察问题的方式、寻求解决问题的正确途径，杭州二中开设了"热点论坛"课程。主要有两种操作方式：一是班级热点论坛，针对国际国内的时事热点，以午间讲话或班会形式进行分析、辩论，由团委、学生会进行评价，精选出的论坛录像在校园电视台播放；二是辩论大赛，就当下学生关注的热门话题展开年级辩论赛，由团委、学生会组织。班级热点论坛每学期进行2~3次，面向全校学生。辩论大赛每学年举行1次，安排在高一年级。每年每学期都有条不紊地开展，孩子们在分析问题、语言表达、社会责任感等方面都有明显的进步。

开放性。开放性表明高品质的课程体系不是封闭的，而是在实践中可以新陈代谢、不断更新以及自我创生的。比如清华附小的"成志教育"，旨在培养"成志少年"。显而易见"成志少年"的国际视野非常重要，学校一以贯之地开设了相应的课程支撑孩子世界眼光的形成，但是每年也有新的变化。又如基于孩子的兴趣培养其领导力，杭州二中提供了众多的社团，每位学生必须至少参加其一。随着实践的深入，相关工作重心放在了18个精品社团。分别是桃李文学社、青年志愿者（爱心社）、中医社、记者社、民乐社、书画社、CEO社团、领导力开发社团、环保社、摄影社、校内电视广播台、E电子社、动漫社、话剧社、汉服社、电声乐队、街舞社、围棋社等。所以开放性不是没有主线，更不是否定主线，而是沿着主线，不断开拓创新。

第八章

教学综合引领

第一节 校长教学引领的理性分析

教学看起来只是学科教师的事情，其实不然，校长对于一所学校各个学科教学及整体教学改革的引领至关重要。笔者实践调研表明，大部分校长是非常重视教学工作的。小部分校长对教学的重视不够，一是观念上没有意识到教学的重要性，二是对驾驭教学工作的能力有待提升。校长的工作非常繁杂，方方面面都要考虑到。但是并不等于事必躬亲，非要精通每一门学科教学。因此，校长对于学校教学工作的引领就明显区别于学科专家教师对于具体学科教学的安排。

毋庸置疑，根据学校教学工作的安排，教学领导力有不同层级，如学科—线教师的教学领导力，教研组长或学科组长、教导主任或教师发展中心主任、校长的教学领导力等。如图8-1所示。本研究主要讨论校长的教学领导力，很明显校长教学领导力的主体是校长，它是校长领导力的重要组成部分。不同研究者的观点不尽相同，但都聚焦在教师的教与学生的学上。如海林杰和墨菲[1]认为教学领导力关涉校长如何领导与管理学校教学工作，从而更好地促进教师的教以及学生的学。教学领导力是校长应具备的核心能力，是在对教学活动和教学主体进行领导的过程中，促进教师发展和学生成长的能力。[2] 教学领导力主要是指校长促进教师专业成长的领导行为和领导能力，包括直接协助教师教学、协助教师进行课程开发与教研活动、关注学生的学习、因材施教等方面的领导力。[3] 总而言之，教学领导力是校长领导力的下位概念，不仅仅局限于对教师教的领导，还有学生的学，但问题的出发点和落脚点还是学生的发展。

但是，校长教学领导力到底包括哪些内容，究竟该如何去领导教师的教和学生的学呢？海林杰和墨菲提出的教学领导力模型认为，校长教学领导力应由"定义学校使命""管理课程与教学"和"创设积极学校风气"三个核心维度构成。[4] 其中"定义学校使命"包括明

---

[1] Hallinger, P. & Murphy, J.. Assessing the Instructional Leadership Behavior of Princi-pals [J]. Elementary School Journal, 1985, 86 (2): 217–248.
[2] 赵茜，刘景. 我国校长教学领导力模型研究 [J]. 中小学管理，2010（03）：10–13.
[3] 程晋宽. 呼唤校长"教学领导力"的回归 [J]. 教育测量与评价，2017（01）：1.
[4] Hallinger, P. & Murphy, J.. Assessing the instructional leadership behavior of princi-pals [J]. Elementary School Journal, 1985, 86 (2): 217–248.

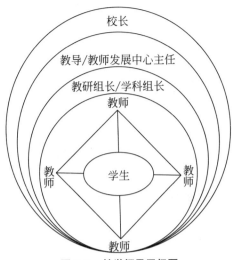

图 8–1　教学领导层级图

确目标、交流目标两项职能;"管理课程与教学"包括督导与评价教学、协调课程与教学、监控学生学习进展三项职能;"创设积极学校风气"包括保证教学时间、促进教师专业发展、经常与教师接触、激励教师、激励学生五项职能。也有研究者认为,校长教学领导力包括"五点"要素。[1] 分别是制高点:"教学思想的引领"、切入点:"课堂教学的领导"、着力点:"教师校本研修的把握"、结合点:"课程资源的开发与整合"、生长点:"教学文化的孕育"。我们发现,校长的教学领导力涉及整个学校教学工作的方方面面,从宏观思想到中观教学实践到微观师生个体成长等,它是一个自成一体的生态环境,每个环节都不可或缺、相互影响。

结合相关研究和上述分析,本研究认为校长教学领导力是校长对学校教学工作方方面面的综合影响力,应该包括三个不同的层面,如图 8-2 所示。宏观上,要引领全体师生领悟学校整体的教学理念和学生发展的总体目标。让全体教师在学校总的教学理念指引下展开学科教学,让教师的教和学生的学都指向整体的发展目标。中观上,要引领各类教师团队比如学科组、年级组等,开展相应的教学实践研究,让这些类别的师生明了不同学科核心素养、学生阶段发展目标等。微观上,必要时需要指导个体的教师并引领其专业发展,指向其教学的完善甚至教学风格的形成。针对学生的个性差异,可以引导培养其个性化的学习风格。因此,从引领教师教的角度来看,校长至少有三重身份。一是校长作为整个学校教师团体的统领教练,二是校长作为学校不同教师团队的促进者,三是校长作为教师个体的专业同伴。三个层面、三重身份,相互影响、相互促进,是一个有机的整体。宏观的引领可以让学科教学有目标有方向、微观的指导可以保证学科教师的品质,一旦学科教学成为中坚,就有效链接了现实和愿景。下面分而论之。

---

[1] 刘畅."五点"要素引领校长提升教学领导力 [J]. 基础教育参考,2010(06):25–26.

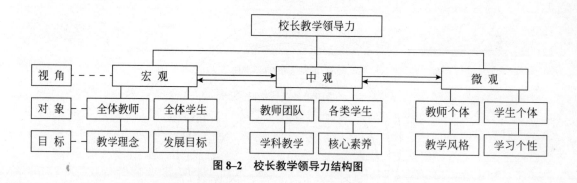

图 8-2 校长教学领导力结构图

一、校长作为整个学校教师团体的统领教练

我们知道,教练不同于队员的一个重要地方就是全局观念,大格局、大战略。对于校长领导教学而言,全局观念就是把握教学发展的整体趋势、结合学校实际情况,基于学校办学理念推进整体的教学改革。这需要校长不仅要掌握丰富的教学理论,还要了解古今中外教育史上的实践经验及教训。笔者调查发现,这方面校长普遍较为薄弱,当然也不乏许多本身就是教学理论家的卓越校长。作为一所学校的教师个体不仅可以而且必须存在差异,但是求同存异,必须在符合学校整体教学理念的前提下。这里不得不重申"一以贯之"的原则,就是校长办学绝对不是众多繁杂琐事的堆砌,而是基于主线有条不紊、高度有序地开展各项工作。教学工作一定要基于办学理念、培养目标来开展,而不是另起炉灶。

比如辽宁昌图实验小学提出"心智"教育理念,即"美好心灵、多元智能"。在这一理念的指引下,范勇校长带领全体教师构建"多元智能高效课堂",覆盖所有学科,关涉全体师生。打造高效课堂、倡导多元智能,让教学特色彰显、师生个性飞扬。多元智能高效课堂的核心精髓体现在六个方面,即问题见解多元、解决方法多元、目标达成多元、培养智能多元、教学手段多元、评价机制多元。

问题见解多元。所有学生都是课堂的主人,要为不同层面的学生创造成功的机会。因此问题的设计需要具有层次性,课堂上一些基本的问题可以引导学困生回答。略有难度的问题,在学困生回答不完整或不准确时,给中等生表现"我能行"的机会。难度较大的问题,让学优生回答,并详细展示问题解决的完整过程。这不仅激励了优等生,也让其他同学受到启发。遇到答错的,教师要耐心启发、诱导并鼓励学生答对为止。解决方法多元。正是因为学生有不同的见解,因此因势利导让他们尝试以不同的方式方法去解决问题,因此不能以整齐划一的标准答案去限制他们。目标达成多元。也就是差异发展,教学必须让全体学生都能掌握一定的基础知识和基本技能,使每个学生在原有基础上都得到最大可能的发展。但是又必须正视学生的个别差异,因材施教,让每位学生在学习上得到不同程度的发展。教学手段多元。根据学生的实际情况,采用各种适恰的手段,兼顾知识的传授、情感的交流、智慧的培养和个性的塑造,全面地观照学生成长与发展。

"多元智能高效课堂"的评价,非常符合学校的教学理念,且极具操作性。学校认为,传统课堂是"地心说",高效课堂是"日心说"。现在学生是太阳,教师要绕着"太阳"转。因此要以学论教,让学生学会的课才叫好课,让学生会学的课才能高效。考查学生需要"三看",一看自主的程度,学生是否自己会学;二看合作的程度,学生是否互相真学;三看探索的深度,学生是否有个性见解。考查教师要"四看",一看是否坚持"学生中心",二看是否有多元智能上课的模式,三看是否体现了教学目标,培养了学习能力;四看教师的导学案(备课)是否有多元的模式。考查课堂也要"三看",一看是否用"导学案"上课、是否调动学生的多元智能、是否组织了当堂测评、是否把新授内容控制在10分钟之内讲完;二看学生学习状态、课堂气氛,比如是否有瞌睡、精力不集中、思维僵化等现象;三看教师是否注重学习方法、关注学习过程,严禁教师"照本宣科"。整个学校多年坚持"多元智能高效课堂"模式,成绩显著,孩子们个个神采飞扬,教师专业水平也越来越高。

二、校长作为学校不同教师团队的促进者

显而易见,学校复杂的教学工作由不同的教师团队来协作完成。比如同一学科组的教师主要完成某一学科的教学、同一年级的教师主要负责某一年级,教师团队还可以分为新手教师、成熟教师、专家教师、青年教师、中年教师、老年教师等。这就意味着作为一个校长,看到全体教师的同时,一定要有类别意识。因为不同类别的教师,他们的使命不同、需求不同,因此校长就要考虑"按需促进",从而让他们更好地达成其使命。比如语文学科组,就需要校长和他们一起分析语文教学的现状,发现问题与困境、拟定策略与方法,从而去实践改进,让学生形成良好的语文核心素养。又如高一年级组,也需要校长带领大家分析学校生源情况、初升高面临的普遍问题等,各科教师共同发力、对症下药,让学生平稳快速习惯高中生活。再如,面对"循规蹈矩"的新手教师、"游刃有余"的成熟教师、"从心所欲"的专家教师,都需要校长不同的引领。

比如呼和浩特市太平街小学在语文学科特色的基础上,提出"读写"教育的办学理念,即"畅读童年、书写未来",培养"会读能写的健康少年"。在这一理念的指引下,李建忠校长又带领语文教师团队,将"读"教育做得更加精深。"读"教育活动的实施,从主体上可以分为教读、导读、自读和亲子共读等;从阅读方式上可以分为略读、精读、赏读和泛读等;从阅读内容上可以分为绘本、国学、名篇名著等。阅读教学是学生、教师、文本之间对话的过程,阅读是学生的个性化行为,不应该以教师的分析代替学生的阅读实践,应让学生在主动积极的思维和情感活动中加深阅读实践,有所感悟和思考,受到情感熏陶,获得思想启迪,享受审美乐趣。学校充分发挥课堂学习主阵地的作用,在课堂中渗透大量阅读的理念,让阅读"得法于课内,得益于课外"。在这样的教学思路下,学生们的阅读量增多,视野明显开阔,语文综合素质进步飞速。

从阅读主体的角度,有教读、导读、自读、亲子共读等形式。教读,是指通过教师的"教"帮助学生学会阅读、学习语文的一种基本方式。它主要承担的是语文教材中"讲读课文""精读课文"的教学,教会学生"读、写、听、说"的主要任务。自读课以培养自学能力为目标、以自读课文为材料、以学生自我阅读实践为主线,充分激发学生主体意识,是基础阅读能力有效迁移和拓展的重要方法。主要是指教材中的"自读课文"或"略读课文"。导读模式,概括了师和生、教和学在整个语文教学过程中的双边关系。"导",体现了教师的指导作用,"读"则是学生的阅读实践。亲子共读又称亲子阅读,就是以书为媒,

以阅读为纽带，让孩子和家长共同分享多种形式的阅读过程。通过共读，父母与孩子共同学习，一同成长。为父母创造与孩子沟通的机会，带给孩子欢喜、智慧、希望、勇气、热情和信心。

从阅读方式的角度，有初读、精读、赏读、泛读、略读等形式。初读寻疑，是阅读教学的起始环节，一般是在激发兴趣、创设学习氛围的前提下，请学生读全文。精读品悟，就是通过对课文内容的仔细研读，把重要句子和字词进行反复推敲，并掌握其在文章中的意思和内涵。赏读积累，就是一次审美体验，一次发现美的旅程。集中全部的心智去感受、理解、欣赏文本中的人与事、景与物、情与理。泛读拓展，将阅读由课内向课外过渡。如课文要求"讲述发生在人与动物、动物与动物之间的感人故事，展示动物丰富的情感世界"时，可以向学生推荐《军犬黑子》《我的野生动物朋友》《第七条猎狗》《狼王梦》等作品。略读概览，是一种进行快速阅读的方法，通过对文章的快速阅读，从而掌握文章的大概内容。

从阅读内容的角度，有文学、科普、历史、艺术等方面。小学生的阅读知识领域，涵盖了文学、科普、历史和艺术等方面。文学培养基本的人文素养，科普读物可以普及科学知识，历史可以告诉我们过去发生的事情，艺术可以濡养气质等。这些方面的阅读缺一不可，共同帮助学生全面发展。内容都经过语文团队的精心斟酌，自成体系。为了确保内容如此广泛的阅读，学校还实行了五段读书法。清晨10分钟经典早读；中午30分钟经典导读或读书交流；晚上30分钟亲子同读；每周两节校本阅读课，两节书香特色社团活动课；假期"黄金读书日"师生、亲子共读。全校体系化有条不紊地推进阅读活动，教学相长，效果显著。

三、校长作为学校教师个体的专业同伴

假如学校是一片绿色的森林，校长就应该是森林的守护神。他不仅要关注整片森林，还要关注每一品种的花草树木，更要关心每一棵独特的植株，就是每一位独特的教师和每一位个性的孩子。作为校长很难有时间和精力去关注全体师生中的每一位，尤其是大学校。但是校长应多去听课、评课甚至兼课，多种渠道去了解教学信息，针对非常独特个性的师生个体开展专门引领，这一点是尤为必要的。这种情况有不同的层面，比如有的是矫正过失或者错误，有的是发现卓越成长的苗子，有的是树立榜样，有的是防微杜渐，有的是引以为戒等。班杜拉的社会学习理论认为，提升自我效能感最重要的两个因素分别是自我成功体验，以及同伴的替代性成功经验。因此校长在关注每一个个体的同时，还要树立优秀典型、发挥榜样作用，从而促进全体师生的健康发展。

重庆市名师、西南大学附中教师冯亚东的成长，就是个体努力与校长培养结合的典型案例。他出身于丰都农村，受高中教师的影响，2001年第一志愿上了西南大学师范专业。在大学期间，就为未来的职业生涯做了诸多准备。比如专业课成绩优秀，经常进行体育锻炼、努力练习"三字一话"，难能可贵的是他还刻意学习了打乒乓球和吹笛子。后来的实践证明，这些准备都在班主任工作中发挥了极其重要的作用。入职后发现自己是"职场菜鸟"，身边的同事既优秀又勤奋。他一心钻进教学工作，像海绵吸水一样不知满足地向身

边的师傅和其他教师学习。甚至把师傅在课堂上说的每一句经典语言、讲的每一个经典笑话和故事都记录下来，写进自己的笔记中。就这样，第一届教学效果很快得到了体现。在努力做好教学工作的同时，他总是充满激情和热情，帮助资深教师代课、值班等，赢得了同事的认可和喜欢。

正是因为自身的持续努力，卓越的苗子早早地被校长看到了。校长不仅去他的课堂听课，而且在激励的基础上还为他指出了不足及前进的方向。三年后，他在业务上有了新的飞跃，开始自己独立带奥赛班。除了教学专业上的事情，校长还安排了其他很多的管理工作给他。从年级组、教务处、家长服务中心，到学生处，各部分都活跃着他的身影。在负责某一部门工作时，他还经常性为其他部门服务，随叫随到。过程中有过心力交瘁、有过情绪上的崩溃，但是理智和情感都告诉他，校长是厚爱他，而且多付出一定会得到更多成长。作为老朋友，他告诉笔者除了自身努力，在其专业成长中还有几件关键事件。其一是入职前三年没有被安排班主任工作，有时间潜心研究教学，打下基础站稳了脚跟。其二是主动参与年级管理事务，辅助年级主任以及主动协助了学校很多部门的工作，获得了宝贵的锻炼机会。其三是校长对他个人教学工作的引领，及管理工作上的指导。当第一次教学成绩出来了，当第一届班主任工作做好了，当第一届奥赛带出来了，当第一次管理顺手了，一切都好了，从而获得了更大范围的认可和赞许，自我效能感也越来越强了。他已经走上了教育专业的康庄大道，未来的辉煌指日可待。

四、校长引领教学的理性思考

毋庸置疑，教学工作是学校一切工作的核心，其他工作从某种意义上讲都是为教学服务的。教学不实，其余皆空。因此无论是对全体教师、各个教师团队还是教师个体，校长的教学引领都是非常重要的。而且他们相互影响，全体教师的品质需要教师个体的努力，而整体的教学风气又能影响到每一位教师。从校长高品质引领教学的案例来看，他们都有一些共性的地方。主要体现在理念上，他们重视教学；能力上，他们胜任引导；行为上，他们亲近教学；方法上，他们有效激励教师。

理念上，校长需要重视教学工作。重视教学基本上每一位校长都认可，然而实践上却逊色很多。教学理念往往容易浮为口号，没有落到实处。调研表明，仅有大约三分之一的学校形成了基于办学理念的教学模式、教学风格或特色。这表明大部分校长并没有引领学校的整体教学改革。真正重视教学，应该基于学校的办学理念，梳理学校全体教师的教学实践，凝练学校的整体教学风格和特色，并且在实践中不断修正、总结提升，形成完备的教学范式。比如昌图实验小学的"多元智能高效课堂"模式，就是很好的例子。

能力上，校长要修炼教学领导力。教学活动，随着人类教育萌芽而开始。因此古今中外的教学理论和教学经验都是极为丰富的，教育先贤们已经做出了很多探索。校长需要站在他人的肩膀上，引导学校的教学工作。这样才能少走弯路，保持正道。调研表明，大约只有五分之一的校长对这些理论和经验作了系统的梳理和思考。没有这些储备，指导教学实践非常容易出现偏差。比如深圳海韵学校的何云校长，他的音乐专业功底让其教师团队彻底折服。大家在他的引领下，群策群力共同思考学校音乐教学的发展。

行为上，校长要走进课堂亲近教学。包括多参与听课、评课活动，及时深度了解课堂教学的现实状况，从而有针对性地去引导。还应该多参与学科教研组的建设和学科教学研讨，为教师团队把脉。同时在特定的时间段里，比如开学、期末等，要向全体教师强化学校的发展愿景、教学理念等。让理想的种子撒满校园，落地生根、开花结果。千里之行始于足下，每一小步、每一细节都是支撑教学大厦的重要力量。比如遵义四中的张志奎校长，"经忧"课堂几近极致，语文学科组一共45人，他就走进了40位语文教师的课堂，听、思、议、改，完善教师个体的教学，促进语文学科的教学改革。

方法上，校长要建立激励教学的制度。校长引领教学，主要的基调一定是激励。校长虽然引领教学，但是毕竟要全体教师的精诚团结才能实现发展目标。目前，大部分学校校长引领教学的途径并不畅通，体现在广大教师教学专业成长的渠道单一且隐秘。所以校长要引领构建渠道多元、途径显现的教学发展机制，让广大教师都积极向上，尽可能避免职业倦怠。考察一所学校是否有生命力，就看教师的整体精气神，而"骨干教师年龄宽度"（冯亚东语）则是重要表征。一所健康的学校，不止是一部分教师在努力，而是青年教师的激情活力与年长教师的智慧阅历美美与共、和谐共生。让学校不同年龄的教师，尽可能都成为学校的中坚。

第二节 校长教学引领的调查研究

前面谈到，理念就像名片、课程就是产品，而教学就是产品的使用。从某种意义上讲，校长应该是产品使用的指导师、说明书。一般而言，校长绝大部分都是从一线教师成长起来的，极少部分行政出身的校长除外。他们都具有丰富的教学经验、实践智慧，而高出一般教师的地方，就在于校长的全科意识、大教学观。这要求校长除了具有实践经验外，还需要理论学习和对实践的理性反思。因此，本研究从教学理性、教学实践和教学风格三个维度来观测校长对教学引领的现实状况。

所谓教学理性维度，主要是校长的教学理念、教学理论储备和教学的理性思考。比如，教学中是关注优等生的精英教育还是面向全体学生，是否了解中外教育史上的重要教学理论，是否了解国内外教学改革的基本情况，能否前瞻未来教学的发展趋势，等等。教学实践维度，主要涉及个人和团队。个人方面，就是能否深入课堂听课并对课堂教学进行指导。团队方面，就是能否积极组织开展教研活动，引领学校教学整体改革。教学风格维度，主要是测评学校整体教学的水准。比如学校是否形成了一定的教学模式、风格或特色，这些特色与办学理念是否紧密相连。如果一所学校形成了与办学理念一以贯之的教学风格，毋庸置疑，这所学校的整体教学水准是很高的。具体观测点及数据如下。

从表8-1数据可以看出，情况并不理想。教学理性维度，54.42%的校长坚决支持面向全体学生，因材施教，全面提高教育教学质量，38.45%的校长比较认可，合计占比92.87%。仅有20.48%的校长了解国内外教学理论与教学改革的经验，有47.75%的校长有一定了解，合计占比68.23%。教学实践维度，只有45.24%的校长能深入课堂听课并对课堂教学进行指导，有 43.74% 的校长偶尔做到，合计占比 88.98%。有 45.58% 的校长能够积极组织开展教研活动，引领学校整体进行教学改革。有 42.63% 的校长有时做到，合计占比 88.21%。教学风格维度，有 31.72% 的校长所在的学校，已经形成了一定的教学模式、教学风格或特色。有 45.58% 比较成型，合计占比 77.30%。而这些风格特色是否与理念一以贯之，只有 35.11% 的校长认为两者联系非常紧密，有 45.91% 的校长认为有一定联系，合计占比 81.02%。将表 8–1 中"非常符合"的数据，转换成柱状图，如图 8–3 所示。

表 8–1　校长在教学引领方面的基本情况

维度	项目	非常符合	比较符合	合计
教学理性	a 面向全体学生因材施教，全面提高教学质量	54.42%	38.45%	92.87%
教学理性	b 了解国内外教学理论与教学改革的经验	20.48%	47.75%	68.23%
教学实践	a 深入课堂听课并对课堂教学进行指导	45.24%	43.74%	88.98%
教学实践	b 积极组织开展教研活动，引领教学改革	45.58%	42.63%	88.21%
教学风格	a 学校已有成型的教学模式、教学风格或特色	31.72%	45.58%	77.30%
教学风格	b 风格或特色与办学理念一以贯之	35.11%	45.91%	81.02%

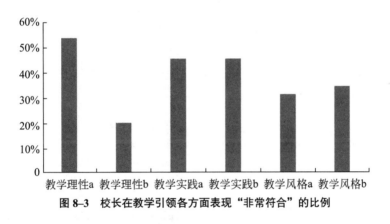

图 8–3　校长在教学引领各方面表现"非常符合"的比例

从柱状图可以非常清楚地看出，校长在教学引领各方面表现"非常好"的比例较低，几乎都在半数以下。总体来说，理性维度＞实践维度＞风格维度。具体来看，理性维度方面，有过半数约 54.42% 的校长坚决支持面向全体学生，全面提高教育教学质量，表明在大方向上还是基本正确的。但是在国内外教学理论与教学改革经验的储备上，情况令人担忧。仅有 20.48% 的校长表现很好，也就是说约五分之四的校长对已有的教学理论和经验没有很好地掌握。这很容易导致闭门造车或者重蹈覆辙，其实有很多错路、弯路，在当代的办学实践中是完全可以绕过去的。所以，校长们的理论学习太重要了。结合访谈发现，这是校长是否优秀的一个重要表征。教学实践维度，能够深入课堂听课并对课堂教学进行指导、能够积极组织开展教研活动的校长，都低于一半。可见大部分校长并不亲近一线教学实际，并不了解课堂上发生了什么、正在发生什么以及即将发生什么。这是一种不务实的行为，值得警醒。教学风格维度，大约只有三分之一的学校，已经形成了基于办学理念的教学模式、教学风格或特色。表明三分之一的学校在校长的引领下，整体教学情况差强人意。

上面是基于描述性统计，对校长引领教学方面总体情况的基本呈现。那么，不同类别的校长在教学引领方面是否存在显著性差异呢？本研究试图分析这些差异，从而为不同类别的校长如何引领教学提出针对性的建议。不同类别校长在教学引领方面的均值及差异性如表8-2所示。

表8-2 不同类别校长在教学引领方面的均值及差异性

类别	均值	差异性
性别	女 4.27> 男 4.11	t=-5.511，Sig.=0.000，男性显著低于女性
学科背景	艺体类 4.22> 自然科学 4.18> 人文社科 4.17	F=1.033，Sig.=0.356，学科背景之间不存在显著性差异
第一学历	大学以上 4.33> 大学 4.20> 大学以下 4.11	F=13.509，Sig.=0.000，学历之间存在显著性差异。 多重比较结果： Sig.=0.000，大学以上显著高于大学以下； Sig.=0.000，大学以上显著高于大学； Sig.=0.002，大学显著高于大学以下
初任年龄	51岁以上 4.33>46~50岁 4.20>36~40岁 4.18>35岁以下 4.17>41~45岁 4.12	F=2.809，Sig.=0.024，不同初任正校长年龄之间存在显著性差异。 多重比较结果： Sig.=0.024，51岁以上显著高于35岁以下； Sig.=0.021，51岁以上显著高于36~40岁； Sig.=0.001，51岁以上显著高于41~45岁
已任年限	16年以上 4.26>11~15年 4.21>6~10年 4.16>5年及以下 4.13	F=4.292，Sig.=0.005，不同已任正校长年限之间存在显著性差异。 多重比较结果： Sig.=0.014，16年以上显著高于6~10年； Sig.=0.001，16年以上显著高于5年及以下； Sig.=0.031，11~15年显著高于5年及以下
校长类型	教育家型 4.56> 卓越型 4.43> 优秀型 4.33> 称职型 4.07	F=39.097，Sig.=0.000，不同校长类型存在显著性差异。 多重比较结果： Sig.=0.000，称职型显著低于优秀型； Sig.=0.000，称职型显著低于卓越型； Sig.=0.000，称职型显著低于教育家型； Sig.=0.030，优秀型显著低于教育家型
地区	经济发达地区 4.31> 广大中部地区 4.16> 少数民族地区 4.09	F=9.393，Sig.=0.000，地区间存在显著性差异。 多重比较结果： Sig.=0.001，经济发达地区显著高于少数民族地区； Sig.=0.000，经济发达地区显著高于广大中部地区

续表

类别	均值	差异性
地域	城市 4.29> 县城 4.16> 乡镇 4.09	$F=22.249$，$Sig.=0.000$，地域间存在显著性差异。 多重比较结果： $Sig.=0.000$，城市显著高于县城； $Sig.=0.000$，城市显著高于乡镇； $Sig.=0.026$，县城显著高于乡镇
层次	示范学校 4.36> 普通学校 4.14> 薄弱学校 4.03	$F=39.719$，$Sig.=0.000$，层次之间存在显著性差异。 多重比较结果： $Sig.=0.000$，示范学校显著高于普通学校； $Sig.=0.000$，示范学校显著高于薄弱学校； $Sig.=0.011$，普通学校显著高于薄弱学校
学段	幼儿园 4.27> 中学 4.18> 小学 4.14	$F=3.808$，$Sig.=0.004$，学段之间存在显著性差异。 多重比较结果： $Sig.=0.000$，幼儿园显著高于小学； $Sig.=0.006$，幼儿园显著高于中学
家庭	家庭氛围和谐 4.19> 不和谐 3.97	$t=4.938$，$Sig.=0.000$，和谐家庭显著高于不和谐家庭
子女	子女成长理想 4.25> 不理想 4.02	$t=7.723$，$Sig.=0.000$，理想情况显著高于不理想情况

注：里克特量表 5 点计分，1 为最低值，3 为一般水平，5 为最高值，均值位于两者之间；组间没有显著性差异的，在表中不呈现。

我们发现，不同类别校长在教学引领方面存在诸多的显著性差异。具体从个人角度来说，性别方面是女性显著高于男性。学历高低之间存在显著性差异，学历越高在教学引领方面表现得越好。校长层级方面，教育家型、卓越型、优秀型校长显著高于称职型校长，表明层级越高，教学引领站位越高。初任校长年龄为 51 岁以上显著高于其他校长，表明当校长时年纪越大越关注教学方面的引领，也就是越重视教学。任职年限为 16 年以上显著高于其他校长，表明当校长时间越长，也越关注课堂教学。而不同学科背景没有显著性差异。

从学校角度来说，经济发达地区显著高于广大中部地区和民族地区，城镇地区显著高于非城镇地区，这都表明经济水平对教学的关注有影响。示范学校显著高于非示范性学校，表明办学水平高的学校，更加关注课堂教学。学段方面，幼儿园显著高于小学、中学。从家庭角度来说，家庭和谐的校长在教学引领方面要更胜一筹，同样子女成长理想的校长在教学引领方面也是显著一些。这深刻表明，校长的家庭和事业是相互影响、相互促进的。这虽然是大家显而易见能够理解和感觉得到的，但是通过数据证明，还是令人为之震动的。

第三节　校长教学引领的案例探讨

校长对于教学的引领，有不同的层次。从引领学校整体教学改革、学科教学改进到个体教师教学的完善，都有着重要的意义。如果课堂教学没有落到实处，学校的愿景就只能成为遥不可及的梦想了，不可能实现。本节通过校长高品质教学引领的案例，来分析校长如何基于实际来精准高效地引领教学。两个案例中一所是小学一所是中学，一个是引领全校教学改革，一个是引领音乐学科的教学改进。案例一是北京市顺义区板桥中心小学，校长引领全体教师基于"阳光教育"提出了"阳光课堂"的教学模式。选择分析这一案例，主要原因是学校坐落在"太阳村"，接收了许多服刑人员的子女，"阳光"的意义非常特殊。案例二是深圳市宝安区海韵学校，校长是音乐家，对音乐教育的理论和实践都有极深的造诣。他带领音乐学科的教师基于"博韵"教育的理念，提出音乐学科"音韵"教学模式。音乐学科虽然是所谓的"小学科"，然而在海韵学校，音乐教育做得既精又深，是学校名副其实的教育品牌，是孩子们身心健康、卓越成长的重要保证。

一、北京板桥中心小学"阳光课堂"教学模式

（一）构建"阳光课堂"的特殊背景

北京市顺义区板桥中心小学提出"阳光"教育的理念，即"身心健康、自立自强"。这一理念提出的背景，除了中华优秀传统文化、积极心理学等的支撑，还有一个非常重要的实际考虑，那就是学校坐落在"太阳村"。太阳村，就是无偿代养服刑人员未成年子女的公益组织。太阳花是太阳村的村花，它生命力极其顽强，经历无数风雨，还能不断地生存发展和壮大。这是太阳村和孩子们的象征，希望他们也能够勇敢面对生活、面对现实，顽强生长。然而太阳村主要是负责孩子的食宿问题，真正的教育重任落在了板桥中心小学的肩上。正是这一特殊的因素，使得板桥中心小学的"阳光"教育不同于其他学校的"阳光"教育。基于"阳光"教育的理念和教育使命，学校实实在在研究教育教学，构建"阳光课堂"，形成了学校整体的教学风格和特色。

（二）阳光课堂的核心价值：以爱育爱

课堂是学校教育的主阵地，是学生获得成长、发展的重要平台。对学生来说，课堂学习首先是学习兴趣的引发，然后是主动获取和构建知识，再是各种综合能力的发展。"阳光课堂"，顾名思义，就是沐浴着阳光的课堂，这里的教学活动都是温暖的。通过兴趣的引发，学生在自主、合作、探究学习的过程中，体验积极情绪，不仅获得知识和技能，而且还促进学生良好的个性发展和社会性生成。阳光课堂的核心价值就体现在一个"爱"字，具体表现为尊重儿童的个性、重视学生的成就体验以及注重学生之间的差异发展。

尊重个性。由于大部分学生为外来务工人员子女及太阳村服刑人员子女，每个孩子个性差异极大。但是学校没有放弃任何一个孩子，没有差别对待任何一个孩子。"苔花如米小，也学牡丹开"，让每一位孩子都在阳光中成长。运用积极语言引导孩子积极向上，让每一位孩子对每一天的生活充满希望。由于每个孩子成长经历的差异，不仅课前准备要充分，课上还要根据孩子们出现的困难及时更换教学方式，课后还要反省不足从而避免后续的麻烦。

成就体验。在"阳光教育"理念的引领下，学校引入积极心理学，让学生"身心健康、自立自强"。将变革的着力点放在如何增进学生学习的内驱力上，比如教学过程中运用积

极语言让每一位学生能主动参与课堂的互动，通过构建阳光在课堂，让老师爱学生、会教学，促进师生进一步交流，形成良好的师生关系；让学生爱学习，会学习，把学习看成是一件有趣的事。当学生确信自己有能力进行某一活动时，他就会产生高度的自我效能感。在阳光课堂中，教师让每一个学生都能体验成功，得到成功的鼓励。让每一位学生感受到自己生活在一个温暖的大家庭中，自己是班级中不可缺少的一员，是这个社会中不可缺少的一员，从而越来越阳光。

差异发展。我们知道，全面发展和个性成长并不矛盾。所谓全面发展，是指孩子们在德智体美劳诸方面都得到一定的发展，是作为一个人的基础要求，是各种能力的底线，是地板；而独立个性，指的是不同程度的德智体美劳素养在每一个孩子身上的独特呈现，是一个人区别于他人的地方，是某些能力的优秀表现，是天花板。在阳光课堂中，不要求每一位学生在学习的过程中都达到相同的目标，而是让孩子在原有的基础上得到最大可能地成长。对于来自太阳村的小孩，引导他们不要反社会，积极融入社会、正能量地生活，这是底线。同时，还要发现这些孩子身上的独特品质，扬长避短，激励他们成为更好的自己，成为未来对社会有用的人才。

（三）阳光课堂的实践操作："135 守则"

"阳光课堂"育人体系主要以增进学习内驱力为主旨，教学过程依托积极性的语言激发学生头脑中的潜能，帮助学生搭建认知阶梯，形成灵动、自信、民主、智慧的课堂形态，使课堂成为师生共享生命成长的载体。"阳光课堂"在实施的过程中，遵循"135 守则"，即"1"个理念、"3"个转变和"5"个突出，如图 8-4 所示。

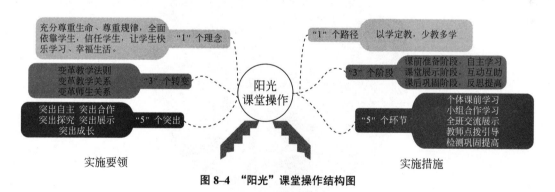

图 8-4　"阳光"课堂操作结构图

"阳光课堂"实施要领方面。坚持"1"个理念，即教学过程中充分尊重生命、尊重规律，全面依靠学生、信任学生，让学生快乐学习、幸福生活。坚持"3"个转变，即变革传统的教学方式，变备教材、教法为备学生、学法；变"唯教"为"唯学"，变"教室"为"学堂"；变"唯师"为"唯生"，让学习真正发生在学生身上。确保"5"个突出，即突出自主、突出合作、突出探究、突出展示、突出成长。"阳光课堂"实践措施方面。"1"个学习路径，即以学定教，少教多学。"3"个学习阶段：课前准备阶段，自主学习；课堂展示阶段，互动互助；课后巩固拓展阶段，反思提高。"5"个基本教学环节：个体课前学习、小组合作学习、全班交流展示、教师点拨引导、检测巩固提高。学校以"阳光课堂"为载体，踏踏实实落落"阳光教育"的办学理念!

(四)阳光课堂教学模式:"四环八步五要点"

"阳光课堂"教学模式,依托"四环八步五要点"进行展开。即教学模式整体包括四个环节、八个步骤、五个要点。具体如图8-5。为培养身心健康、自立自强的阳光少年,就必须实施"阳光课堂"。落实"阳光课堂",就要紧紧抓住四个教学环节,即完成课前学习、课堂学习、实践应用、效果检测。从四个重要教学环节中又细分出八个教学步骤,来有效落实教学活动。例如,在课前学习过程中主要步骤有,完成经验准备,让学生在课前对所学知识具有初步概览,形成结构图;在课堂教学中主要创设情境、明确目标、自主学习以及多方对话、希望通过教师创设课堂情景,为学生明确学习目标,鼓励学生自主学习,通过多方对话,完成知识的学习。在探究新知识后,实践应用环节主要进行知识的运用提升和教师小结,帮助强调本节课的重难点,便于学生理解、掌握。为了更好地实时检测学生的学习效果,在效果检测环节采用目标检测方式。为了使课堂教学模式更好地为学生服务,在运用过程中需注意以下五个要点:课前学习除了学生还需要教师和家长的支持;明确目标要分层;要以多种学习方式达成目标;教师适恰的小结非常必要;要重视并坚持达标检测环节。

图8-5 "阳光"教学模式结构图

(五)阳光课堂评价:快乐童趣、自信成长

让课堂充满阳光,让师生在享受阳光中成长。阳光课堂中的师生关系,是民主、平等、和谐、融洽的,每一个孩子都能积极参与,都能得到关注和尊重。这里是师生共同走进阳光、共享阳光、共同追求真善美的舞台,是师生共同创造、生命潜能得到释放、生命质量得到提升的家园。如果说一堂成功的课是一曲动人的交响乐,那么课堂评价则是这首乐曲中的一个个震撼心灵的音符。阳光课堂通过一系列富有鼓励性的阳光评价,给学生创造体验成功、享受快乐、实现自我的空间,以便更好地激发学生的学习热情。有益的探索,包括童趣测评，让评价凸显阳光；自信集赞，让评价激励成长；量表介入，让评价走向科学。

首先是童趣测评，让评价凸显阳光。学校遵循教育规律，尊重孩子们的个性差异，对学业水平检测进行了大胆的改革。一二年级的学科测评由纸笔测验变成了游戏通关。如一年级数学学科阶段性评价共由 5 个游戏组成："摘苹果""翻纸牌""走迷宫""抢座位""跳方格"。共设 5 个游戏场地，分别考查学生口算、比较大小、解题思路、计算能力、数位顺序 5 种数学能力。活动中学生通过参与游戏，锻炼了主动表达、与人交往的能力，同时培养学生独立判断、思考、解答的能力。本次活动家长以评委的身份参与其中，不仅对自己孩子，也对整个年级学生的情况有了更深的了解，同时还可以对教师的教学情况有相应的评价。形式的改变，激发了家长参与的热情，拉近了家校的距离，大大地加强了家校合力。

其次是自信集赞，让评价激励成长。自信集赞活动的开展，是评价的重要组成部分。自信集赞活动以践行《中小学生日常行为规范》《中小学生守则》《阳光品行 12 条》内容为评价依据，将学生的思想道德素质、科学文化素质和健康素质等方面的要求，具体细化为若干行为。鼓励学生从日常生活及学习活动入手，以目标为导向，争取各项行为达标。通过集赞，发现自己的潜能，树立学习的信心。以校园吉祥物贴纸为奖励，与北京市中小学生评价手册填写相结合，利用少先队活动课时间对学生进行综合评价。完成学生自信集赞贴纸的统计与兑换工作。学生某项活动表现达标，可获得 1 枚黑白贴纸。若集成 20 枚黑白贴纸，则可由班主任老师为其兑换一张彩色贴纸。当学生集齐 10 张彩色贴纸，就可到德育处兑换吉祥物钥匙坠一个。集齐两个钥匙坠为其发放校园吉祥物毛绒玩具一个，并获得"自信阳光之星"荣誉称号。

最后是量表介入，让评价走向科学。过去教师往往基于已有经验，评价时缺乏数据支撑。学校现将课堂教学"关键事件观察与分析"量表带进课堂，让评价更具科学性。量表成为教师反思教学设计，评价课堂教学，总结成功经验的有力抓手。"课堂提问有效性"观察量表，成为全校教师备课、评课的指南。课堂观察量表的使用促进了教师积极语言的应用、教学方式的转变，让阳光课堂更具实效。课堂观察量表的使用，真实地促进了教学的变化。学生课堂学习投入状态，从 40% 提高到了 70%；学生课堂活动参与度，从 60% 提高到了 90%。不难看出，阳光课堂营造了愉悦、和谐的学习氛围，关注每一个需要关注的学生，通过激励让学生体验成就感，从而在原有基础上得到很大的发展。

二、深圳海韵学校音乐学科"音韵"教学模式

（一）海韵学校音乐教育特色的背景

"兴于诗、立于礼、成于乐"，海韵学校是深圳知名的艺术特色学校，创校校长何云就是一名音乐家。他拥有艺术家的气质，教育家的情怀。和他成为挚友，真是殊胜的荣耀。海韵学校如校长一样，就是一所由音符化成的学校，校园有"高山"有"流水"，甚至栏杆都是音符的形状，处处都充满了音乐的灵感。背后的琴师，就是何云校长。"音乐点亮生命，艺术丰厚人生"，他提出"博韵"教育的办学理念，也就是"海纳百川，德馨雅韵"。提出"博韵"教学模式，语文"雅韵"、数学"理韵"等，其中音乐教学为"音韵"模式。

（二）音乐教育的灵魂与价值

传统的音乐课堂教学存在以下主要问题，如"音乐"含量过低，有的教师把音乐课上成了文学课、唱歌课、技能课；音乐课堂教学中的"教师定位"失衡，以教师为中心的多，突出学生的主体地位的少；音乐"教材"定位过高过死，没有体现"以人为本"。音乐教育的根本目的是为了人的发展，不是把每个孩子都培养成音乐家，而是大众的教育。音乐教育的灵魂，就是让学生与音乐对话，在对话中培养学生对音乐的感受力、审美力、表现力和创造力，在感悟音乐中陶冶情操。开放的音乐教学目标是指音乐价值的多元性，当然绝不排斥音乐知识与技能，而是指向音乐育人的高位价值。主要包括审美体验、社会交往、文化传承、创造性发展等方面。

首先是审美体验价值。学生通过欣赏音乐、展现音乐和创作音乐等审美活动，充分体验蕴含于音乐中的美与情感，被音乐所表达的情感陶醉，从而陶冶情操、启发智慧。通过音乐教育这种形式，能产生强烈的情感共鸣，易于形成高尚的审美和乐观向上的生活态度。其次是社会交往价值。以音乐为纽带进行的人际交流群体音乐活动，如大合唱、器乐合奏、二重唱、歌舞表演等活动，有利于学生形成相互配合、团结合作的意识。音乐教育还应该在课外、社区等进行，让学生积极参加校外社会实践活动，提高合作精神、实践能力。最后是文化传承价值。学生通过学习中国传统音乐，了解我们国家灿烂的文化历史，热爱祖国的音乐文化，从而增强文化自信。通过鉴赏不同国家、不同民族、不同地区的音乐，认识世界各民族音乐文化的多样性，体会蕴含在每个音乐背后的不同文化，增进对不同文化的理解，增强对本民族文化的认同感。还有创造性发展价值。通过积极欣赏、体验、创作的过程，发挥丰富的想象力，彰显中学生的个性和创造才能。

（三）"音韵"课堂教学模式及其操作

音乐是情感的表达，是人的精神食粮。优秀的音乐能洗涤心灵、启发智力、陶冶性情。课堂是学生感受音乐的重要场所，合理的音乐课堂模式可以激发学生学习音乐的兴趣。随着素质教育的不断深化和教学模式不断改革，音乐学科的教学也迎来了一系列崭新的变化。要求音乐课堂教学越来越生动、丰富和多样，教学手段和方法不断更新，教学内容不断拓展，音乐课堂气氛宽松而和谐。根据新课标的要求及学校的教学实际，音乐教研组提出"音韵"教学模式，将音乐课堂还给学生，竭力体现"海纳百川，德馨雅韵"的教育理念。

音乐教育应具有情感性、形象性、愉悦性、主体性，最终达到其社会功能、审美功能、认识功能、教育功能、娱乐功能。课堂教学是教与学的结合，相较而言，两者之中"学"更为重要。因此应该把课堂还给学生，让他们学知识，更要学会方法，体验音乐的韵味。"音韵"课堂，充满快乐、全员参与，给学生创设表现空间，让学生在愉快的合作学习中增长知识、提高技能、增进友谊；培养学生高尚的情操和情感态度。"音韵"的基本教学共六大韵素，创设情境、感情体验、范唱歌曲、探索发现、创新表现及总结提升，如图8-6所示。

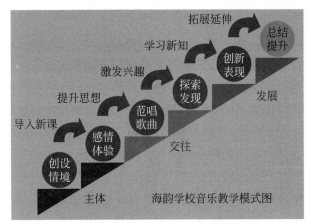

图 8-6　海韵学校"音韵"音乐教学模式图

第一步：创设情境，导入新课。利用游戏、音乐故事、律动、肢体表演、媒体播放或谈话等方式导入新课，贴近学生的生活实际。

第二步：感情体验，提升思想。本环节根据歌曲表现的不同地域、不同民族或不同季节风情，利用多媒体或图片向学生展示该地域该民族的民俗习惯、风光或民族歌舞，同时播放本课歌曲音乐，让学生在欣赏民族风情的同时感知歌曲旋律。目的在于让学生了解民族风情，培养学生热爱自然、热爱祖国、尊重民族文化等思想感情。

第三步：范唱歌曲，激发兴趣。由多媒体画面展示歌曲所表现的情景（播放录音或老师范唱），给学生全方面的视听震撼，使歌曲给学生留下深刻的印象。

第四步：探索发现，学习新知。首先是学习歌曲节奏：在欢快的击掌中让学生掌握歌曲的节奏，学生们逐步学会自己击打节奏，较难的节奏老师适当讲解。其次是按节奏读歌词：低年级学生认字少，学习歌词时，会有许多生字不认识，按节奏读歌词为学习歌曲清除障碍。再次是学唱歌曲：在前面的环节中，学生已经熟悉了歌曲的旋律，可让学生把自己听到的唱一唱，生生互动、师生互动，相互指导，或利用直接跟琴学唱，变换不同方式的模唱、接力唱、教师领唱等形式来教学。最后是练习歌曲：给学生展示空间，通过让学生之间相互听唱，或指定学生独唱、男女生分唱、边律动边唱、对唱等形式练习歌曲。多种练习方式可以激发学生的兴趣，也使课堂氛围积极活跃。每一个小环节都紧扣教材，让学生在愉快的打节奏、读歌词、学歌曲中，学会音乐知识、增强音乐素养。

第五步：创新表现，拓展延伸。让学生根据音乐旋律自创舞蹈动作，相互表演、乐器伴奏、同学合作共同表演或根据音乐强弱音的分布，用手势表现等。这一环节的设计，让学生在创编中培养创造能力，分享与同学合作的快乐。

第六步：总结提升。在悦耳的乐声中，在同学们欢快的舞蹈中，教师从知识技能、方式方法、情感体验、价值感悟等方面全方位结构化总结，美妙的音乐课悄悄落下帷幕。总之，教学有法、教无定法、贵在得法。只有在平日教学中注意积累、反思学习，才能真正领悟到音乐课堂教学的真谛。

（四）"音韵"模式与音乐德育

教孩子能力比教孩子知识重要，教孩子做人比教孩子知识重要。在音乐课堂上，对孩子进行德育发育，会使课堂变得与众不同。音乐教师必须牢固树立音乐德育的意识，以教材为内容，以课堂为阵地，认真钻研教材，分析和挖掘教材中的德育因素，做到每堂课都能有德育的渗透点。一个个简单的音符，却汇聚成了音乐旋律中的神秘力量。教师需要与音乐作品共鸣，紧扣主题，动之以情、晓之以理，抓住每个音乐作品的德育点，去唤醒每一名学生的潜在情感，从而让学生的心灵受到一次次的洗礼，产生一次次的蜕变。

首先，可以利用音乐"传情达意"的功能渗透德育。音乐可以传达丰富的感情，学校音乐教育应该多让学生欣赏一些优秀的作品，让学生充分享受音乐带给每个人不同的体验和感受。如《保卫黄河》有着非常鲜明、生动有力的音乐形象。它以跳动起伏、生气勃勃的战斗精神构成它的声调特征，表现了我们伟大祖国的英雄儿女斗志昂扬地奔赴抗日救国战场，掀起了民族解放斗争巨浪的热烈场面，生动地刻画出保卫黄河，保卫祖国，英勇杀敌的光辉形象。在这一刻学生一定会受到心灵上的震撼，激发出爱国主义热情以及顽强的斗志。又如欣赏我国家喻户晓、妇孺皆知的《梁祝》时，我们每个人都会被这优美的旋律和强烈的艺术感染力所深深地吸引、打动。这些健康的音乐作品能够触及学生的心灵深处，陶冶学生的情操。音乐传情达意的功能有利于学生与音乐主题思想产生共鸣，能顺利通过音乐的审美作用陶冶学生的道德情操，从而能潜移默化地把德育渗透到音乐教学中去。

其次，可以利用音乐"审美教育"的功能渗透德育。贝多芬说过，"音乐使人的心灵爆发出火花"。我国古代哲学家荀子也曾说，"感人也深，化人也速"。作为美育手段之一的音乐教育，对于学生陶冶情操、品行修养，树立正确的审美观起到独特的作用。音乐正是通过美的音响、美的形象、美的情感引起共鸣，美化心灵。它以曲动人、以情感人，这是其他任何学科所不及的。音乐教育应紧紧抓旋律、节奏、音色、拍子、曲式、和声等音乐要素所塑的形象，诱导学生进入歌（乐）曲意境，在理解美、鉴赏美、表现美中培养高尚的情操和道德。在音乐教育中以歌唱、器乐、欣赏等方式，增进了学生对音乐美的认识、鉴赏、创造的能力。通过丰富多彩的教学形式，充分调动学生的感知觉，从而在主观情感上得到审美体验，情感升华、心灵净化。在审美教育的同时又融入了思想品德教育，这样获得的音乐教育要比任何说教来得真实与自然。

最后，可以利用音乐"陶冶情操"的功能渗透德育。除了课本上的曲目，还可以聆听一些传统的优秀曲目和新创作的反映时代精神的音乐作品。让优秀曲目的旋律以其鲜明的节奏、优美的旋律，丰富的和声、积极向上的歌词来表情达意。它能直接触动学生的情感中枢，震动学生的审美心灵，对学生的情感世界、思想情操、道德观念有很大的感召力和影响，传递给学生一种积极向上的力量。同时，我们也可以吸取一些流行音乐中思想内容健康、曲调优美的通俗音乐。传统的优秀曲目，无论是民族的还是西洋的，无论是古典的还是现代的，它之所以能够流传久远而不消亡，是有其流传流行的合理性的。总之，我们应充分利用音乐独特的艺术魅力，恰当处理好教育与教学的关系。结合教学内容选择适当的教育形式，让学生在受到美的熏陶的同时，得到良好的道德教育，以达到陶冶情操、净化心灵的完美境界。

三、校长高位引领教学实践的共性分析

在本节开始，笔者就介绍了为何选择分析上面的两个案例，就是"太阳村"和音乐"小学科"的特殊性。正是因为特殊，才更好地让我们发现校长在教学引领过程中的一些共性。无论是学校整体层面的还是学科教研组的教学引领，都需要校长立足现实，分析症结、对症下药，实现精准有效的教学引领。具体来说主要体现在以下几个方面：愿景与现实的考量、共性与特性的彰显、理论与实践的结合。

首先，愿景与现实的考量。这就是前面一直强调的一以贯之，即办学理念、培养目标、课程、教学、德育、管理、评价等都要在一条主线上。比如板桥中心小学的"阳光课堂"的教学模式，就是基于"阳光教育"的理论，教学评价也体现了阳光。海韵学校的音乐学科"音韵"教学模式，也是基于学校"博韵教育"的理念。"博雅语文""理韵数学""音韵音乐"等，共同支撑起了"博韵教育"。这并不只是为了理性逻辑，而是为了学校的愿景对每一位师生都产生实实在在的吸引，让愿景内化于心外显于行。为了共同的奋斗目标，各自贡献个体的力量。

其次，共性与特性的彰显。对于学校来说，共性就是满足学生的全面发展，特性就是关注孩子的个性成长。所以一所学校要有特色，必定要关注这所学校究竟能够为特殊的孩子们提供什么或者为孩子们提供什么特殊的教育。对于板桥中心小学来说，特殊性就在于孩子中有很多来自有服刑人员的家庭。家庭的严重问题导致孩子存在各种问题，甚至是严重的身心疾病。因此面对特殊的孩子们，学校给予的"阳光"就显得非常重要。全体教职员工的共同努力，使孩子们能够成为正常人，功德无量的同时也铸就了"阳光"教育品牌。对于海韵学校而言，就在于她拥有专业的音乐教师团队。让"小学科"彰显"大魅力"，孩子们不仅身心健康，而且还具有雅致的艺术气质和深厚的德性涵养。

最后，理论与实践的结合。没有实践做支撑的理论是空洞乏力的，没有理论引导的实践是肤浅粗俗的。校长在引领教学的过程中，必须具有深厚的教育教学素养。前面的调查表明，仅有五分之一的校长深谙国内外教学理论，了解已有重要教育教学改革的经验。我们可以看出海韵学校在何校长这位专业音乐家的带领下，团队的音乐教育理论水平很高，一是他们了解丰富的理论知识，二是重视音乐的育人价值。在此基础上不断实践探索，理性概括出"音韵"教学模式。同样，板桥中心小学的"阳光课堂"有积极心理学、教育评价学等理论的指导，同时不断反思实践、总结提升，才能构建出"阳光课堂"的教学模式。

第九章

德育融合实践

第一节　校长引领德育的理性分析

德育作为一项教育工作，事实上早就存在，是教育活动不可分割的一部分。但是作为一个明确的概念，历史并不久远。西方最早出现的"德育"，源于18世纪末期康德旨在"培养自由人"的"道德教育"。[1]直到19世纪斯宾塞在《教育论》中，把教育明确划分为智育、德育和体育，"德育"一词逐渐成为教育领域的基本概念和常用术语。20世纪初传入我国，最早出现于王国维《叔本华之哲学及其教育学说》一文。蔡元培在《对于新教育之意见》一文中提出了五育并举思想，其中"公民道德教育"为五育之一。随着教育的发展，德育的理论研究和实践探索，已经非常丰富多彩了。如今立德树人已是我们教育的根本任务，德育位于"德智体美劳"五育之首。但是随着实践的深入，德育与其他活动的边界也越来越模糊了。何谓德育，并不是不言自明的。在实践中需要厘清德育与相关工作的关系，这样德育工作才能更好地落到实处。

我们知道，德育具有历史性、社会性、阶级性、民族性等等，因此本文探讨的是我国当前德育及相关工作的差异，不做不同历史时期、不同社会形态的德育比较。首先来看德育和思想政治教育工作。思想政治教育是一个具有我国特色的概念，1951年刘少奇在全国第一次宣传工作会议上提出了"思想政治工作"概念，是思想性的政治工作和政治性的思想工作的融合。思想政治教育既是受政治制约的思想教育，又是侧重于思想理论方面的政治教育，是综合思想教育和政治教育的一种社会实践活动，其实质是为政治服务的意识形态教育。当前，思想政治教育是德育的重要组成部分，是中小学重要的国家课程，包括《道德与法治》《思想政治》等。思想政治教育着力于培养学生对党的政治认同、情感认同、价值认同，不断树立为共产主义远大理想和中国特色社会主义共同理想而奋斗的信念和信心。思想政治教育，从某种意义上讲是引领德育的方向。但是需要注意的是，在实践中切忌把思想政治教育等同于德育，从而窄化德育。

其次再来看看德育与学校心理咨询工作。当下的德育实践，常常存在两个误区：心理问题道德化与道德问题心理化。[2]但德育与心理是两个概念，心理是否健康并不等于行为是否道德，患有心理疾病并不能通过德育的方式来治愈。两者区别主要体现在以下几个方面。

---

[1] 胡斌武. 德育与思想政治教育的交叉与分野 [J]. 上海教育科研, 2005（07）: 12-15.
[2] 王晓梅. 论心理咨询与德育的关系 [J]. 价值工程, 2010, 29（32）: 313.

它们所依据的理论基础不同，分别是教育学和心理学；两者具体任务也不同，德育主要是让孩子遵循道德规范、养成道德行为，而心理咨询主要是强调个性和谐、心理健康。另外内容也不同，德育主要是理想信念、爱国主义、集体主义、民主和法制等的教育，而心理咨询主要涉及心理卫生、人格评定、学习障碍、人际关系、职业选择等。应该来说，道德主要关涉孩子的社会性，而心理则更多的指向孩子的个性。但是两者并不是没有关系，心理咨询可以促进对孩子深入的了解，从而为德育提供更加精准的策略和方法，促进孩子的健康成长。目前，中小学的心理健康教育是德育的重要组成部分，它重在积极引导，防患于未然。也就是说，德育的目标是要让社会主义建设者和接班人拥有积极健康的人格和良好的心理品质。

作为校长，并不能事必躬亲于每项具体的德育工作。但是对学校整体德育工作的引领，显得非常重要。主要体现在三个方面的引领，德育主体与环境、德育过程与方法、德育目标与内容，即全员育人、全程育人、全方位育人。全员育人，指引领全体教职工、协同家庭社会，形成育人共同体，构建良好的德育生态环境。全程育人，就是让学校的整个育人过程都体现德育的意蕴，贯穿整个文化理念、课程教学、实践活动等方方面面。全方位育人，即通过德育工作，不只是习得基本的道德知识和规范，而是促进孩子们的全方位发展，让他们在思想政治方面正确、文化精神方面丰富、身心成长方面健康。

一、全员育人，引领德育主体与环境

在学校实践中，经常出现一些错误的观念和做法，那就是德育是德育校长、德育主任和班主任的工作，与其他人员没有关系，这是极度狭隘和错误的。德育工作涉及方方面面，孩子的成长也极具复杂性，因此育人是系统工程。校长要引领全体教职工，还要协同家庭和社会，形成育人共同体，构建良好的德育生态环境。先来看校内，学校要建立党组织主导、校长负责、群团组织、全体员工参与的德育工作机制。学校党组织要充分发挥政治核心作用，切实加强对学校德育工作的领导，把握正确的育人方向。校长要亲自抓德育工作，规划、部署、推动学校德育工作落到实处。学校要完善党建带团建机制，加强共青团、少先队建设，在学校德育工作中发挥共青团、少先队的思想性、先进性、自主性、实践性优势。学校除了要重视德育队伍核心人员的培养和选拔，优化德育队伍结构外，还要确保所有的教职员工参与其中，包括食堂师傅、安保人员、清洁工人等。清华附小的三张名片是"微笑""感谢"和"赞美"，老师们给孩子做了非常好的榜样。孩子们也耳濡目染，每天早晨进校时不仅要给老师和同学敬礼，还要向保安叔叔鞠躬。

再来看校外，主要是家庭和社会。家长是孩子的第一任导师，也是终身影响者。从某种意义上讲，家长对孩子道德行为的影响超过学校。如果家庭出现了严重的问题，纵使学校再努力弥补也无法实现孩子的健康成长。所以校长要引导家长注重家庭、注重家教、注重家风，营造积极向上的良好家庭氛围。同时要建立健全的家庭教育工作机制，统筹家长委员会、家长学校、家长会、家访、家长开放日、家长接待日等各种家校沟通渠道，及时了解、沟通和反馈学生思想状况和行为表现。一方面认真听取家长对学校的意见和建议；另一方面促进家长了解学校办学理念、教育教学改革，从而形成强大的家校育人合力。值得一提的是，对于特殊孩子、特殊家庭，学校还要尽可能为他们提供针对性的教育指导。当然必须指出的是，这是美好的愿望，想做到完美几乎是不可能的。事实上，仅仅通过学校去改变众多问题家庭，实在是不切实际的。学校有心无力，努力就好了。除了协同家庭，学校还要构建社会共育的机制。要主动联系本地宣传、综治、公安、司法、民政、文化、共青团、妇联、关工委、卫计委等部门或组织，注重发挥党政机关和企事业单位领导干部、专家学者以及老干部、老战士、老专家、老教师、老模范的作用，建立多方联动机制，搭建社会育人平台，实现社会资源共享共建，净化学生成长环境，助力广大中小学生健康成长。

浙江长兴包桥中心小学在引领教师协同家庭、社会，挖掘本土德育资源，探索全员育人方面进行了颇有特色的"乡贤育德"实践探索。浙江人杰地灵，学校所在地名人辈出、乡贤众多。学校梳理、归纳了乡贤人物的品德，并按照学生年龄特点，以一位核心乡贤人物为榜样，以点带面，树立乡贤品德。学校实行"1+1+X"乡贤德育课程，即每班都有"1"位乡贤榜样，结合乡贤文化资源，定期开展"1"项活动，"X"即学生根据自己喜好，每学年自选一位乡贤人物，开展学贤活动。为了让"乡贤文化"深入人心，学校还将教学楼、报告厅、综合楼分别命名为毓贤楼、润贤楼、慕贤楼，所有办公室也冠以"贤"名。乡贤长廊展示了乡贤简介、乡贤故事、乡贤作品以及学贤活动四个板块。让学生目之所及、手之所触，都是乡贤文化。德育评价方面，给学生建立了"学贤银行卡"，对学生的日常表现进行记录，实行积分制，并且每个月会进行"每月一贤""最美贤童"的评比。同时铸就贤师队伍，即培养有良心、有良知、有良谋的贤能教师。还要求家长向"贤"看齐，做到关注社会、关爱孩子，民主平等、宽严有度，亲融眷爱、知书达礼，互学共进、教子有方，信守承诺、以身作则。对全员育人进行了实实在在的探索，促进孩子健康成长的同时，还增进了亲子关系，增强了孩子对家乡的深厚情感。

二、全程育人，引领德育过程与方法

实践中人们存在的误区还有，认为德育就是德育课的事情，其他的环节与德育没有什么关系。其实学校教育的全过程，应该都是德育，只不过是侧重点不同罢了。学校的整体文化理念、所有课程教学、各种实践活动都承载着德育的功能，都是德育的重要组成部分。文化理念，包括精神形态的文化、物质形态的文化和制度文化。课程教学，除了德育课程，还包括其他所有学科课程，也包括地方课程和学校课程。实践活动，要结合实际情况充分开展，包括校内的，也包括社会资源的开发和利用。

文化理念。学校的办学理念、校园文化、制度建设分别是学校精神文化、物质文化、制度文化的体现，都是德育的重要资源。精神文化体现在办学理念、培养目标、校训、校规、校歌以及反映理念的校徽、校旗等方面。因此，要凝练学校办学理念，加强校风、教风、学风建设，形成引导全校师生共同进步的精神力量，也就是学校发展的愿景。比如古北口小学的"坚毅"教育、临沂第二十中学的"担当"教育，"坚毅"和"担当"是理念，同时也是核心品质，也是德育的重要目标。这些在办学理念章节部分有充分的讨论，在此不再赘述。物质文化部分，主要是校园的环境及各种硬件建设。学校要基于办学理念，因地制宜创建秩序良好、环境优美的文明校园，让校园处处成为育人场所，甚至空气都有育人功能，正如北京二中的石刻"空气养人"。学校校园建筑、设施要安全健康、温馨舒适，使校园内一草一木、一砖一瓦都体现教育的引导和熏陶。一进黄岛双语小学的大门，就会发现一座非常漂亮的"屏风"，实际上是假山流水。设计理念就是《易经》中的"蒙"卦，"山下出泉，君子以果行育德"。蒙就是启蒙，教育要像山上流泉水一样，持之以恒，润物无声。同时寓意人与大自然的和谐，契合学校的"和悦"教育理念。制度文化，将中小学德育工作的要求贯穿学校管理制度的每一个细节之中。从学校的层面，制定校规校纪，健全学校管理制度，规范学校治理行为，形成全体师生广泛认同和自觉遵守的制度规范。从班级的层面，制定班级民主管理制度，形成学生自我教育、民主管理的班级管理模式。班主任要全面了解学生，加强班集体管理，强化集体教育，建设良好班风，通过多种形式加强与学生家长的沟通联系。各学科教师要主动配合班主任，共同做好班级德育工作。从个体的层面，关爱特殊学生，比如与遭受欺凌、单亲家庭、经济困难、学习困难、农村留守、务工随迁等相关的孩子。要及时关注他们的心理健康状况，积极开展心理辅导，提供情感关怀，引导他们健康成长。

　　课程教学。毫无疑问，德育需要严格落实德育课程。按照义务教育、普通高中课程方案和标准，上好道德与法治、思想政治课。要围绕课程目标，紧密联系生活实际，挖掘课程思想内涵，发展学生的道德认知，注重学生的情感体验和道德实践。但是这远远不够，我们需要充分发挥课堂教学的主渠道作用，将德育内容细化落实到各学科课程的教学目标之中，融入渗透教育教学的全过程。要根据不同年级和不同课程特点，充分挖掘各门课程蕴含的德育资源，将德育内容有机融入各门课程教学中。比如语文、历史、地理等学科要利用课程中语言文字、传统文化、历史地理常识等丰富的思想道德教育因素，潜移默化地对学生进行世界观、人生观和价值观的引导。又如数学、科学、物理、化学、生物等学科要加强对学生科学精神、科学方法、科学态度、科学探究能力和逻辑思维能力的培养，促进学生树立勇于创新、求真求实的思想品质。再如音乐、体育、美术、艺术等学科要加强对学生审美情趣、健康体魄、意志品质、人文素养和生活方式的培养。还有，综合实践活动课要加强对学生生活技能、劳动习惯、动手实践和合作交流能力的培养。除了国家课程，还要用好地方和学校课程。要结合地方自然地理特点、民族特色、传统文化以及重大历史事件、历史名人等，因地制宜开发地方和学校德育课程，引导学生了解家乡的历史文化、自然环境、人口状况和发展成就，培养学生爱家乡、爱祖国的感情，树立维护祖国统一、加强民族团结的意识。

　　实践活动。道德知识可以讲授，但是道德情感、意志和行为，需要在各种实践活动中去濡养和磨砺。一般来说，按照形式来讲，实践活动主要有节日、仪式、校园节、社团、基地、职业体验、研学旅行等。节日有承载传统文化的春节、元宵节、清明节、端午节、中秋节、重阳节等，还有植树节、劳动节、青年节、儿童节、教师节、国庆节等现代节日。在节日到来时，开展相应的主题教育活动，让孩子了解节日的文化内涵，增强节日的体验感和文化感。仪式有升挂国旗、奏唱国歌、国旗下宣誓、国旗下讲话等，也有入学、毕业、成人礼等成长感十足的仪式。校园节有科技节、艺术节、运动会、读书会等，社团有体育、艺术、科普、环保、志愿服务等各种类别。基地有爱国主义教育基地、公益性文化设施、公共机构、企事业单位、各类校外活动场所、专题教育社会实践基地等，学校可以根据实际开展不同主题的实践活动。家庭生活、职业体验和研学旅行，都是育人的重要实践渠道。按照目标内容来讲，实践活动有爱党爱国、传统文化、人文精神、科学素养、艺体素养、环境保护、生命教育、法律法规等类别。拿爱党爱国实践活动来说，可以结合各种纪念日来开展，比如建党纪念日、建军纪念日、国庆节等，也可以利用革命纪念地、烈士陵园等来开展。传统文化，可以结合传统节日开展，也可依托历史博物馆、文物展览馆、物质和非物质文化遗产地等。生命教育可以通过相关社团来开展，也可以借力交通队、消防队、地震台等开展安全教育，也可以利用体育科研院所、心理服务机构、儿童保健机构等开展健康教育。

常州市田家炳高级中学在全程育人方面，做了很好的探索。从学校文化理念、校园建设，课程教学、实践活动等多维度全程育人。学校将"德育为先、己立立人，自强不息、和而不同，诚于做人、恒于做事"的"田家炳精神"，其实也是中华优秀传统文化的重要部分，渗透育人的方方面面。比如"一馆""两廊"的建设。"一馆"即田家炳立德树人馆，该馆以展现"田家炳精神"为核心，建设体验中心、研修中心和展示中心。另外，树人馆还建了"模拟法庭""模拟联合国""公民教育实践活动中心""田园剧场"和"道德讲堂"五个主题功能室，通过各类模拟实践活动，提高学生深入社会、了解国情、学会参与、勇于表达的综合素质。"两廊"是指"教室走廊"和"校园文化长廊"，学校的每一个角落都充满田家炳精神，潜移默化地激发学生的道德需求，培养道德行为。再如实践活动课程。学校开设了许多学习和体悟"田家炳精神"的活动，设立了不同主题的体验活动。还进一步完善了校内的芳晖田园生态体验基地，并积极开拓常州溧阳监狱法制教育地、常州三杰爱国主义教育基地、南京航空航天大学科技教育基地和广东大埔田家炳祖居文化教育基地等，实现校内与校外基地建设的有机结合。总之，结合"田家炳精神"开展德育工作，落实全程育人。

三、全方位育人，引领德育目标与内容

对于德育的目标和内容，实践中同样存在误区，那就是只关注道德品质这一维度，而忽略全方位的育人。正如前面谈到，所谓全方位育人，就是德育不只是让学生习得基本的道德知识和规范，还要促进他们的全方位发展，让他们在思想政治方面正确、文化精神方面丰富、身心成长方面健康。思想政治方面，要加强理想信念教育、社会主义核心价值观教育等，培养可靠的社会主义建设者和接班人；文化精神方面，要加强中华优秀传统文化的教育，也要汲取人类文明的精华，让孩子们濡养深厚的文化底蕴，丰富他们的精神世界；身心成长方面，要加强心理健康教育，培养孩子们强大的心灵力量，同时加强生态文明教育，让孩子身心健康，具有良好的社会适应性，实现人类与自然的和谐共融。

思想政治方面，奠定了德育的基本底色。我们要加强中国特色社会主义理论体系学习教育，引导学生深入了解中国革命史、中国共产党史、改革开放史和社会主义发展史，继承革命传统、传承红色基因，培养学生对党的政治认同、情感认同以及价值认同，不断树立为共产主义远大理想和中国特色社会主义共同理想而奋斗的信念和信心。要努力把社会

主义核心价值观融入教育全过程，深入开展爱国主义教育、国情教育、国家安全教育、民族团结教育、法治教育、诚信教育、文明礼仪教育等，引导学生牢牢把富强、民主、文明、和谐作为国家层面的价值目标，深刻理解自由、平等、公正、法治作为社会层面的价值取向，自觉遵守爱国、敬业、诚信、友善作为公民层面的价值准则，将社会主义核心价值观内化于心、外显于行。

文化精神方面，丰富孩子们的精神世界。首先是开展中华优秀传统文化的教育，优秀传统文化是中华先民数千年的辛劳创造，它以儒家精神为主，融合了道教、佛教等哲学思想。传统德育建立在理想人格的基础上，"三纲八目"是代表性表征。三纲，即明明德、亲民、止于至善。八目，即格物、致知、诚意、正心、修身、齐家、治国、平天下。可以说，这是具有中华民族特色的道德体系。学校要积极开展家国情怀教育、社会关爱教育和人格修养教育，传承发展中华优秀传统文化，大力弘扬中华传统美德、中华人文精神，引导学生了解中华优秀传统文化的历史渊源、发展脉络、精神内涵，增强文化自觉和文化自信。同时他山之石可以攻玉，我们也要广泛汲取世界各民族的优秀文化，让我们越来越包容，越来越强大。

身心成长方面，培养孩子强大的心灵力量。现代社会的快速发展，人类心灵的成长已经跟不上步伐。心理健康问题越发凸显，已波及到中小学学生。心理的健康，是德育的基础。因此，要踏踏实实开展心理健康教育，让学生认识自我、学会学习、学会交往，学会情绪调节、自主自助、应对挫折、适应环境，培养学生健全的人格、积极的心态和良好的个性心理品质。引导他们了解社会，自主升学择业，做好初步人生规划，开启丰满人生。同时，为了促进人类与大自然的和谐共融，要开展生态文明教育。加强节约教育和环境保护教育，开展大气、土地、水、粮食等资源的基本国情教育，帮助学生了解祖国的大好河山和地理地貌，开展节粮、节水、节电教育活动，推动实行垃圾分类，倡导绿色消费，引导学生树立尊重自然、顺应自然、保护自然的发展理念，养成勤俭节约、低碳环保、自觉劳动的生活习惯，形成健康文明的生活方式。

上海市漕泾中学以生态文明教育为切入口，在德育上取得了显著的成绩。学校办学愿景为"做生态教育、办绿色学校"。德育特色举措有绿色课堂渗透德育，实施"三全"教育模式及建设"三园"式学校。首先是绿色课堂渗透德育。学校实行了三种德育的校本课程，即基础课、探究课、拓展课。在基础课程中，首先制订好学期渗透计划，再通过各科的课堂教学进行全面渗透式德育，将环境意识、生态教育融入教学过程中；探究课则强调环境教育实践，学校每周都会安排一节以课题形式开展的探究实践活动；拓展课中，开办"环保小卫士班"，定期进行专题教育。同时开展"礼仪少年从我做起""快乐中队活动创建"等教育活动来培养学生的绿色行为意识。其次是创新"三全"教育模式。"三全"也就是，德育的全员参与、德育的全程管理、全面整合德育资源。最后是建设"三园"式学校。学校通过对学生进行人生教育、环境道德教育，促进学生认识自我，热爱生命，发展良好的人际关系，创建"人文校园"；以宣传为切入点，以活动为载体，充分发挥环境育人的作用，打造"绿色花园"；不断探索实现"轻负担、高质量"的教育，使学校成为培养绿色人才的"快乐家园"。以生态教育为切入口，实现全方位育人，是值得借鉴的实践探索。

四、校长引领德育的基本模式

通过上面的分析,我们可以知道,将德育置于任何重要的地位都是没有问题的。实际上,德育也几乎就是教育的全部。我们发现,没有任何一项教育活动不涉及德育范畴。无论教育教学形式如何,其实质都是德育。诚如赫尔巴特提出的"教育性教学"这一概念,认为培养德行就是教学的最高目的。教学如果不进行道德教育,则只是一种没有目的的手段,而道德教育若无教学,就是失去了手段的目的。其实这种思想,自古以来就有。比如苏格拉底认为,知识就是美德。儒家思想也认为"知、仁、勇三者,天下之达德也""智者乐水,仁者乐山",强调知行合一。也就是笔者经常提到的,温暖做人、专业做事。

结合全员育人、全程育人和全方位育人,笔者提出引领德育的基本模式为,"有效德育"="榜样情境"+"价值引导"+"行为实践"。首先是"榜样情境",我们知道孩子的成长不是一蹴而就的,孩子的心智发展是循序渐进的,诚如卢梭所说,"儿童不是小大人"。孩子尤其是低龄儿童,他们的学习不是靠理性逻辑,因此说教是徒劳无益令人生厌的。他们的学习是靠模仿,班杜拉的社会性学习理论认为儿童通过观察来习得人类间接性的经验,包括规范和价值等,因此榜样作用非常重要。纵观当今学校德育实践实效性低下,主要原因就是"假大空",不切实际,不入人心,甚至成人在学生面前"当面一套、背后一套",表里不一、言行相悖。所以,"榜样情境"需要学校、家庭和社会协同,"全员育人",实实在在地为孩子们成长提供尽可能良好的德育环境。同时对于成年人,也是一个自我反思、改进完善的过程。

其次是"价值引导"。孩子在模仿的过程中,如果只是机械照搬也不行,需要进行价值引导。引导学生对榜样行为进行由浅到深的分析,分析行为背后的原因、意义与价值。比如升国旗、奏国歌等庄严的仪式背后,是中国共产党艰苦卓绝的奋斗历史。在敬礼的仪式中,引发学生继承革命传统、传承红色基因的使命感,培养学生对党的政治认同、情感认同以及价值认同。又如清明节祭祖活动,不是简单的仪式,而是对祖先的敬畏,对生命的珍惜。表面上是缅怀故人,实际上是警醒自己。再如新冠肺炎疫情的暴发引发全民恐慌,大家戴口罩勤洗手的背后,是做好健康卫生的习惯以防感染。而更深层次的思考是人与所有生命的和谐栖居,保护野生动物,珍爱生命,保护地球母亲。因此,"价值引导"不是粗暴说教,而是对具体榜样行为的深度分析。"价值引导"不止是一条条具体规则的解读,而是全方位引领孩子的健康人格,需要"全方位育人"。

最后是"行为实践"。孩子前期对榜样的模仿,可能是简单的行为复制。但是,在价值引导之后,就成了行为实践。在实践中去体会行为的意义,感悟行为背后的价值。在一次次的实践体验之后,就很容易出现榜样行为。拿孝来说,当看见父母孝敬老人时,孩子就会耳濡目染。加之身教言传,对"孝"的行为进行价值解读,孩子自然而然也会孝敬父母。其实孝敬老人的意义并不在于行为本身,而是中华传统美德的传承和发扬。每一个人都会经历相同的生命历程,老人的今天就是我们的明天,孝敬老人就是善待自己。一个孝敬老人的人,拥有幸福家庭的概率更大,而家庭幸福也意味着参与社会工作更为顺利,更容易取得成就。本研究中几乎所有的数据都支持这一观点,家庭越幸福的校长办学水平也越高。纸上得来终觉浅,绝知此事要躬行。当孩子在榜样情境中受到价值的引导,就会越来越表现出我们期待的道德行为。"全程育人",我们的德育目标才能得以实现。

第二节 学校德育现状的调查研究

新时代全面贯彻党的教育方针,坚持社会主义办学方向,构建体系完善、学段衔接、内容丰富、结构完整、方式多元、常态开展的德育工作体系,实现全员育人、全程育人、全方位育人,是学校的基本使命。我们要坚持育人为本、德育为先,培养学生良好的思想品德和健全的人格,为中国特色社会主义事业培养合格建设者和可靠接班人奠定基础。

本研究从德育理性、德育实践和德育体系三方面对学校德育实践进行分析。所谓德育理性,就是从理性的高度对德育进行引领,包括德育的理念和理论。理念上,比如是否真正重视立德树人,是否认识到德育对积极健康的人格和良好心理品质的重要性,是否认识到德育对培养社会主义建设者和接班人的重要性等。理论上,比如是否了解德育的基本理论,是否掌握不同年龄阶段学生思想品德形成和健康心理发展的特点与规律等。所谓德育实践,就是学校开展德育工作的现实情况,比如是否能够做到多渠道育人,能否协同家庭、社会进行德育等。而所谓德育体系,就是整个学校德育工作的整体表征,观测点主要是两点,一是学校德育方面的工作是否自成一个完整的体系,二是该体系是否与办学理念一以贯之。具体如表9–1所示。

表 9–1 校长引领学校德育工作方面的基本现状

维度	项目	非常符合	比较符合	合计
德育理性	a 立德树人是教育的根本任务,德育摆在首要位置	51.92%	40.12%	92.04%
	b 了解并遵循不同年龄阶段学生思想品德形成和健康心理发展的特点与规律、养成过程及方法	36.51%	50.25%	86.76%
德育实践	a 在实践中重视多渠道育人,如课程育人、文化育人、活动育人、实践育人、管理育人等	42.13%	44.46%	86.59%
	b 在实践中协同家庭、社会,推进德育工作常态化	34.31%	48.07%	82.38%
德育体系	a 学校德育自成体系,有鲜明特色	38.51%	46.74%	85.25%
	b 学校的德育体系与办学理念紧密相连	42.13%	45.80%	87.93%

从表9–1可以看出,校长在引领德育工作方面还存在较大提升空间。德育理性方面,理念上有51.92%的校长高度认可德育的重要性,认认真真落实立德树人的根本任务,把德育工作摆在学校教育的首要位置。40.12%的校长表现较好,合计占比92.04%。在德育理论储备上,比理念逊色很多。只有36.51%的校长了解并遵循不同年龄阶段学生思想品德形成和健康心理发展的特点与规律、养成过程及方法。50.25%的校长表现较好,合计占比86.76%。德育实践方面,有42.13%的校长非常重视多渠道育人,比如课程育人、文化育人、活动育人、实践育人、管理育人等。做得较好的有44.46%,合计占比86.59%。34.31%的校长能够充分发挥学校主导作用,引导家庭、社会增强育人责任意识,形成育

人合力，表现较好的占 48.07%，合计占比 82.38%。德育体系方面，有 38.51% 的校长所在学校的德育自成体系，为立德树人提供了重要的保障。有 46.74% 的校长所在学校有一定的体系，合计占比 85.25%。42.13% 的学校德育体系是基于办学理念的，与理念紧密相连。45.80% 有一定的关联，合计占比 87.93%。将上表中"非常符合"的数据，转换成柱状图，如图 9-1 所示。

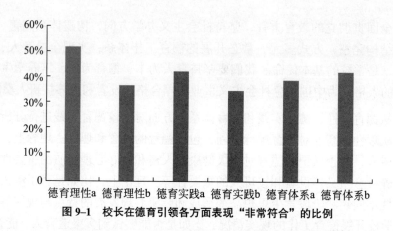

图 9-1　校长在德育引领各方面表现"非常符合"的比例

从柱状图可以非常清楚地看出，校长在德育引领各方面表现"非常符合"的比例较低，几乎都在半数以下。总体来说，观念方面比行为方面表现好，也就是"想的"比"做的"好。具体来说，德育理性维度，虽然观念上有 51.92% 的校长高度认可德育的重要性并将德育置于学校工作首位。但是仅有 36.51% 的校长掌握不同年龄阶段学生思想品德形成和健康心理发展的特点与规律。换句话说，只有约三分之一的校长可以专业地引领德育。事实上，不同年龄孩子的德育工作虽然具有连续性，但也有差异，因此学段目标侧重点也不同。小学低段的孩子，主要是养成基本的文明行为习惯，中高年级则要理解日常生活的道德规范和文明礼貌，初步形成规则意识和民主法治观念，养成良好生活和行为习惯；初中学段，理解基本的社会规范和道德规范，树立规则意识、法治观念，培养公民意识；高中阶段，则需要增强学生的公民意识、社会责任感和民主法治观念，初步形成正确的世界观、人生观和价值观。所以校长需要把握德育工作的连续性和差异性，做好学段衔接，才能更好地增强德育的实效性。

德育实践维度，也只有 42.13% 的校长非常重视多渠道育人，34.31% 的校长能够很好协同家庭、社会，推进德育工作常态化。在实践中有一种非常常见的错误看法，那就是认为学校德育只是专职德育工作者的工作，学校的德育职责仅仅是德育部门的职责。[1] 其实，德育工作不等同于德育的课程与教学，而是贯穿学校教育的方方面面。我们要充分发挥课堂教学的主渠道作用，将德育溶解落实到各学科课程的教学中，融入渗透教育教学全过程。同时要依据学校办学理念，因地制宜开展校园文化建设，从物质环境和精神底蕴多维度提高校园文明水平，让校园的一花一草、师生的一言一行都彰显德育的内涵。还要精心设计、组织开展主题明确、内容丰富、形式多样、吸引力强的德育实践活动，引导学生积极向上，

---

[1] 杜时忠. 当前学校德育的三大认识误区及其超越 [J]. 中国德育，2010，5（01）：91.

促进学生良好思想品德的形成和行为习惯的养成。另外，德育也不只是学校的事情，需要协同家庭、社会的教育合力。要积极争取家庭、社会共同参与和支持学校德育工作，引导家长注重家庭教育的德育力量。还要建立多方联动机制，搭建社会育人平台，实现社会资源共享共建，净化学生成长环境，助力广大中小学生健康成长。

德育体系维度，只有38.51%的学校德育自成体系，有鲜明特色，42.13%的学校德育工作与办学理念紧密相连。这表明学校的德育工作较为零散，没有整体的架构，而且与学校办学理念的匹配度并不高。事实上，学校应该在实践中构建完备的德育体系。在德育理念方面，毋庸置疑地坚持育人为本、德育为先，坚持教育与生产劳动、社会实践相结合，坚持学校教育与家庭教育、社会教育相结合，奠定社会主义建设者和接班人的可靠基础。同时，要结合学校的办学理念，使得德育理念和办学理念一以贯之。在德育目标方面，一定要关注总体目标观照下不同学段的分目标。因此需要结合学生的年龄特征、成长规律，德育目标才能落到实处。在德育内容方面，应该关涉理想信念教育、社会主义核心价值观教育、中华优秀传统文化教育、生态文明教育及心理健康教育等，落实全面育人。在德育途径方面，需要全方位开启育人渠道。比如课程育人、文化育人、活动育人、制度育人等，落实全程育人。另外，协同家庭、社会进行德育，落实全员育人。在德育评价方面，学校要认真开展学生的品德评价，将其纳入综合素质评价体系，建立学生综合素质档案，做好学生成长记录，反映学生成长实际状况。在德育研究方面，学校要组织力量开展中小学德育工作研究，结合学校德育实践探索新时期德育工作特点和规律，创新德育工作的途径和方法，增强德育工作的科学性、系统性和实效性。

上面是基于描述性统计，对校长引领德育方面总体情况的基本呈现。那么，不同类别的校长在德育引领方面是否存在显著性差异呢。本研究试图分析这些差异，从而为不同类别的学校德育实践提出针对性的建议。不同类别校长在德育引领方面的均值及差异性如表9–2所示。

表9–2　不同类别校长在德育引领方面的均值及差异性

类别	均值	差异性
性别	女4.40>男4.22	t=-6.067，Sig.=0.000，男性显著低于女性
学科背景	艺体类4.35>人文社会学科4.29>自然学科4.27	F=1.452，Sig.=0.234，学科背景之间不存在显著性差异
第一学历	大学以上4.53>大学4.30>大学以下4.24	F=10.877，Sig.=0.000，学历之间存在显著性差异。 多重比较结果： Sig.=0.000，大学以上显著高于大学以下； Sig.=0.000，大学以上显著高于大学； Sig.=0.027，大学显著高于大学以下
初任年龄	51岁以上4.44>46~50岁4.34>36~40岁4.33>35岁以下4.28>41~45岁4.21	F=3.628，Sig.=0.006，不同初任正校长年龄之间存在显著性差异。 多重比较结果： Sig.=0.022，51岁以上显著高于35岁以下； Sig.=0.006，41~45岁显著低于36~40岁； Sig.=0.022，41~45岁显著低于46~50岁； Sig.=0.002，41~45岁显著低于51岁以上

续表

类别	均值	差异性
已任年限	11~15 年 4.35>16 年以上 4.34>6~10 年 4.28>5 年及以下 4.25	F=2.974，Sig.=0.031，不同已任正校长年限之间存在显著性差异。 多重比较结果： Sig.=0.013，5 年及以下显著低于 11~15 年； Sig.=0.020，5 年及以下显著低于 16 年以上
校长类型	教育家型 4.62>卓越型 >4.58>优秀型 4.43>称职型 4.20	F=32.139，Sig.=0.000，不同校长类型存在显著性差异。 多重比较结果： Sig.=0.000，称职型显著低于优秀型； Sig.=0.000，称职型显著低于卓越型； Sig.=0.000，称职型显著低于教育家型； Sig.=0.019，优秀型显著低于卓越型
地区	经济发达地区 4.41>广大中部地区 4.28>少数民族地区 4.21	F=5.990，Sig.=0.003，地区间存在显著性差异。 多重比较结果： Sig.=0.005，经济发达地区显著高于少数民族地区； Sig.=0.002，经济发达地区显著高于广大中部地区
地域	城市 4.39>县城 4.31>乡镇 4.21	F=14.981，Sig.=0.000，地域间存在显著性差异。 多重比较结果： Sig.=0.032，城市显著高于县城； Sig.=0.000，城市显著高于乡镇； Sig.=0.008，县城显著高于乡镇
层次	示范学校 4.48>普通学校 4.24>薄弱学校 4.16	F=37.222，Sig.=0.000，不同层次学校之间存在显著性差异。 多重比较结果： Sig.=0.000，示范学校显著高于普通学校； Sig.=0.000，示范学校显著高于薄弱学校
学段	幼儿园 4.38>中学 4.30>小学 4.26	F=3.588，Sig.=0.006，学段之间存在显著性差异。 多重比较结果： Sig.=0.001，幼儿园显著高于小学； Sig.=0.005，幼儿园显著高于中学
家庭	家庭氛围和谐 4.32>不和谐 4.05	t=5.414，Sig.=0.000，和谐家庭显著高于不和谐家庭
子女	子女成长理想 4.37>不理想 4.12	t=8.179，Sig.=0.000，理想情况显著高于不理想情况

注：里克特量表 5 点计分，1 为最低值，3 为一般水平，5 为最高值，均值位于两者之间；组间没有显著性差异的，在表中不呈现。

我们发现，不同类别校长在德育引领方面存在诸多的显著性差异。具体从个人角度来说，性别方面女性显著高于男性；学历高低之间存在显著性差异，学历越高德育引领方面越为优秀；校长层级越高引领越到位，教育家型、卓越型、优秀型校长显著高于称职型校长；初任校长年龄为 51 岁以上显著高于任职年龄为 35 岁以下，任职时间为 16 年以上显著高于 5 年及以下，这也表明年长的校长德育引领方面经验更为丰富，也更重视德育；学科背景方面，艺体出身的校长得分高于人文社会学科，人文社会学科高于自然学科，但是组间并没有显著性差异。从学校角度来说，经济发达地区显著高于广大中部地区和少数民族地区，城镇地区显著高于非城镇地区，这表明经济水平也是影响德育工作的一个重要因素；示范学校显著高于非示范学校，可见示范性学校作为榜样，办学水平方方面面都要胜出一些；幼儿园显著高于中小学，这与学前阶段开展极为丰富的育人活动有关。从家庭角度来说，家庭和谐的校长在德育引领方面要优于家庭不和谐的校长；同样子女成长理想的校长，在德育引领方面也显著高于子女成长不理想的校长。

第三节 学校德育实践的案例探讨

德育的重要性不言而喻，理想的德育环境可以促进学生健康人格和心理的形成，让他们习得社会规范、民族精神、国家意识、人类良知等重要的价值观。而良好的德行，又让个体更好地服务社会、报效祖国，为人类生态文明的发展提供了保障。但是现状并不理想，一是学校德育实践形式主义较多，"假大空"还较普遍；二是德育研究空洞，不少文章是乏味的文字游戏，味同嚼蜡，一篇阅读下来几乎没有什么实质性的内容。虽然实践存在诸多不足，但是较真起来，笔者认为所谓的理论研究还是远远滞后于德育实践的丰富探索。本文呈现的案例，就是一线校长在实践中对德育的高品质引领。高瞻远瞩，但是极具操作性，评价起来也货真价实。案例一是武汉常青树实验学校的"生态德育"体系，这是学校德育工作的整体理论框架和实践模式。案例二是辽宁昌图实验小学的特色德育探索，其实学校德育工作非常全面，之所以提取"养成教育"和"诚信教育"两个点，是为了更精彩地展示德育落地的实操性和细节，管中窥豹、以小博大，令人震撼。

一、武汉常青树实验学校"生态德育"体系

武汉常青树实验学校的办学理念，就是"生态教育"。基于办学理念，一以贯之地构建了"生态德育"体系。在生态德育的濡养下，希望孩子们形成人格健全、家国天下、天人合一的健全人格，学校称之为"中国人格"。据此目标，将生态课程解构为"人与自己""人与社会""人与自然"三个维度。其中"人与自己"主要指向身心健康，良好的身体、健康的心理、健全的人格。具体包括生命教育、创新教育、道德教育等；"人与社会"主要指向家国天下，培养孩子良好的社会适应性、国家认同感等。具体包括爱国教育、本土教育、责任教育等；"人与自然"主要指向天人合一，人类与世界的和谐共生。具体包括自然教育、拓展教育、文化教育等。具体如图9-2所示。

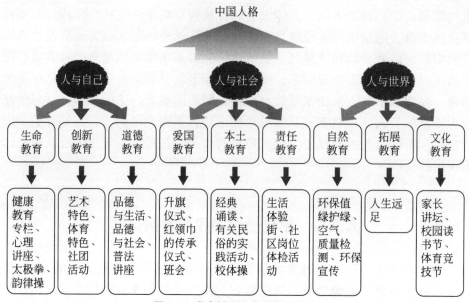

图 9–2 常青树实验学校德育体系

(一)人与自己:人格健全

首先是身心康健,促进学生身心协调发展的生命教育。身心康健是成长的基础,是任何兴趣、能力、成就的前提。推进生理、心理健康教育课程化是学校长期以来努力的方向。依托"心理辅导活动中心",开设了生理、心理健康教育讲座,举办生理、心理健康教育宣传专栏,完善校医服务机制,开设各类心理健康教育课程,设立心理咨询室,加强生理、心理健康指导。具体举措体现在以下五个方面。第一,健全和完善"舒心屋"(心理辅导室),配备专职心理健康老师,成立专业的心理健康教育教师队伍,引进更为全面、科学的心理检测软件及设备。第二,建全学生心理档案,形成较为系统的心理健康教育相关资料;第三,定期聘请专家到校做心理健康专题讲座和相关指导,全体教师都参与心理健康教育方面科研课题;第四,班主任努力成为学生的"知心朋友",班级设立心理角,开展班级学生"心情预报""悄悄话信箱"等活动;第五,各班都落实心理健康教育课,并在各学科教学中予以有机渗透。

其次是和而不同,促进学生个性良好发展的创新教育。学校针对个体差异以及不同需求,从三个方面打造学校特色课程。艺术特色体现在乐器进课堂,小学选取陶笛,中学选取口琴作为常规课程,即全员都需掌握的小型乐器。成立"常青树管弦乐团""师生合唱团""芭蕾舞团""街舞团""美术活动社"等。体育特色体现在足球进课堂,还有五六七八年级集中开展篮球进课堂活动,组建校级乒乓队、田径队、围棋队等。社团活动,学校成立如文学社、击剑、趣味英语、舞蹈、书画、卡通设计、动漫、摄影、国际象棋、围棋等社团。授课方式采取走班制,即根据学生个体需求以及兴趣爱好自主进行选择,因材施教,发展学生良好的个性,陶冶学生情操。除了课程建设以外,每个教学班都分别设计个性化"班级名片",包括班级"全家福"照片,自主设计的班级格言以及各班获得的荣誉。培养孩子们一种积极向上的团队精神,从而增强班级凝聚力和荣誉感。

最后是立德修身，培养学生良好德行的道法教育。主要包括两方面的内容。一方面大力加强《道德与法治》的教学改革，同时开设各类课程培养学生良好的思想品德。结合社会实际以及学生的实际需求，学校开发并实施了常青树九年系列校本课程。另一方面，组织系列讲座、报告，以及参观等形式的活动。让孩子们学习《小学生日常行为规范》《中华人民共和国未成年人保护法》《中华人民共和国教育法》《中华人民共和国交通法》等各项法律法规，同时通过角色扮演、故事会、演讲竞赛等形式对学生进行社会公德教育，让学生树立民主法治、自由平等、公平正义的理念，培养社会主义合格公民。

（二）人与社会：家国天下

首先是筑梦立志，培养学生民族精神的爱国教育。学校把弘扬和培育以爱国主义为核心的民族精神作为德育的主旋律，重点打造升旗仪式。严格训练国旗仪仗队，定制统一制服，呼喊统一口号："国旗国旗我敬您，祖国祖国我爱您。"借庄严的升旗仪式传递爱国情感，还坚持开展每周一次的"让班旗伴随国旗飘扬"的升班旗活动。各班师生共同设计班旗，拟定班训。每周评选出常规班级活动中表现突出的班级，给予升班旗资格。师生同登台，让班旗与国旗、校旗一同高高飘扬，然后全体师生以多姿多彩的形式展现班级文化，如英语秀、健美操、民乐、经典诵读等，充分展现师生风采。在每年"弘扬和培育民族精神月"，全校同上一堂课，牢记历史，不忘过去，珍爱和平，开创未来。鼓励家长带领学生利用假期走进红色展馆、寻访抗战历史，在社会实践中重温历史，亲子同游，共同学习。开展"接受磨砺，百炼成钢"的校内社会实践活动，在严格的军事训练中磨练意志，养成吃苦的精神。同时，优化运动会、军训、艺术节、小学入队、中学入团、幼小衔接、小初衔接、毕业典礼仪式等传统德育活动的设计，最大限度地追求德育活动的有效性和实效性。

其次是倾心奉献，培养学生参与社会服务的责任教育。学校地处常青花园社区，拥有丰富的社区自然资源和人文资源。与社区青少办、青少年活动中心携手，共同搭建社区服务体验活动体系。依据学生年段特点，规定切合学生实际的志愿者服务活动内容，并实行记小时管理，从一年级至九年级，每位学生都有一本志愿者服务日志本，在校九年的学习时间内至少完成180小时的志愿服务活动。活动可以是学校组织、家长组织、学生个体参与等多种形式。志愿服务内容包含：社区活动场所、绿地的协助管理，担任居委会小助理、保安或者清洁工人岗位体验、人口普查小帮手等，增强学生的社会意识、公民意识和责任意识，培养交往能力、生存能力、实践能力等。学校师生还自主设计了以学生动手实践为核心的"生活体验街"，"小邮局""丫丫小超市""低碳生活馆""小小安全岗""巧手小厨房""爱心小医院""立体创'衣坊'"七个空间涉及培养学生民生服务、生活技能、艺术修养、卫生健康、科学环保、创新设计等方面的素质与能力。同时还依托这些空间共同开发了与之配套的校本课程教材，学生们利用每天的课余时光，在各类学生社团的带领下，开展丰富多彩的课外活动。实现"社区即学校，生活即教育"的德育理念。

最后是家校合力，让学生学习身边的榜样人物。家校联通工作是学校开展班级德育工作的基础，除了抓实"坚持开学前教师访万家、写好每周家校联系本、开辟家校教育网络、每学期的家长开放日、一年级新生幼小衔接家长培训工程"等常规德育工作外，还充分挖掘蕴藏在家长中的教育资源。《家长讲坛》《德育大讲堂》《社区活动》等独具特色的校本课程是班主任根据家庭教育需求和家长困惑，利用家长优势和资源，在定期开展《家长课堂》《道德大讲堂》授课活动的基础上形成的。比如邀请家长走入班会讲堂，开展"红军爷爷讲革命故事""最美女交警讲交通安全""环保大使讲低碳""播音员教我读课文"等特色班会课，使德育内容更加丰富多彩。又如还邀请了来自湖北武汉的"全国教书育人楷模""全国助人为乐模范"等，让学生在这些楷模的身上寻找闪光点，得到正能量的鼓舞。在课堂教学中，教师积极结合社会实际和学生实际，丰富教学内容，改变教学方式，使课程成为人格教育的主渠道。还让孩子们感受到家庭、社会和国家的紧密相连，濡养家国天下的情怀。

（三）人与自然：天人合一

首先是传承经典，让学生成为具有文化特色的生命个体。学校弘扬常青树理念文化，让学生充分理解学校的办学理念、育人目标、学校文化以及校徽、校歌、校书、校园吉祥物等的含义，并编撰校园文化校本教材，让学校文化植根在每一个孩子心中，让每一位学生对学校心怀敬畏感、荣誉感、自豪感。依据学校德育目标，开展相应大型活动。如以民族魂树立人格，让核心价值观在学生们心中"活"起来，学校通过"经典诵读""国学习字""红扇吟诵""经典名著漂流"等多元渠道和活动予以贯彻落实。学校各部门协同开展"20+20"亲近母语传统文化进校园的活动。每天清晨20分钟的国学经典诵读，其中内容包括校本教材《拓展赏析》、武汉市统一下发的《国学经典》、专业老师指导的校级诵读。午间20分钟国学习字，包括老师讲解、示范、书法名家视频观看、学生书法习练。创编"诵唱经典诗文，舞动丝绸红扇"的校本操。选取经典诗文《沁园春·雪》《满江红》《七律·长征》《少年中国说》，融入创编动作，将体育运动与高声诵唱经典相结合，让学生在运动中感悟民族精神之精髓，逐步内化于心、外显于形。每年十二月开展大型读书分享活动：经典名著漂流。各个班级推荐好书共读，分享读后感、扉页小记，师生共同观摩，投票评选出"书香班级""悦读小组"。这些活动不仅有益于中国传统文化经典的传承，更加有利于学生良好品行、爱国情怀、责任意识的培养。

其次是敬畏自然，培养学生爱护生态环境的环保教育。学校依托劳动教育实践基地，积极组织学生参与各项学工学农动手实践活动，鼓励学生进行小发明、小创造，开展特色环保项目。依托"湿地馆"，深入开展生态道德教育和系列环保活动，凸显科技环保特色。鉴于雾霾污染的日益严重，学校开展了"环保植绿护绿"活动。为了营造和谐美好的家园，在春季三月期间带领全体同学走进常青花园社区，共同参加"携手共建，美化家园"植绿护绿的实践活动。学生们在老师的带领下，佩戴"环保小卫士"袖章，组成爱绿小分队，走进常青花园社区，对街道周边的树木、花园进行浇水、护绿、清洁维护等活动，并向行人和住户宣传爱护环境的相关知识。通过活动，进一步树立"生态环保"的理念，增强学生的环保绿化意识和作为社区小主人的责任感。除此以外，"少用塑料袋，多用环保袋，袋袋相传""邻里共乘，减少尾气排放""绿丝带飘起来""无车日步行到校""社区节能行"等活动也获得社区居民的一致好评。这类活动有效地丰富了学校教育的内容，提高了德育工作的有效性。

最后是放眼世界，培养学生国际化视野的拓展教育。研学旅行，"人生远足"承载各种社会实践活动，承载实践性校本课程。根据远足的地域不同分为省内课程、省外课程、国外课程三个部分，具体做法是，学校根据季节特点、学生的需求和课程设计的需要，组织学生走出学校，走进社会、走出国门，读万卷书，行万里路。运用祖国的大好风光、民族的悠久历史、优良革命传统和现代化建设成就，最直观、最直接地教育、感染、熏陶学生。通过人生远足，使学生"与名人对话""与历史握手""与大自然亲密接触"；带领学生走出国门，走进世界知名大学，做具有国际视野的地球公民；让学生在活动中丰富知识，开阔眼界；在游历中锻炼自我、挑战自我；在交往中体验情感，发展友谊；在总结中感悟人生，提升人格。

二、辽宁昌图实小特色德育案例："养成教育"和"诚信教育"

昌图实验小学在"心智教育"，即"美好心灵，多元智能"理念的引领下，系统地开展了指向理念和目标的德育实践探索。包括道德法治、爱国教育、感恩教育、礼仪教育、习惯养成等维度，效果显著。尤其是"养成教育"和"诚信教育"两方面的探索，非常值得借鉴。

（一）"养成教育六大行动"

养成教育，就是旨向基本道德品质获得和良好行为习惯形成的教育。孟子曾说，"以善养人""苟得其养，无物不长，苟失其养，无物不消"。强调成人的基础是善，教育要教人向善。所以行为习惯是外显的，内隐的是道德品质。养成教育，虽以学校为主体，但是家庭和社会的影响也不能忽略，尤其家庭。昌图实小开展了一系列的行动，来促进学生良好习惯的养成。一心渴望伟大，追求伟大，伟大却了无踪影；甘于平淡，做好每个细节，伟大却不期而至。想让学生养成良好行为习惯，就一定要从小处、细处、近处着手。

行动一：千变万变传统不变，"三个一"练就好习惯。每一节课堂上，师生共同努力，持之以恒地做到，手离笔尖一寸远、身离课桌一拳远、眼离书本一尺远。

行动二："校园十无"要做到，养成习惯并不难。具体是，学校校园无闲杂人、教师校内无私活、学生课堂无溜号、学生课下无打闹、学生作业无重复、校园垃圾无乱扔、上学放学无乱排、上下楼梯无拥挤、大课间操无乱做、体育活动无撒羊。

行动三：摒弃"十小"重"十讲"，争做文明小公民。人人都来"十讲"：对父母讲孝敬、对同学讲友好、对他人讲礼貌、对环境讲卫生、对纪律讲遵守、对学习讲认真、对做事讲诚信、对生活讲节俭、对生命讲安全、对性格讲乐观；人人远离"十小"：小霸王、小懒虫、小馋猫、小犟牛、小依赖、小散漫、小野蛮、小马虎、小攀比、小磨蹭。

行动四：强化机械训练，亦能养成习惯。有人说过，一个动作重复做30次，就能形成习惯。昌图实验小学"人多地少，校舍已老"，要做到"楼内轻声慢步、右侧通行；楼外安全有序活动、入厕不拥挤"是很不容易的。学校尝试采取了机械重复训练行动：每天早晨利用十分钟，组织全校师生按规定的楼道、楼梯、楼门、楼外、入厕通行线路，多遍地重复行走。结果如期达到目的，现已形成习惯。

行动五：小干部"多长制"，人人管我、我管人人。小学生良好行为习惯的养成，建立约束机制是必要的，而这其中包括自律和他律。昌图实小健全校、班两级学生干部管理机制。校级由学生会组织和少先大队委员会组织联合管理，既对全校日常工作检查评比，也对班级干部工作情况进行督察；班级干部则实行"多长制"：能力强的做班长、委员；能力弱的做单项，管开关灯的封为"灯长"、管楼厅卫生的封为"厅长"、管打水倒水的封为"水长"、管室外卫生的封为"外长"，等等。这样人人都是干部，我管人，人管我，既自律，又他律。

行动六：家校联手，事半功倍。养成教育离开家庭的力量，很容易发生5+2=0 或 5<2 的现象。昌图实小开展创建学习型家庭活动，为每个学生家庭建立了《创建学习型家庭园地》，并以年历形式张贴在每个学生家庭的墙壁上。具体内容有：学习型学生四知四有、学习型家庭十要十不要、每日学习及活动计划、优秀学习型家庭评选规则、家庭成员学习及活动成果展示栏。对这一活动学校定期组织检查评比，并在每学期开学典礼上大力表彰。

（二）"诚信教育九大情境"

在中国传统文化中，诚和信分别是两种美德。诚，为真实无欺；信，为语言真实。诚信的内涵就是真实，言语和行为都没有差错。孟子曾说，"诚者，天之道也。思诚者，人之道也。"众所周知，诚信对于个人、民族、国家都是至关重要的。诚信需要从小培养，为孩子一生做人奠定坚实的基础。昌图实验小学努力去创设各种情境，让学生主动去经历丰富的、真实的、具体的情感体验，从而使诚信教育真正走进他们的心灵。诚信教育九大情境如下。

情境一：无人收款超市。这是同学们精心策划的成果，超市的商品完全是学习用品，每种商品都明码标价。在超市出口处设一"无人收银投款箱"。超市每周一、周三中午向全校学生开放，由大队干部轮流负责开门、锁门及每次开放后的清点商品、货款结算等事务。超市前两次开放非常顺利，无一货款差错。可是第三次，小干部在核对货款的时候，发现少了5元8角钱，大家的心一下子灰暗起来，难道是有人偷拿了超市的商品？小干部们认真地检查起投款箱，突然一条小纸出现在大家面前。上面写道："今天，我急需一盒彩笔上美术课，可是兜里没带钱，明天我一定把钱送来。"下面是班级姓名。小干部们兴奋地鼓起掌来，这掌声分明是送给这位"欠账"的同学的，因为他的诚实。第二天，这5元8角钱真的（也是必然）回到了账面上。"无人收款超市"本身就蕴含了一种对"顾客"的高度信任，凡是光顾超市的同学，都十分珍惜这种"被信任"的感觉，有的同学甚至把这看成是一种荣誉。每次来超市，大家都认真地选购自己需要的物品，然后自觉地把钱放进投款箱。在这一过程中，同学们的心灵受到了一次诚信的洗礼，同学们体验到了自己的价值，体验到了真实与真诚，更体验到了信任，信任让心灵更加纯真、更加圣洁。

情境二：无人监考考场。每学期的期末测试，学校分别在各个年组设立无人监考考场。首先，向学生说明这种考试的目的、意义以及考试方法，然后让学生自愿报名参加，根据申报情况，把学生每20人分成一个考场，每个考场的黑板写上"诚实、自信、自尊、自强、自爱"及"无人监考考场，诚实的试金石"。通过问卷和与学生座谈，同学们感到：在这样的考场里答卷，很光荣、很自豪、很兴奋，答起卷来也很轻松，不分散注意力，成绩也很理想，同学们很喜欢这种考试形式。无人监考考场让学生体验到了自尊、自信、自爱的感觉，他们会更自强更诚实。

情境三：自编诚信童谣。号召全校同学，每人编创一首诚信童谣。学生在创作过程中，在动脑、动笔之时，很自然地做到了主体到位，情感已融入诚信教育中。他们主动地去感悟诚信、理解诚信，然后把自己对诚信的领悟变成浅显简单、朗朗上口的文字。例如：承诺必履行，出言如钉钉。说话就算话，守信留美名；又如，诚实守信最为高，做人准则第一条。诚实待人心灵美，守信处处要记牢。有错就改不说谎，答应别人要做到。拾到东西要交公，不能损坏半分毫。损坏东西要赔偿，有错就改要记牢。考试成绩讲真实，哪能随便照人抄。祖国建设需要我，心中要有大目标。

情境四：拾金不昧爱心箱。拾金不昧在学校已形成风气，近年来，结合诚信教育和红烛工程活动，学校在校内设"拾金不昧爱心箱"，学生可将找不到失主的钱物主动地、自觉地投入箱内，做一个"无名英雄"。待到期末，由学生代表打开爱心箱，向全体师生公布钱物数量，然后现场将钱物捐赠给部分贫困生。迄今为止，不知有多少个"无名英雄"向爱心箱投入了钱物。学生在默默地把拾到的钱物投入爱心箱的瞬间，已经完成了心灵的内化，诚信的种子已深深埋入心灵的沃土，真可谓"一投值千金"呢！

情境五："自主日"活动。学校将每月最后一周的周五作为全校学生的"自主日"。届时，所有的教师和管理者全部"下岗"一天，一切教育教学活动由学生自主完成。教师可屈身做一回学生，加入被教育、被管理的行列，和学生玩一次"换位"游戏。从而体现"以学生为中心、以活动为中心、以情境为中心"的"六个三"德育创新工程的要求，为亲和师生关系、培养诚实品质、让学生完成内化自律搭建了一个平台，让学生成为教育的主体，完成老师与学生、学生与学生的互动。

情境六：创办诚信银行。每个班设立一个诚信银行，行长由班主任担任。副行长及职员由学生代表担任。每个学生自行设计一个精美别致的存折，存折上登录着每个人的诚信事迹，当然每次登录都要有班主任的入库验印和副行长及其他职员综合评议后的许可号。学期末，根据每位同学的"存款"数量，评选出班级的"诚信之星"予以奖励。通过这一活动，鼓励孩子们做诚信之人，办诚信之事。同时，也把此活动做为一种具体的、量化的道德评价形式，通过诚信存折这一个人诚信档案，可量化出每位同学的诚信度，同时还能培养学生的诚信品质，强化学生自我管理意识。

情境七：征集随手可做的诚信100件小事。学校发动全校2400名学生，集思广益、广开言路，征集随手可做的诚信100件小事。号召一出，立即得到回应。孩子们或根据自己的亲身经历，或看到他人的诚信事迹，或查阅信息资料归纳出许多超越我们成人思维的一件件诚信小事。例如主动承认不小心打碎了邻家的玻璃、出租车司机主动把乘客遗失的东西送还、考试不及格时勇敢地把卷子拿给家长看、老师不在也要遵守纪律、同学不在时不随意翻弄人家的物品、买东西忘了付钱后想起时一定给人送去等等。让学生成为活动的主体，让诚信教育回归真实，让德育直抵学生内心。学生由被动到主动，从认识到情感，他们在更加广阔的领域里感受诚信美德的表现、体验其要求，他们就会去履行诚信美德的规范，内化诚信之法则。

情境八：向"做秀课"说"不"。我们鼓励学生大胆地向"做秀课"说"不"。所谓"做秀课"就是教师为确保教学"成功"，在课前做一些"准备"活动，如谁回答哪个问题、怎样回答、甚至谁故意答错来制造课堂花絮。课堂上学生把教师导演好的片段表演给听课的人。这使诚信教育倍显尴尬。自开展诚信教育以来，尤其是在新课程理念下，教师不再是纯粹的教师，不能有居高临下的霸气，更不能有煞有介事的虚假，而应是"灵魂的缔造者"，用一颗心灵去唤醒众多的心灵，用一个人的品行去感染众多的品行。而学生大胆向"做秀课"说"不"，充分体现了新课程理念下学生的主体性，同时，也对教师的教育观念提出了挑战，教师必须诚实守信、言传身教、自我约束、言出必行，取信于学生及家长，才能在学生中享有威望。从而营造出全方位的诚信教育氛围，增强了诚信教育的实效性。

情境九：走出校门，寻找诚信。走出校门，走向家庭，走向社会，走到父母或亲人的工作岗位上去寻找诚信，体验诚信的真谛与快乐。如走上钟点工的岗位体验干满钟点就是诚信，走上油漆工的岗位体验不偷工减料就是诚信，走上售货员的岗位体验不以次充好就是诚信，走上税务员的岗位体验遵守岗位职责就是诚信，等等。通过这些社会生活中鲜活的事例，让学生身临其境、体验真实。他们懂得"诚信无处不在"，而无论是家庭、社会还是个人，也无论是什么职业，都必须以诚信为本，时时处处倡导诚信之风，弘扬诚信美德。也只有这样，人与人之间才能友好相处，社会才能稳定发展，生活才能更加美好绚丽。

三、引领学校高效开展德育工作的基本要求

当前社会风气不是特别理想，加之网络传播的高度发达，在信息不对称的情况下，人们容易出现判断偏差。一方面，对部分由碎片化信息堆砌而成的不实"英雄"形象顶礼膜拜。另一方面，对于那些踏实肯干甘为孺子牛的一线奋战者，往往嗤之以鼻。笔者在全国各地中小学和幼儿园的调研中，见过部分"华丽"的校长。但是像武汉常青树实验学校万玉霞校长、辽宁昌图实验小学范勇校长，这些卓越教育家的身影一直都紧紧地贴在我国这片幅员辽阔的大地上。他们虽然第一学历并不高，但是他们的学习精神、理论素养令人敬仰。他们的实践变革、实干精神，更是让人叹为观止。他们不辱党和国家的培养，他们不负父老乡亲的厚望，他们担当了下一代卓越成长的康庄大道。立德树人，不是一句口号，而是用心有意的教育细节。九层之台起于垒土，千里之行始于足下。高效的德育工作，具有以下特点：要遵循孩子道德发展的规律，理念上要重视德育，实践上要有抓手，行动上要协同家庭和社会。

首先，德育要遵循孩子道德发展的规律。科尔伯格以"海因茨偷药"的故事为例，阐述了儿童道德认知的发展。他把人类道德发展划分为三个水平，即自我中心的前习俗水平，法律定向的习俗水平，以及良心导向的后习俗水平。因此，学校德育必须根据儿童道德发展不同年龄阶段的特点，科学地、有计划地进行道德教育，努力发展儿童的理智能力、独立判断能力和批判意识。所以德育不是空洞的说教，而要根据孩子的年龄特点，制定相应的目标，开展孩子乐意参与的德育活动，润物无声、水到渠成。比如小学低段，要让孩子养成良好的行为习惯，形成自信向上、积极阳光的个性心理，比如昌图实验小学的养成教

育。到了中高年级，初步形成规则意识和民主法治观念，形成诚实守信、友爱宽容、自尊自律等良好品质，如昌图实小的诚信教育。初中阶段要理解基本的社会规范和道德规范，树立规则意识、法治观念，培养公民意识，独立自主、乐于助人，善于合作、勇于创新，如武汉常青树实验学校的生态德育。高中则需增强公民意识、社会责任感和民主法治观念，初步形成正确的世界观、人生观和价值观，如临沂二十中的"担当教育"、贵港港北高中的"格局教育"等。

其次，理念上要真正重视德育。调查显示，只有0.5%的极少校长认为德育不重要。也就是绝大部分校长都在理念上把德育置于重要地位。然而深度访谈分析，真正重视德育工作的校长并没有想象的那么多。如果真正重视德育，就会在实践中反复去揣摩，而不是形式主义地开展德育活动。就像范勇校长，正是因为知道诚信是立人之本，所以带领昌图实小殚精竭虑地开发诚信教育九大情境。事实上，德育的现实困境远远超乎我们的想象。北京大学钱理群教授认为我国高端大学培养的是精致的利己主义者，著名大学培养出来的许多人才在智力和德性方面是两个极端。显然这不仅仅是大学的过错，是家庭、中小学早期种下的苦果。因此一定要深度剖析，将理念和行为匹配起来。只有深刻认识到道德之于人的重要性，才会在办学过程中将德育落到实处，而不是华而不实的过场。"德才兼备""德艺双馨"，表达了人们对有德的景仰。"德不配位""德薄位尊"表达了人们对失德的憎恨。道德重不重要，在公共事件中体现得淋漓尽致。新冠肺炎疫情中的众生相，有德无德、德高德低，一览无余。整个中华民族的伟大复兴，还需要全民族较高的道德素养做支撑。

再次，实践上要有抓手。理念上重视德育，就会用心去实践。虽然我们要全员育人、全程育人、全方位育人，但是在实践中一定要找到切入口，不宜面面俱到没有抓手。如武汉常青树实验学校的"生态德育"体系非常完备，希望孩子们形成人格健全、家国天下、天人合一的健全人格。学校分别以"人与自己""人与社会""人与自然"为切入点，开展各项针对性的德育活动，共同支撑总体的德育目标。昌图实小在培养"美好心灵、多元智能"孩子的过程中，更是将细节做到了极致。比如采取了机械重复的训练，让孩子做到"楼内轻声慢步、右侧通行；楼外安全有序活动、入厕不拥挤"。又如开设无人收款超市、无人监考考场，在尊重孩子的基础上，让他们学会诚信、珍惜诚信、重视诚信。"先其易者，后其节目，及其久也，相说以解"，以小博大，德育一定要以便于操作、孩子乐于参与的方式，去创建有真实意义的活动。让孩子在行动、体验、思考、感悟的过程中，踏实成人。

最后，行动上要协同家庭和社会。孩子的存在空间远远不止是学校，因此学校难以主宰德育的方方面面。学校与校外，是两种互动的力量，既可以形成合力，也可以抵消影响。因此要努力将不同的力量协同起来，净化育人环境、增强德育效果。考察各校富有成效的德育实践发现，所有的学校都很好地利用了校外资源。比如常青树实验学校的《家长讲坛》《德育大讲堂》《社区活动》，都极大地利用了家长和社区的优势资源，让孩子与优秀的父母和身边的英雄人物一起，做更好的自己。昌图实小深度推进诚信教育，让孩子们走出校门，走向社会，走到父母或亲人的工作岗位上去寻找诚信，体验诚信的真谛与快乐。又如长兴包桥中心小学的"乡贤育德"，不仅要评比"最美贤童"，还要求家长也要向"贤"看齐，和孩子们一起实践仁义礼智信。毋庸置疑，一旦形成正向的育人合力，孩子的健康成长就变得更加自然而然了。

第四篇
办学支持体系领导力

第十章

教师成长领航

第一节 教师成长领航的理性分析

我们知道，教师是履行学校教育教学工作职责的专业人员，随着时代的发展其专业性越发凸显。他们必须具有良好的职业道德，掌握系统的专业知识和专业技能。其中"师德"是对教师形而上的要求，属于"道"的层面；专业知识和专业技能是形而下的要求，属于"器"的层面。只有道器融通，才能符合新时代教师的水准。因此，教师的成长需要经过严格的培养与培训，校长对教师专业成长的引领显得非常重要。这就要求在引领的过程中，校长必须了解教师专业发展的理论，遵循教师成长的规律，科学理性地引领。既不能"拔苗助长"，也不能"放任自流"。在内容上，师德为先、能力为重，培养德才兼备、德艺双馨的教师队伍。在形式上，要注重实效性，因此不可能存在千篇一律的有效培养方式。需要因校制宜，全面培养的基础上加个性化方案，普遍方法加特殊手段，理论研修加实践锤炼，等等。本研究认为，校长对教师成长的引领主要体现在三个方面，即理性引领、内容引领和形式引领。

一、理性引领：科学地、专业地引领教师成长

毋庸置疑，教师的成长是一个动态的、较为漫长的过程。其中经历了哪些阶段，每个阶段的困境是什么，如何克服这些瓶颈，都是值得探讨的问题。自20世纪60年代以来，这些都是教师教育研究关注的焦点。研究者从不同的视角来分析，提出了不同的观点。比如，从教育教学的角度谈专业成长，富勒（Fuller）将教师专业发展过程分为"执教之前关注阶段、早期关注求生阶段、关注教学情景阶段和关注学生阶段"四个发展阶段，[1] 指出只有专业程度非常高的教师才能真正关注到学生。这让笔者联想到参禅悟道的三重境界，一是看山是山，看水是水；二是看山不是山，看水不是水；三是看山还是山，看水还是水。其实开始阶段，更多的是从教师教的角度去关注学生，而不是基于人性高度对生命体的关怀。著名特级教师于永正、窦桂梅等都谈到，回首当年风华正茂的年轻岁月，虽然名气很大，但是教学表演的气息过浓，并没有真正关注到学生。返璞归真，发人深省。从职业生涯发展的角度谈专业成长，代表性的有伯顿（Burden）的"生存阶段、调整阶段和成熟阶

---

[1] 教育部师范教育司.教师专业化的理论与实践[Z].北京：人民教育出版社，2001.48.

段"三个教师专业发展阶段。[1] 还有本纳（Benner）提出的"新手、高级新手、胜任者、精熟者和专家"五个阶段[2]等。20 世纪 90 年代后，随着美国建立教师专业发展学校等政策的推行，专业发展阶段的研究逐渐淡出，重心转移到了探索教师专业发展的途径上。国内对教师专业发展阶段的研究始于 20 世纪 80 年代后期，林崇德等从认知心理学角度研究教师素质结构的成果，以及叶澜等从教育学、伦理学研究视角构建的教师专业化理论框架，为我国教师专业发展阶段的研究奠定了理论基础。后续有许多研究者提出了不同看法，但是基本上无外乎准备／适应／关注／发展／成熟／创造等阶段。

实际上，无论三个阶段还是五个甚至七个阶段，都是一种理想化的划分。这种理想化的分段，有一个基本的前提假设，即每一位教师都最终成为一名优秀的教师。也就是说，这些发展阶段的观点在一定程度上可以解释优秀教师的成长过程，但是不适合大部分教师。因为不可能所有教师都是优秀的，不少教师终其一生也不会发展到高水平阶段。因此，校长要洞察不同类别教师，关注他们不同的基础、水平、需要以及困境，从而针对性地引领他们向更高层级发展。通过大量的实践研究，笔者认为从专业水准上来分析，大抵有三类教师。值得注意的是，这里的分类与年龄、教龄、性别、学历等没有太大关系。它不是纵向的分类，而是对教师群体的分析。这三类教师分别是，基础薄弱型、经验不足型、技术导向型；引领他们成长的目标分别对应，基础扎实型、经验丰富型、哲学高度型；他们的教学行为可以分别表征为，"循规蹈矩""游刃有余""从心所欲"。也就是说，老教师虽然教龄较长，但可能部分也是基础薄弱型教师，因此校长要引领他们"循规蹈矩"地向基础扎实型教师发展。具体如图 10-1 所示。

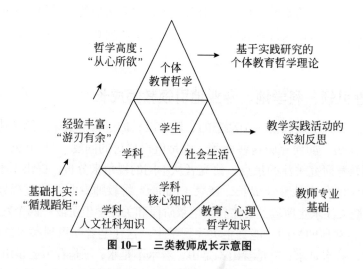

图 10-1　三类教师成长示意图

（一）基础扎实：能循规蹈矩完成教学的基本要求

教师专业素养是一位教师具有良好专业基础的体现，而知识结构是教师专业基础的核心，也就是基本要求。当然，这里所谈的知识并不是简单的书面知识，而是一种基本的文化素养，包括价值层面和行为层面。对于基础薄弱型的教师，要引领他们从以下三方面进

---

[1] 张维仪. 教师教育改革与发展热点问题透视 [M]. 南京：南京师范大学出版社，2000. 315.
[2] 罗晓杰. 国内外教师专业发展阶段研究述评 [J]. 教育科学研究，2006（07）：53-56.

行知识结构的建构。首先是科学与人文社科知识。当代教师一定要注重对自然科学领域、人文社会科学领域知识的学习与积累，因为丰富、全面的通识知识不但可以应用到自身教学活动中，更重要的是这些知识是一位教师具有良好科学素养、人文素养的基础。所以对于任何学科教师而言，广泛的科学、人文知识不容忽视。教师可以通过阅读一些经典的著作，关注社会与科学领域前沿、关心国家大事、国际动态等。读万卷书、行万里路，积淀自身综合素养的广度与深度。其次是学科核心知识。应该说，教师所教学科的核心知识构成教师知识结构中最为重要的一个方面。教师需要深度掌握学科的基本概念、原理系统，深刻把控学科的基本结构，以及以学科为中心的相关学科知识，这样才能在教学活动中高屋建瓴地扮演好知识传授者这一角色。对于教师学科核心知识的建构，可以通过自身专业学习、研读课标教材、多参加集体教研活动、多与同事交流讨论等方法来实现。最后是教育、心理、哲学等方面的知识。这些知识有利于沟通教育理论与实践，启发教育实践工作者的教育自觉，提高教育实践工作者的自我反思和发展能力；有助于教师理解和解释学生的心理现象和行为，判断学生的心理状态，有效地把握学生的学习心理，从而更好地实现完整的教育；还有利于促进教师个体发展及构建教师精神世界。对于基础薄弱型的教师，坚决拒绝原地踏步，要从自身的知识储备开始构建坚实的教育专业基础。

（二）经验丰富：游刃有余地处理各种教学状况

对于基础扎实型的教师，下一步的目标就是经验丰富。我们知道，丰富的经验不仅需要足够的实践经历，而且还需要对实践进行深度的反思。我们可以引领基础扎实型的教师，从学科、学生、社会生活三个角度去总结经验和反思，从而丰富其教育教学经验，达到"游刃有余"的水平。首先，基于学科视角的反思。教师要对学科发展史进行反思，从中去体会学科知识的不断更迭与创新，从而掌握整个学科的基本结构，从整体上去把握各个部分，再从部分里探寻与整体的联系，并将它们与生活实际相结合，融会贯通。还要落实到对具体课标和教材的反思，诸如针对每一项标准，教材中设置了哪些内容，如何将这些内容转变成学生的知识，学生是否能够将学到的内容灵活运用于实际生活等。其次，基于学生视角的反思。要求教师能够摆脱以自我为中心，切实换位到学生的生活背景之中，从学生的生活经验出发，考虑学生的年龄与心理特征，了解学生面对知识时会产生哪些困惑、提出哪些问题、遇到哪些阻碍。除此之外，教师一定要考虑到每个学生实时的情绪状态，进行移情性理解，效果会事半功倍。最后，基于社会生活视角的反思。实际上，我们每一个人都不是独立的个体，而是确确实实生活在复杂的社会之中。而知识和理论恰恰是为了能够更好地服务于人们生活而产生的，我们所做的教学工作实际上便是把这些前人在社会实践中凝练出的智慧传递给学生，学生通过运用这些知识再反馈于社会实际生活。因此，意味着教师要时刻意识到知识与学生生活实际是紧密相连的，割裂便会枯燥，结合方显韵味。

（三）哲学高度：从心所欲地立德树人

对于经验丰富型的教师，包括部分著名的特级教师，他们容易沉迷于游刃有余的精湛教学技艺，而忘了立德树人的根本旨趣。大量实践调查表明，教师的观念与行为之间存在着严重的背离。真正落实新课程理念，需要教学范式的转换：由教师的华丽表演到学生的朴实发展。[1]具体来说，促进学生"朴实发展"的教学系统可以全面地解构为三个部分，即教学价值、教学实施和教学评价。首先，教学价值是一种起着重要引领作用的导航，其旨在于为学生长足的未来发展奠基，关注学生的个性生命，摒弃为了考试而教、为了考试而学的急功近利的短视行为；其次，这种价值的实现路径也就是操作系统，只能是学生的主体参与，教师不可以越俎代庖，而应把原本属于学生的时间和空间还给他们，让学生自由思考、体验和实践，授之以渔，从而让学生学会学习；再次，为了促进学生的朴实发展，要变革传统的教学评价观念，教学评价应成为学生新一轮发展的重要动力。要关注学生在习惯、知识、思维和德性等方面的每一点进步，在个性方面扬长避短，在社会性方面取长补短，培养一批有旺盛生命力且个性十足的优秀公民；最后，我们还要强调一点，促进学生"朴实发展"是一个开放的系统，在本系统的运演过程中，教学相长，教师和学生都得到了升华，形成一个良性的螺旋式上升的开放体系。为培养真正的人才，实现民族的教育梦、强国梦奠定了重要的根基。因此，作为一名教师不能仅仅停留在经验层面，而应结合已有教育、心理、哲学的相关理论，藉以实践研究，来个性化地系统地表达自己的观点，将经验、理论、研究高度融合升华并形成自己的教育哲学。由循规蹈矩，到游刃有余，最终走向随心所欲的哲学境界。

二、内容引领：旨向德艺双馨的教师培养

在前面已经提到，在教师成长内容方面的引领主要是从教师道德修养和专业综合素养方面来进行的。教师道德修养方面，要求教师热爱教育事业，具有职业理想和敬业精神。履行教师职业道德规范，依法执教。关爱学生，为人师表。尊重学生人格，富有爱心、责任心、耐心和细心。勤于学习，不断进取。以人格魅力和专业风采教育感染学生，做学生健康成长的指导者和引路人。需要特别指出的是，深刻的实践教训告诉我们，"师德"是很难培训的。成年人在选择职业时，价值体系和行为方式基本定型，很难进行根本转变。因此，如果一个人本身并不热爱教育事业，后续就很难成为师德过关的教师，遑论优秀教师。当前形势下，职前教师往往具有较高的学历，他们除了来自高等师范院校外还有更多的综合性重点大学。从知识技能层面来讲，通常没有多大问题。师德恰恰是选聘教师的关键所在，因为形而上的品质需要前期漫长的积淀，而形而下的技能则可以相对容易地进行训练。立德树人、师德为先，校长要严格把关。

专业综合素养方面，主要包括教育教学能力、课程开发能力、教育科研能力等。这要求教师在理念上，要遵循学生身心发展特点和教育教学规律，尊重学生权益、以学生为主体，充分调动和发挥学生的主动性，促进他们生动活泼学习、健康快乐成长，全面而有个性地发展。因此，教师要有终身学习与持续发展的意识和能力，做终身学习的典范。首先，教育教学方面。要把学科知识、教育理论和教育实践紧密结合起来，突出教书育人的实践能力。要理解所教学科的知识体系、基本思想与方法，科学地设计教学目标和安排教学计划，营造良好的学习环境与氛围，通过启发式、讨论式、探究式等多种方式实施教学，引

---

[1] 吴晗清.当代教学的转向：由教师华丽表演到学生朴实发展[J].湖南师范大学教育科学学报，2014（3）：72-75.

发学生独立思考和主动探究，培养他们的实践能力和创新能力。其次，课程开发方面。除了掌握学科课程标准、教材外，还要了解课程资源开发与校本课程建设的主要方法和策略。结合学生的生活实际和社会发展，开发适切本校实际的课程资源，从而激发学习兴趣，加强与其他学科的联系，培养学生的综合能力。最后，教育科研方面。我们知道，教师不再仅仅是知识的传授者，而是要懂得如何有效地培养学生的核心素养。因此需要针对教育教学工作中的现实需要与问题，主动收集分析相关信息，进行探索和研究。基于实践，不断反思、持续改进，从而提升教育教学专业化水平。

呼和浩特南马路小学刘建英校长在教师成长内容的引领方面，做了卓有成效的探索，造就了一批德才兼备的教师。具体工作体现在以下几个方面。

第一，加强师德师风建设，提高教师道德水平。坚持把师德建设摆在教师队伍建设首位，将师德教育作为教师成长的重要内容。通过多种途径和方式广泛开展主要内容为敬业爱岗、热爱学生、严谨治学、为人师表的教育理想和信念教育，增强教师教书育人的责任感和使命感。

第二，重视教师理论学习，提高教师文化素养。定期组织读书活动，营造"书香校园"。通过组织教师指定阅读与自主阅读相结合、开展各种读书活动来引领教师养成良好的读书习惯，积极践行"阅读生活化、学习终身化"的理念，引导教师将理论与实践相结合，让教育教学充满智慧。

第三，不断增强教师教育科研意识，注重教师教育科研能力的提高。多渠道、多方式聘请校内外专家对教师进行教育科研知识讲座，指导教师撰写课题方案、教育教学论文。教科室积极收集教育科研信息情报，组织教师阅读、研讨，引导教师用先进的教育科研的思想和方法去实践课程教学改革，不断提高自身科研能力。

第四，强化教师自我研修和反思，加快专业发展。组织教师定期梳理个人近年来的成绩与不足，就师德、职称、教育工作、教学工作、教育科研能力、岗位能力等方面确定自己的下一阶段目标，在教研组、备课组、课题组等同伴的互助下通过自修和实践，不断反思，不断调整，实现自身的专业化发展。

第五，开展"师徒结对"，同时设立名师工作室培养青年教师。师徒结对是培养青年教师的有效方法。学校组织优秀教师、年长教师与青年教师、新教师结对，引导徒弟在师傅的诊断、指导中，不断谋求新的提高和成长，同时也设立校级名师工作室，在工作室的带动下，积极探索"生本课堂的建设"。

第六，加强骨干教师建设，提高名特优、星级教师数量和层次。学校要鼓励教师在职攻读教育硕士学位，提高学历、学位层次，积极推荐教师参评各级各类名特优教师的评选，大力支持教师参加各种教育教学展示活动，扩大学校影响。并且，为教师著书立说，为形成教育教学风格提供制度保障。问渠哪得清如许，为有源头活水来。南马路小学把"求真"作为总体办学理念，从实际出发，遵循学生发展规律和教育教学规律，做最真实的教育。在教师培养方面，"求真"体现在四个方面，分别是立师德，以真道德作为师德根基；强师能，以真学识作为教师教育教学的基础和保障；展师风，以真做事展示教师教育教学的风范；铸师魂，以真做人净化每位教师的灵魂，达到真正意义的为人师表。

三、形式引领：多渠道、重实效的教师成长路径探索

目前，教师成长的路径非常多，然而实效性并不理想。究其原因，诚如有人指出教师培训与教师专业发展是两个不同的概念，通过比较二者活动目的、理论假设、内容和方式，认为教师培训是以教为中心，而教师专业发展是以学为中心。[1] 常见的培训活动，对于一般教师而言很容易变成任务，被动地执行。事实上，我们永远无法叫醒一个装睡的人，同样也永远无法撼动一个真正有原则的人。同样的培训，却在不同的教师身上体现出截然不同的效果，本质是主体的差异。所以如何发挥教师的主体性，唤醒教师成长的原生动力才是关键所在。

根据不同的视角，教师成长路径有不同的分类。从活动组织者的角度来说，有教育行政部门组织的、非政府机构组织的、学校组织的、个人自发的等。教育行政部门组织的活动，是一种自上而下的培训，如"国培""省培"项目，也是传统的最为普遍的组织形式。由上级教育部门提供培训课程，侧重方向的引领。往往不能很好地契合学校和教师的真正需要，效果有待提升。提供教师专业发展路径的非政府机构组织主要有三类，一是高等院校，二是各级各类教育培训机构，三是各种教育专业委员会。非政府机构组织的活动相对灵活，偏重理论学习方面。学校组织的促进教师专业成长的活动，相较而言更加贴近实际，偏重现实问题的解决。比如"校本行动教育模式"，旨在提高教师实践智慧、促进教师专业发展、培养研究者型教师。该模式主要在教师的日常教学中进行，以精心组建的实践共同体开展以课例为载体的合作研究，并在合作平台上开展专业引领与行为的反思。[2] 个人自发的成长探索，是一种强大的专业生命力量，星火燎原、势不可当。包括各种理论学习、实践反思、切磋交流、教育科研等。另外从活动形式上来说，有线上的与线下的、校内的与校际的、自我提升与团队合作的。从活动内容上来说，有偏理论学习的与偏实践训练的、教学的与管理的等。应该说，没有哪一种方式是完美的，可以放之四海而皆准。因此需要因校制宜，多渠道构建立体的教师成长范式，由点到面、由面而体，构建一个适合于教师个体、教师团队和教师全体实现专业发展的绿色生态体系。

武汉常青树实验学校对多渠道、重实效的教师成长路径进行了深入的实践探索。主要内容有三个维度，分别是自主研习、互促提升和外在研训。其中自主研习主要是教师内在成长的动力呈现，旨在成为学习型、教研型、反思型教师；互促提升主要是通过校内备课组、教研组等的相互切磋，以及对外交流活动，包括学校接受外来观摩者同时又输出大量的教师跨校际、跨地区甚至跨省做交流示范课等实现；外在研训主要是通过专家专业报告的引领、名师工作室的实训来实现，如图10-2所示。教师们在这样的大环境中，内外兼修，互促交流，实现了卓有成效的教师专业成长。

---

[1] 顾小清，祝智庭. 教师专业发展的实现模式 [J]. 中国电化教育，2005（03）：5–8.
[2] 顾泠沅，杨玉东. 教师专业发展的校本行动研究 [J]. 教育发展研究，2003（06）：1–7.

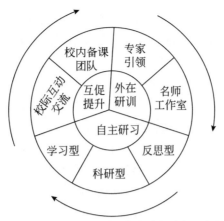

图 10-2　常青树实验学校教师成长路径示意图

　　维度一是自主研习，包括学习型、科研型和反思型。首先是学习型。教师读书活动一直是校园文化建设的重要内容，也是教师专业化成长的有效途径。让"悦读"渗透教师的日常工作中，使其成为教师的一种常态习惯。经典活动有，"校长拆书""主题阅读""读书工程"及"扉页小计"等。"校长拆书"，即校长亲自挑选阅读书目，并按章节拆开，分发到各备课组阅读。老师们针对自己的教学实际写出读后感，分组交流汇报。既有理论学习、实践反思，还增进了教师的情感，增强了团队凝聚力。"主题阅读"，每月一个主题，比如道德、文化、科技、国家等，教师根据主题自由挑选书籍阅读，并以读书笔记的形式记载，分享。"读书工程"，主要是必读书目，古今中外教育理论著作和教育实践著作。老书新读，就是打通不同名著中的同一主题如"德育"，通览研读，探讨德育的理论与实践。"扉页小计"，教师利用假期自行选取书目，静心阅读并撰写读书笔记，插入扉页小计。开学后开展读书漂流、好书推荐活动，传阅读书心得体会，分享思想，体验心灵自由、思维荡漾带来的精神愉悦，在书香中汲取提升专业素养的力量。其次是科研型。学校积极倡导教师开展课题研究，提高教师专业素养和科研能力。以各级各类的多项课题实验为契机，成立了校内多个子课题研究小组。充分尊重教师的主体地位，不断激发其积极性、主动性和创造性，尽力引导他们结合教育教学实践开展规范的教育研究。努力提高科研的质量和应用价值，让课题研究增添教师的职业幸福，让教育研究促进学校教育的不断优化和发展。历年来，学校获得市级以上课题立项数以十计，学校被评为全国教育科研先进单位，万玉霞校长也被评为全国教育科研百强校长。最后是反思型。教师的专业发展，需要自身的努力，更需要集体研讨的良好氛围，同伴互助与合作是教师有效发展的快速通道。学校广泛开展以教师为主体的校本培训，积极搭建教师合作与对话的平台，逐步提升教师的教学智慧和学习能力。关键的途径是创建"学习型组织"，成立由个人、年组、大教研组、部门、学校组成的五级阶梯式发展的学习型队伍。动态实施、分层管理，引领教师反思自身成长和团队发展的经历，提出个人及团队的发展愿景。实现"一年一成长、两年回头看、三年上新阶"的战略规划。同时实施"师德建设工程""师能建设工程"，内铸师魂、外练师能，打造德艺双馨的教师队伍。

　　维度二是互促提升，包括校内备课团队和校际互动交流。首先是校内备课团队。学校语文、数学等备课组都在校长万玉霞的亲自统领下，以"教学工作室"三级管理为龙头，分为专家工作室、骨干工作室和青蓝工作室。备课组铺设"四条通道"搭建教师专业成长平台。第一条"绿色教研"。营造一个"经济、省时、便捷"的绿色教研活动环境。"经济"就是多方利用现有的校内网络平台、资料等硬件资源；"省时"就是教师随机教研，课间、网络论坛、邮件多渠道互动；"便捷"就是各级骨干教师、学科带头人等软件资源就在身边，及时碰撞，做到教学和科研并举，理论与实践共行。第二条"高峰体验"。鼓励教师与大师对话，向经典学习，从而打开"送出去，请进来"的开放之门，缩短打造名师团队的周期。如数学备课组全体教师赴北京参加研讨活动，与华应龙、吴正宪等著名特级教师交流；还多次请到全国知名数学教育专家到学校互动研讨。因为站得更高，所以飞得更远。第三条"文化锻造"。日积月累，"锐意进取、追求真知、格调高雅、共识互尊、勤奋好学"已成为数学备课组的文化特质。他们在教育变革中享受工作和成长的快乐，春沐庐山雨，夏吹江滩风，秋游绿林寨，冬赏磨山梅。数学文化，文化数学，备课组的团队文化越发彰显。第四条"视界融合"。不同教师，不同视角，备课组积极鼓励每一位教师思想开放，观念融合。教材联通、学科整合、同仁碰撞、国际交流等，为备课组开放教学、资源高效利用奠定了丰厚的发展基础。其次是校际互动交流。为加强教师综合素质，学校不但强调输入性学习，同时还组织教师外出交流学习。学校以校际交流、支教送教、学术讨论、教学展示等方式开展对外交流活动，促进跨校、跨区域学术研究交流和成果推介，促进教育均衡发展，努力建设教育研究共同体。学校先后接待了北京、江苏、河南、新疆、云南等全国各地教育代表考察团60余个，美国、英国、加拿大、新加坡等境外教育考察团约30个，接待人数近万人。先后共派出100余名教师远赴云南、海南、江苏、广东等地进行支教送教，交流展示。同时学校作为教育部课程改革中心培训基地和全省教师、校长跟岗学习培训基地，分别接受了50多名校长和数以百计的骨干教师来校跟岗学习的任务。将学校的办学理念和教育经验传递到不同的学区，充分发挥各校的教育优势，互利互补、资源共享，促进学校共同发展。

维度三是外在研训，包括专家引领和名师工作室领航。首先是专家引领。学校先后聘请了北师大、华东师大、中国教科院等多位专家，来为教师们进行教育改革的宏观引导。对于学校而言，建立一个庞大的专家圈子是非常有价值的。除了专业指导，专家的精神风采无疑也是激励老师做好工作的精神食粮。另外，学校还邀请了本地华中师大、湖北大学、武汉市教科院等的专家，为武汉教育的发展出谋划策。值得一提的是，学校发挥校本研修渠道作用，请学校校长和骨干教师作讲座。还在各年级组开展"讲述我的教育教学故事"论坛交流，体验事业的幸福感。每学年的人事安排，学校都耐心倾听教师们的心声，让教师找准自己喜爱、能实现自我生命价值的岗位。其次是名师工作室领航。为进一步优化教师的专业能力发展，学校注重在研究的角度上，促进教师之间共同学习、团结合作的能力，因此我们打造研究团队，以"名师工作室"为抓手，着力备课组、学科教研组两个阵地，以"师徒结对"制分层推进，力争全校教师教学质量"齐步走"，实现各学科、各学段教师的均衡发展，打造"鹰一样的个人，雁一样的团队"。

四、校长引领教师成长的方法论考量

通过上面的分析，我们知道校长引领教师的成长并不是手把手、一对一地指导，而是高屋建瓴地做好带路人。具体成长过程不能越俎代庖，必须由教师自身去践行。因此，想实现教师成长的有效引领，从方法论的角度来考察，需要满足以下几个方面。包括深度分析本校教师队伍的实际情况，然后开展适切的多维度引领，还要确保有效的激励机制，促进教师队伍的持续发展。

首先，深度把握本校教师队伍的整体现状。年龄、性别、学历等要素，其实都是外在次要的，并不是关键所在。要深度调研教师队伍，摸清教师个体和教师团体存在的问题。个体方面，看看不同教师属于什么类型，面临的困难是什么，如何克服，校长如何发力等。团体方面，如学科教研组、年级组、班主任群体等，他们存在什么问题，如何解决，愿景是什么，如何实现，校长有何可为等。这样就可以各个击破，点面结合，形成合力。如基础薄弱的教师向扎实方向发展，经验不足的教师力争积累丰富的经验，技术导向的教师走向真正的立德树人。每一个教师进步一点点，全体教师的整体水平就会提高一大截。特别值得一提的是，切忌忘了前面不厌其烦谈到的一以贯之，就是整个教师队伍的精神面貌、风格特色要与办学理念一脉相承。什么样的教师，培养出什么样的学生，什么样的学生成就什么样的学校。

其次，多维度引领教师实现差异发展。正如人们在投资理财时，经常说"不要把所有的鸡蛋放进一个篮子"。校长也要多维度引领教师，不要把效果押到一个举措上，主要原因有三个方面。一是教师专业成长的内容本身就很复杂，道德修养、课程开发、教学技能、管理艺术、教育科研等等都需要发展，不能过于偏颇；二是教师个体差异甚大，一个教师不可能各方面都齐头并进"全面发展"。因此让教师基于自身特点实现个性发展十分重要，从而使得他们在各自个性特长方面成为标杆，起到榜样作用。三是"交互效应"，也就是当成长渠道多管齐下、普遍开花时，就会形成良好的成长氛围，各美其美、美美与共，从而促进教师个体和团体的良性互动。当然需要强调的是，这里绝对不能搞平均主义，面面俱到、没有轻重缓急是不可以的。校长在引领的过程中，要紧密依据本校教师队伍的整体现状，做出主要的反应，同时采取多方面的举措，标本兼治。

最后，构建教师可持续发展的激励机制。教师成长的过程，有主要的内在要素，也受外在的影响。首要的任务是激发教师内在的原生动力，让教师找到职业幸福感，甚至体验生命的真谛。非常悲观的，绝大部分卓越的教师都是源自对职业的热爱。从这个角度来看，优秀教师真的不是培养出来的，而是自然而然生发出来而茁壮成长的。所以校长在选聘教师时，对于教师教学技能这一硬件之外的软件要格外重视。同时学校要对教师倾注深沉的真情实感，温暖教师的心灵，尽可能开启成长的自身机制。当然，我们也不能忽视外在激励的作用。校长搭建平台，让教师展示风采，得到同伴的认可会大大地激励教师的工作热情。特别是因为个人的努力，在团队中形成影响，为学校集体赢得荣誉，那更是为教师的可持续发展加足了马力。一言以蔽之，教师是学校最重要的人力资源。没有教师队伍的整体发展，办学就会举步维艰。

第二节 引领教师成长的现状调查

众多实践表明，人是一切因素中最重要的。人民是历史的创造者，没有人就没有一切。同样，学校所有的成就都是教师共同努力的结果。因此引领教师的成长，打造一支强劲有力的育人队伍，就是校长工作的重中之重了。校长除了需要成为个体教师的榜样，还要为团体专业发展提供重要支持。首先是理念认同，要深刻认识到教师对于学校教育的核心价值，给教师发展提供良好的成长环境。其次是师德为先，要让教师更加热爱教育事业，具有人生理想。教师应该关爱学生、为人师表，做学生健康成长的指导者和引路人。再次是能力为重，引领教师把学科知识、教育理论与教育实践有机结合，突出教书育人的实践能力。要遵循学生成长规律，坚持实践反思、再实践再反思，不断提升教育教学专业化水平。最后是学校中心，也就是教师的各种学习，比如理论的实践的、学科的综合的、线上的线下的等，都必须坚持以学校为中心，旨向本校教育教学实际问题的解决，要把学校当成教师专业成长的主阵地、综合实践基地。不可本末倒置，缘木求鱼。

基于上述分析，本研究从引领理念、引领内容、引领举措三个维度来考察校长引领教师成长的现实状况。首先是引领理念，包括是否重视以及能否理性把握这项工作。重视就是意识到教师是最重要的人力资源，一切育人的任务是落在教师肩上的。教师如果没有能动创新，学校的愿景就是空中楼阁；理性把握就是能否科学地认识和掌控这项工作，具体来说，就是能否了解教师专业发展的理论、规律，能否作为"行家"去引领。其次是引领内容，主要从形而上的教师道德修养和形而下的教书育人能力来分析。包括能否有效开展师德师风教育、强化教师职业道德，以及能否引领教师凝练教学经验和育人智慧，推进学校教育教学变革。最后是引领举措，从全体教师和个体教师两个方面考察。对于全体教师而言，就是考察学校是否成为教师专业发展的主阵地；对于个体教师而言，就是考察校长能否引领教师根据自身情况制定适切的成长方案，并实施执行。

从表10-1可以看出，校长在引领教师成长方面的情况并不理想，表现很好的占比不足一半。具体来说，引领理念方面，58.88%的校长认同教师是学校改革发展最宝贵的人力资源，能够尊重、信任、团结和赏识每位教师。表现较好的36.06%，合计占比94.94%。而在是否了解教师专业发展的理论、规律，能否科学引领教师的专业发展方面，仅有35.73%的校长表现很好，50.58%的校长表现较好，合计占比86.31%。在引领教师发展的具体内容方面，58.49%的校长能够很好地开展师德师风教育，落实教师职业道德规范要求。有36.17%的校长表现较好，合计占比94.66%。在引领教师教育教学能力方面，有47.86%的校长能够很好地起到引领作用，积极地推进教学变革。有43.68%的校长表现较好，合计占比91.54%。在引领教师成长的举措方面，有52.81%的校长在实践中的确做到了将学校作为教师实现专业发展的主阵地，而40.01%的校长表现较好，合计占比92.82%。有34.95%的校长在实践中能根据理论、规律，来指导教师们根据自身发展特点制定专业发展计划，49.19%的校长表现较好，合计占比84.14%。总体来说，校长们在引领理念方面要胜过实践，也就是认为引领很重要，但是现实做法稍逊一筹。将表10-1中"非常符合"的数据，转换成柱状图，如图10-3所示。

表 10–1 校长引领教师成长方面的基本现状

维度	项目	非常符合	比较符合	合计
引领理念	a 教师是学校最宝贵的人力资源，重视教师专业发展	58.88%	36.06%	94.94%
	b 了解教师专业发展相关理论，科学引领教师成长	35.73%	50.58%	86.31%
引领内容	a 开展师德师风教育，强化教师职业道德	58.49%	36.17%	94.66%
	b 凝练教师的教学经验和智慧，积极推进教学变革	47.86%	43.68%	91.54%
引领举措	a 让学校成为教师专业发展的主阵地	52.81%	40.01%	92.82%
	b 科学指导教师们根据自身特点制定专业发展计划	34.95%	49.19%	84.14%

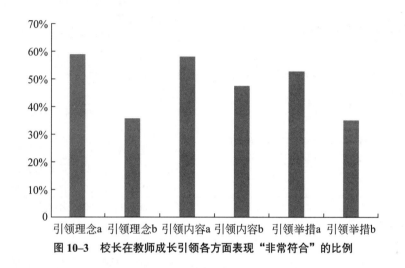

图 10–3 校长在教师成长引领各方面表现"非常符合"的比例

从柱状图中可以更加直观地看到，校长在引领教师成长的整体方面表现不理想，而且在每一维度的不同角度表现差异甚大。深刻揭示了理念和实践中的重大差异，也就是"觉得"和"实际"之间的巨大鸿沟。具体来说，引领理念方面，58.88% 的校长认同教师是学校改革发展最宝贵的人力资源，觉得引领整个教师团队的发展是极其重要的；但是仅有 35.73% 的校长了解教师专业发展的理论、规律，能够科学地引领教师成长。这就深刻地表明，校长更多的是知道"应该"去引领，但是不知道"怎么"去引领。在引领内容和引领举措两个维度，也存在同样的问题。引领教师发展的具体内容方面，58.49% 的校长重视教师道德修养，很好地开展了师德师风教育，着力培养教师的"理想信念"及"道德情操"；在引领教师教育教学能力方面，有 47.86% 的校长能够很好地起到引领作用，培养他们的"仁爱之心"及"扎实学识"，积极地推进教学变革。我们知道，对于道德和能力而言，一为形而上一为形而下。可见校长对具体怎么去引领教师形而下的教育教学能力，显得力不从心。在引领教师成长的举措方面，有 52.81% 的校长的确做到了将学校作为教师实现专业发展的主阵地，但是只有 34.95% 的校长能够根据教师专业发展的理论、规律，来指导他们基于自身特点而实施成长计划。因此通俗地说，校长同样是知道引领教师很重要，但是不知道怎么去实践操作。

上面是基于描述性统计，对校长引领教师成长方面总体情况的基本呈现。那么，不同类别的校长在引领教师成长方面是否存在显著性差异呢？本研究试图分析这些差异，从而为不同类别的校长提出针对性的建议。不同类别校长在引领教师成长方面的均值及差异性，如表 10-2 所示。

表 10-2 不同类别校长在引领教师成长方面的均值及差异性

类别	均值	差异性
性别	女 4.49＞男 4.32	$t=-6.473$，$Sig.=0.000$，男性显著低于女性
学科背景	艺体类 4.42＞自然学科 4.39＞人文社会学科 4.38	$F=0.503$，$Sig.=0.605$，学科背景之间不存在显著性差异
第一学历	大学以上 4.58＞大学 4.40＞大学以下 4.34	$F=8.774$，$Sig.=0.000$，学历之间存在显著性差异。 多重比较结果： $Sig.=0.000$，大学以上显著高于大学以下； $Sig.=0.001$，大学以上显著高于大学
初任年龄	51 岁以上 4.48＞46~50 岁 4.43＞36~40 岁 4.39＞35 岁以下 4.38＞41~45 岁 4.35	$F=1.431$，$Sig.=0.221$，不同初任正校长年龄之间不存在显著性差异
已任年限	16 年以上 4.44＝11~15 年 4.44＞6~10 年 4.37＞5 年及以下 4.35	$F=3.035$，$Sig.=0.028$，不同已任正校长年限之间存在显著性差异。 多重比较结果： $Sig.=0.022$，5 年及以下显著低于 11~15 年； $Sig.=0.019$，5 年及以下显著低于 16 年以上
校长类型	教育家型 4.68＞卓越型 4.62＞优秀型 4.52＞称职型 4.29	$F=32.120$，$Sig.=0.000$，不同校长类型存在显著性差异。 多重比较结果： $Sig.=0.000$，称职型显著低于优秀型； $Sig.=0.000$，称职型显著低于卓越型； $Sig.=0.000$，称职型显著低于教育家型
地区	经济发达地区 4.51＞广大中部地区 4.37＞少数民族地区 4.32	$F=7.859$，$Sig.=0.000$，地区间存在显著性差异。 多重比较结果： $Sig.=0.005$，经济发达地区显著高于少数民族地区； $Sig.=0.000$，经济发达地区显著高于广大中部地区
地域	城市 4.50＞县城 4.39＞乡镇 4.30	$F=22.463$，$Sig.=0.000$，地域间存在显著性差异。 多重比较结果： $Sig.=0.004$，城市显著高于县城； $Sig.=0.000$，城市显著高于乡镇； $Sig.=0.016$，县城显著高于乡镇
层次	示范学校 4.57＞普通学校 4.35＞薄弱学校 4.26	$F=40.885$，$Sig.=0.000$，不同层次学校之间存在显著性差异。 多重比较结果： $Sig.=0.000$，示范学校显著高于普通学校； $Sig.=0.000$，示范学校显著高于薄弱学校； $Sig.=0.042$，普通学校显著高于薄弱学校

续表

类别	均值	差异性
学段	幼儿园 4.49＞中学 4.40＞小学 4.33	F=6.458，Sig.=0.000，学段之间存在显著性差异。多重比较结果： Sig.=0.000，幼儿园显著高于小学； Sig.=0.023，幼儿园显著高于中学
家庭	家庭氛围和谐 4.41＞不和谐 4.12	t=6.441，Sig.=0.000，和谐家庭显著高于不和谐家庭
子女	子女成长理想 4.46＞不理想 4.22	t=8.098，Sig.=0.000，理想情况显著高于不理想情况

注：里克特量表5点计分，1为最低值，3为一般水平，5为最高值，均值位于两者之间；组间没有显著性差异的，在表中不呈现。

表 10–2 所示数据显示，不同类别校长在引领教师成长方面存在诸多显著性差异。从个人角度来说，性别方面是女性显著高于男性，表明女校长更为关注教师队伍的培养。学历方面是大学以上显著高于大学以下和大学，可见第一学历对于专业引领教师成长有明显影响。已任正校长年龄方面，发现5年及以下显著低于11~15年和16年以上，也就是任期越长，越发注重教师队伍建设。校长层级方面，称职型显著低于优秀型、卓越型和教育家型，表明层级越高的校长，对教师的引领也越专业。学科背景，以及初任正校长年龄方面，不存在显著性差异。也就是无论什么学科出身，什么年龄初任校长，在教师培养方面没有显著性差别。从学校角度来说，经济发达地区显著高于广大中部地区和少数民族地区，城市显著高于县城和乡镇，表明经济水平是重要的制约因素。示范学校显著高于普通学校和薄弱学校、普通学校显著高于薄弱学校，表明学校办学水平越高，相应地在教师队伍建设方面做得越好。学段方面，幼儿园显著高于小学和中学。从家庭角度来说，同样几乎没有悬念，家庭和谐、子女健康成长的校长在教师成长方面的引领要明显胜过一筹。家国天下，看来具有很强的一致性。不扫一屋，何以扫天下？

第三节 教师卓越成长的案例探讨

百年大计，教育为本；教育大计，教师为本。教师是教育发展的第一资源，因此学校对教师的培养再重视也不为过。有了优质的教师队伍，才可能有教学、课程、德育，育人目标才有实现的可能性。通过前面的分析，我们知道校长对教师成长的引领要从理性引领、内容引领和形式引领三个方面来着手。然而现实状况并不乐观，虽然大部分校长都认可引领教师成长非常重要，但只有约三分之一的校长在理论上了解教师专业发展，在实践中能够科学地引领教师成长。本节试图通过案例的分析，为校长提供可操作的实践范例。案例一是学校个案，遵义市第四中学，通过引领全体新教师的卓越成长，在保证名校品质的基础上，促进学校新的跨越式发展。案例二是教师个案，苗凤珍老师，"全国优秀教师"称号获得者，但是奋斗在最普通的学校。比起名校名师，苗凤珍老师的案例对众多普通教师的成长启发意义更大。学校案例和教师个案一同讨论，既见森林，又见树木。点面结合，全景呈现。

一、遵义四中：与未来力量握手

遵义四中是一所百年老校，西南地区的百年名校。一直以来，学校都高度重视教师队伍建设。近年来隆重推出了"与未来力量握手"的青年教师发展战略，背景包括几个方面。首先是学校规模的扩大对优秀教师的需求。学校优质教育资源的辐射，使得学生规模翻倍。有时一年新进教师达50人，其中多为应届毕业生。如何使得新教师尽快成为中坚力量，是迫切事件。其次是学校历史文化的传承，百年办学历程中，学校积淀了"尊师重道，敬业乐群"的深厚底蕴。最后是人才成长规律的客观要求，青年期是教师成长的关键期，应给潜在优秀的教师提供大力的专业支持，从而在几年后使其成为骨干力量。学校数年的实践探索，卓有成效，为学校发展提供了人才资源和智力支撑。

"与未来力量握手"总体战略

2016年，在张志奎校长的引领下，遵义四中正式开展"与未来力量握手"的青年教师发展战略。致力于培养一批青年教学业务骨干，培养一批领衔新高考改革的青年领军人才，培养一批研究学校管理和班级管理的青年人才。学校结合"守乐守拙、致和致远"的骆驼精神和"名门风范、百姓情怀"的教师文化，提出了青年教师发展的愿景，即"自信自觉、开放开明、多才多维、勤合勤耕"。总体战略方面，包括三个方面。首先，学校提出了"13615"青年教师成长方向盘，即要求青年教师能够做到"1年立足学校、3年教学成熟、6年市级骨干、15年省级名师"；其次，匹配了"7工程"青年教师成长助推器，即"归心工程、领雁工程、爱晚工程、三阳工程、青蓝工程、金种子教师培养工程、奔跑驼队建设工程"等；最后，找到了"1+5握手"青年教师成长铺路石，即在"与未来力量握手"的基础上，要坚持做好"与资源握手""与现代化握手""与课程名师握手""与科研团队握手""与教职工子女教育握手"。下面是具体的四大举措。

（1）"心力修炼：让遇见成为眷念"

学校换位思考，站在教师的角度思考问题。尽力让教师入职即"归心"，让学校成为教师的心灵皈依之所。学校定期和不定期组织正式或非正式的青年教师座谈、个别私谈，听取心声，以了解他们的现实需求，着力解决发展中遇到的难题。建立青年教师关怀机制，从福利待遇、婚恋嫁娶等多角度提供力所能及的服务与帮助，还将青年教师自己子女的教育提升到学校全局发展的高度，从家校合作、资源带动、协同育人等方面为教师排忧解难。学校把教师当成家人，教师就会把学校当成家。

（2）"同伴互助：构建青年教师专业成长共同体"

构建共同体，充分发挥团队的作用，激励个体成长。学校实施"青蓝工程"，徒弟主动拜师学艺，学习丰富的教育教学经验，学习高尚的师德师品；实施"金种子"培养工程，搭建同质互助学习共同体，以项目助推部分青年教师自觉成长，带动引领其他青年教师共同成长；实施"爱晚工程"，搭建课堂忠实陪伴团队，充分发挥老教师引领辐射作用，加强对青年教师的课堂督导与问题检视，在听课陪伴中精心护佑青年教师专业成长；深化课堂改革，搭建组内共进团队，推动"三元课堂"，推行集体备课、常态听课、小组评课、原创命题、课题引领等项目，以课堂和教研的革新促进青年教师教学观念转变、技能提升和意识深化,让青年教师从教育教学的变化中感悟到自身的成长,以组内同伴的成长倒逼自身成长;通过学科建设三年一体化这一抓手,规划青年教师专业成长路线,搭建青年教师当下与未来对话制度,建立个体三年一体化发展体系,以目标引领成长,用规划指引方向;强化评价机制改革,推动由只考核个人业绩向考核团队成效的方向转变,营造团队共生的成长氛围,摒弃学科内部无休止的"内耗",把目光转向携手并进上来。

(3)"搭台唱戏:搭建青年教师幸福生长平台"

按照"扶梯子、铺路子、搭台子、压担子"的基本思路,学校提出"与资源握手"的发展思想,切实为青年教师搭建幸福生长平台。制定支持青年教师攻读研究生的相关政策,鼓励青年教师主动提升学历水平,提高教育认识和专业能力;与上海、江苏、北京等地的名校建立友好合作关系,选派青年教师赴对方跟岗学习,强化青年教师专项交流,如奥赛专家经验交流、青年干部管理交流等。了解发达地区的教育状况,开拓视野,增长见识;以会聚友,以赛借力,通过举办贵州省首届新高考改革高峰论坛、举办中国西部数学邀请赛、邀请全国著名高校教授讲学、举办校内青年教师基本功大赛、举办青年教师专业能力测评等活动,为青年教师广交教育圈朋友、深化学术研讨提供机遇和平台;组建四省八校双教联盟,充分运用四川、重庆、云南、广西等地的优质资源服务于青年教师成长,通过参加论坛活动、联考命题、联合教研,增强专业本领的同时加强互学互鉴,为青年干部增长才干提供舞台,为青年教师成长提供较为快捷且有效的路径;倡导集团化办学,托管两所高中,领办一所初中,承担新蒲新区教师培养使命,加强遵义市普通高中组团第一集团教研交流及备考分析,建立高校实习基地,通过"引进来"的方式为青年教师配备"徒弟",倒逼他们研究专业,提升教学水平;加强校内名师、名校长工作室建设,充分运用好8个校内名师、名校长工作室的资源,支持各工作室良性发展,努力搭建晒课、献课、展课的舞台;与生源基地高校深度合作,建立青年教师走上高校讲台机制,推荐优秀青年教师主动凝练教育教学理念和实践经验,并能辐射、影响到更多的准教师,借此提升青年教师教育能力,逐步形成自身的教育思想。

(4)"文化引领:让每个老师都能成为独特的文化符号"

百年四中的深厚文化底蕴吸引着全市乃至全省优秀学子,也吸引着来自四面八方的有识之士加入教师团队。文化是一张精神名片,它在仪式中展示强大的魅力。学校举办"隆师礼",感动过去、感恩当下、感念未来,大力表彰"躬行君"。青年教师拜师学艺,每一年都隆重大气,每一年都如期而至,已成为遵义四中教师节的一道文化大餐。彰显教师符号,加大网络推送力度,创建教师宣传窗口,鼓励更多的老师被学生认可、让社会熟知,让每一位老师都能成为响亮的四中符号。倡导青年教师要"躬身为范",也要"好学为师",精心打造"博谦"书屋、石永言红色书屋、文心院,建立青年教师"悦读时光"平台,定期举办读书沙龙和交流活动,为青年教师的"自信""多才"赋能,实现教书人必须要读书的基本要求;对青年干部的培养尤其重视文化引领,提出"勤奋磊落、独当共担"等理念及要求,推动青年干部成长为"忠诚、干净、担当"的好干部。五年的实践证明,这些举措效果明显,几乎绝大部分青年教师都能成长为教学骨干与能手。一批青年教师成为新高考改革领军人才,如2018年物理学科奥赛、2019年信息学奥赛,我校教师带领的团队成绩均居全省之首;一批青年教师成长为学校管理主力军,学校通过三次考察选拔了20余名教师进入管理队伍,其中青年教师占15名。多名青年教师已经成为学校副校长和集团化办学学校校长。"与未来力量握手",遵义四中青年教师群体会以其生动感人的勤奋和靓丽出众的光彩照亮学校发展的前路。

二、苗凤珍老师:夜空中宁静而闪亮的星星

苗凤珍老师,山东省语文名师。2019年9月,教育部发布《关于表彰全国优秀教师和全国优秀教育工作者的决定》,苗凤珍老师荣膺"全国优秀教师"。她好似蚌中含着的那颗珍珠,用自己的蜕变诠释着自己的意义与职责。而外表的光泽,折射出她暗自与自己较劲的努力和光芒。从小学到中学,向远方更远处行走,从未停歇;爱阅读,爱生活,爱一切美好的事物,向教育的更深处漫溯。人生是一场殊胜的缘分,几年前有缘结识她,已是至交。2020年1月13日,苗老师带着孩子来天安门看升旗。当晚准备到清华园和我相聚,但是她小看了北京的交通状况,和原计划硬是相差两个小时。无奈我们只好改在地铁见面,我从四号线往东南走,她从通州往西赶,在地铁六号线"黄渠"站汇合。她带着许多特产,笑称自己是"刘姥姥进大观园"。由于孩子特别累,我们就在附近面馆小聚。寒冬腊月、舟车劳顿,感动不已,究竟是什么样的朋友才会坚持这样的会面呢?

苗凤珍老师生长在农村,非常感恩那趣味无穷的、纯自然的、美好的生活状态,这让她的生活一直充满着自由、快乐、热情、淳朴、善良。她的成长经历了三个阶段,一是学步期,初涉教坛,学做一名合格的教师;二是积淀期,修身养性,学做一名优秀的教师;三是改革期,淡定从容,学做一名幸福的教师。前两个阶段是在实验小学经历的,后一个阶段是在中学实现的。她认为,教师的担当是在接受任务与承担责任中彰显出来的,是一种敢于挑战与慷慨面对的气质,更是一种精神承受与思想接纳的跨越。回首成长之路,她始终坚守心底最纯粹的渴望,怀着敬畏之心,做持续自生长的老师;她顺应时代发展方向,彰显个人教学特色,和语文人携手同行,做新鲜共生长的老师;她引领学生追寻成长的意义,不断创造新业绩,做有大爱、有情怀的老师。

(一)做一名自生长的老师

生命的成长有侥幸的偶然,更要有自我生长的坚定执着。行胜于言,追求不辍。参加工作的最初八年,她在实验小学工作,表现已经十分优秀了。但她的内心告诉自己,靠热情、靠苦干、靠年青的体力、靠严格的管理,靠各种各样的奇思妙想干出来的所谓"政绩",离真正的教育还相距甚远。到了中学之后,体悟似乎更深了一些。新环境、新群体、新教材、新挑战,改变,在某些时刻,最终导向了回归。"那就做一名聚焦课堂的老师吧!"这种从新坐标中寻找到的坚定的信念和归属感,让一切都有了落叶归根的感觉。专注,才能像激光一样高度聚集,具有超强的穿透力。太多的夜晚,持续的坚守,从上好每一节家常课到上好校级观摩课,再到区、市、省的优质课评比,而后到全国高端教育论坛、创新大会……跌跌撞撞一路走来,她逐渐把对语文教育的理解,化作学生发展的生动实践,留下了一串串艰辛跋涉的脚印。

有人问她为什么上课那么轻松，她总会心里苦笑。在备课上，苗老师是一个不折不扣的苦行僧，始终进行着炼狱式的备课。她永远也不会忘记2012年参加省优质课比赛的那段经历，在一个月内要重新研读六册教材中所有的古诗文，精备六篇以便抽签。在分秒必争、没黑没白的日子里，她相继完成了文本的细读、相关教学理论的研读、系统资料的阅读，或多或少又都研读出了一些教参、教案书上没有写到的东西，最终完成了让自己比较满意的、原创性的教学设计。这样的例子还有很多，每一段经历的过程的确十分艰难，汗水和泪水已经习以为常。正是这些经历淬炼了一个普通语文老师的信念和胆识，也是点燃她教学梦想的坚实一步。一个教师的课堂专业成长，不仅在于他课堂教学技术的提高，还在于他专业素养的丰厚，更在于他内心的宽厚有力量。苗老师用一颗宽阔的心来拥抱她的课堂，课堂不是教师表演的秀场，而是学生精神成长的领地。

一株植物的成长，离不开肥沃的土壤。人同样如此，这个土壤就是阅读，从书中汲取成长的养分。苗老师用专题阅读的方法进行有计划的专业学习，从卢梭的《爱弥尔》到苏霍姆林斯基的《给教师的一百条建议》，从雷夫的《第56号教室的奇迹》到弗莱雷的《被压迫者教育学》，从王君的《更美语文课》到肖培东的《我要浅浅地教语文》，从有效教学、课程开发到核心素养，从名家散文到经典名著，等等。分别指向于教育教学理论、语文课堂教学、文学素养等不同专题，边阅读边思考，做详尽的记录和整理。正是这持续不断的阅读和思考，让她获得了极大的滋养。每当她回首翻看这些成长的印记时，仿佛青春如昨、岁月葱茏，情不自禁热血沸腾。而往往在回翻这些文字时会触发她更多的思考，成为修身养性的润泽。

近年来，当地党委政府更加重视教育，教体局更加重视教师队伍建设。在这样的好时代，借助区教体局和学校引领"教师成长"的一系列工程，苗老师一直积极主动地走在学习的路上。很自然的，从关注"文本细读"到实践"语文六大策略"，从培养学生"文体意识"到培养学生"语文思维"，从研究"篇段句阅读策略"到实践"群文阅读和整本书阅读"的探索，从组织"对话教学"到创设"学习活动"再到"基于学生问题的课堂"等。这些都是专题阅读带给她的课堂实践的变化，也让她真切地感受到了没有阅读，什么好课也上不成，阅读才是自生长为"最美教师"的素养和底气。教师要引领千差万别的学生健康成长，需要有丰富多彩的教育艺术，需要有深厚扎实的教学底蕴。教师的成长，需要与时俱进，自我蜕变，更需要坚守、耐力、恒心。阅读、思考、实践，让她的语文教学从自发走向自觉，催生了一个崭新的、更加广阔的语文教学境界，那就是为人生的语文教学。让学生的人生多一些润泽，让自己的人生多一些丰盈；为我们经典的生命传承，让经典激活语文的生命。

(二) 做一名共生长的老师

苗老师认为，万物之中成长最美。如何才能终身成长？需要四样东西：梦想、行动、开放学习和伙伴。孔子说：德不孤，必有邻。她始终用一颗谦卑的心，用大度的气量和谦让的作风，作好文人相助的大文章。"苗凤珍工作室"是临沂罗庄区初中语文名师工作室，是教师专业发展的共同体，吸引了全区多名志同道合的语文人共享追梦的乐趣。坚持活动是工作室的生命理念，他们以课堂研讨为主阵地，以课题研究为引领，以读书论坛、专家对话、参加培训、送教支教、诵读诗会等多种方式为辅,多条路径直指教师的专业发展,让名师工作室成为优秀青年教师的集聚地和未来名师的孵化器。通过几年的努力,工作室成员蓬勃成长,"桐花万里丹山路,雏凤清于老凤声"。目前,工作室再次吸引了全区诸多语文教师。

  2019年11月20日,窗外虽寒意正浓,室内却温暖如春。一整个下午的时间,工作室教师从孙老师、杨老师等的课例观摩研讨,到杨老师、顾老师、常老师、郭老师的读书分享交流,从王老师的《内外兼修,始于颜值》再到邵苏苏的《身材,是自律最好的发声》的专题分享,不一而足。在这里,与生活相关的一切,都剥离了凡俗的外衣显示出有趣的灵魂。观摩、研讨、交流、切磋,这无从描述的魔力经由个体化的表达,而呈现明媚鲜妍、身姿百态的思想硕果。是什么样的力量将他们这一群人满心欢喜地联结在一起?应该是语文这个学科历经久远,却又越发年轻柔韧的魅力,是灵动的思想碰撞,更是美好亲切的人文气息。这一切都可以被传达、被感受。什么是一群"不成疯便成魔"的语文人的共同生长?有人说,工作室研究课堂、课题,读读书就好了,还谈什么健身、服装搭配呀!对于教师来说,你如何生活,你就如何教育;你如何教育,你就如何传达生命本身存在的方式。"苗凤珍工作室"正是要通过搭建教师学习共同体,来解决工作与生活之间的矛盾,以所有工作室成员的共生长,来真正重启作为教师幸福感的心智模式。

  雁行千里排成行,团结协作齐飞翔。道法自然,自然的法则就是人类的法则,大雁精神就是共生精神,苗老师的工作室就像一个雁群,又犹如一个温暖的家。其中有成员这么表达,"在工作室这个大家庭里,我很真切地感受到同伴们敞开的胸怀,感受到同伴们对语文的热爱。在这里,我学到的不只是对备课、教学、语文、学生、课堂的认识,更多的是生活的智慧,对职业的态度。我需要这样一个温暖的家!"实际上,工作室的每个成员都需要这样一个家,在这里每个家人都向上、向美地生长。自强不息、周行不殆,每一位成员为家庭贡献力量,而家庭则更好地庇护每一个人的卓越成长。

(三)做一名有情怀的老师

  教育是什么?教育就是为了让人成为一个更好的人。鲁迅先生说,"教育是根植于爱的。"对教师来讲,如何爱真的是艺术!因为,好的老师不仅要爱我所教,也要将这份爱传递给学生,将热爱生活的态度传递下去。爱学生的好老师留给学生的不能仅仅是知识,更多的是素养和个人的修为。近几年来,苗老师越发感觉到教学就是一个从看不见到看得见,从看不清到渐渐看清的修炼过程。有苦有累有挫折,有快乐有希望。她谦虚地说,从教学到教育这条路,她走得很难、很慢。易卜生有一句话,她常常揣在怀里,"我觉得生活就像海上被撞沉了的船,最要紧的是先要救出自己"。从这个意义上来讲,作为教师必须要先解放自己,然后才有可能去解放学生。我们的生命状态,我们的心智模式,决定了学生的状态和教育的状态。

  于是苗老师把"儿童"视角作为教学中爱的出发点,在"假如我是孩子,假如是我的孩子"的不断地追问中,放大爱的成效,创新爱的艺术,慢慢地矫正自己的教育心智模式,这样她也渐渐地重建了一个新的教育价值体系。这里的教育不再主要是自己的荣誉和绩效,而是学生的持续发展。可以说,现在苗老师的教育生活回到了最初的原点,让她从一个自觉或者不自觉的有些功利的教育者,逐渐向人道主义教育者转身。这一切的转变,只因为一路走来她真切地看到了真实的自己,不完美但很纯粹、不聪慧但很执着。她非常喜欢现在的自己,在生命有了多维的感悟之后,也明白了教师的成长需要我们在理性和情感中相互交融,并不断产生对教育行为的反思和重建,而后才能抵达一个最理想的状态,走向教育的大智慧、大爱心、大境界、大情怀。

很多人都称呼苗老师为"小苗",她很喜欢这个称谓。她很庆幸小苗在向一棵大树成长的路途上,认识了自己,贴近了自己,也在更努力地超越自己。她谦卑地认为,她终其一生也许达不到参天大树的高度,但是她会登上属于她自己的生命高峰。从这个意义上讲,小苗在她的制高点看到的世界,将和大树没有什么差别。"白日不到处,青春恰自来。苔花如米小,也学牡丹开。"苗老师的教育境界、人生高度,令人景仰。

(四)校长在苗老师成长中的指引和激励

苗老师是一个心地善良、知恩图报的人。她自生长的动力源自内心世界,但是校长的引领也极其重要,就像远航中的灯塔,给予人希望和方向。在她入职第一天,实验小学吕校长就教导新教师,"站在这里,你们的起点是一样的,都有才华、激情和梦想。但是五年过后、十年过后,在你们的这个群体里就会出现各种分化:有人会如鱼得水,教学优异;有人会焦头烂额,不知所措;有人会泯然于众人,随波逐流。规划好自己的职业生涯,才能实现自己心中的愿望!"话语不多,但总是在她脑海中浮现,成为她发展的原始动力。工作第八年,苗老师调入中学,姜校长叮嘱大家,"有两道题不能不答,第一道题是上下求索,回答'教育应该怎样做';第二道题是叩问自己,回答'我应该怎样做'。要答好这两道题,有四件事不能不做,那就是重思教育的使命、重寻教育的规律、重塑教师的形象以及重构教育的未来。"顶天立地的定位,成为她勇攀高峰、挑战自己的信条。

尤其是姜校长,他不仅是校长,也是苗老师中学时代的语文老师,所以感情上又深了一层。姜校长就像父亲、智者,总是给予她无尽温暖和专业深度的教导。当苗老师第一次被学生顶撞而气急败坏时,他却说,"一个只关注自己现实需要的老师教不出胸怀远大的学生";当苗老师因班主任工作的烦琐与压力而疲惫不堪时,他却说,"一个没有灵魂追求的老师教不出有生命质感的学生";当苗老师上完公认很精彩的课时,他却说,"你是一匹很卖力的马!你以每小时百里的马力在跑,学生却远远地跟在后面,望尘莫及";还有"一个拘囿于考试成绩的老师教不出有创造力的学生""一个思想肤浅的老师教不出有深度思维的学生""一花一世界、一叶一菩提,穷其一点、放大其余""语文是人文,也是工具;语文里有道德,但不能充塞政治;它有综合的一面,但不是泛化的公民课;它兼容了文学的功能,但也不是独立意义上的文学课"。与其说这些话是锦囊妙计,不如说它们直指人心,能让人醍醐灌顶。

在苗老师看来,自身努力固然非常重要,但是有引领教师成长的"好校长"也一样不可或缺。她认为,"好校长"不仅是社会活动家,更是有思想的教育家;"好校长"要有个性、有教育情怀、有开阔的眼界、有大格局;"好校长"要有专业知识、专业能力和专业情怀,从顶层设计学校教师队伍的发展框架;"好校长"要铺路搭桥,助力教师发展;"好校长"要用榜样的力量,为教师增添动力;"好校长"是大当家的,而不是管家;"好校长"要对教师成长多一些关怀,少一些关卡……

三、校长引领教师成长的实践思考

从上面呈现的案例可以看出,无论是校长还是教师,人的主动性是最重要的内在因素。一个校长如果没有真正意识到教师成长之于学校发展的重要意义,那么他在行为上不可能为教师队伍建设付出努力。同样,一个教师没有人生理想和教育情怀,纵使校长倾情发力也无济于事。所以,在实践中要理念先行,然后知行合一。这意味着校长在选聘教师时,要从源头上把好关。尽可能地筛选出一些真正钟情于教育且脚踏实地奋斗的人,来从事本应充溢人性光辉的教育事业。从实践的角度来思考教师成长的引领问题,需要校长在理性上专业地引领,在情感上给予教师心灵的皈依,在操作上将个体成长和团队发展点面结合起来。

首先,在理性上能够专业地引领。前面的调查表明,大部分校长并不能科学地带领教师的专业发展。表现在理论方面不清楚相关的理论和规律,现实中对本校教师现状没有深度的剖析,在教师成长活动比如培训中缺乏具体的分析等,从而操作针对性不足,实效不尽人意。所以校长需要综合考量,制定一套整体的发展战略框架。如张志奎校长带领团队制定了遵义四中新教师成长的愿景,"与未来力量握手"发展战略以及具体的举措。从宏观到微观,理念到实践,构成一幅操作性强的、自成体系的工程蓝图。苗凤珍老师也谈到,"好校长"要有开阔的眼界、有大格局,要有专业素养、专业情怀,从顶层设计学校教师队伍的建设框架。姜校长关于教育、教学、语文学科的理性引领,让苗老师这样的一大批青年教师豁然开朗,激励着他们在教育的正道上渐入佳境。

其次,在情感上要给予教师心灵的皈依。笔者一直以为人性的光辉,也就是情感、信念、价值追求,是人区别于其他的重要表征。校长视学校为家庭、教师为家人,那么教师也会把校长看成是家长。相反,教师若是路人甲,校长也会与之形同陌路。人生有三层需求,第一层是基本的生命安全,主要是生理方面的,如饮食、两性、健康等;第二层是社会关系,主要是社会心理方面的,如在家庭、工作、社会中的多重身份;第三层是人生理想,主要是精神层面的,如教育理想、人生价值等。三层逐级提升,前面是后续的必要基础。因此,学校不能好高骛远、空中建楼,要真诚理解教师的需求。如遵义四中教师培养四大举措的第一位,就是"让遇见成为眷念",关心青年教师的生活问题,包括住房、恋爱、婚姻、小孩、老人等。士为知己者死,感情是最廉价的投资,但又是最有效的投资,其回报是最长久的、最有益的。当然,这种感情不是为了感情而感情,而是生发于伟大的人性光辉。正如姜校长对于苗老师的激励,成就了全国优秀教师。

最后,在实践操作上要点面结合。所谓点面结合,就是要将教师的整体发展和个体特色成长结合起来考虑。笔者考察大量的优秀案例,发现几乎无一例外地做好了点面结合。如武汉常青树实验学校的备课组建设,以特级教师、名师、骨干教师为头雁,带领雁群展翅高飞。遵义四中的"同伴互助:构建青年教师专业成长共同体"决策,通过实施"青蓝工程""金种子工程""爱晚工程"等,让青年教师在团队中体悟,以组内优秀同伴为榜样倒逼自身成长。同时,评价方面由只考核个人业绩向考核团队成效的方向转变,营造团队共生的成长氛围,摒弃"内耗",同舟共济。再如苗凤珍老师的名师工作室,以"全国优秀教师"苗老师为晶核,升华凝聚了一批优秀语文教师,为学校甚至地区的语文教师培养做出了巨大的贡献。一言以蔽之,百川到海,波澜壮阔。每位教师的成长,关乎学校的发展。每所学校的付出,关乎民族的未来。

第十一章

家校合力熔铸

第一节　引领家校合作的理性分析

家校合力，就是家庭和学校联袂促进孩子健康成长的积极力量。毋庸置疑，家校合力不仅有利于孩子行为习惯的养成，知识技能的获得，更重要的是心灵力量的孕育。家校合力对孩子个性而全面的发展，无疑是极度重要不可或缺的。然而当前，家校合力的基本现状并不理想，存在一定程度的"家校矛盾"。主要表现在家庭教育与学校教育在观念上存在较大分歧，学校容易只见成绩不见人，而家长往往陷入溺爱的旋涡。加上信息沟通的障碍和有效交流的缺失，导致家长与教师之间还存在一定的互推责任、埋怨对方的情况，双方换位思考及自我反思均有待加强。

常识告诉我们，所谓的矛盾并不是一方因素导致的，而是"矛"和"盾"的相互作用。作用力与反作用力大小相同、方向相反。所以解决矛盾，或者缓解矛盾，抑或化解或转移矛盾，都要从两方面去思考。校长引领家校共育工作，需要以两重身份去考量整体设计和每个细节，一是教师身份，二是家长身份。本研究认为，校长可以从三个方面去引领家长和教师熔铸家校合力。一是观念引领，让家长和教师明白家校共育是理所应当的。二是政策引领，让大家清楚家校共育是公民应尽的责任和义务。三是实践引领，让大家知道如何有效地熔铸家校合力。

一、观念引领：合力促进孩子健康成长是家校应有之义

虽然人生密码很难开解，但是遗传、环境、教育是身心健康成长的重要因素，这也是共识。因此，孩子的成长与家庭、学校、社会有密切的联系。家长为孩子提供了重要的遗传素质，同时也承担一定的教育任务，为孩子提供良好的家庭环境；学校为孩子提供最为专业的系统教育，营造良好的校园环境；社会主要是为孩子提供健康的成长土壤，也承担一定的教育任务。显而易见，教育工作是三者的交集，教育合力的熔铸是天经地义的、理所应当的。家庭、学校、社会都是教育这个复杂系统的子系统，如果它们处于彼此孤立的无序状态，就会对孩子产生不良的影响。系统间如果加强交流和协作，互相影响，则可以提高教育的整体功能。[1]家校共育就是为了形成教育的合力，产生1+1>2的效果，促进孩子的健康成长。学生处于家庭、学校和社会关系网的中心，三者对孩子产生重叠的影响。

---

[1] 方美红.生态系统理论视阈下幼儿情绪学习影响因素分析[J].基础教育研究，2018（15）.

重叠面积的大小，取决于时间（考虑学生的年龄与年级的变化）与行为（考虑学生的背景特征、环境的影响等个别差异）等因素。[1]这种重叠会持续地影响孩子的个性发展以及社会性生成。因此，一方面学校要充分认识到家庭与社会对孩子的教育意义，视他们为伙伴而不是敌人或者对手。另一方面，家庭与社会都应认识到自己对孩子的教育是天经地义的，要和学校一起积极为孩子的成长创造更好的环境。诚如美国《国家在危险中：教育改革势在必行》报告中所说，家长是"子女的第一个和最有影响的教师"，所以"有责任积极参加对孩子的教育"。以学校教学为中心的教育改革充其量只能影响和改变学生每天数小时的生活，学校教育必须得到家庭和社会的全力配合。

在现实的家校合作中，往往会出现"家长缺位，学校卸责"的情况。[2]对于学校来说，认识不到家校关系的互补性，未对家长教育资源引起应有的重视，家长在参与学校的某些活动时往往会被认为是对学校正常工作的干扰，因而家长大都只是支持者和学习者的被动配角。对于家长来说，缺乏参与家校共育的意识，不关心成长过程只关注学习结果，而且认为学校应该承担孩子成长的全部至少是绝大部分责任。两者出发点和落脚点都是自己，而不是孩子，而且很少顾及孩子的感受，很少真正关心孩子的需要。

因此想要孩子更加健康地发展，家校就一定得合作。因此合作是理所应当的，毋庸置疑的。现在我们需要讨论的是如何破解这一难题。思路就是家庭和学校都要调整各自的出发点和落脚点，由"我觉得你应该怎样"转换到"孩子希望咱们怎样"上来。当然，这绝对不等于让孩子为所欲为，师长对孩子的正向引导是须臾不可或缺的。大道至简、返璞归真，那就是对孩子的爱，包括感同身受、同理移情、殷切期望、亲密关系等。但是爱，有不同的内容和方式。孩子就是风筝，漫天飞舞，彰显生命的多姿多彩。家庭就是拽住风筝的线，学校就是助力起飞的风。风力大小、方向合适，线儿收放自如，那就是完美的状态。两者均需恰到好处，线拽得太紧、风力过猛，都可能是毁灭性的灾难。学校是风，是孩子远航的勇气和动力；父母是线，是情感的记忆和回家的路。在这里，线与风没有争论，因为她们眼里都只有风筝。当然人非圣贤，孰能无过。家校不可能完美，因此孩子成长不可能绝对顺利。如孩子在学校受了委屈，父母就给予情感温暖，而后引导孩子理性认知、大度处事。如孩子家庭遇到困境，老师伸出温暖的臂膀，真诚拥抱孩子，并通过多种适恰的方式帮助孩子顺利跨坎。一言以蔽之，家校合作天经地义，但是需要摒弃我见，从孩子的角度出发，熔铸合力，促进孩子健康的成长。

二、政策引领：家校合作是当下教师和父母的社会责任和应尽义务

尽管当前在"家校共育"方面并未出台系统的政策文件，但在梳理新中国成立以来的诸多国家教育文件时会发现，我们不仅一直重视学校教育的重要性，同时也不曾忽视家庭教育的价值和意义。1952年中央人民政府颁布的《小学暂行规程》明确提出了成立"家长委员会"的构想，并明确其作用。虽然囿于当时社会发展的水平，这一构想并没能立即实现。但毕竟有了构想，就表明理念先行，愿景迟早会实现的。当年毛泽东同志在惊叹"一

---

[1] 杨启光.重叠影响阈：美国学校与家庭伙伴关系的一种理论解释框架[J].外国教育研究，2006（2）：76–80.
[2] 刘衍玲，臧原，张大均.家校合作研究述评[J].心理科学，2007，（3）：401.

桥飞架南北，天堑变通途"时，就有了"高峡出平湖"的战略构想，后来举世瞩目的三峡工程果然胜利完成了。因而，政策的前瞻性非常重要。

1988年颁布的《中共中央关于改革和加强中小学德育工作的通知》指出关心和保护中小学生的健康成长，不仅是教育部门和学校的职责，而且是全社会的责任和义务。要把社会和家庭教育同学校教育密切结合起来，形成全社会关心中小学生健康成长的舆论和风气。1994年颁布的《中共中央关于进一步加强和改进学校德育工作的若干意见》指出学校教育、家庭教育、社会教育要紧密结合、互为补充、形成合力。1999年颁布的《关于深化教育改革，全面推进素质教育的决定》指出，实施素质教育应当贯穿于学校教育、家庭教育、社会教育等各方面。2000年江泽民同志《关于教育问题的谈话》指出，教育是一个系统工程，家庭、社会各个方面都要一起来关心支持教育。要求全社会高度重视家庭教育，争取学生家长对教育工作的支持和配合。2004年《中共中央 国务院关于进一步加强和改进未成年人思想道德建设的若干意见》系统阐述了家庭教育、学校教育与社会教育合作的意义与作用。《国家中长期教育改革和发展规划纲要（2010—2020）》明确提出要建立中小学家长委员会，半个多世纪之前建设"家长委员会"的构想终于在文件层面落到了实处。

2017年年末，中国教育科学研究院等研制的《家庭教育指导服务规范》正式发布。中国有3亿多有未成年人的家庭，家庭关系、夫妻关系和子女教育等诸多问题困扰着、冲击着人们焦虑不安的心灵。另外，家庭教育指导服务却呈现理论研究薄弱与实践需求强劲、专业人才较少与社会需求量大、机构宣传夸大与指导效果欠佳的多重矛盾。提高家庭教育指导服务的专业化水平，一直是困扰家庭教育工作者的现实问题。家庭教育指导服务规范化、专业化、制度化的呼声越来越高。可以看出在政策的发展演变中，家庭教育的重要性一直都未曾脱离我们的视线。当然，政策文件多是概略性的描述，而具体详细的文件制定以及系统的实施层面依旧需要进一步的探索。

到了新时期，家校合作的意义进一步升华。2018年9月10日，习近平同志在"全国教育大会"上指出，家庭是人生的第一所学校，家长是孩子的第一任老师，要给孩子讲好"人生第一课"，帮助扣好人生第一粒扣子。他多次强调要"注重家庭、注重家教、注重家风"，要自觉将家庭的命运同国家和民族的命运紧密联系起来。紧密结合培育和弘扬社会主义核心价值观，发扬光大中华民族传统家庭美德，促进家庭和睦，促进亲人相亲相爱，促进下一代健康成长，促进老年人老有所养，使千千万万个家庭成为国家发展、民族进步、社会和谐的重要基点。中华民族传统家庭美德是支撑中华民族生生不息、薪火相传的重要精神力量，是家庭文明建设的宝贵精神财富。家庭教育、家校合作的重要性，由此可见一斑。齐家、治国、平天下，教育从来都是家庭和学校应有的担当，是每一个成年人的社会责任和应尽义务。

他山之石，可以攻玉。国外的相关政策、制度对我们有一定的借鉴作用，以美国为例进行简要的分析。早在1897年初，美国就成立了规模庞大的"全国家长教师联合会"。包括全国、各州和地方三个层次的家长教师联合机构。但彼此独立，不是上下级隶属关系。[1]

---

[1] 张丽竞. 国内外中小学家校合作研究综述 [J]. 教育探索，2010（3）: 158–159.

其中，家长和教师都是联合会的平等成员。他们倡导家庭以一种"不同但互补"的方式与学校共担教育责任，帮助家长在家庭开展教育活动，比如指导家长如何教给子女那些在学校取得优异成绩所必需的学习习惯和态度。家长在参与过程中扮演的角色主要有以下六种。一是家长作为观众，信息从学校单向传到家庭，家长没有任何反馈。二是家长作为志愿者或教师助手，自愿在学校各种活动中效力。三是家长作为自己子女的老师，根据学校提供的信息辅导子女，同时把相关信息反馈给学校。四是家长作为学习者，积极学习如何教育子女。五是家长作为决策者成员，学校在制定重大政策时向家长团体请教意见。六是家长作为学校的顾问参与学校管理，这些权利是受法律保护的。可见，家长教师联合会与我们的家委会还是存在较大的差异，值得借鉴。

所以，校长在引领家校合作时，首先要让家长和教师明了我国的教育政策一直都关注家庭教育和学校教育的结合，进一步把握家校共育的重要性。其次要引领家校合作机制的建设，比如家校合作委员会，确保有良好的合作路径。最后要引领家长和教师基于制度和政策的合作能力提升，重申出发点和落脚点都是为了孩子的健康成长，尽量避免相互指责和推脱责任。

成都师范附小在家校合作政策制定和机制构建方面作了有益探索。一段时间以来，学校家委会基本上有名无实、形同虚设，成师附小大胆改革传统事务型家委会，创新家委会运行机制，构建三级家委会。将过去学校独自站在前沿阵地带动家长和学生两个群体的状态，变换为学校、家长齐头并进，共同推动学生发展的新型状态。熔铸家校合力，实效显著。学校首先倡导对教育有理解、有热情、有行动力的家长，自主构建以成师附小和孩子教育为依托的班级教育家委会，再由每班举荐一位家长到年级，成立年级家委会，以此类推最后成立校级家委会。从一年级到六年级有二十多个教学班，校级家委会的基本成员也就是二十余位。学校举行家委会成立仪式、颁发聘书。德育副校长作为学校与校级家委会的联系人，校级家委会设全委会和常委会，常委会成员六人，同时也是年级家委会的召集人，学校指导帮助校级家委会建立了群工部、信息部和宣传部三个工作部。

在与学校的讨论、磋商中，校级家委会先后出台了《成师附小校级家委会章程》《家委会各部门工作职责》《成师附小家长的权利》等一系列制度，形成了一套日臻成熟的校级家委会运作模式。校级家委会明确了教育职责，包括参与学校文化与校风建设，及一些重大活动；指导下级家委会开展工作；负责学校家委会的整体运作，发挥桥梁作用，有效促进家校良性互动。与此同时，年级家委会也明确了主要职责，如收集该年级学生思想状况及家庭教育的困惑；针对本年段学生特点制定本年段学生实践活动计划；向校级家委会汇报本年级工作开展情况；组织班级家委会之间的工作经验交流。相应的班级家委会的主要职责有，积极与班主任和任课教师沟通学生思想道德状况；参加班级文化与班风建设；将每个孩子的品德素质与行为习惯的培养落实到每一个家庭。平等合作、各司其责、协同创新，把家校合作落到实处，为孩子们的成长助力。

三、实践引领：家校合力有效熔铸的现实路径

为了实现立德树人，学校越发重视家校合作，然而合作的实效性并不理想。通过调研，

发现家校合作的实践形态大抵可以分为三种类型。一是"责任互立—教养分离"型，二是"校方领导—命令服从"型，三是"合作管理—共促成长"型。目前看来，第一种和第二种情况占据绝大部分，第三种类型是我们的期望和奋斗目标。

首先是"责任互立—教养分离"型。学校与家庭双方对自己在家校合作中扮演的角色定位分明。家长认为自己的责任就是照顾孩子的日常起居，教育的任务是属于学校的，因此认为一旦将孩子送入学校，教育的责任则归于学校。而在"纸笔考试"的大环境下，学校仍旧存在一定程度上的"重智轻德"，使家校合作停留在事务性接触的层面。其次是"校方领导—命令服从"型。大部分家长认为自身文化素质不高，学校教育更加专业，这也基本是事实，从而强化了学校单方面的领导。学校和教师虽然能认识到家庭教育的重要性，但在合作活动中可能会不自觉地保留"自身权威"，对家长资源不够重视。导致家长总是以学生或被训斥者的状态出现，从而大大削弱了参与共育的主动力量。最后是"合作管理—共促成长"型。这是一种较为理想的类型，基于理性、平等，针对孩子成长的需要，家校相互支持，共同促进孩子的健康成长。学校和家庭双方正在努力实现全景式的教育，就是以孩子的全景发展为目的，强调教育形式、教育内容以及教育活动的全景性。[1]也就是按照孩子理想的发展，家校合力提供一切适恰的必需。

"合作管理—共促成长"型家校关系的构建，需要我们调整既有家校角色的定位。通常身份的不平等，导致家长的积极性与参与度低下。而真正的民主、平等，能够释放强有力的合作能量。如上海市陈鹤琴小学对"家长角色转变"进行了探索，引导家长从"客人"转变为"主人"，积极搭建家长参与学校教育教学和管理的平台。上海实验学校小学部充分利用家长资源，共同研发"微课程"，不仅丰富了校本课程的建设，而且活跃了学生的校园生活。武汉市华中师大附小在综合实践活动课程中也很好地发掘了家长资源，邀请家长参与课堂上的研究性学习活动，同时引领孩子到家庭中实践探索，而且学校邀请家长参与课程评价，极大吸引了家长的深度关注。

当前，为了更好地构建"合作管理—共促成长"型的家校关系，校长可以引领家校因需制宜，灵活使用传统途径、新媒体途径、双线模式等，实质性地形成家校合作共同体。传统的家校联系方式主要包括家访、家长会等。在传统家访中，教师、家长、学生同处一个相对私密的空间，教师牺牲休息时间专门到访，这不仅能够让家长感受到教师的真诚，更能让学生感受到老师对自己的关注。不管时代如何变迁，技术如何发达，传统家访永远拥有着自己独特的魅力。当然，形式不是最重要的，最根本的是对孩子的关注，人性的温暖。通常传统的家长会过于死板、压抑，主要是"训斥"的功能，这当然不可取。事实上，给予传统的创新，依然非常强而有力。比如家长会巧用小品表演，换位思考，让家校双方都感同身受；又如变训斥为领奖式家长会，不是让"差生献丑"而是让"优生引路"，让家长感到自豪。[2]总之，传统家长会还是有存在的必要，但是应该变"你讲我听"为"多向交流"，变"成绩通报"为"成果展示"，[3]变"单一受教"为"共同成长"。

---

[1] 杨雄. 家校合作的国际经验与本土发展 [J]. 思想理论教育，2012（11）：7–11.
[2] 张春莉. 创新家长会实现家校教育的共赢 [J]. 学周刊，2011（20）：16.
[3] 谢希红. 创新家长会形式可以提升家校教育合力 [J]. 中国教育学刊，2016（6）：101–102.

随着互联网科技的进步，家校合作的新媒体途径蓬勃发展。常见的有微信群、QQ群等社交通信，还有主页、博客等交流平台。它们不仅摆脱了时间与空间的限制，而且交流对象由原来的一对一交流变成了多主体之间的互动，在了解自己孩子情况的同时也可以观察其同伴的情况，取长补短，还可以了解相关的教育理念与教育方法，从而促进孩子更好的成长。现在一般的学校还会有微信公众号，发布学校相关政策和学生动态，有的还为学生们建立了"电子成长记录袋"，记录了学生详细的成长过程及在校期间的全部个人资料。除此以外，可能还有家校通服务平台，为教师、家长、学生提供了一个多元化、立体化的平等互动的网络环境，极大地提高了办事效率，降低了时间和精力成本。当然，任何事情都有两面性。缺乏信息沟通固然不好，但是信息尤其是非核心的信息一旦过量，也会过犹不及。所以在实践中需要把握好度的问题。其实对于任何事物，合适的才是最好的，才是有效的。比如新冠肺炎疫情防控期间，学生在家学习，各种资源铺天盖地纷至沓来。事实上，学生缺的不是学习资源，而是学习的兴趣和动力。

在分析传统途径及新媒体途径各自的优劣势之后，我们很容易得出一个结论，那就是可以采用"双线模式"来促进"合作管理—共促成长"型家校关系的形成。所谓"双线模式"，就是线上和线下模式的结合。考量两者，去其弊端、取其优势，根据家校合作的需要，灵活处理相关问题。比如，涉及时间、经费、精力等问题的时候，我们可以利用线上模式，大大降低成本。当涉及情感、态度、价值观及隐私或其他特别情况的时候，我们可以采用家访等传统的、单独面对面的真情交流的形式。技术的发展为人类提供了空前的便利，改变了人类的生产生活方式，因此其积极意义是毋庸置疑的。但是技术永远替代不了人，新冠肺炎疫情中的教育教学问题就是很好的说明，再畅通的网络、再优质的视频，替代不了学校与教室的物理空间，更替代不了教师与学生之间真实的交流。如果有一天技术真的替代了人本身，这也许正是人类消亡之时。双线模式线上线下优势互补，相较传统方式效率大大提高，相较新媒体途径而言保留了温情。形式多样，活泼生动，交互立体，点面结合。此时，家长和教师的联盟构成了真正的家校合作共同体。

济南市舜耕小学在"合作管理—共促成长"型的家校关系方面作了有益的探索。学校成立了以家长为主要力量的组织，即"舜耕小学舜友联合会"，简称"舜友会"。学校通过"舜友会"融合广大舜友乃至社会上丰富的人力与教育资源，使其融入学校教育的主渠道，利用线上和线下结合的方式广泛高效地参与教育教学活动。在这里，家庭与学校不再是相对的概念，家长和教师也不再是被训和教导的关系。而是将重心转向了孩子的发展，学生成长遇到了什么问题，学校能够做什么，家长有何可为，"舜友会"成了大家的智囊团和策划者。在此过程中，打开了教育的视野，敞开了学校的大门，融合了成长的视界。美美与共，合力熔铸。

仅仅以线下的课程及相关活动的组织和实施为例。比如，在以"琴、棋、书、画、茶、食、歌、陶、艺、舞"等传统文化和艺术的课程中，"舜友会"分别邀请了山东工艺美院的教授、省书法协会的会员、舜耕山庄酒店的大厨、舞蹈学院的老师等具有专业素质的家长进行科学系统的指导，有效提升了学生的文化修养，使传统文化和艺术课程成为学校课程资源的有益补充。又如为了让学生全面接触社会、适应社会发展，"舜友会"邀请相关职业的家长,为学生们开设了礼仪、法制、安全、环保等方面的讲座。再如为了全面促进孩子的身心健康成长,"舜友会"组织从事医务工作的家长对学生进行义务查体,并进行用眼卫生、健康饮食、口腔保健等方面的讲座。这些活动都深受学生和家长的好评。"舜友会"这样的家校合作共同体,代表了家长的教育意愿、凝聚了社会教育资源,使家长实质有效地参与学校教育实践中,熔铸了强大的家校合力,开辟了家校合作的新境界。

四、校长引领家校共育的理性思考

家校共育,的确不像课程、教学那样占据学校工作的核心。但是家校合力的熔铸,的确可以让学校的许多工作变得更加易于推进,很多教育教学难题迎刃而解。不识庐山真面目,只缘身在此山中。旁观者清、当局者迷。因而校长借力家校共育,不仅可行而且必须。基于上述分析的反思,本研究认为校长在引领家校共育的过程中,应该注意以下几个问题,分别是价值方面、观念方面、政策层面及操作层面。

首先是价值方面,家校共育的逻辑起点和终点都是孩子的成长。换句话说,家校共育相关的所有工作,包括顶层设计、实施、评价等,其核心观测点都是学生。家校共育是否需要,看看其对孩子是否有意义。为什么需要,想想其对于孩子成长的什么方面有价值。怎样才有效,问问孩子需要什么样的方式,等等。诗人纪伯伦在《先知》中说,"我们已经走得太远,以至于忘记了为什么而出发"。动物在进化的过程中,也经常会留存一些在新环境中不再需要的行为习惯。我们在实践中常常容易犯这种错误,只是埋头走路,不去思考为什么出发、要去哪里,以至于可能让家校共育渐行渐远,远离初衷。

其次是观念层面,心中一定要树立人人平等的观念,然后行为上就不会出格。三人行,必有我师焉。不是名言警句,而是实践智慧。长期以来,我们一直默认学校才是专业的,是教育的主角。家长是配角,是需要被指挥的对象。一旦如此,所有的家校合作都不可能是真正意义的合作,而是学校指令家庭配合。这也是很多家校实践处于困境的根本原因。通常来说,一般的家长在学科教学上的能力可能远远比不上学校教师。但是梅须逊雪三分白,雪却输梅一段香,家长在其他方面的教育影响可能远胜于学校。校长需以自身的双重身份,即专业的教育者和普通家长来警醒自己,尺有所短、寸有所长,人人平等。只有真正的平等,才能开启真正的合作,从而协同产生爆发力。

再次是政策层面,需要多方磋商建立合理而稳定的合作机制。在实践中非常容易出现的情况是,虽然举措很多,做了许多事务性工作,但是没有积累、缺乏提升,不成体系,以至于第二年又低水平重复,没有本质的提高。合理的机制,需要结合学校、家庭、学生的实际,不能自上而下地指令性构建。稳定的机制,就是需要反思每年的实践经验,巩固其中的成功之处,反思不足之处,从而慢慢改善,形成基于本校的自下而上的一套具有操作性的政策方案。机制是实践效果的重要保障,磨刀不误砍柴工,需要凝心聚力去创建。

最后是操作层面,一定要鼓励家校共同体创新。前面提到人人平等的观念,这里就体现在行为上了。校长是总舵,但是在学科教学、孩子个性特点、家庭具体状况方面,肯定没有家长和教师清楚。因此在具体操作层面,校长把握方向,而不需要事必躬亲。在管理学上，有一种说法叫作基于信任的授权。在领导者了解并信任团队成员的情况下，宜少一些监督，多一些鼓励。很多学校家校共育方面的精彩举措，大部分源自教师团体尤其是其中的班主任，以及代表性的家长群体。笔者一直深深地觉得，领导者需要做领导者该做的事情。各归其位，自然而然。

第二节 家校合作现状的调查研究

家校共育，顾名思义就是家庭和学校共同承担教育孩子的重任。其主体就是以父母为代表的家长和以学校教师及管理者为代表的教育工作者，其核心使命就是促进孩子的全面发展，包括身心健康基础上的习惯养成、能力获得、道德发展等。学校和家庭在各司其责的基础上，协同推进，保障孩子的健康成长。如同太极阴阳鱼模型，你中有我、我中有你，首尾相连、方向一致，互助互推、浑然一体。本研究从两种视角来考察家校共育工作的基本现状，一是来自学校的引领，二是来自家长的声音。

一、学校家校共育的现状

本研究主要从理性和实践两个维度来了解家校共育工作的现状。理性引领方面，包括价值认知和专业能力。价值认知，就是能否认识到家庭对孩子成长的重要影响，家校共育对于教育合理形成的关键作用。专业能力，就是能否理性认识家校共育工作，能否掌握和运用家校共育的相关理论。理性引领方面，主要就是考察学校愿不愿意、能不能够开展家校共育工作。实践引领，主要是考察能否确保学校与家庭的良好互动。包括制度建设和实际效果。制度建设，就是考察学校是否建立了健全的家校共育工作机制，比如家长委员会、家长学校等。实际效果，就是这些合作机制能否有效推进家校共育，对孩子身心健康、知识技能、道德修养等多方面有没有起到实实在在的促进作用。实践引领方面，主要就是考察学校做没做、好不好的问题。具体如表11-1所示。

表11-1 校长引领家校共育的基本现状

维度	项目	非常符合	比较符合	合计
理性引领	a 家校共育的意义和价值非常重要	39.23%	45.02%	84.25%
	b 了解家校合作的相关理论与实践方法	33.72%	48.36%	82.08%
实践引领	a 在实践中能够确保学校与家庭的良性互动	39.62%	47.30%	86.92%
	b 能充分发挥家长委员会支持学校工作的积极作用	39.34%	45.91%	85.25%
	c 建立了健全的家校合作机制	43.57%	42.57%	86.14%

从表中的数据可以看出，校长在引领家校共育方面的情况并不理想。具体来说，理性引领方面，在理念上非常认同家校共育重要性的校长占39.23%，比较认可的有45.02%，两者合计占比84.25%。表明大部分校长在一定程度上都认识到家校共育的重要性，值得一提的是，也有0.95%的极少数校长完全否认家校共育的价值。至于家校共育的相关理论和方法，校长们表现得明显逊色一些。有33.72%的校长表示他们非常熟悉，48.36%的校

长比较熟悉，合计占比82.08%。这一点与前面相似，即理念上认同但是并不熟悉相关理论，比如课程理论、教学理论、德育理论以及教师专业成长理论等，这表明校长在办学过程中加强理论学习是非常必要的。

在家校共育的实践引领方面，有39.62%的校长在实践中能够确保学校与家庭的良性互动，47.30%的校长基本可以做到，合计占比86.92%。关于家长委员会的现实作用，39.34%的校长可以引领其积极支持学校相关工作，45.91%的校长基本可以保障其运行，合计占比85.25%。在家校合作机制方面，如家访、家长学校、家长会、开放日等，有43.57%的学校建立了健全的家校合作育人机制，42.57%的学校基本建好，合计占比86.14%。可以清楚地看出，家校共育工作不像课程、教学及德育等学校核心工作，整体上表现还不那么令人满意。

将表中"非常符合"的数据，转换成柱状图，如图11-1所示。

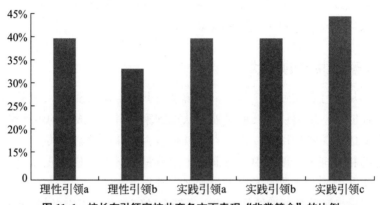

图11-1 校长在引领家校共育各方面表现"非常符合"的比例

从柱状图中可以更加直观地看到，校长在引领家校共育方面表现不理想，而且在每一维度的不同角度表现也有差异。体现在以下几个方面。首先，理性引领低于实践引领。这与学校其他方面的工作不一样，比如课程、教学方面的引领都是理性高于实践。这表明学校对家校共育工作的重视度不高，访谈发现一些学校是迫于政策和其他学校的压力，才开展相应的家校工作。其次，理性引领方面，引领的专业性又大大低于理念，可以表述为学校不太重视家校共育工作，更不懂得家校共育的相关理论。最后，在实践方面，制度建设的情况超过相关制度的实效性。也就是大部分学校，都成立了家长委员会，也有相应的家访、家长学校、家长会、开放日等制度，但是这些机制的实际功能却不如意。访谈发现，同样许多学校也是迫于外在的压力和要求而进行相关制度的构建。当然不可否认，也有许多家校共育工作极其突出的案例。

上面是基于描述性统计，对校长引领家校共育方面总体情况的基本呈现。那么，不同类别的校长在引领家校共育方面是否存在显著性差异呢？本研究试图分析这些差异，从而为不同类别的校长提出针对性的建议。不同类别校长在引领家校共育方面的均值及差异性，如表11-2所示。

表 11–2　不同类别校长在引领家校共育方面的均值及差异性

类别	均值	差异性
性别	女 4.26> 男 4.09	t=−5.725，Sig.=0.000，男性显著低于女性
学科背景	艺体类 4.26> 人文社会学科 4.15> 自然学科 4.11	F=4.838, Sig.=0.008, 学科背景之间存在显著性差异。 多重比较结果： Sig.=0.012，艺体类显著高于人文社会学科； Sig.=0.002，艺体类显著高于自然学科
第一学历	大学以上 4.43> 大学 4.16> 大学以下 4.11	F=12.054, Sig.=0.000, 学历之间存在显著性差异。 多重比较结果： Sig.=0.000，大学以上显著高于大学以下； Sig.=0.000，大学以上显著高于大学
初任年龄	51 岁以上 4.28>36~40 岁 4.18>35 岁以下 4.17>46~50 岁 4.15>41~45 岁 4.09	F=2.306，Sig.=0.056，不同初任正校长年龄之间不存在显著性差异
已任年限	16 年以上 4.22> 11~15 年 4.21> 6~10 年 4.14> 5 年及以下 4.12	F=2.822，Sig.=0.038，不同已任正校长年限之间存在显著性差异。 多重比较结果： Sig.=0.029，5 年及以下显著低于 11~15 年； Sig.=0.021，5 年及以下显著低于 16 年以上
校长类型	教育家型 4.64> 卓越型 4.46> 优秀型 4.37> 称职型 4.01	F=34.938, Sig.=0.000, 不同校长类型存在显著性差异。 多重比较结果： Sig.=0.000，称职型显著低于优秀型； Sig.=0.000，称职型显著低于卓越型； Sig.=0.000，称职型显著低于教育家型
地区	经济发达地区 4.33> 广大中部地区 4.13> 少数民族地区 4.07	F=12.051, Sig.=0.000, 地区间存在显著性差异。 多重比较结果： Sig.=0.002，经济发达地区显著高于少数民族地区； Sig.=0.000，经济发达地区显著高于广大中部地区
地域	城市 4.27> 县城 4.17> 乡镇 4.06	F=19.059, Sig.=0.000, 地域间存在显著性差异。 多重比较结果： Sig.=0.009，城市显著高于县城； Sig.=0.000，城市显著高于乡镇； Sig.=0.005，县城显著高于乡镇
层次	示范学校 4.34> 普通学校 4.11> 薄弱学校 4.04	F=31.637, Sig.=0.000, 不同层次学校之间存在显著性差异。 多重比较结果： Sig.=0.000，示范学校显著高于普通学校； Sig.=0.000，示范学校显著高于薄弱学校
学段	幼儿园 4.31> 小学 4.11> 中学 4.08	F=8.820，Sig.=0.000，学段之间存在显著性差异。 多重比较结果： Sig.=0.000，幼儿园显著高于小学； Sig.=0.000，幼儿园显著高于中学
家庭	家庭氛围和谐 4.18> 不和谐 3.93	t=4.984，Sig.=0.000，和谐家庭显著高于不和谐家庭

续表

类别	均值	差异性
子女	子女成长理想 4.24> 不理想 3.98	$t=8.257$，Sig.$=0.000$，理想情况显著高于不理想情况

注：里克特量表 5 点计分，1 为最低值，3 为一般水平，5 为最高值，均值位于两者之间；组间没有显著性差异的，在表中不呈现。

通过上表中的数据，可以看出不同类别校长在引领家校共育方面存在的诸多差异性。从个人方面的因素来看，女性校长对家校共育的投入显著高于男性校长，艺体类出身的校长显著高于人文社会学科和自然学科背景的校长，学历方面是大学以上显著高于大学以下和大学，不同已任正校长年龄之间 5 年及以下显著低于 11~15 年和 16 年以上，称职型显著低于优秀型、卓越型和教育家型，而不同初任正校长年龄之间不存在显著性差异。可以通俗地说，艺体类出身、高学历、任职时间长、层级高的校长，在家校共育方面的关注均要显著超出相应的其他类别的校长。

从学校方面的因素来看，地区方面是经济发达地区显著高于广大中部地区和少数民族地区；地域上城市显著高于县城和乡镇、县城显著高于乡镇；学校层次上示范学校显著高于普通学校和薄弱学校；学段上幼儿园显著高于小学和中学。可以看出，家校共育类似于其他学校工作，受学校类别的影响较大。如同我们可以看见的，经济发达地区、城市、示范学校等，拥有较为丰富的教育资源，家长对子女的期望值也较高，因而家校共育的必要性和可操作性较强。学段方面，幼儿阶段到高中，随着孩子年龄的增长自主性也增强，家校合作工作也相应简便易行。

从家庭方面的因素来看，可以看到家庭和谐的校长在家校共育方面的引领明显高于家庭不和谐的校长，子女成长理想的校长显著高于子女成长不理想的校长。家庭幸福的校长，有更深的幸福体验，以及经营家庭和抚育子女的积极经验，从而更加深刻领悟到家校共育的意义和价值，并付诸实践。不过这几乎是一条铁律，与具体什么方面的工作没有关系，那就是家庭越幸福，工作越出色，人生越出彩！

二、家长家校共育的声音

正如苏霍姆林斯基所言，"教育的效果取决于学校和家庭的教育影响的一致性，如果没有这种一致性，那么学校的教育教学过程就会像纸做的房子一样容易倒塌"。家长作为家校共育主体之一，对孩子的影响极度重要。然而当下实践情形，往往是学校单方要求家长，合作的意蕴不深。为了了解家长对家校共育的认知，十分有必要听听家长的声音。本研究对数以百计的家长进行访谈，访谈提纲如表 11-3 所示。

表 11-3　家长家校共育的访谈提纲

访谈重点		典型访谈问题	预测关注点
家长对家校共育的基本判断	总体情况	对"家校共育"的总体现状满意吗，为什么	满意/不满意；辅助教学，促进孩子发展，比较好的措施

续表

访谈重点		典型访谈问题	预测关注点
家长对于家庭教育的认知	学生情况	认为孩子的综合表现如何，为什么	德、智、体、美、劳
	自我认知	如何看待自己对孩子的教育，为什么	辅助学校教学，促进孩子发展；重要／不重要；家庭教育方法
家长对学校教育的看法	学校教育认同	对学校教育孩子的总体现状满意，为什么	整体感受；好／不好的意见
	学校教育期待	最希望学校在教育您的孩子方面做些什么	课程教育方面、素质教育方面、家校共育方面
家校共育的实然与应然	已有成效的策略	个人所经历的"家校共育"，有哪些政策或者举措	学校方面：课程设置、中学实践、专业教师指导 个人方面：自主学习、参加科研、随堂听课等等
	可能的合作路径	个人对"家校共育"方面，有哪些个性的思考或做法	家庭方面：家长态度 学校方面：重要举措、改进方面

家长对家校共育现状基本满意。访谈发现，教师与大部分家长对家校共育的认识及观念较为一致。但目前已有的家校合作方式较为传统，主要为线下合作方式，包括家长会、座谈会及专家讲座等，主要途径为家长会。在家校共育效果方面，绝大部分被访者认为家校共育能够加强家校联系。使学校与家长的交流渠道通畅，教师能够了解、掌握孩子的优缺点，为其量身定制适切的培养方案，合理激励，培养学生的自主学习、探究及表达能力，提升学生的学习效能感。被访者表示，教师及家长的榜样作用，培养了学生自我管理、合作与交往、感恩等良好的行为习惯和道德品质；艺体类、手工类、研学类等综合活动，提高了孩子强健的身体素质，培养了其动手能力和创新思维，提升了孩子的综合素养。几乎所有家长都密切关注孩子的心理品质与健康，表示学校的阅读课程、社团活动、心理课程等均强大了孩子的心理力量。但被访者认为，目前家校共育仍旧存在亟待解决的问题。家长工作较繁忙，能够参与开展家校共育的时间短缺，且各班内学生数量过多导致传统、单一的家校合作未能保证教师与家长的良好沟通，不能保证所有学生均得到关注，例如，有被访者提到，"觉得老师与家长沟通不太够""因学生较多，未能关注到孩子个别学科（如英语）的学习"。

家长对家庭教育的认识不足，缺乏反省意识。大部分家长对自身家庭教育总体情况比较满意，只有极少部分家长认为教育是学校的事情，家长忙于工作而不应承担孩子的教育责任。绝大部分家长都认为，孩子在行为习惯及合作与交往方面还存在着许多亟待解决的问题。如学习方面，问题表现在自主性差、学习不能专注、积极性差、缺乏目标、兴趣低下及欠缺学习方法；习惯方面，欠缺时间观念、自理能力低下以及执行能力低下；在交往方面，主要是以自我为中心、语言表达力差及交往能力差。家庭教育的现实症结在于溺爱孩子、疏离孩子、家庭关系不和谐等。在溺爱孩子方面，比如孩子犯错时家长护短，甚至向教师撒谎。片面相信孩子的话，遇到一点问题就打电话投诉，而并不真正关心孩子的成长。不重视孩子的社会性发展、不关注孩子道德品质的培养，导致孩子以自我为中心、自私自利。在疏离孩子方面，缺乏对孩子成长的理性认识。以工作忙为由，没有时间陪伴孩子，甚至完全交给老人教养。不乐于参加家校共育的活动，不理解甚至反感教师的良苦用心。比如教师每天抽时间陪学困生练习，希望家长也一起辅导，家长却认为这是教师追求班级平均分而提出的苛刻要求。在家庭关系不和谐方面，主要是夫妻关系和婆媳关系。家庭不和睦，容易将负面的情绪情感带给正在成长中的青少年。这不仅不利于孩子当下的健康成长，也给孩子将来构筑家庭带来潜在的祸患。

大部分家长对学校教育情况总体满意，主要诉求体现在以下几个方面。一是孩子的行为习惯需要进一步养成。学习主动性、积极性不够，不能很好地完成作业。依赖手机、游戏机等电子产品，时间观念不强，注意力不集中，比较拖拉。不能很好地管理自己的学习用具和生活物品。还需引导孩子养成节俭习惯，不要浪费食物，不要乱花钱等。二是合作与交往。孩子可能个人主义倾向较明显，以自我为中心。交往主动能力不强，不善于表达。性格慢热，在生活中缺乏与他人交往的热情，甚至叛逆，独来独往。情绪控制能力较弱，缺乏同理心，难以站在他人角度来看待事情，因此学校教育还需要关注孩子心灵的成长及良好行为习惯的养成，摒弃外在的、形式上的教育。三是健康快乐地成长。学习很重要，但是待人接物，良好的人品，学会做人更重要。所以身心健康是重要的关注点。作业不宜太多，深度宜恰当，减少学习、作业中电子产品的使用，建议增加对孩子学习阶段的考核，创造良好的氛围，亲其师而信其道。宜多一些综合实践活动，让孩子手脑并用，培养其实践能力和创新意识。

三、家校合作的困境与可能的超越

通过问卷调查、访谈和进校调研，发现家校共育中存在的问题可以总结为观念层面和实践操作层面两大类别。在观念层面，主要是家校默认学校教育的绝对权威、家长与学校的合作观念落后及家长与学校的教育观念冲突；在实践操作层面，主要分为家庭和学校两个层面。其中学校层面：存在合作计划性差、内容狭窄、深度欠缺等八个方面的不足。家庭层面：存在家长参与学校管理少、参与合作积极性差等五个方面的不足，具体信息如表11-4所示。

表11-4 家校共育现存问题

观念层面	实践层面	
	学校层面	家长层面
家校默认学校教育绝对主导	合作计划性差、合作内容狭窄、合作深度欠缺、合作稳定性差	家庭结构组成复杂、家长文化品德素养差异
家长与学校的合作观念落后	缺乏制度保障、合作责任不明、合作经费短缺	家长参与合作积极性差、家校之间沟通交流较少
家长与学校的教育观念冲突	忽视学生主体	较少参与学校核心管理

要突破实践的瓶颈，需要从两个方面努力。首先，家校共育合作策略与途径需要从换位思考的角度去更新。家长角度，比如希望沟通方式的改变，包括定期的沟通、与任课教师间的沟通；希望能够多一些亲子活动、家长进学校、教师进家庭等方式。家长对家校合作方式的需求已经不仅限于微信、家长会两种方式，他们还需要更多、更行之有效的策略

来了解孩子的在校情况，从而配合校方做好家校共育工作。从教师角度来看，对家校共育的建议频次由高到低依次为家长教育、开展家校游学等亲子活动、丰富渠道、参与学校建设、家长走进课堂、组建家委会。教师认为，家长素质的提高是目前家校共育中迫切需要解决的问题，例如有被访者提到"提高家长的素质尤为重要""需要定期对家长进行培训，以适应孩子的成长"。家长与教师的角色转换是促进家校合作良好开展的有效途径，其中被访者提到，家长应走进课堂，体会教师的课堂与日常工作。由此可见，家长希望能够通过参与学校建设、走进课堂、开展家校亲子活动等方式适当进行角色转换，体会教师工作，在教育观念上与学校达成基本一致，通过家长教育等方式提升家长教育素养。

其次，要关注到学生的差异来进行有效的家校共育。对于学优生而言，家校要引领其追求卓越。包括学业更进一步，更包括道德品质的提升，如帮助同学、利人利己、追求自己的理想。同时培养反思意识，对其进行适当的挫折教育，使其形成良好的自我认知。对于中等生而言，要夯实基础、整体提高。培养良好的学习习惯、坚持不懈的品质，朝着一个明确的目标奋进，这一过程需要得到饱含感情的激励，家校合力不仅必要而且亟须。对于学困生而言，家校需要开展丰富多彩的实践活动，多视角找到孩子的闪光点，对其进行针对性激励，培养孩子的自信心，从而全面提升自我效能感。为了更加有深度地促进孩子成长，学校应与家长建立私下沟通的机制，相互分享与反思，互通好的想法、改正不足之处。另外，还可以创建家长之间的沟通渠道，帮助家长间相互交流教育孩子过程中遇到的问题、好的家庭教育方法，开展更多家庭课堂，让家长学习更多家庭教育方面的实践知识，从而整体提升家校共育的水准和层次。

第三节　家校合作的案例探讨

著名教育家苏霍姆林斯基在《给教师的建议》中写道，"教育的效果取决于学校和家庭教育影响的一致性，如果没有这种一致性，那么学校的教育教学过程就会像纸做的房子一样容易倒塌。"德育尤其如此，比如孩子道德认知与道德行为的背离，"精致的利己主义者"的形成，大多都是这种情况。保罗·朗格朗是法国著名的终身教育研究者，他指出"不同教育部门的相互依存是终身教育的基本，只有加强各个部门之间的沟通和合作才能最终实现教育的一体化和整体化。其中，家庭教育是教育的基础，学校教育是教育的中心"。以孩子的健康成长为中心，联袂发力共同承担教育重任，是家庭和学校理所应当、义不容辞的使命。正向的家校合力，不仅可以提高学生的学业水平，还可以帮助学生发展自我意识，充分展示自己的个性，同时有利于社会性的生成，从而指向完整的人格。不仅如此，对家长和教师也是一种再教育。对于家长而言，增进了亲子关系，提高了陪伴能力；对于教师而言，开拓了教学视野，丰富了教育阅历。因此，家校合力实实在在是一项合作共赢的实践工程。

笔者调研了不同地区的不少学校，结合前面的理性分析和现状调查，此处拟从三个方面来进行家校共育案例的探讨。一是常规工作落到实处，主要是考察如何把常规的家校共育工作做实，促进育人水准的提高；二是家校共育机制的建立，如何保障家校相关工作有条不紊地有效推进;三是家校共育的特色举措,如何因地制宜找到突破口,以点带面,深化家校共育。笔者特别感慨,俗话说"高手在民间",究其原因就在于实践出真知,有需求才会有思考,有思考才会去实践,有实践才可能创新。校长、教师们奋战在一线进行教育教学实践,很多探索令人感动。

一、家校常规工作的落实

家校常规工作的一些方式或活动有家校互访、家长会、家长开放日、家长委员会、家长学校等。虽然这些工作从形式上看,没有什么特殊的地方,但是要落到实处,非常不容易。家校互访方面,密云区北庄中心小学的实践就非常细致深入。其家校互访工作,包括学校访问家庭和家庭访问学校。学校访问家庭包括常规性访问和研究性访问。常规性访问的目的是切实加强学校和家庭、教师和家长的联系,还将五月定为"家长工作季",开展全员参与的覆盖全体学生的普访活动。研究性访问就是教师、班主任代表学校,就学生成长问题对典型家庭进行访问,深入了解学生成长环境、校内外表现及其原因。家长可以在各种开放活动中访问学校,从而更好地了解学校的环境和文化,提升家庭与学校之间合作的默契,增强家校合力的育人效果。平时还可以直接访问班主任,相互交流孩子信息,合力商讨对策建议等。

家长会是学校教育与家庭教育有效联系的一种重要形式,是家校联系的传统项目,是家长参与学校教育的一个重要平台。传统的家长会更多时候是教师的独角戏,通常是某个重要的时间节点,班级组织召开家长会,主要内容是学生成绩的分析、学生在校表现的简单介绍及教师与个别家长的言语交流。辽宁昌图实验小学作了有益的突破,每学期定期两次召开各年级家长会,向家长汇报学校和班级教育教学工作的基本情况及今后工作计划,向家长提出教育上的要求,听取家长意见,表扬优秀学生,请家长介绍教育子女的经验等。由班主任拟好家长会提纲并主持会议。班主任、教师热情接待家长,不诉苦、告状,不歧视孩子学业成绩不理想的家长,要多提建设性意见,共同教育好学生。全体科任教师都有责任认真准备和积极参加家长会,向家长汇报学生本学科学习情况,并虚心听取家长意见。最后由班主任负责做好家长会会议记载,并将有关内容报学校备案。

学校选定一些特定的时间为家长开放日,届时家长可选择到教室旁听教师讲课、陪伴自己孩子和与老师进行交流等。家长开放日活动,不仅是展示学生在校生活、展示教师才能的机会,也是启发家长思考的机会。在临沂第二十中学,每一天都是开放日,家长可以随时进门去听课、观摩。事实上,家长并不怎么去关注课堂教学内容,而是观察教师的工作状态、学生的学习情形,还有班级文化、校园环境等。他们还可以通过食堂、宿舍、卫生间等的情况,感知学校在教育教学方面的投入。校园越开放,家长越放心,孩子的归属感越强。学校还经常借开放日组织许多亲子活动,拉近孩子与父母的心灵距离。学校的实践表明,良好的亲子关系能够有效地促进父母和孩子之间的沟通交流,促进相互的认识和理解,直接影响到孩子自我概念的建立、道德判断的形成、个性的健康发展。同时,也为学生更好地接受学校教育提供了稳定的心理发展平台。学生只有家庭关系和谐才能认真听课,安心学习。

家长委员会是由家长代表组成的代表全体家长和学生参与学校教育和管理、行使教育监督权和评议权的一种群众性组织，是密切家校关系的桥梁和纽带，是实现家校共育的重要组织形式。临沂第二十中学的家委会，是自下而上成立的，先成立班级的，然后成立年级的，最后成立学校的，如此做法类似于美国家长教师联合会。这样颠覆以往自上而下的家委会形式，保证了家委会的实效运作。每级家委会的领导机构相同，均由一位家委会主任、两位副主任、三到四位秘书长组成。家委会的主要成员也是家长自愿报名、教师观察和家长推荐三方面来源，学校会先行组织家长开展活动，以了解家长的真正需求，故而家长参与度非常高。学校非常信任家委会，真正让其实质参与学校的管理。比如学校的环境建设、硬件改造、食堂安全管理、校门秩序维护、选修课程开设、综合活动开展等，都有家委会的辛劳付出。

家长学校主要是基于家校共育的视角，旨在更新家长的教育观念，提高他们对家庭教育重要性的认识。通过共同探讨子女教育中存在的问题，家长和教师共同研制解决相关问题的策略和方法，合力促进孩子的健康发展。密云区北庄中心小学开办的家长学校，授课教师主要由校长、教导主任和有经验的教师担任，同时也邀请专家学者和教子经验丰富的家长主讲。家长学校的教育内容包括必修和选修两部分，除了教育学心理学知识的必修部分，还包括家风、家庭美德对学生的影响，特殊才能与创造力的培养，学习困难的成因与突围，独立生活和交往能力的培养，等等。家长学校的教学形式也多种多样，如集中授课与网上自学相结合。每学期初班主任为家长学校上好开学第一课，期中利用家校平台和微信家长群对班主任推荐的学习材料进行自学反馈学习收获；又如全体授课与单独辅导相结合，班主任教师对于特殊学生、特殊家长和特殊学生群体进行有针对性的辅导和个性化的讲解；再如接受型学习与实践型学习相结合的方式，开展亲子运动、亲子共读、亲子实践等活动，在活动中提高家庭教育能力。合力熔铸明显，实践效果显著。

二、家校共育机制的创建

良好合作机制的建立，是家校共育工作有条不紊高效推进的重要保障。有许多的学校建立了全面或有个性的家校共育机制，实践证明非常有效。如体系化的武汉常青树实验学校的"家校沟通全面执行制度"，以及颇具特色的辽宁昌图实验小学的"家长教师协会"制度。

武汉常青树实验学校，通过学校与家长的沟通，促进相互了解，加强家校合作，有效地整合学校教育与家庭教育的力量，在很大程度上促进了学生在德、智、体、美、劳等方面的个性而全面的健康发展。"家校沟通全面执行制度"，包括四个方面。

一是家校联系制度。定期在班主任与家长之间互通信息，通过"家校联系册"这一载体及时反映学生在学校和家里的有关情况，使家长和教师及时掌握学生的情况。家长可对学校提出意见或建议，班主任可针对学生实际情况对家长提出相应的要求，形成家校合力。

二是家访制度。班主任根据实际情况不定期地对有代表性的部分学生进行家访，通过家访活动了解学生家庭情况，与家长交换意见，共同教育学生。班主任要提前精心准备，有目的和有针对性地就学生的教育问题充分与家长磋商。家访的态度要诚恳、热情，对教育学生要充满信心，要充分拓宽家访的范围和内容，切忌报忧不报喜，使家长和学生消除家访即"告状"的错误认识，要努力寻求家长的合作和支持。

三是家长开放日制度。根据实际需要，学校或班主任可在确定的时间内将全体或部分家长召集起来以开会或其他形式进行活动。召开家长会事先应根据其目的就内容、形式作出周密安排。通过家长会向学生家长宣传学校有关的教育管理制度与规定、措施和方法。向家长汇报学生的有关情况和学校（班级）的工作情况，总结成绩找出差距，及时总结经验和教训，同时可以对家长提出一定的要求和希望，指导教育孩子的形式和方法。

四是家长访校制度。家长可利用空闲时间个别来校访问班主任或任课教师，向教师反映学生在家表现，询问学生在校学习、生活、活动等情况，可以提出各类问题及意见。家长访校时教师要热情耐心地接待家长，耐心地听取家长的意见，认真回答家长提出的问题，积极地给予科学的指导，诚恳地提出自己的意见或建议。家长也可深入课堂听、评课。

昌图实验小学的"家长教师协会"，致力于家长和教师共同携手助力学生成长，致力于搭建起家长、教师、学生之间的桥梁。以快速、通畅的资讯交流平台，缓解孩子与家长由于双方信息不对称导致的冲突，让教师与家长、家长与家长、家长与学生能平等、有效、快乐地沟通。家长教师协会旨在建立一种新型的家校合作机制，通过让家长参与班级管理、设计并组织班级活动，使家长与教师共同完成育人任务，以制度保障家校合作的顺利进行。学校为了更好地加强家长教师协会工作，分别制定了《家长教师协会例会制度》《家长教师协会组织经费保障制度》《家长教师协会信息交流反馈制度》《家长教师协会宣传制度》《家长教师协会培训制度》等提供制度保障。

以《家长教师协会例会制度》为例。明确要求会议由会长召集，每月在固定时间、固定地点召开，如遇特殊情况家长教师协会可以提前或推迟召开例会，提前做好方案。会议的程序，包括会长简短汇报前段时间的工作情况，提出下段时期的工作计划。然后由秘书布置安排下一阶段工作相关的具体事宜。会议的纪律，要求全体会员不得无故缺席、迟到或早退，确有特殊情况不能按时参加会议者需提前向会长请假或提交书面请假条。召开会议时，所有会员应提前进会场签到，未签到者视为缺席。例会期间不得在会场喧哗，交头接耳或做其他与会议无关的内容。手机调振动、静音或关机。各家长教师协会会员做好记录，以备留存及研讨。

三、家校共育的特色举措

家校共育的工作看似平常，但是却需要投入极大的感情。一般而言，当一个人没有置身于具体情境中，很难理解个中滋味。比如一个从来都没有被爱过的人，总以为世界上一切所谓的爱都是虚伪的。以慈悲为怀的人，总是相信世界将会变得更加美好。尤其现在网络发达，在各种留言评论区域，这种情形体现得淋漓尽致。大千世界，鱼龙混杂，不敢说具体的比例，但是笔者始终坚信有相当的一批人，他们兢兢业业、默默奉献，没有鲜花没有掌声，甚至别人对其视而不见。他们恰恰是民族的脊梁，诚如老子所云，"企者不立，跨者不行。自见者不明，自是者不彰，自伐者无功，自矜者不长"。天下大道，返璞归真。在我国基础教育界，就有许许多多这样深情匍匐于辽阔大地的教育人。

武汉常青树实验学校的"年修十万家书"案例，令人感动。何为"年修十万家书"，就是班主任与家长沟通的书面文字一年竟达十万字。学校秉承"假如我是孩子，假如是我的孩子"的教育承诺，卓有成效地深入开展了教师"年修十万家书"活动，以"感动、分享、共勉"三个篇章为中心将家校联通工作细致化、具体化、实效化。各年级组还根据不同年段的学生及家长的需求，制作了家庭信息卡"你的心思，我愿意听"，比如您对孩子的近期目标、远期希望，您和孩子常玩的游戏，孩子最让您感动的一件事及需要老师配合的地方，等等。为每个学生画像，将每一位学生在学校的各种行为表现，思想动态等，与家长及时交流沟通。家长在深刻了解教师工作的同时，尽情支持学校教育。同时，还通过家校联系及时掌握家长对学校教育工作的要求与建议，积极弥补教学过程中的不足之处，自觉改进教学方法，提高教学水平。这样既尊重了家长的意愿，也深入了解了孩子的家庭信息，让家长感受到教育者倾注的心血，取得相互的了解，便于积极地配合。

有家长说，"难以想象，老师上课那么忙，怎么有时间给我们写这么长的信？""上周的一封集体家书有5400多字，这周又写了4700多字，我看后除了感动，就是一份沉甸甸的责任。"老师说，"关于孩子的话，永远都写不完。只要平时用心去观察，用心去积累，几千字的家信，午休时间就能写完。"校长说，"我拜请每位老师学会换位思考，假如是我的孩子，假如我是孩子。只有这样，我们对孩子的爱才会源源不断，我们的家书才会源源不绝。"这样一来，家长就不只是完成学校布置的任务，而是内心有敬畏，体会到教师对孩子实实在在的爱。有位孩子的奶奶表示，"儿子在外企，经常要出差；儿媳是医生，上夜班是家常便饭，孙子的日常学习生活基本上是我在照应。因为年纪大，刚开始差不多一天一封家长信，觉得天天回复太累，适应不了。但是想想老师一个人管40多个学生，还这么细心，多累啊。如果不尊重老师，良心过不去，对不起孙子修来的这么好的福分。"

正能量可以以指数增长的方式，感染周边的人。当时的武汉市教育局长高度赞赏学校的做法，"无疑极大地丰富了学校德育有效性的措施与方法，说到底还是教师的师爱、师德、师风必须为学校德育起到有效性的奠基和激活作用。"就连学校附近的出租车司机都感慨，"我现在还没有小孩，但一直很关注教育。老师也是普通人，能在浮躁的现实中为孩子坚守纯净，叫人肃然起敬。"的确，这些并没有惊天动地，而是雨露有情、润物无声。正如一位自称"守望麦田的稻草人"的教师，她诗意地写道，"呆呆地看着这些孩子，十一二岁的少年，我满心地欢喜。校园真美，阳光洒在他们的脸上，也温暖了我的心房。春夜喜雨，一地的落红。连气温都沾满了希望，一切显得活泼起来。我，是个幸福的麦田守望者，用干干净净的爱和安安静静的执着，守护着幸福麦田里的45棵小苗。既要给他们以爱的灌溉，又要让他们在风雨中学会坚强，责任、使命还有担当。苔花如米小，也学牡丹开。我是幸福的稻草人，默默地守候在这片麦田里！"

内蒙古莫旗三中的"家校连心卡"也是类似的特色举措。该校的家长普遍将学习成绩作为评价孩子的唯一指标，对学生的全面发展认识不够。因此，为了改变这一不良状况，学校向家长定期发放家校连心卡。家校连心卡包含学校寄语、教师对学生的综合述评、家长对孩子的了解和希冀。其中，教师对学生的综合述评包括习惯、能力和交往三个方面，分别是文明礼貌习惯、课堂听讲习惯、完成作业习惯、个人卫生习惯、进餐就寝习惯，交流表达能力、分析判断能力、创新思维能力、团队合作能力、生存适应能力等。除了描述，更多的是情感激励，信任并鼓励孩子在原有基础上进一步提升。家长对孩子的了解和希冀，主要包括生活习惯和社会能力，如读书学习兴趣、礼仪礼让习惯、生活卫生习惯、饮食就餐习惯、按时作息习惯、生活自理能力、相容相处能力、待人接物能力、是非判断能力、劳动创造能力等方面，同样不会给孩子贴标签分成三六九等，而是以正向的激励来引导孩子。同时，这一活动对家长也是很好的自我教育，与孩子共生活、同进步，密切亲子关系，增进家庭福祉。

四、有效家校共育的实践反思

理性过于客观，实践才有温度。其实人文社会科学尤其是教育学，相较于自然科学还是有很大的差异。科学强调求真，从包罗万象的外在现象去探索背后的本质原理。而教育更多的是尚善达美，把一条本质的原理比如"教育应该闪耀人性的光辉"，因地制宜做成千万种适恰有效的实践。这些年笔者调研的经历，一直反复警醒自己，通常状况下浩如烟海的文献不如说干就干的实践。我们常说，方法总比问题多，机会总是垂青有准备的人，其实应该是实干的人创造了方法和机会。本节家校共育实践探索的案例就是很好的说明。道理非常简单，就看想不想做。通过这些有益的探索，我们可以发现，在家校共育实践中需要注意三个问题。

一是理念上要做到基于了解的尊重与信任。前面谈到，我们要做到家校平等，互相尊重。但是需要注意，不是肤浅地尊重，也不是无条件地信任。对教师和家长的赋权，都要基于调查，通过深入的分析做好相关决策。一旦正确决策后，就要充分地尊重和信任。比如家委会、家长教师联合会成员的选组，家长学校的主讲人，家长开设课程等。通过优秀家长的工作展示，以强烈的榜样作用激励和鞭策整个家长群体。以至于让家长感觉不为孩子的成长付出努力，就如同做了一件不光彩的事情。从密云区北庄小学、辽宁昌图实验小学、武汉常青树实验学校、内蒙古莫旗三中、临沂第二十中学等学校的实践，都可以清楚地发现，基于了解的尊重与信任是家校合力熔铸的基本前提。如果没有这一点，可能就是为了合作而合作，流于表面没有实效。

二是策略上要区分家长、教师等群体的不同类型。虽然人格尊严人人平等，但是兴趣能力个个不同。以家长来说，他们的态度、能力差距甚大。最需要改变的，就是那些认为家庭之于教育无责，只管成绩无视其他的家长；而可以发掘的力量是，那些有教育能力、情怀，有时间、有精力、有资源的，热心学校公益的家长。如临沂二十中的家委会成立后，对家长群体进行了深入的调查。对不同群体的家长进行了相应的引导，最后合力支持孩子们的成长。那些在教育理论和实践方面有一定能力的家长，主要服务于孩子的学业，比如进班听课、家长讲课，研讨校内校外的教育教学活动。而那些热衷文艺、组织能力强的家长，则负责合唱节、新年联欢等大型活动。有时间、有精力的家长，则参与学校的公共活动，如活动用品的购置、校园清洁以及学校门口的交通维护等。大家各司其责，拧成一股绳，以极强的主人公意识参与家校共育。清华大学附小也以丰富的家长资源著称，学校的家委会就有学术家委会和普通家委会。其中学术家委会的成员主要是教育学专家，他们除了担当顾问还参与学校的文化建设、计划制订等专业事务。

  三是时机方面要讲究因缘和合，相机而教。我们需要明白，任何事情都是需要考量原因的，不是大家做就都要做，而要考虑为什么做，什么时候做，怎么做。拿新冠肺炎疫情来说，我们主观上希望永远没有疫情，但是疫情来了只能面对。恩格斯曾说："没有哪一次灾难不是以历史的巨大进步为补偿的。"那么疫情灾难对教育补偿了什么，显然不是学科知识，而是科学教育、道德教育和生命教育的绝佳时机。科学教育，远远不在于知识，而在于问题意识、探究精神、批判能力。我们不仅要了解病毒的相关科学知识，更重要的是对网络众多信息的判断，哪些是猜测。道德教育，个人层面，比较疫情期间不顾个人安危的救护人员与自私自利隐瞒疫情的超级传播者，一在平地一在天。社会方面，如何构建良好的防疫体系，公民素养的提升都是重要话题。国家方面，中华民族众志成城，在困难的情况下对国外依然一以贯之地慷慨解囊，尽显大国风范。并不是我们妄自尊大，比较欧美大国的抗疫表现，高下不用言说。生命教育，无论病毒来自自然还是实验室泄漏，都为人类敲响了警钟，不仅人类是命运共同体，而且与全球上的所有生命都是共同体。我们要遵循自然规律，保护环境，追求人与自然的和谐发展。科研工作者要有人类良心，科技应为人类造福，而不是毁灭同胞。今天的学生应该和家庭、学校一起，努力为人类美好的未来而奋斗。

第十二章

社会资源开发

第一节 社会资源开发的理性分析

教育是一个复杂的体系，学校、家庭和社会构成密不可分的有机整体。学校主要围绕学科知识，家庭主要围绕健康生活来开展教育，而社会就是家庭和学校所存在的大环境。因此，学校教育不能也不可能离开社会资源的支持，相反还需要竭尽全力去发掘。要突破教育发展的瓶颈问题，必须有效整合全社会的资源和智慧，在全员育人、全过程育人、全方位育人方面寻求机制、政策和法律领域的创新。[1] 因此，作为校长对社会资源的开发和利用进行高屋建瓴的引领，不仅急切而且必需。

首先，丰富的社会资源有效弥补了学校的不足。比如人力资源，学校教师主要专攻学科专业教育，对综合性领域的实践活动以及相应的场所并不熟悉。而相关社会工作人员如博物馆研究员、科技公司工程师等对此驾轻就熟。还有物质资源，比如青少年宫的科技产品、历史文化的遗迹、红色文化的场馆等。社会力量的介入，辅助学校教育不擅长的业务活动，在很大程度上减轻了教育部门和学校在管理和投入上的压力。其次，是社会资源的价值体现。一是社会资源协同育人的教育功能体现，孩子们在社会情境中获取社会知识、社会经验，有益补充家庭和学校的时空限制。二是有效地提升了社会资源的利用率，优化了资源配置，形成教育和社会的良性互动。一旦形成服务教育的有效机制，就节省了原来由于部门隔离而造成的人力、物力、财力等开支成本，有助于学校教育教学和管理的运作。[2] 最后，也是最为重要的，拓展了学生的成长空间，从而促进其全面而又个性的发展。尤其是对孩子社会性的发展有重要的意义，比如言语交流、合作交往、社区认同、家乡情感、认识社会、责任担当等方面。有效统筹社会资源，是素质教育的有效途径，是教育创新的重要举措。[3]

本研究所谓的社会资源，是指一切有助于教育教学活动开展的校外资源总和。毋庸置疑，这是一个非常笼统的概念，难以操作化。可资利用的教育资源种类繁多，有人将其分为九类，分别是人力资源、物力资源、财力资源、天然资源、组织资源、关系资源、文献古迹资源、技术文化资源及社区意识（社区感）。[4] 也有分为六种的，分别是家长资源、专

---

[1] 陶西平. 抓紧开展社会资源服务中小学的立法准备 [J]. 中国教育学刊，2017（10）: 5.
[2] 刘刚. 社区资源开发与学校经营 [J]. 教学与管理，2013（09）: 32–34.
[3] 王玥. 北京市统筹社会资源用于教育的满意度分析 [J]. 上海教育科研，2016（07）: 42–46+38.
[4] 希拉里·罗德姆·克林顿. 如何培养健康、快乐、活泼的孩子 [M]. 曾桂娥，译. 上海：三联书店，2009.

家资源、地域资源、网络资源、文化资源、组织资源。[1] 还有人分为环境资源、文化资源和人力资源三种。[2] 毋庸置疑，无论将社会资源分为几种，都需要根据学校的实际情况进行分门别类的整理，才可能系统高效地开发。笔者根据大量的实践调研，拟从三个维度来构架学校教育可利用的社会资源。维度一是资源价值，主要是之于孩子成长的意义，包括知识与观念、实践与创新和价值与精神三类；维度二是资源类型，包括人力资源、组织资源、物质资源和文化资源四类；维度三是活动空间，即这些资源产生教育意义的活动场所，分为校内和校外两类。具体如图 12-1 所示。因此，校长可以从三个维度引领学校对校外教育资源进行系统设计，因地制宜、因校所需，做到合理开发、高效利用。

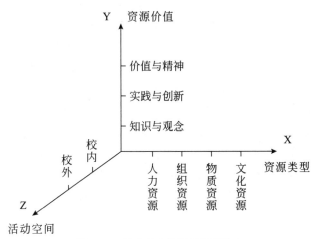

图 12-1　社会教育资源的分析维度

一、价值引领：社会资源多维促进学生全面而有个性的发展

社会资源融入到教育教学中，能够极大地弥补课堂教学的不足。对于学生的健康成长，有重要的三重意义，包括知识与观念、实践与创新和价值与精神三类。首先，在真实的情境中，学生通过观摩学习，获得相关的知识，更新陈旧或者错误的观念。其次，通过感受体验，学生在真实的活动中培养实践能力与创新精神。最后，通过直接经验的总结与反思，学生不断反刍学习过程中的内容，内化其中蕴含的价值和精神，内化于心外显于行，从而实现真正的成长。社会中蕴含的教育资源是学校教育的重要补充，也是必需品。因为在社会资源彰显教育意义的过程中，实现了教学内容由静到动，由分散到综合，由间接知识到直接体验的转换。让学生不仅在知识层面上，还在方法上、态度上实现多维成长。

（1）知识与观念方面。我们知道，百闻不如一见，比如无论怎么讲解环保知识、生态观念，学生都只是了解相应的知识点，而观念意识难以深入人心。深圳海韵学校充分利用自身优势资源，让学生走出校门、走进社会，深入感受科技之都的方方面面。比如环境教育方面，学校组织学生参观老虎坑环境园。该园隶属深圳市能源环保有限公司，内含一期、二期垃圾焚烧厂及填埋场，渗滤液处理厂，沼气利用项目等。这一系列与垃圾处理有

---

[1] 曹瑞. 中学生涯规划教育的实施路径与社会资源优化配置 [J]. 天津市教科院学报，2019（05）：14-18.
[2] 王云飞. 浅议社区资源在幼儿园教学中的开发与利用 [J]. 中国校外教育，2014（13）：138.

关的设施组成了一个资源循环利用、以废治废的环境科技园。"流动课堂"上指导教师介绍活动的目的、意义和流程，讲解垃圾分类知识、分析最新环保政策等。整个过程中师生都置于真实情景，与园中的各项资源紧密链接。如从水的来源到污水净化，从资源的回收到循环利用，背后依赖的都是高科技智能系统。总控室是整个系统的核心，各种高清画面与复杂数据深深震撼着孩子们，让他们深深感受到科技与生活的完美结合。通过研习，学生了解了生活垃圾所带来的危害和城市垃圾分类的系统流程，感受到了科技给环境带来的改变。从而对垃圾分类有了更清晰的认识，对生态文明有了更加具体的感知。后续学生还结合自己的生活实际，分享了许多生活小妙招，对垃圾分类有了更为具体的操作意识。

（2）实践与创新方面。我们知道实践能力与创新精神的养成，离不开学生主体性的发挥。纸上得来终觉浅、纸上谈兵，都指明了说教的局限和危害。结合社会资源开发合理的综合实践活动，能够有效地补充或矫正这一点。比如受各种影响，有一些孩子对待保安、清洁工等工作人员的态度不太礼貌或冷淡，有的甚至在小区内乱扔垃圾、乱停自行车，等等。为了解决这一问题，武汉市常青树实验学校和社区相关工作人员沟通后，开展了学生的岗位体验活动。通过让孩子们走进社区进行角色扮演，体验社会上不同角色劳动者的艰辛，劳动的快乐以及热爱劳动人民、尊重他人劳动成果的朴素情感，从而激发自己的社会责任感，让大家都来争当社会小主人，当好社会小公民，学会爱他人、爱学校、爱社区、爱家乡、爱生活，这也就是爱祖国的最好体现。在活动开展的前期，成立调查小分队，让队员通过查阅资料、社区采访等形式了解社区工作每个岗位的工作职责，以便于队员们实践体验。最终选取了意见最集中的四个岗位：社区小主任、社区小保安、社区小小保洁员、社区小小志愿者。

快乐的"岗位体验"活动开始了，四个小队的队员们按照各自选好的岗位已经开始工作了。情景一，两名小保安正拿着扩音器，对居民宣讲防火防盗的知识。"各位爷爷、奶奶、叔叔、阿姨，大家好！我是今天执勤的小保安，现在已经进入了干燥的秋天，是火灾的高发期，请大家一定要注意预防火灾。不可随意将烟蒂、火柴杆扔在废纸篓内或者可燃杂物上，不要躺在床上或沙发上吸烟。请记住消防电话是119，谢谢。"情景二，王阿姨在社区内捡到一串钥匙，交到了社区居委会，小主任接待了她。"好的，你放心吧，我现在来做好登记，一会儿我会在小区公告栏上贴上一份失物招领。"情景三，全体保洁员带着"环保小卫士"的袖章，拿着扫把和撮箕在社区小花园里进行打扫。"地上有好多的烟头，特别是角落里，捡了好久，感觉到清洁师傅们平时真不容易啊！"情景四，刚进到空巢老人的家里，就被热闹欢腾的氛围所感染，小志愿者们给老人们表演了欢快的《骑马舞》，给老人们唱了自己学过的歌曲，两位老人被孩子们的真诚与热情所打动，张爷爷更是以一位老党员的身份，语重心长地与孩子们谈话。

孩子们通过角色转换、岗位体验，对社区生活有了新的认识。"现在我知道了保安的工作责任非常大，每一个保安叔叔都为社区的治安做出了贡献，所以平时我们要更加尊重他们！""我觉得清洁工阿姨也很不容易，人们随手扔的垃圾，她们都得弯腰一个一个去捡起来，太辛苦了，所以我以后再也不会乱扔垃圾了。""社区小主任也不好当啊，每天都要处理很多琐碎的事情，面对很多纠纷，处理起来真不容易。大家还是要和睦相处，相互礼让才好。""社区是属于我们每一个人的,我们要像爱自己的家一样,去爱护它,维护它。"通过这次体验,孩子们都感觉到了一种责任感,要时刻都有"小主人翁"的意识,共建美好的社区家园。

（3）价值与精神方面。学习的最高层级的体现,就是价值观、精神品质的形成。因此,一所学校为了培养孩子们的价值与精神,再怎么努力也不为过。但是需要指出的是,价值与精神属于形而上的层面,它们的形成过程需要实实在在的中观载体,不可能通过简单的说教而获得。广西贵港港北高级中学,在这方面有非常典型的探索。学校在办学长河中,出现了一颗闪亮的星星,他就是杰出校友黄大年。黄大年,1958年生,1973至1975年就读于港北高级中学。他是我国著名的地球物理学家,早在1992年他留学英国前就坚定地说,"等着我,我一定会把国外的先进技术带回来。咱们一起努力,研制出我们国家自己的地球物理勘探仪器!"1996年初春,黄大年以排名第一的成绩获得利兹大学地球物理学博士学位。后来在英国一步步成为一个被仰望、被追赶的传奇人物。2009年,他毅然放弃国外优越条件回国效力,刻苦钻研、勇于创新,取得了一系列重大科技成果,填补了国内航空地球物理领域多项技术空白。筚路蓝缕、积劳成疾,不幸于2017年1月8日逝世,享年58岁。黄大年用他的一生向我们展示了他质朴的爱国情怀和科学精神。习近平同志强调,我们要以黄大年同志为榜样,学习他心有大我、至诚报国的爱国情怀,学习他教书育人、敢为人先的敬业精神,学习他淡泊名利、甘于奉献的高尚情操,把爱国之情、报国之志融入祖国改革发展的伟大事业之中、融入人民创造历史的伟大奋斗之中。

贵港港北高级中学现在提出"格局"教育的办学理念,也就是"格物致知、胸有大局",这刚好是黄大年精神的内核。为了把这一精神传承给每一位孩子,学校在黄大年大学母校吉林大学及各级政府的支持下,进行了大规模的文化建设。物质建筑方面,包括一尊黄大年雕像、一个黄大年广场、一座黄大年纪念馆、一栋大年科技楼、一条科技探索长廊、一个创客实验空间等。组织制度方面,设立一个"黄大年支部",创建一个"黄大年教育基金"等。孩子们在科学家黄大年的精神指引下,在处处冠有黄大年名字的学习环境中,在黄大年教育基金的激励下,奋发图强。短短的两三年时间,各级政府、社会各界都非常认可以校友黄大年为旗帜的爱国主义教育范式,学校已成为开展党性教育的重要基地。荣膺各级各类的集体荣誉,最为突出的就是学校获得2019年全国教育系统先进集体,对所有师生都是强有力的精神激励。

二、内容引领：社会资源体系分门别类的全面构架

前面已经提到,可资利用的社会资源非常丰富。事实上,几乎不可能把资源分成完全没有交叉的类型,也没有必要。本研究根据资源类型,初步划分为四类,即人力资源、组织资源、物质资源和文化资源。人力资源,顾名思义就是人员方面的资源,包括家长、领导、专家学者,还有社会上各级各类相关的工作人员。组织资源,包括政府部门、企事业单位、青少年活动中心,还有一切科教相关的单位。物质资源,包括自然的和社会的。自然物质资源包括山川河流、矿产等乡土素材,社会物质资源包括博物馆、科技馆等以展呈物质形态产品为主的场馆。文化资源,文化的范围最为宽泛,几乎可以囊括一切。此处指

狭义上的文化资源，涉及乡土文化、地域文化、民族文化、传统文化等，也包括像红色文化这样的专题文化。

（1）人力资源方面。社会人力资源的发掘，不仅解决学校相关师资缺乏的问题，而且他们在相应的领域更为专业，是学校教育有益而必要的补充。从幼儿园到小学、中学都如此。北京市通州永顺镇中心幼儿园就充分利用社会人力资源，仅仅在生命安全方面，他们就邀请了各种专业的力量到园所指导。如邀请交警来园开展交通安全教育，请消防官兵讲解火灾逃生知识，请社区医生来宣传卫生防疫知识等，极大地保障了园所师生的安全环境。武汉常青树实验学校小学部也邀请武汉市特警支队队长及战士们来校，进行生命安全和法律法规宣讲活动。警官们通过宣传讲授、案例说明、互动交流和模拟练习等形式，向孩子们讲授法律法规、健康安全上网、交通安全等基本知识，还进行了队列动作、徒手防卫和泰拳基本功等技能的展示，增强了孩子们的法律意识，提高了他们安全防范和自我保护的能力。北京市中关村中学拥有丰富的社会资源，人力资源包括中科院各大研究院所的科学家、各行各业的高知家长等。学校系统地规划科学家课堂，邀请科学院士、科学家、工程师等与孩子们面对面交流，包括专题报告、课堂授课和课题指导。学校通过家委会，开设家长课堂。由于家长大多来自北京各行业的尖端单位，熟识行业的前沿动态和发展动向。他们具有良好的综合素养，而且行业涉及方方面面，有利于学生借此了解整个社会的发展现状以及未来趋向。

（2）组织资源方面。也就是社会各种组织机构能够提供的资源，包括政府部门、公司工厂、协会团体等。其实学校也是众多社会组织之一，理应与其他组织协同起来。江西新余城北幼儿园大力加强与相关组织的联合，系统地组织幼儿走出校园、走进社区，参加各种富有教育意义的活动。如参观军营、参观小学，与特殊教育学校的孩子共度中秋、参加全市春节联欢晚会表演等。充分利用社区资源，形成教育合力。主要包括三个方面，一是生命安全方面的，如邀请市疾控中心、市立医院的相关专业人士进行疾病预防控制与公共卫生技术方面的普及教育，还请交警来园为师生进行交通安全教育，请地震局的人员进行地震逃生教育等；二是家庭情感方面的，如组织亲子春游活动、"重阳敬老"活动等；三是社会环境方面的，如组织孩子参观工厂、倡导环保，与超市合作让幼儿体验商品买卖，等等。通过社区资源，幼儿以更宽广、更多元的视角了解社会，能够更加专注地学习、主动地交往、自信地表达，从而使社会性稳定有序地发展。组织资源的开发和利用，是学校的常规动作，此处不做重点讨论。

（3）物质资源方面，包括自然的和社会的。自然物质资源，主要是学校所处地区的地理资源，地形地貌、山川河流、森林湖泊等。带领孩子们认识家乡风物，增长见识的同时，让他们了解家乡、热爱家乡。深圳市南山小学恰好地处南山脚下，于是学校利用这一有利的地理优势发掘课程资源。引导学生以"寻找南山风光"为主题进行活动，通过参观、游览以及学生自主收集资料等方式让学生了解南山的风景资源，感受大自然，让"南山人爱上南山"。武汉市华中里小学是"绿色学校"，组织孩子系统开展感受湿地、了解生态的绿色之旅。创建校园湿地馆，发挥其科普基地的教育功能，定期组织学生参观湿地馆；开展湿地课外研究活动，探究"湿地生物的多样性"。查找我国重要湿地自然保护区的有关资料,并结合湿地日、地球日、爱鸟周、世界环境日等开展主题宣传和户外采集活动;通过"我是环保小卫士"活动,为来校参观的学生、儿童、新闻媒体介绍、普及湿地保护知识;带领孩子走进武汉湿地公园、亲近自然,并邀请市环保局、市野保处的领导和专家进行指导。通过实践活动,让学生们深刻地认识到湿地与人类休戚相关,保护湿地、维护生态就是保护我们自己。

柳江之畔的秀丽古城柳州,后来又因唐代大文学家柳宗元的造访,自然与人文相得益彰。今柳江北岸的柳侯公园,就是这段历史的见证。相传柳宗元任柳州刺史时,发现秀石可砚,并赠与好友刘禹锡,后称"柳砚石"。其形态千变万化,尤以景观造型见长。质地坚硬而细润,通体青黑,古朴沧桑。由于"喀斯特"地貌,除了柳砚石,柳州还盛产各种奇石。柳州市直属机关幼儿园在"古城柳州"的主题活动中,让孩子们收集了大量的奇石资料,使其对此产生了浓厚的兴趣。园所组织孩子们参观了奇石馆,通过欣赏陈列室里各种石头的"形、质、色、纹、韵",初步了解了它们的种类、形态、颜色等特征,初步感受柳州奇石蕴含的深厚文化。孩子们还纷纷用从柳江边拾回的鹅卵石创作"石头画",并用作品布置成了"小小奇石馆",通过玩石活动创造出自己独特的赏石审美观念,从而拓展了知识面,进一步丰富了主题活动的内容,让孩子们热爱家乡的自然风光,热爱家乡的文化流长。

社会物质资源,主要存在于以展呈物质形态产品为主的场馆,如博物馆、科技馆等。比如中国国家博物馆,是世界上单体建筑面积最大的博物馆。现有藏品数量140余万件,涵盖古代文物、近现代文物、图书古籍善本、艺术品等多种门类。国博展览包括基本陈列、专题展览、临时展览三大系列。其中"古代中国"是最为经典的基本陈列,它以王朝更替为主要脉络,分为远古时期、夏商西周时期、春秋战国时期、秦汉时期、三国两晋南北朝时期、隋唐五代时期、辽宋夏金元时期和明清时期八个部分。每一历史时期都以古代珍贵文物为主要见证,较为全面地展示了古代中国不同历史时期在政治、经济、文化、社会生活以及中外交流等方面的发展状况,突出展现了中华文明绵延不绝的发展特点和各族人民共同缔造多民族国家的历史进程,展现了中华民族所取得的辉煌成就和对人类文明所做出的伟大贡献。每一件展品,都是看得见的历史,让孩子们瞬间感觉历史从书本中复活了起来。比如新石器时代的陶器、商代的青铜、春秋战国的铁器等,都风尘仆仆地从远古走来,一一展现在面前。这种极度震撼无法用语言表达,很多来自全国比如西藏拉萨、湖南醴陵、四川南充等地的中小学,开展了非常有益的学习活动。非常遗憾的是,北京本地中小学对这些震撼资源的利用很不理想。

又如中国科技馆,是我国唯一的国家级综合性科技馆,是实施科教兴国战略、人才强国战略和创新驱动发展战略,提高全民科学素质的大型科普基础设施。科技馆南依奥运主场,北望森林公园。主体建筑是一个大型单体正方形,利用多个块体相互咬合,整体外观如"鲁班锁",又似"魔方",寓意解锁、探秘。核心主题有五大领域,分别是"华夏之光""科学乐园""探索与发现""科技与生活"和"挑战与未来"。其中,"华夏之光"包括序厅、技术创新、科学探索、文明交流、场馆漫游;"科学乐园"包括健康成长、戏水港湾、机器伙伴、山林王国、热闹城市、科学秀场、角色体验、人体探秘、神奇宇宙;"探索与发现"包括宇宙之奇、物质之妙、生命之秘、运动之律、声音之韵、光影之绚、电磁之奥、数学之魅、场馆漫游;"科技与生活"包括衣食之本、健康之路、信息之桥、交通之便、机械之巧、场馆漫游;"挑战与未来"包括地球述说、能源世界、新型材料、基因生命、海洋开发、太空探索、场馆漫游。几乎涉及了科技的方方面面,通过科学性、知识性、互动性相结合的展览展品和参与体验式的教育活动,反映科学原理及技术应用,鼓励探索实践,不仅普及科学知识,而且注重传播科学思想、科学方法和科学精神。到科技馆参观学习,不仅有利于学生科学学习兴趣的培养,还可以让课堂学习的科学知识变活,让学生深刻感知科学与人类文明的紧密联系,全面提升科学素养。如湖南宜章县第一中学借助科技馆资源,成立《红楼梦》园林植物探究课题组。组织学生共读《红楼梦》,利用一个星期的时间找出127种书中描写的植物。然后对这些植物进行分类的同时,按照药用、食用、观赏等用途进行考察,评估大观园内十一座园林,并进行最佳创意设计。在饶有兴趣学习科学的同时,极大地提升了学生的自主意识和创新能力。

（4）文化资源方面。从某种意义上讲,所有的资源都是文化的,物质文化、精神文化、制度文化等。但是这里主要讨论的是狭义的文化,比如一些民俗传统、文学艺术、精神传承等。民俗传统如各种习俗、礼节、节日等,典型的有端午、中秋、重阳等传统节日文化;文学艺术如民间传说、民歌戏曲等,如《孔雀东南飞》《花木兰》《梁祝》《白蛇》《孟姜女》《牛郎织女》,京剧、豫剧、晋剧、秦腔、越剧、黄梅戏、昆曲,等等。精神传承如诚信、孝道、爱国、革命精神、红色文化等。尤其是地处这些文化故里的学校,宜大力发掘。不仅增强了孩子们对家乡的热爱,文化的认同,更重要的是文化传播的使命和担当。

民俗传统以端午节为例。其实很多学校,都在端午节开展了相应的传统文化教育,只是资源挖掘的深度还不够。首先,对屈原精神的景仰。屈原（公元前340—公元前278）,生于楚国丹阳秭归乐平里。芈姓、屈氏,名平、字原,楚武王熊通的后代。才华横溢、博闻强识,因贵族血统而以强盛楚国为己任。早年得到楚怀王信任,任左徒、三闾大夫,兼管内政外交。屈原追求"美政",反对世袭贵族尸位素餐。主张对内修明法度、举贤任能,对外力主联齐抗秦,确保国运昌盛。然而因损伤众多贵族利益,遭受诽谤排挤,先后被流放至汉北和沅湘流域。郢都被秦军攻破后,在河泊潭（今汨罗凤凰乡）自沉于汨罗江,以身殉志。从出生之地,到魂归之所,大抵一千里地。荡气回肠,日月同光。在民国时期,王国维在颐和园鱼藻轩自沉昆明湖。"独立之精神、自由之思想",大抵是某种相似的轮回。其次,屈原文学的影响。虽然他旨在建功立业,然而命途多舛,人生的悲剧挫折成就了中国历史上伟大的爱国诗人。在前屈原时代,诗歌主要是集体创作,其经典就是中原地区的民歌总集《诗经》。屈原作为"楚辞"的创立者,开创了一个人的诗歌时代。同时,他又是浪漫主义文学的滥觞,开辟了"香草美人"的传统,以高洁的植物及圣洁的美人隐喻君子品格、使命担当。李白云:"屈平词赋悬日月,楚王台榭空山丘。"苏轼也说:"吾文终其身企慕而不能及万一者,惟屈子一人耳。"窃以为,《楚辞》之于《诗经》,一如长江之于黄河。一南一北、一文一武、一张一弛、一豪迈一细腻、一阴一阳,构成了整个丰满厚重的中华文明。最后,屈原后世的民俗。笔者少小时就有疑问,端午节与屈原到底是什么关系,谁先谁后。是因为屈原在五月五日自沉汨罗江才有纪念他的端午节呢,还是屈原刚好在端午节这天跳江呢?后来才知道,其实老早就有端午节。春秋之前,吴越一带的老百姓，都会在五月初五以划龙舟等形式祭祀。到屈原逝世大约七百年之后的南朝，端午节才和屈原捆绑在了一起。如南朝梁宗懔《荆楚岁时记》载，"按五月五日竞渡，俗为屈原投汨罗日，伤其死所，故命舟楫以拯之。"吴均《续齐谐记》云，"屈原五月五日自投汨罗而死，楚人哀之，每至此日，辄以竹筒贮米，投水祭之"。可见，是屈原的精神让后世传颂，为远古就有的端午节植入了浓郁的人文气氛。

文学艺术以汉乐府《孔雀东南飞》为例。《孔雀东南飞》为乐府双璧之一，流传千古的经典名篇。故事的背景是，"汉末建安中，庐江府小吏焦仲卿妻刘氏，为仲卿母所遣，自誓不嫁"。百般无奈之后刘兰芝"揽裙脱丝履，举身赴清池"，以致焦仲卿也"徘徊庭树下，自挂东南枝"。这应该是有记载的最古老的"婆媳关系"导致的"爱情悲剧"，催人泪下、感人肺腑、呼天抢地、悲怆不已。尤其是结局"两家求合葬，合葬华山傍。东西植松柏，左右种梧桐。枝枝相覆盖，叶叶相交通。中有双飞鸟，自名为鸳鸯。仰头相向鸣，夜夜达五更。行人驻足听，寡妇起彷徨"。故事劝诫后人，一定要谨记以免悲剧重演。笔者一直深深地被语文课本中这遥远的汉乐府故事感动着，后来笔者才发现故事发生地是安徽安庆。而笔者竟然恰巧就是安庆人，令人惋惜的是语文老师居然没有告诉大家！故事发生地也就是今天安庆怀宁和潜山交界处，此地建有"孔雀东南飞文化园"，以汉魏风情再现故事场景。

还有一件类似的经历，令笔者刻骨铭心。我小时候生活在长江边上，春天的夜里总是能够听到一种瘆人的鸟叫声"桂桂阳"，凄厉无比。这种场景，后来就成了一种儿时的记忆和乡愁。大学时来到重庆缙云山麓，半夜竟然又听到了，他乡也就成了故乡。不过一直不清楚，这究竟是什么鸟，长成什么模样。"拜水都江堰，问道青城山"，在四川游历期间，我对古蜀文明非常着迷。相传古蜀经历了蚕丛、柏灌、鱼凫、杜宇、开明五朝，其中杜宇死后化作杜鹃，啼血哀鸣。诗歌里经常提到这个悲催的传说，如李白诗云"一叫一回肠一断，三春三月忆三巴"。白居易写道"其间旦暮闻何物，杜鹃啼血猿哀鸣"。但是始终不知道什么是杜鹃，如何啼血。不惑之年，童心未泯，上网查了很多资料，文字、图片、视频等，不可思议的震撼，原来童年家乡半夜瘆人的"桂桂阳"，就是远古蜀国的杜鹃啼血！自身的体验与文学的意蕴瞬间合二为一，物我两忘，何等殊胜！

精神传承以红色文化为例。地处红色文化区域的学校，一定要尽力做好实地的红色教育。比如遵义地区的学校，就可依赖遵义会议会址来开展。遵义会议会址，位于贵州省遵义市红花岗区老城红旗路。原系私人宅邸，建于20世纪30年代初，为两层中西合璧的砖木结构楼房。典型的黔北建筑风格，古色古香。1935年1月初，中国工农红军长征到达遵义后，中华苏维埃共和国中央革命军事委员会总司部就驻扎在这里。1月15日至17日，遵义会议就在主楼楼上原房主的小客厅举行。遵义会议通过了关于反对敌人五次"围剿"的总结决议，确立了以毛泽东为代表的新的中央领导集体。1964年，毛泽东同志亲笔为纪念馆题写"遵义会议会址"。陈列馆保存文物和资料有一千五百余件，其中文物原件726件、复制品667件、仿制品158件。有当年红军长征时用过的渡船、枪械、刀具等物件，还有重要文件、文稿和标语等。遵义会议会址内的陈列馆、会议室，革命文物、历史资料、历史照片等，为后人呈现了革命先烈勇于斗争、百折不挠、不怕牺牲的革命精神。

其中四渡赤水,如同小说中惊心动魄的情节令人印象深刻。毛泽东同志指挥红军纵横驰骋于川黔滇边界,灵活地变换作战方向,巧妙地穿插于敌人重兵之间,相机而动,牢牢地掌握战场的主动权,从而取得了战略转移中具有决定意义的胜利,成为战争史上以少胜多、变被动为主动的光辉范例。学校要因地制宜、因势利导,继承和发扬革命传统、传承红色基因,培养可靠的社会主义建设者和接班人。

三、路径引领:学校主阵地与社会大课堂的高度融合

从社会资源产生教育意义的空间来看,大抵有校内和校外两类。校内意指"引进来",主要是各类人力资源介入教育教学之情况;校外则是"走出去",包括广阔的自然环境、繁富的社会机构等。学校需要根据学校实际、资源特点等,依据学校主阵地与社会大课堂相结合的基本原则,灵活采取合适的路径。校长的高度决定孩子的空间,一定要摒弃关门办学的陈旧观念。"两耳不闻窗外事,一心只读圣贤书"的时代已经不复存在。家庭、学校与社会的高度融合,既是时代所趋也是实践所需。我们不要培养"书呆子",不要培养"精致的利己主义者",我们要致力于培养身心健康、手脑灵活、热爱自然、关心社会,有格局、有担当的青年一代。

(1)资源引入学校方面。各种人力资源如家长、专家,各行业的优秀工作者都可以参与学校教育活动。比如密云一小就引入税务专业人员进入学校,开展诚信教育。我们知道,诚信是社会主义价值观的重要组成部分,从小培养诚信纳税的意识,更是对青少年"系好人生第一粒扣子"具有深刻的实际意义。早在2005年,密云一小就与密云地税局联合建立了北京市首个"少年税校",至今已十数年。学校课题组和密云地税局专业人员根据孩子心理特点、接受能力、知识结构,以小学三至六年级队员为教育对象,设置了八个相关篇章,历时一年多时间,几易其稿,编写了适合队员年龄特点的两本税收教材,《税收与生活》和《少年税校综合实践活动》。学校以德育教育为载体,以校本教材为依托,以每周一节综合实践课为平台,对队员进行税法知识教育。如在三年级各中队开展:"你纳税了吗""税收历史知多少""税收的作用""税收哪儿去了""小小税务官"等税法知识课程,提高队员对税法知识的认知与了解。四年级各中队通过调查问卷、放映税收动漫宣传片、少年税校宣传小队等多种形式,让队员轻松愉悦地了解税法,我们的税法解说团已成为学校品牌社团,税法宣传小分队编排的相声《意外之喜》、校园情景剧《诚信》等税法宣传作品在各中队巡回演出,深受队员欢迎,使队员在愉悦的氛围中将税法知识深入心中,帮助他们树立依法纳税意识,培养他们的社会责任感,效果非常显著。

具体举措非常精彩。如2013年4月,学校开展了以"税收、发展、民生"为主题的税法宣传月主题教育活动。32个中队开展了"税收与我同行"税法宣讲主题班会,835人撰写了税收与我同行征文、手抄报等。2014年4月,在1341名队员中开展了税法宣传"五个一"活动。即征集一条税法宣传标语、制作一版"税法在我身边"手抄报、开展"童眼看税"征文比赛、组织队员参观一次税法教育基地活动、开展一次税法宣传进社区宣传活动。在参观税务大厅过程中,工作人员给队员们讲述纳税工作流程,认识各种票据,观看服务过程,让孩子们亲身感受税法工作的重要与辛苦。2015年4月,开展"税收都去哪

儿啦"征文比赛、演讲比赛，和密云地税、首都经济分院联合拍摄了微电影《少年税梦》，税务工作人员、学生参与了此次拍摄，并担任了重要角色。《少年税梦》是以记录一个少年税校学生成长历程为主题的微电影。主人公通过参加少年税校学习，在心中播下了"税收"的种子。自此更加关注税收，最后报考税收相关专业，成长为一名税务干部。在此次活动中，学校师生接受了中央电视台媒体的采访，采访内容在央视新闻频道中进行播出。少年税校对孩子们的成长意义，难以估量。

（2）学生走进社会方面。事实上，大部分社会资源发生教育意义的场所主要在校外。毕竟很多资源，不能自发移动也不便挪动。因此在资源可利用的前提下，学校要系统地计划和安排学生的校外实践活动。当然，有条件的学生随着家庭或者采用其他方式自行"游学"也是重要的渠道。仰望星空、脚踏实地，读万卷书、行万里路，知行合一，大概是人类永恒的追求。范勇校长是卓越的社会活动家，他带领辽宁昌图实验小学系统开发了校外教育资源，促进孩子"美好心灵，多元智能"的发展。

昌图实小的资源包括自然资源、组织资源和文化资源。自然资源有昌图中小学生种植园、北山公园、太阳山风景区环境教育基地，泉头镇肖家沟水源地，付家林场樟子松母树林，古榆树镇沙漠化地区等。让孩子们在大自然中学习科学，了解自己生存的环境。热爱自然，保护地球；组织资源即各类社会机构、企业团体等，有昌图文化馆、图书馆、博物馆、昌图县人民法院、交警大队、消防大队、铁路派出所、气象站、地震局、科协、辽宁曙光集团、辽宁盛德集团等。孩子们在各种社会机构中观摩学习，了解社会如何运作，公民如何在平凡的岗位上体现社会价值等；文化资源有太阳山革命烈士墓红色教育基地、太阳山敬老院感恩教育基地等，是孩子爱国主义教育、感恩孝道教育的重要载体。另外，昌图地处辽宁、吉林、内蒙古交界，民族交融，有着丰富而独特的地区人文资源。比如，满族剪纸、朝鲜族歌舞、汉族唱大戏等民俗。昌图实验小学汲取了地方年节的特色风情，编写校本教材，增强孩子们爱祖国、爱家乡的情感，使其奋发进取，再造辉煌。这片神奇而美丽的黑土地，养育了一批优秀儿女。如科学家王永志，文学巨匠端木蕻良，书画家佟韦、杨一墨、王作千等，艺术家韩丽娜、石波等。学校依托地方的名人资源，发挥名人效应，与铁岭市美术家协会、书法家协会、摄影家协会、曲艺家协会等达成合作，创设特色的"名人校本课程"。把校本课程的学习场所，拓展到了广阔的社会舞台，取得了良好的育人效果。

四、校长引领社会资源开发的理性思考

通过上面的分析，社会资源的教育意义是显而易见的，然而大部分学校的实践并不理想。作为学校开发社会教育资源的顶层设计，必须避免只见树木不见森林的狭隘，不能为了敷衍教育部门的要求而行动，也不宜跟着其他学校邯郸学步。而要因地制宜、落到实处。分别体现在三个方面，理念上要理性认识社会资源的教育价值，认同社会资源对于学生成长的紧迫性和必要性。在内容上，要以实际需求为导向，创建适恰的社会资源体系。在实践中，要摒弃形式主义，避免为了开发而开发的错误倾向。分别论述如下。

首先，理念上要认同。认同不是说教，而是通过体验之后得到认可。当某位校长认为孩子就只应该在教室里学习学科知识时，那么他不可能去开发社会资源。没有开发和利用

的经历,势必不会真正认识到社会资源对孩子成长的重要性。理性认知与实践探索相辅相成,校长对社会资源的价值认知和实践行为是相互影响后又逐渐统一的过程。比如校长认为孩子应该走出校门,了解社会。所以组织学生到社区进行岗位体验,活动后发现孩子们的道德认知和行为习惯都发生了重要变化,从而使得校长更加深刻地认识到社会资源的重要性,这一认知又使得他进一步开发有其他价值的社会资源。事实上,社会资源不仅对孩子的知识与技能、思维与方法、实践与创新方面有重要意义,更重要的是促进孩子社会性的发展,为其成为一个健康的"社会人"奠定重要基础。

其次,内容上要适恰。天底下没有一片相同的树叶,何况学校、学生、资源。因此,每一所学校不应追求大而全的社会资源体系。而需要根据学校的历史发展、学生的身心发展特点、所在地区的资源状况等,因实制宜自成体系。笔者在调研每一所学校的时候,不仅关注学校有些什么资源,更为关注的是学校为什么获得这些资源。事实上我们不能模仿其他学校,也模仿不了。比如精神资源方面,港北高级中学拥有著名校友科学家黄大年,所以"心有大我、至诚报国"的精神有了载体。又如红色文化方面,遵义四中离"遵义会议会址"咫尺之遥;儒家文化方面,长郡中学就在岳麓山下,它们都是近水楼台先得月。我们应优先去发掘地域的独特资源,当它们还满足不了学校的实际需求时,这就需要创造性地发掘了。这与校长个体的因素密切相关,第三节的案例部分有精彩的展示。

最后,实践上要落实。在社会资源利用的过程中,一定要落到实处,也就是促进学生的真实成长。切忌走马观花、蜻蜓点水、浅尝辄止的形式主义。在调研的过程中,许多活动形式上丰富多彩,但是深度还有待加强。比如端午节象征性地包粽子、重阳节象征性地给老人洗脚,博物馆、科技馆到此一游等,这些还不够,要挖掘深层次的意蕴。如清明节是传统教育的重要契机,除了墓前祭扫的形式外,还应进行人伦亲疏、血缘情感、生与死等相关的人生教育。宋代诗人高翥在《清明日对酒》中写道,"南北山头多墓田,清明祭扫各纷然。纸灰飞作白蝴蝶,泪血染成红杜鹃。日落狐狸眠冢上,夜归儿女笑灯前。人生有酒须当醉,一滴何曾到九泉。"其实,清明不仅是对先人表达怀念,更重要的是提醒活着的人。人生在世要珍惜生命,生死是自然现象,不必过于贪执。父母健在时,要好好关爱他们,远离"树欲静而风不止,子欲养而亲不待"的遗憾。人生积极向上的同时,也不能忘了好好享受幸福快乐的生活,正如《诗经·唐风·蟋蟀》所云,"好乐无荒,良士瞿瞿"。不仅要认识到这些,还要在生活中付诸行动,这才是清明节深度的传统文化教育。

第二节　社会资源开发的调查研究

对于青少年的成长来说,毫无疑问家庭教育和学校教育起着决定性的作用。但是家庭和学校并不是封闭的,而是开放的体系。因此社会资源的开发与利用,对于一所学校来说是非常重要的。原因主要体现在两个方面,一是社会资源对学校资源的有效补充,有利于孩子的全面发展。比如德育方面的社会资源,有利于孩子们遵纪守法、文明礼貌、爱护公物、保护环境等社会公德的培养,还有助于他们初步感知爱岗敬业、诚实守信、相互尊重、乐于奉献等职业道德。二是学校培养的学生最终都要踏入社会,所以要构建认知社会的持续通道。包括了解社会的政治功能、经济功能、文化功能等。比如政治素质、法律意识的初步形成，经济生活、生产效率的初步认知，民俗文化、文学艺术的初步体验等。

本研究从理性和实践维度考察校长在社会资源开发和利用方面的基本现状。理性引领主要就是考察价值认知和专业能力，价值认知方面就是能否认识到社会资源对学校教育的价值，学校参与社会服务活动的意义，能否把合作共赢视为学校对外关系的准则等；专业能力，就是能够了解各级各类社会机构承载的教育功能，是否熟悉与这些机构或团体取得合作的基本渠道，能否将这些资源和学校教育紧密结合起来等。理性引领主要是考察"知多少"，而实践引领主要考察"行多少"。也包括两个方面，一是输入，即利用社会教育资源的现实状况；二是输出，即学校带领学生参与服务社会等实践活动的情况。学校与社会的互动是双向的，不可偏废。主要观测点及数据如表 12–1 所示。

表 12–1　校长引领社会资源开发的基本现状

维度	项目	非常符合	比较符合	合计
理性引领	a 合作共赢作为学校对外关系的基本准则	39.13%	45.22%	84.35%
	b 熟悉各级各类社会公共服务机构的教育功能	25.43%	47.08%	72.51%
实践引领	a 很好地利用各级各类社会机构的教育资源	25.21%	47.19%	72.40%
	b 鼓励并组织师生参与服务社会的有益活动	36.12%	46.24%	82.36%

我们可以看出，在社会资源开发方面远远逊色于课程、教学及德育等工作，甚至与家校共育方面的努力相比也相距甚远。在理性引领方面，能够把合作共赢作为学校对外关系的准则，积极开展校内外合作与交流的校长占 39.13%，基本可以做到的占 45.22%，合计占比 84.35%；而仅有 25.43% 的校长熟悉各级各类社会公共服务机构的教育功能，有 47.08% 的校长比较熟悉，合计占比 72.51%。在实践引领方面，有 25.21% 的校长能够利用各级各类社会机构的教育资源，有 47.19% 的校长基本能够做到，合计占比 72.40%，这属于输入型的社会资源。而输出型即鼓励并组织师生参与服务社会（社区）的有益活动方面，有 36.12% 的校长能够做到，46.24% 的校长基本能够做到，合计占比 82.36%。

将表 12–1 中"非常符合"的数据，转换成柱状图，如图 12–2 所示。

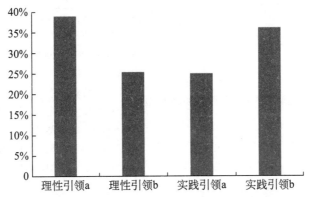

图 12–2　校长在引领社会资源开发各方面表现"非常符合"的比例

从柱状图中可以更加直观地看到，校长在引领社会资源开发方面表现不理想，而且在每一维度的不同角度表现差异甚大。从上面四项表现"非常好"的数据来看，平均值为31.47%，不足三分之一。也就是说，仅有不足三分之一的学校在校长的带领下能够实现学校教育和社会教育的良好互动。对理性引领的两个方面进行比较，发现校长理念上认可学校与社会互动，能够将合作共赢作为学校对外关系的基本准则方面，有较高的占比39.13%；而熟悉各级各类社会公共服务机构的教育功能，清楚这些资源利用机制的校长仅为25.43%。这表明大约五分之二的校长价值认同，但是只有四分之一的校长具有理性引领的能力。对实践引领的两个方面进行比较，发现输入型明显小于输出型，即仅有25.21%的校长能够利用各级各类社会机构的教育资源，而有36.12%的校长能够鼓励并组织师生参与服务社会（社区）的有益活动。这均表明，总体上校长对社会资源开发的理性引领能力和实践情形都不理想。

上面是基于描述性统计，对校长引领社会资源开发方面总体情况的基本呈现。那么，不同类别的校长引领社会资源开发方面是否存在显著性差异呢？本研究试图分析这些差异，从而为不同类别的校长提出针对性的建议。不同类别校长在引领社会资源开发方面的均值及差异性，如表12-2所示。

表12-2 不同类别校长在社会资源开发方面的均值及差异性

类别	均值	差异性
性别	女 4.02> 男 3.92	t=-2.733，Sig.=0.006，男性显著低于女性
学科背景	艺体类 4.07> 人文社会学科 3.95> 自然学科 3.91	F=3.422，Sig.=0.033，学科背景之间存在显著性差异。 多重比较结果： Sig.=0.028，艺体类显著高于人文社会学科； Sig.=0.010，艺体类显著高于自然学科
第一学历	大学以上 4.32> 大学 3.96> 大学以下 3.90	F=14.326，Sig.=0.000，学历之间存在显著性差异。 多重比较结果： Sig.=0.000，大学以上显著高于大学以下； Sig.=0.000，大学以上显著高于大学
初任年龄	51岁以上 4.08>36~40岁 4.00>35岁以下 3.99>46~50岁 3.93>41~45岁 3.85	F=3.265，Sig.=0.011，不同初任正校长年龄之间不存在显著性差异
已任年限	16年以上 4.03>11~15年 3.96 = 6~10年 3.96>5年及以下 3.92	F=1.481，Sig.=0.218，不同已任正校长年限之间不存在显著性差异
校长类型	教育家型 4.49> 卓越型 4.17> 优秀型 4.08> 称职型 3.87	F=20.166，Sig.=0.000，不同校长类型存在显著性差异。 多重比较结果： Sig.=0.000，称职型显著低于优秀型； Sig.=0.000，称职型显著低于卓越型； Sig.=0.000，称职型显著低于教育家型； Sig.=0.003，优秀型显著低于教育家型

续表

类别	均值	差异性
地区	经济发达地区 4.10> 广大中部地区 3.94> 少数民族地区 3.82	F=6.674，Sig.=0.001，地区间存在显著性差异。多重比较结果： Sig.=0.004，经济发达地区显著高于少数民族地区； Sig.=0.003，经济发达地区显著高于广大中部地区
地域	城市 4.03> 县城 3.97> 乡镇 3.89	F=5.517，Sig.=0.004，地域间存在显著性差异。多重比较结果： Sig.=0.001，城市显著高于乡镇
层次	示范学校 4.10> 普通学校 3.91> 薄弱学校 3.88	F=12.828，Sig.=0.000，不同层次学校之间存在显著性差异。多重比较结果： Sig.=0.000，示范学校显著高于普通学校； Sig.=0.000，示范学校显著高于薄弱学校
学段	幼儿园 4.11> 小学 3.93> 中学 3.87	F=5.818，Sig.=0.000，学段之间存在显著性差异。多重比较结果： Sig.=0.000，幼儿园显著高于小学； Sig.=0.000，幼儿园显著高于中学
家庭	家庭氛围和谐 3.98> 不和谐 3.77	t=3.368，Sig.=0.001，和谐家庭显著高于不和谐家庭
子女	子女成长理想 4.03> 不理想 3.81	t=5.636，Sig.=0.000，理想情况显著高于不理想情况

注：里克特量表 5 点计分，1 为最低值，3 为一般水平，5 为最高值，均值位于两者之间；组间没有显著性差异的，在表中不呈现。

我们发现，不同类别校长在社会资源开发方面，存在许多显著性差异。首先，从校长个人角度来看，性别方面女性显著高于男性，女性校长的总体社会活动能力要强于男校长，虽然社会活动家型的男校长也很多。学科背景方面是艺体类显著高于人文社会学科和自然学科，这可能与艺体学科对于校长性格的影响有关。学历方面是大学以上显著高于大学以下和大学，表明学历在统计学意义上讲是重要因素，包括对校内外事务的处理上，都有明显影响。层级方面是称职型显著低于优秀型、卓越型和教育家型，这里的数据几乎证明了一个常识，那就是层级越高、阅历越丰富的校长在社会资源开发方面更加游刃有余。而不同初任正校长年龄和已任正校长年限等不存在显著性差异。

其次，从学校角度的因素来看，经济发达地区显著高于广大中部地区和少数民族地区，这里除了与校长本身的社会活动能力有关外，还与地区本身资源的丰富度有重要关系。"巧妇难为无米之炊"，实在没有资源也不可能无中生有。城市显著高于乡镇，这一点与地区因素类似。示范学校显著高于普通学校和薄弱学校，同样学校层级越高，与社会的交集越多，资源也越丰富。幼儿园显著高于小学和中学。最后，还是考察一下家庭方面的因素，毋庸置疑、没有悬念，依然是家庭和谐、子女健康成长的校长，他们在社会资源开发方面的理性观念和实践能力，都要明显胜出。校长无论是在专业上的水准还是社会上的地位，都是较高层次的群体。他们尚且如此，一般的教育工作者更是这样。就是个人的快乐、家庭的幸福和工作的成就，三者一体多面，休戚相关。个人的快乐，离开努力而富有成效的工作和对家庭的辛劳付出,就是无源之水。在这里,人的个性和社会性的高度融合体现得淋漓尽致。

第三节 社会资源开发的案例探讨

一流的校长,不仅仅是教育家,他应该还是有格局的社会活动家。为什么有这种感受呢,主要有以下两个方面的原因。理性方面,教育其实是一个非常复杂的体系,它远远不只是教育教学等专业活动。而是与政治制度、社会发展、经济水平、文化环境等,有着千丝万缕的联系。没有一所所谓超越时空的学校,当然也没有纯粹的教育教学。教育就像社会这个有机体中的一部分,与其他器官辅车相依、休戚相关。当前有一些人痛骂"教育",上到贬斥教育主管部门的不作为,中到羞辱学校教师没有职业道德,下到打骂孩子没有出息。恨不得要让教育改变一切不好的事物,殊不知教育仅仅是社会生活的一部分。教育自身并不能独立解决教育问题,而需要协同家庭、社区甚至整个社会。因此,校长如果将自身禁锢在校园之内,两耳不闻窗外事,肯定就会脱离社会,有如闭门造车、作茧自缚。实践方面,笔者调研的诸多学校中,无论北上广深一线城市的示范学校还是边远少数民族地区的薄弱学校,无论资源极大的丰富还是超乎寻常的匮乏,我们总是能够发现许多兢兢业业的校长,用自己的殚精竭虑在当地撑起一片教育的蓝天。

校长作为社会活动家,他们的核心旨归是孩子的成长和学校的发展,但是方式各有不同。研究者以普通百姓的视角来考察,发现可以分为三类,一是把学校看作江湖,以江湖大侠的态势借力各大门派的资源为学校服务。典型代表就是山东临沂半程中学的雷明贵校长,语文教师出身、丰富的行政阅历,大汉的身板、辽阔的心胸,如此成就了江湖校长;二是把学校看作企业,以企业家的战略眼光让学校"融资上市",促进学生的卓越发展。典型代表是叶校长,因为涉及隐私而不详述。叶校长,南方人,聪颖而有魄力,如果当初创业,如今肯定在富豪榜上名列前茅;三是把学校看作家庭,将父老乡亲的孩子视同己出,那么别人也就把学校的孩子都当成自己的孩子,为全体孩子的健康成长保驾护航。北京密云北庄小学的王春艳校长就是此类典型,王校长厚德载物、宅心仁厚,当地政府部门、各类企业及一方百姓,于公都是她的教育伙伴,于私都是她的人生挚友。下面就上述三个典型案例,来分析社会资源的开发实践。

一、临沂半程中学雷明贵校长:校长就是江湖侠客

山东临沂半程中学。半程是一乡镇地名,大抵地处旧时临沂县与县北部青驼驿站中点的缘故。2017年之前,附近的村民们说,"只要孩子不去半程中学,到哪里都行!"在大约两年的时间里,半程中学发生了一百八十度的大反转,不仅学生流失数从500多人直减为零,还接收了大量的返流学生。升入示范高中的学生人数翻番,连续两年荣获全区农村中学教育教学工作第一名。实现这一重大变化的核心人物就是校长雷明贵。雷校长虽然个子不是特别高,但是称他为山东大汉应该是贴切的。虽然和他交情不算太深,在半程中学

只待了三天，但是明显地可以看出他是典型的社会活动家型的校长，格局大、智慧多。他参加工作二十多年，刚开始是一名语文教师，后来到区教体局的多个岗位历练后任职半程中学校长。雷校长认为"哪里有问题，就应该从哪里改起。"从食堂到校园环境，再到教育教学，雷校长都进行了大刀阔斧的改革。比如将"问题食堂"整改为"美食餐厅"的案例极其精彩。开学第一天，他自掏腰包请全体教干去学校餐厅吃午饭，要求每人提交意见或建议。午餐结束，一套全面的整改方案及时出炉。由学校22名校委会成员组成的11组教干，每天一组轮流与餐厅管理人员、餐饮公司人员共同验收食材数量和质量。严格实施"三分离"制度，即用材与采购分离、账目与钱款分离、利益与评价分离，周清月结。特别不可思议的是，学校根据师生对饭菜的满意度支付餐饮公司劳务报酬的模式，使餐饮公司利益诉求和学校的管理期望保持同向。还创建由家长、教师组成的"美食协会"，与营养师一起共商菜谱。严把加工关，安装27个摄像头，与区食药监局联网，360度无死角监控。家长、教师可用手机实时查看，实现"透明餐厅"。不到两周，就餐人数从130多人猛增到1500多人。

这里主要讨论社会资源的开发和利用问题，为什么提到食堂整改的案例呢？是因为多年的实践考察，笔者深深地觉得办学实践的复杂远超书斋里面的想象。一个校长仅仅明白教育教学这一专业领域还远远不够，他必须协调方方面面，就像要打赢一场持久战一样。雷校长用自己的人格魅力和社会资源，从食堂整改开始，为学校创造了师生难以想象的发展条件。2017年，多家爱心企业累计为学校捐助价值50多万元的物品。筹资200多万元，打造500多平方米的校级阅览室、3个专属的年级阅读区、可容纳50人的教室班级阅读书架"三级阅读空间"。还购置了240个公寓阅读橱，建设了温馨的师生读吧、餐厅图书墙。每年投入10万元，面向全体教师开展"你读书，我买单"活动。2018年，镇党委、政府投资近800万元，教学楼、办公楼、宿舍楼等实现"冬有暖气，夏有空调"。课桌椅、办公电脑得到更新，教学楼、公寓楼各楼层安装免费电话，在每个教室、办公室安装直饮机设备，燃气铺设入厨房。2019年，投入3000多万元，新建艺术楼、教师公寓楼各一栋，启动院墙整修、校园绿化、运动场提升工程，建成全区体育、文化课考试标准考点，学校面貌整体改观。有人会认为这是一串数字，是当地企业和政府对教育的支持。事实上这只是说对了一部分，更大的原因在于企业和政府为什么支持教育呢，严格说是为什么支持半程中学，再严格一点是为什么支持雷校长呢。一位有教育情怀、实践智慧、辽阔心胸、人格魅力的校长，是全体师生和学校的幸运。再次觉得，人是一切因素中最重要的资源。有人，就可能拥有一切。

还有一件办学实践堪称经典，那就是职业技术学院的资源开发。学校有不少学生，虽然学业成绩不理想，但是雷校长也为他们的成长殚精竭虑。能不能悦纳每一个孩子，能不能给每一个孩子不断向上的理由；如何提高他们的学习兴趣、如何为他们将来的发展提供基础、如何让他们找到生活的意义；等等。雷校长联系当地多家职业技术院校的相关领导，提请两点愿望，一是到这些院校实习见习，二是请他们义务安排老师到半程中学系统开设相关职业兴趣课程及社团活动。职业技术院校求之不得，一拍即合。因为他们非常发愁生源问题，这样一来虽然免费服务了中学但是获得了许多潜在的生源。这是真正的"无中生有"，这是真正的智慧共赢，这是真正的教育情怀。目前，这些职业学校先后投资了100多万元，共建了电气自动化、美术、音乐、舞蹈、创客机器人、机电、烹饪、学前教育等30多门校本课程和兴趣社团，为更多的学生搭建展示自己能力和才华的平台，帮助学生探寻更广阔的人生方向，使学校"抓两头促中间"的育人策略真正实现。起死回生、妙手回春，这种词语看似夸张，但是遇到一些令人敬仰的校长时，却是发自肺腑的感慨。

二、南方名校叶双秋校长：校长要有企业家的战略思维

叶校长1963年生，师范大学数学教育专业毕业。毕业后在地级市学校工作，26岁开始当副校长，29岁当正校长。32岁从地级市来到省城，又从办公室主任、教导主任做到名校的副校长、校长。他教育业务精湛，而且是极具战略思维的企业家型校长。他在省城任副校长的过程中，除了教育教学工作外，他还创办了培训学校、主持远程教育工程、创建图书出版公司、创办招标公司、旅行社和酒店等，几乎每一件都是标志性的工作。如果不是亲自访谈他，笔者几乎不敢也不愿相信他是一名校长，而是彻头彻尾的企业家。然而非常抱歉的是，他真的是一名校长，声名卓著的校长。为什么会有这么多创办企业的经历呢？原因在于自身的魄力和工作的需要。他时任一所著名民办学校L的副校长，恰逢另一所顶尖公立名校C面临如何扩大优质教育资源社会效应的困境，最后，上级部门和C校研究决定由叶校长来承担这一重任。

为什么办培训学校？当时的招生制度还不太规范，C校想要招到好的生源，叶校长就想到办培训学校。凡是培训学校优秀的学生，可以让他在C校直接读初中，然后又变成高中的生源。当时这所培训学校非常红火，人满为患，不得不实行预选制度，即想上这家培训学校，还须先通过考试。随后发现光线上教育非常受限，叶校长决定实施远程教育推广C校的教育品牌。一定要记住，这不是今天，而是发生在2000年，那时的网络技术远远没有如今这么风行。叶校长亲自前往中央电视台去学习远程技术，让C校教室里名师上课的情景，同步传输到当地的普通中学的每一间教室，而且还可以实现这些学校的师生与C校名师的互动。为了将C校教师编制的教学资料辐射到更广的地方，叶校长又创办了第三个公司，图书出版公司。联系省教育出版社、科技出版社、师范大学出版社等，效益和反响都非常理想。叶校长发现，远程和书籍没有解决面对面的交往问题，影响深度还不够。因此继续创办一家旅行社，他说其实这就是现在火热的研学旅行的前身，这种前瞻性实在让人觉得不可思议。为有条件的学生到省城名校提供研学旅行的机会，既然人都来了总得住宿吧，自然而然地办起了酒店。后来因为改制，L校要转公办，教育不准办产业，这些活动就相应地转型了。伴着这一段披荆斩棘的"商海"往事，叶校长也开启了新的教育岁月。

大概2014年，主持一所区教育局新建的高品质学校。由于是一所高品质的新建学校M，声名在外。但是人家都不知道学校在哪里，具体什么样子。校长的企业家战略思维在此体现得淋漓尽致，叶校长就安排了一系列的新闻发布会，还有点火仪式。四位教育局局长点燃火种，从教育局出发一直传到学校，火种象征圆梦想、耀征途，仪式感十足。新学校很快就迎来了新学生，转眼又是欢送毕业生。为了迅速扩大学校的知名度，叶校长策划

了令人震撼的宣传。就是想邀请全国顶尖高校招生办负责人齐聚当时还名不见经传的M校，为全省高考学生开展一个大型公益志愿填报指导会。这简直就是天方夜谭，当时学校只有200多学生，办学业绩还没引起较高的社会效应。叶校长面临的最大难题是，如何架设这天和地之间的桥梁，诸君请看痴人说梦如何魔幻地变为现实的。

叶校长做了几个重要的动作，第一件事是联手省城名校，借力东风。叶校长到师大附中找谢校长，这是基础教育界的"江湖老大"。表明做大公益活动的意图后，拜请谢校长到时以官方的名义在师大附中家长群发出活动邀请函，带孩子一起到M校参加著名高校面对面活动。谢校长豪爽地答应了，事实上对附中也是好事，属于"顺水人情"。师大附中在线，其他中学校长纷纷乐意参与。初步估计有约一万学生，相应的还有一万左右的家长，这就是声势浩大的活动了。第二件事，就是向高校讲故事了。叶校长资源很广泛，不断结识了好些大学的相关人员。他首先找的是全部985高校、部分211大学，一共约百所，一一认真地进行邮件交流、电话沟通。先介绍了本省的高考生源的基本情况，而后讲述本次活动基本囊括了最优质的生源，并提出相关详细的资料。绝大部分高校觉得活动很好，不去可惜，纷纷表示参与的热情。第三件事，通过前两件事情的铺垫，叶校长心里有底了。他想把这次有私心的民间活动，转变为高大上的官方行为。就立马去向教育局领导汇报此事，因缘聚齐，最后敲定高考中心作为主办单位，教育考试院作为指导单位，M校作为承办单位。一份正式邀请函，三个鲜红的印章。万事俱备，只欠东风。事无巨细都需考虑周到，以保证万无一失。

活动的实施被安排得周到细致，井井有条。首先，设计隆重的开幕式。大气的红地毯，大方的桌椅，60多所著名大学的招生办领导代表，包括北大、清华、人大、北师大、中科大、南开、复旦、上海交大、南大、武大、川大、厦大等，而校园里有序地分布着成千上万的家长和师生，气势恢宏。教育考试院、教育局的一把手均致辞，还邀请高校代表发言。由于当时清华、北大来的是老同志，他们自己不愿意发言。因而由中国人民大学的招办主任发言，讲话水平极高，在场师生振奋不已。其次，给各个大学招生办的主任，还安排了一个网络直播的访谈。每组三位大学招办主任，安排一位语文教师负责。主持词、访谈提纲，前期都充分准备好。每组平台上聚集了几十万观众。再次，安排了四个报告厅，安排不同场次的大学专题报告，家长和师生可以自行选择。有些场次同时聚集了近千位听众，主讲人也是激情昂扬，乐于宣讲。最后，为每所大学专门提供一间教室作咨询展位，并配备这间教室的班主任作助手。还专门安排了接待高校人员的教师，若某教师毕业于北京的高校，那么这次就服务北京来的客人。若毕业于上海，就服务上海来的高校。因为双方熟悉情况，便于沟通。一对一全程全方位服务，从接站到送站负责到底。远道而来的高校无一不欢，乘兴而来，满载而归。同时这次活动也为赞助的企业打了有力的广告。所以费用全部由企业承担，学校出力不出钱，无本生意大大回报。不仅M校在省城名声大噪，更重要的是成了众多名牌大学的"优质生源基地校"。至此，天方夜谭成了教育美谈。

三、密云北庄小学王春艳校长：办一所好学校就是营建一个温暖的大家庭

密云区北庄区王春艳校长，是一位温暖大气，有梦想且行动力强的校长。记得我和团

队成员每次到学校调研，王校长都带领团队到校门口接我，无一例外。笔者所享受的这种"待遇"仅此一家，感动不已。学校教育，既要充分发挥学校的主体作用，也要最大限度调动社会力量的广泛参与，协同形成强劲的育人合力。2014年，王校长到北庄的第二天，亲自走访了全镇11位村书记。当时苇子峪的张书记外出没见着面，次日张书记就到学校来拜访校长。王校长说，办学要学习"上可陪玉皇大帝，下可以陪卑田院乞儿，眼前见天下无一不好人"的大气。她在校报《北小教育》上开辟"书记寄语"专栏，每期请一位镇村书记给孩子们写下鼓励；每学年期末，分别组织镇领导、村干部走进学校，向他们汇报学校工作并听取他们的意见；开学典礼、舞蹈节，各种大型活动，都会邀请北庄镇村干部、北庄部队、双管单位等出席。把孩子们黏到全镇人民的身上，传递出对他们的需要，反而会让所有人平添使命感，觉得学校的事就是大家的事。王校长以感恩的心，记住大家为学校和孩子们付出的点滴。比如镇党委书记推迟了早就安排好的重要会议，带着全体班子成员准时出席孩子们的开学典礼；镇长过敏性鼻炎难受，依然在不喷嚏流眼泪的情况下坚持看完孩子们的演出；又如全镇停电检修时，供电所专门给学校食堂送来发电机，确保孩子按时吃饭，等等。王校长不仅将这些温暖的事例记在心里，还在重要的场合真诚地向师生和家长报告。情真意切，感人不已。

力的作用是相互的，情的力量是双向的。现在整个北庄地区都是孩子们成长的乐园，大大地拓展了学生们学习的空间和内容。学校和镇村的交流越来越多，互动也越发有深度。比如镇政府"不忘初心主题教育"会请国旗班的孩子们负责升旗仪式，河长制启动仪式会请孩子们发表倡议、担任护河宣传员，各村的文艺庆祝活动会接孩子们去表演舞蹈。大大小小的锻炼平台，让孩子们越来越自信出彩。学校进一步挖掘本地资源，带孩子到清水河、党史党建展示中心、承兴密三县联合政府、蜗牛小镇、中草药基地开展实践教育等。学校还聘请派出所所长为学校法制副校长，邀请北庄部队到校军训、做升旗示范，请村子里的风筝艺人到校开展社团辅导，不一而足。孩子的事变成全镇上下挂心的事，集结了所有的属地力量，营造了强大的教育磁场，春风化雨润物无声。

特别值得一提的是，现学校每年的舞蹈节变成了北庄全镇的大日子，派出所民警一早就到校门口做好安全保卫，供电所提前就把发电车和电工安排到位，卫生院派出医生全程做好应急准备，北庄部队头天就把几百个小马扎送到学校，村书记们不仅自己推掉一切能推的会议和活动，还想方设法请来各级领导、社会各界人士，为学校和孩子们捧场和加油。村里的老百姓更是老早就到校门口巴望，孩子们的舞蹈节就像是搭在学校操场、唱给全镇人民的一场精彩大戏，热闹非凡。每年舞蹈节，也是孩子们大放异彩、全面展示的巅峰时刻，上千人的操场、雷鸣般的掌声，是对孩子们最好的鼓励，也是对教师最好的鞭策。

那么我们会很好奇，一所乡镇小学是如何实现每年一届大型舞蹈节的呢？俗话说远水解不了近渴，可是有些事只能用远水，就像南水北调一样。尤其是在山区小学普及舞蹈这样非常专业的艺术教育，只能向外部寻求资源。所以寻求少年宫的支持、吸引更多专业舞蹈资源，是王校长必须要努力的方向。校长主动出击，区教委和青少年宫给予了强大支持。2015年3月29日，"密云区第18届学生艺术节舞蹈比赛"，这是学校开展舞蹈教育半年之后的第一次亮相。事在人为，为了给老师和孩子们打气，也为了了解全区舞蹈教育开展情况，王校长在观众席整整坐了两天。学生的表演惊艳全场，赢得了大家的好评，特别重要的是引起了作为评委的中央民族大学舞蹈学院的专家和领导的注意。"真没想到，咱们农村孩子能跳这么好！看得出来这些孩子是发自内心真的喜欢舞蹈，他们跳出了舞蹈所要表达的情感，这才是舞蹈教育的本质。"王校长趁机汇报了自己想在山区学校普及舞蹈教育的整个设想，得到了肯定和支持。"一个校长，能这样全心全意为孩子们着想，能有这样的远见和热情，真是不容易。"从此牵手中央民族大学舞蹈学院，更为孩子们的舞蹈未来提供了无限可能。

舞蹈专家们被聘为学校的教育顾问，她们利用周末和假期带领中央民族大学、解放军艺术学院的教授团队和十几位研究生，不辞辛劳来到北庄小学，亲自给孩子们上舞蹈课、给家长们讲解舞蹈教育的意义，还把自己编写的舞蹈教材送给学校，在舞蹈节上与孩子们尽情共舞。她们着力培养学校的舞蹈教师，对全体教师、舞蹈助教分层次进行不同侧重的培训。同时提供各类演出讯息，让孩子们得以走进保利剧院、中央民族大学观看演出、接受熏陶。虽然内部师资是学校教育的核心力量，但专业人员的专业指导必不可少。他们之所以能够在没有一名专业舞蹈教师的前提下，全面普及舞蹈教育，打造出鲜明的舞蹈教育特色，形成了自己的教育品牌，就是因为引入了看似遥不可及的资源。上天不会辜负有梦想，并为梦想付出努力的人。精神会被感动，精神的力量会以指数级的方式增长。随着学校舞蹈教育社会效应的增强，区、市、国家级的各类艺术名师，艺术家都纷纷支持学校的舞蹈教育，成为这所山区学校的座上宾。

其实学校除了艺术教育，其他方面的教育资源也非常丰富。其实个中秘密，就在于以校长为首的教育团队的殚精竭虑，广结善缘。每一项资源的成功引入，背后都有牵线搭桥的红娘。国土部人力资源中心是时任北庄镇镇长联系的，国土部宣教中心和中国地质图书馆是区教工委书记亲自引荐的。中国科技馆是时任北庄大队第一书记撮合的，波音航空公司是区教委主席牵线的，北京联合出版公司是北庄镇书记引荐的，等等。正是有了这些资源，孩子们的成长空间就被极大地拓展了。比如科技活动方面，曾与中国地质图书馆共建"全国李四光中队"，到中国地质科学院地质研究所参观实践，聆听李四光先生外孙女、北京李四光纪念馆邹宗平馆长讲故事；参加中国科技馆"科学故事会""科普进校园""礼乐大讲堂"；前往大连参加波音航空公司举办的科普夏令营；参观北庄镇党史党建展示中心、中草药种植基地，开展"我爱清水河"环保行动；等等。

四、校长开发社会资源的方法论思考

资源与资源的开发是"鱼"和"渔"的关系，授人以鱼不如授人以渔。因此笔者在挖掘社会资源支持办学的调研工程中，不仅关注学校的实然情形，更主要的是考察这些资源背后的故事。为什么同样的地区、原本同一层次的学校会出现大相径庭的发展范式，其主要的原因在于校长的引领。尤其是同一所学校，考察其经历不同校长的阶段发展，更能够体现校长个体的因素。通过上面案例的深度思考，笔者认为校长在引领社会资源开发和利用的过程中，应注意几个方法论方面的问题，分别是顶天立地，因地制宜和化无为有。

首先是顶天立地，关涉的是校长的格局和胸怀，这是办学成功的关键前提。笔者打过交道的基础教育校长和园长，数以千计。绝大部分校长奋发图强，将美好的人生献给了祖国的教育事业。虽然格局和胸怀看不见摸不着，但是校长的高下之分显而易见。正如空气的微小颗粒也看不见摸不着，但是清新空气和呛人雾霾的区别还是非常大。日久见人心，当校长一心扑在学校上，筚路蓝缕，人们都看得真切。得道多助，多助之至，天下顺之。相反，表面文章、形式主义、肤浅作秀，都会自食其果。失道寡助，寡助之至，亲戚畔之。曾经某位代理校长在履职过程中，不遗余力地提高教师的福利待遇，而对于教育教学工作则鲜有投入。考察期一到，民主测评没有通过。原本他以为这些小物质利益可以"收买"教师，没想到教师们都"不为五斗米折腰"。还有少部分校长小里小气磨磨唧唧，以小人之心度君子之腹，与重要的办学资源失之交臂甚至"煮熟的鸭子"也能飞掉。没有格局的校长，注定路越走越窄，实属学校和孩子们的悲哀。而雷校长、王校长等则是孩子们的大幸。

其次是因地制宜，校长要考虑学校所在地区的独特性，这是常规思路。俗话说，巧妇难为无米之炊，近水楼台先得月。在引领资源开发的过程中，需要考察地域的优势和不足，从而扬长避短。比如北京，各种教育资源极度丰富。校长应该根据孩子们的实际情况作顶层设计，系统地筛选相关资源。特别想提一句，北京城区教育资源远远超过现实所需。北京根本就不缺资源，缺的是学习动力。仅仅拿博物馆资源来说，中小学利用率极低，教育效果也非常不理想。遗憾的是，大部分地区资源不均衡，所以要优先利用特色资源。如深圳的科技资源、革命老区的红色资源、农村的自然资源等，当然还有其他的人力资源、物质资源、制度资源及精神资源。所以因地制宜，对于部分地方需要做精致的减法，而大部分地区需要做刀刃上的加法。

最后是化无为有，这是针对那些缺少而又必需的重要资源而言的。化无为有，这是校长实践智慧的核心表征。如面对部分学生初中毕业就踏入社会、学习兴趣缺失、教师资源有限等困境，半程中学雷校长硬是化无为有，不花一分钱，吸引多所职业学校到学校开设校本课程。叶校长更是"空手套白狼"，利用各种资源合力举办大型全国著名大学招生宣讲会，极大地提高了学校知名度，使学校声名远播。王校长在乡村小学，竟然"丑小鸭变白天鹅"，在起初没有任何底子的情况下办出了舞蹈特色，享誉京城。化无为有是一种神奇的魔力，但是魔力的形成是有密码的。这密码就是孩子至上、心怀梦想、广结善缘、功德无量。本研究所有的调查数据都显示，家庭越幸福的校长，其办学水平也越高，子女也更为优秀。再次印证了给人方便、方便自己，度化他人、成就自己。

第五篇
办学制度体系领导力

第十三章

学 校 治 理

第一节 学校治理的理性分析

学校治理是一项非常复杂的任务，对校长来说也是挑战最大的地方。从理论到实践，充满了变数，没有一劳永逸的法宝，只有永不停息的操劳。从宏观维度来说，要以人为本，实现治理理念的后现代转向。随着人类文明的发展，以人为本的意蕴也渐趋深厚。从保全生命到保护生命，从珍惜生命到敬畏生命，从享受世俗的生活到追寻人生的意义。因此，学校治理在理念上一定要基于师生生命价值的叩问。从中观维度来说，要博采众长，融合多种管理理论进行综合治理。没有一种万能的理论，要从不同的理论观点中灵活汲取合理的营养进行权变管理，比如融合科学与人文的和谐管理、以人为本的文化管理，还有超越理性的非理性管理等，落实真正的"人性"管理。从微观维度来说，要望闻问切，用力于刀刃进行细节管理。对于整个教师团体、不同教师团队以及教师个体，要通过各种恰当的手段和策略，促进个体和组织的共同成长。功不唐捐，玉汝于成。

一、宏观维度：以人为本，实现治理理念的后现代转向

对于学校而言，探讨人性的重要性是不言而喻的，因为教育是人作用于人的社会活动。在中国哲学史上，有一元论的人性观点，比如孟子的性善论，"人性之善也，犹水之就下也。人无有不善，水无有不下。"还有荀子的性恶论，"圣人之所以同于众其不异于众者，性也；所以异而过众者，伪也。"强调后天的教育和学习的重要。也有二元论者，如世硕的，"有善有恶说""以为人性有善有恶，举人之善性养而致之则善长，性恶养而致之则恶长"。也有多元论者，比如董仲舒把人性分为"圣人之性""中民之性""斗筲之性"。所谓"圣人之性"，是天生的而后天不可及的。"斗筲之性"，是生来就"恶"的，教化不起作用。而"中民之性"，是"有善质而未能善"，必须通过教育来完善。西方哲学史上，苏格拉底认为人是一个对理性问题能给予理性回答的存在物，而亚里士多德认为人天然地是一种社会动物，人性中有善有恶。黑格尔认为人是自然的产物，先天有着自然属性，但人的本质在于人的精神、理性及自我意识。近代以培根、霍布斯、洛克为代表的经验论哲学家从现实的人性需要出发，更多地关注人类现实的幸福和快乐。

那么人性到底是什么呢？笔者以为人性是复杂的，很难以纯粹分析的视角去讨论。从生命科学的角度来看，"人"之所是"人"，就是因为从父母那里获得了生命的机体和人类

的基因。种瓜得瓜、种豆得豆，从分子、细胞的角度来看，人就是一个生命体，与动物、植物没有本质上的区别。善恶是伦理学上的概念，本身并不是自然的属性。显而易见，先天的人性并没有善恶之分，就像大自然中并不存在一棵"善"的大树和一株"恶"的小草一样。但是人类作为灵长类动物，与一般生物存在很大的差别。人类具有高度发达的思维、语言等技能，创建了高度发达的社会组织。正如马克思所言，人的本质并不是单个人所固有的抽象物，在其现实性上，它是一切社会关系的总和。因此从社会属性上讲，每一个个体的人都与其他的个体或者群体产生千丝万缕密不可分的联系，此时个体的行为就会对他人产生影响，好的状况被称作"善"，而坏的情形被称作"恶"。

按照空间由小到大，人性可以从自身、家庭、社会、国家、天下五个角度去探讨。自身维度，包括身心健康，此处人性更多的是自然属性，比如体质、气质、健康的基因或者遗传性疾病，有健康与否，但没有善恶之分。家庭维度、社会维度，就是一个人的基本责任感，对家庭、工作负责，承担一个人应有的社会担当。这两个维度的人性毫无疑问有善有恶，因为个体行为会对家庭和社会产生好的或者坏的结果。这亦是利己与利他并存的过程，通过服务他人来获得自身的诉求。此处的人性不是先天的，而是后天环境尤其是教育所影响的。国家维度、天下维度，是崇高人性的体现，就是站在民族、国家甚至全球、人类的高度做出重要贡献。比如那些堪称民族脊梁、国家栋梁、人类灵魂的伟大人物，袁隆平、屠呦呦、居里夫人、德蕾莎等，当然也包括大量并没有彪炳千秋的砥柱人物。显而易见，对于国家、天下的伟大使命感，熠熠闪耀的伟大人性光辉，更是源于教育影响之下的自我追求，利他性远远好过利己性。总而言之，人性是复杂的。作为自然人，人性本无善恶。作为社会人，随着个体的成长，人性也是不断变化的。而变化过程中的重要变量就是环境和教育，因此教育对于人性意义重大。校长要以人性的高度去促进教师的成长，唯有如此，学校才能培养出人性向善的孩子来。

西方近代经济学、管理学及哲学领域的一些理论，都是基于不同人性假说而提出来的，主要有"经济人""社会人""文化人"及"复杂人"等假设。所谓"经济人"，即假定人们的思考和行为都是目标理性的，唯一目的便是获得经济上的好处即物质性补偿的最大化。人们都希望减少付出，而获得更多，从而人在本质上是以追求物质利益为目的而进行经济活动的主体。基于这一假设的学校管理，在体系上呈现一些明显的特征。在管理目标上，教育管理的重点是实现学校的目标，完成相应的教育教学任务，而缺乏从教师与学生的视角去考量；[1] 在管理体制上，表现出明显的科层制特征。学校往往具有层级分明、分工明确的职务科层等级制，[2] 上下级之间的职权关系严格按等级划定，"等级森严"，下级必须接受上级的命令与监督；在管理方法上，强调文本化、制度化和操作性，主要凭借制度约束、纪律监督、物质性的奖惩规则等刚性手段对师生进行管理。这种学校管理，毫无人文气息，遗憾的是学校领导往往自鸣得意于他们的制度健全。这一管理范式在西方被称为"教育管理理论运动"，流行于20世纪50—80年代。教育管理理论运动的主要目标有：研究内容赋以"客观、可信、广泛的理性概括"等科学特征，

---

[1] 金保华, 顾沛卿. 人性假设与教育管理理论模式的演变 [J]. 教育理论与实践, 2013, 33 (01): 16–19.
[2] 冯增俊. 现代教育管理理论发展特征及趋向探析 [J]. 教育研究, 2004 (11): 9–14.

强化理论并非"应该怎样",研究的起点应该是"实际怎样"。[1]一言以蔽之,教育管理要提高研究质量,必须走科学化的道路,要尽可能用实证手段描述教育管理问题。研究要摒弃价值观成分,对教育管理现象进行客观评价。时至今日,这种影响在一定程度上还存在于我国的教育管理实践及研究中。

随着实践研究的深入,提出了越来越多的人性假设。"社会人"假设,强调人们在工作中个体并不是孤立存在的,而是作为集体成员的"社会人"。显而易见,除了物质上的需求,人们还有社会性的需求,比如归属感、情感、价值等。这些社会性的需求,往往比经济报酬更能激励人的行为。对于"经济人"而言,生产效率主要决定于工作方法和工作条件。而对于"社会人"而言,生产效率更取决于"精气神",这与家庭氛围和组织关系紧密相连。值得注意的是,"社会人"存在于正式的群体,也存在于非正式的群体,因此领导者需要善于倾听和沟通,从多渠道获取信息以便促进组织的良好运行。"文化人"假设,认为人类"劳作"是人性的基础。人们通过劳作,创造了自己的文化,包括语言、神话、宗教、艺术和科学等。人生活在文化中,同时塑造了作为"文化人"的本质。[2]"复杂人"假设,则认为人是很复杂的,不仅个体之间在能力和需求方面存在着重大差异,而且某一个体在不同成长阶段、不同情境下的表现也天壤之别。因此"经济人""社会人""文化人"等假设,虽然都从不同的角度很好地分析了人性,但是并不全面,实际上人是综合了方方面面的"复杂人"。

随着对复杂人性认识的深入,大概于20世纪80年代治理理念就转向了后现代观念。后现代治理理念强调人的主体性的发挥,主张"主体间性"的确立,追求主体的自由和解放,崇尚正义与平等。反对传统的二元分立观点,积极主张引入多元互动的视角来审视和解释教育管理的生活世界。它极力冲击了科学主义和实证主义教育管理的价值体系,以正义、平等、自由、解放、民主等词语来标示其新的价值主张。[3]因此,后现代思潮下的学校治理体系更加复杂化、具象化。在治理目标方面,不再是校长一人英雄式地冲锋陷阵,唱独角戏,而要引领团队去分析学校发展的愿景、学生培养目标、教师成长目标,尽可能协调好三者方向的一致性。同时解构各级各类目标,形而上的目标与形而下的手段紧密结合,使得目标对于不同主体均有较高的效价和可控感。发挥主体间性,形成合力,促进个体目标达成的同时实现学校的发展愿景。在治理范式方面,学校被视为一个开放的协作系统。虽然学校领导作为各系统、各要素相互联结、交互作用的中心,在整个系统中发挥着协调、保障等关键作用,但是强调民主的"参与式"管理,打破科层等级,摒弃主客对立。决策的制定、执行、调整及创新,都是一个权变的动态发展过程。在治理方法方面,把握大局的前提下,要着眼于实际,具体问题具体分析。虽有规章制度,但是不拘泥于机械执行,而是充分激发每一主体的自主性、主动性和创造性。一切规章制度都是为了促进人的发展,凡是不符合这一要求,都应该取消。

---

[1] 蔡怡.西方教育管理理论运动述评[J].江苏高教,2003(04):122–124.
[2] 彭虹斌."文化人"假设与教育管理理念的变革[J].教育研究与实验,2012(02):6–10.
[3] 程晋宽,董辉.西方教育管理理论的后现代观念与主张[J].现代教育管理,2012(04):1–5.

二、中观维度：博采众长，融合多种管理理论的综合治理

中观维度上的学校治理体现于校长的领导风格，不同的领导风格表征着学校治理的实践形态。巴斯将领导风格划分为交易型、放任型和变革型等三个类型。[1] 所谓交易型也就是传统的领导方式，在领导与下属之间存在着一种契约式的交易或者交换。领导以报酬、奖励、晋升机会、荣誉等物质性的奖励，去满足下属的需要与愿望。而下属则以服从领导的命令指挥，按部就班地完成任务。界限明晰、秩序井然。放任型，顾名思义就是放羊式管理，领导放手不管、下属自由发挥。变革型，就是领导带领团队，促进组织的变革性成长，比如共塑愿景、激励鼓舞、人性关怀等。丹尼尔·高曼将领导风格分为六种，即强制型、权威型、合作型、民主型、方向制定型及教练型。[2] 其中强制型和权威型，领导者一言堂，几近"霸权"，有利有弊；合作型和民主型，团队氛围较好，主人翁意识较强；方向制定型及教练型主要体现在专业引导上，相当于头雁带领雁群。事实上，本书前面的实证研究也表明，无论什么类型的校长，都不可能是某一类纯粹的风格，而是由不同类型风格的不同配比混合而成的。就是对于同一位校长，他在不同成长期里的风格也有所不同。所以校长在治理的过程中，需要整合不同的管理理念，基于实践因校制宜，从而形成自成风格的治校范式。结合理论研究，以及我国的教育实践，以下几种理念值得借鉴。

首先是融合科学与人文的和谐管理。传统管理学理论认为，科学管理的根本目的是谋求最高劳动生产率。最高的工作效率是雇主和雇员达到共同富裕的基础，要达到最高的工作效率就必须用科学化的、标准化的管理方法代替经验管理。正如泰勒所说，科学指的是不单凭经验的方法，协调就是要合作而不是个人主义。以最高的产量，取代有限的产量。发挥每个人最高的效率，实现最大的富裕。显而易见，这是基于"经济人"的假设。虽然在一定程度上遭到驳斥，但是仍然有其现实的意义。所谓人文管理，即按照不同人的不同需求，有序和谐地进行不同层次的管理，以促进人的全面发展。人文管理实质就是以人为主体的管理，着重于激励人的自觉性。不同的人有不同需求，通过满足这些多元化的需求，激发其积极性和创造性，来构建核心竞争力。这更多的是基于"社会人"的假设。可见，科学主义价值取向应当关心采取什么措施才能使组织更富有效率，而人文主义价值取向则把注意力放在人的情感和其他的社会、文化、心理等因素上，强调人的多层次需要。

事实上人是复杂的，在学校治理的过程中，单一教育管理思想难以解决复杂问题，教育管理思想必须要走向融合，即博采众家之长，促进教育管理的民主化、科学化和专业化，进行和谐管理。和谐管理理论将自身定位于多变环境下复杂管理问题的解决学，它以"和谐主题"作为管理分析的基本出发点，以人与物的互动以及人与系统的自治性和能动性为前提，围绕"和谐主题"，以"和则"与"谐则"的耦合互动来应对管理问题，提高组织绩效。[3] 其中和谐主题是组织在特定的发展时期和情境下，为实现其愿景和使命，所要解决的核心问题或要完成的核心任务。"和则"指管理者可通过影响组织员工（群体）认知、情感、行为的政策、文化和管理模式等，诱导其表现出组织期望的行为（或减少不期望的

---

[1] 温红博. 校长领导风格：类型、结构与评价 [J]. 中小学管理, 2012（06）: 12–14.
[2] 丹尼尔·高曼, 魏海燕. 成功的领导风格 [J]. 企业管理, 2001（08）: 52–54.
[3] 席酉民. 和谐管理理论及其应用述评 [J]. 管理世界, 2020（02）: 195–208.

行为），其核心是"能动致变的演化机制"。"谐则"指管理者可以通过制度、流程、结构以达到组织投入要素的协调匹配和整体优化，使员工（群体）行为遵照组织设计的既定路线，其核心是"优化设计的控制机制"。"和谐耦合"是在和谐主题导向下，通过组织学习机制等实现和则、谐则的相互作用、相互协调、相互转化，使组织表现出在目的导向下的系统协同和涌现特征。[1] 在和谐管理中，要基于问题的系统性特征来进行系统思考，既关注局部，又关注整体；既用还原论的方法去认识问题的局部特征，又用整体论的方法去考察问题的整体结构和功能。随着环境和组织本身的不断发展变化，既要关注某一时点的既定管理问题，寻找当前的最优解决方案，又要关注其发展演化趋势，寻求问题的最终优化结果。可以说，和谐管理很好地融合了科学与人文，既关注事又关注了人。

其次是以人为本的文化管理。所谓文化管理，就是以文化人为旨归的管理，强调以人为本，坚持把人作为一切工作的中心，把关心人、发展人、完善人作为管理的主要目的。[2] 学校文化管理建立在学校文化体系的基础上，它以学校既定的价值观为核心，以学校文化塑造为龙头，贯穿学校的规章制度、道德规范、行为准则等各方面。[3] 第一，确立学校文化体系是学校文化管理的根基，只有植根于自身文化体系才能不断建设学校文化管理的体系。第二，文化管理范式是科学、民主的，强调参与式管理。第三，文化管理的具体手段和方法是充满人性温度的。以人为本是学校文化管理的第一原理，[4] 学校要树立以人为本的核心管理理念，培养学生健全的人格，完善学生的价值观，构建校园文化，增强凝聚力。不过，很多时候以人为本仅仅是一句口号，说得很好但没有做到。

那么如何在学校治理的过程中，真正做到以人为本呢？第一，要认识学校里有哪些人。学校中的人，包括全体学生、教职工，教师群体里当然包含了领导团队。也就是说，学校里要以人为重，这里的人不只是学生。实践中常常出现的问题有，教师"弱势"、学生"强势"，人与人"不平等"、职工不是"人"等。比如部分品行不良的学生恶意举报或者伤害教师时，教师往往被动，得不到应有的支持。结果是纵容了学生打击了教师，恶性循环，互相伤害。学校里的成年人，在一定意义上都是教师，比如保卫人员、食堂师傅等。职工应有教师风范，学生也应尊重他们。相互影响，而不是彼此对立。第二，以人的什么为本，毋庸置疑是人的身心健康。当学校中任何一人的身体或心理出现状况时，必须及时得到有效关注。尤其是教师的身体和学生的心理及职工的情绪，比如教师劳累过度，应该鼓励休息。笔者曾在南方某地遇到一个案例，高三班主任殚精竭虑，超额完成高考指标，但是一眼就看出身体状态非常不好，没想到校长碰面后仅仅冷漠地说了一句"本来应该可以考得更好"就扬长而去。后来该教师离职，重要原因就是校长的不近人情。又如学生的心理，恶意举报教师不仅是行为的不适，更是心理的不健康，如果不对这样的学生进行及时教育，会后患无穷。再如，有次某校长发现师傅饭菜的味道明显不对，找来师傅嘘寒问暖，问他是不是遇到了什么困难，只字不提饭菜难吃。师傅羞愧，立即道歉，而后非常感恩，努力做好自己分内的工作。第三，为本是什么意思。为本就是根本性，就是中心，就是第一要

---

[1] 席酉民. 和谐管理理论：起源、启示与前景 [J]. 管理工程学报，2013（02）：1–6.
[2] 吴剑平，张德. 试论文化管理的两个理论假说 [J]. 中国软科学，2002（10）：107–111.
[3] 胡书琴，谭新艳. 学校文化管理的思考与实践 [J]. 基础教育参考，2018（22）：25–26.
[4] 孙鹤娟. 人本管理是学校文化管理的第一原理 [J]. 现代教育科学，2003（02）：15–17.

务。《论语》云,"君子务本,本立而道生。孝悌也者,其为仁之本"。孝顺父母、友爱兄弟,就是"仁"的根本。"仁"这一形而上的概念,需要形而下的"孝悌"行为做支撑。同样,"以人为本"的理念,也需要对人关怀备至的细节为基础。诚如《大学》所云,"物有本末,事有终始。知所先后,则近道矣"。当站在光辉人性的高度上,去审视学校的治理问题,很多疑难杂症就迎刃而解了,而且是标本兼治没有后顾之忧。

再次是超越理性的非理性管理。传统的学校管理中存在四大弊端,分别是封闭性、单主体、单向度、低效能。[1] 封闭性,就是学校不善于与外界进行交流或者是没有条件接收先进教育的理念,导致学校自我管理封闭落后。单主体,是指在学校管理中管理层面比较单一,通常是校长和高层的主要管理者,经常忽视教师角度和学生角度的问题。单向度,即学校管理按照科层制进行,有严格的层级区分,从上至下地垂直管理。低效能,就是在不当的学校管理的程序下,大量时间、物质和精力的耗费却达不到应有的效果。明显地看到,导致传统弊病的依然是过于依赖对"事"的"理性"分析,而缺失对"人"的"人性"关照,因此需要我们超越理性,以"非理性"的方式去审视学校治理。其实我们很容易看出,这里的"非理性"并不是真的不要理性,而是摈弃原来过于客观分析的科学理性,转向关注人性的心智模式。

非理性管理主张以人为本,在管理方式和模式上,重视心理层面、精神层面还有价值层面等的需要。关注个体内在的需要和潜能的激发,从而提升组织的内在凝聚力和竞争力。比如全球著名的旅游公司罗森帕斯,以重视员工的非理性管理著称。公司对长期以来一直被捧为金科玉律的"顾客是上帝"的经营理念进行了大胆修正,提出"员工第一、顾客第二"的新理念。他们认为,对员工生活影响最大的莫过于公司,除了物质方面,公司既给员工带来快乐也可能带来沮丧甚至恐惧。当员工把糟糕的情绪带回家时,就会影响家庭气氛,这种家庭矛盾又会进一步恶化他的情绪。当把这种恶劣情绪带回公司时,不可避免地要负面影响到顾客或同事。情绪是可以传染的,正是这种糟糕的恶性循环导致公司效益滑坡。只有公司把员工当作上帝,员工才能把顾客当作上帝。同样,校长只有把学校当作家庭,将师生视为家人,师生才会把校长当成家长。

至此笔者震撼地觉察到,无论融合科学与人文的和谐管理、以人为本的文化管理,还是超越理性的非理性管理,它们的本质其实是完全一致的,那就是"人性"管理。这一观念既是古老而传统的,比如孔子的"伤人乎不问马",又是现代而先进的,比如"以人为本"。那么问题来了,为什么千百年来人们一致研究和关注这一问题呢?权变管理理论,或许为我们开启了一种变化的视角。权变理论认为组织要受制于环境变化,并将权变关系看作是一种"如果—那么"的函数关系。环境是自变量,一般包括组织规模、任务技术的程序化、环境的不确定性以及个性差异,而管理的观念和技术是因变量。[2] 所以组织在发展中,要根据自身所处的内外环境随机应变,不存在一成不变、放之四海而皆准的"最好的"管理理论和方法。在学校治理过程中,变化很多,其中人是最重要的变量。就群体而言,有教师、学生、职工、领导等;从类别而言,有男女、老中青少等;从个性而言,有理智型、

---

[1] 陈如平. 管理创新与学校发展 [J]. 教育科学研究, 2003 (06): 18-20.
[2] 陈寒松, 张文玺. 权变管理在管理理论中的地位及演进 [J]. 山东社会科学, 2010 (09): 105-106.

情感型和意志型，有内倾型和外倾型等；从发展层次而言，有优良、一般、待发展等；以心态而言，有积极、消极等；以行动而言，有主动、被动等。正如日本当代作家东野圭吾在小说《白夜行》中所说，"世上有两样东西不可直视，一是太阳，二是人心"。以文学的语言，表达了人性的复杂。所以校长在治校的过程中，要目中有人、心中有人，因人而异、相机而导，做到真正的"人性"管理，以"人性"的温度培育温暖的"人性"。我们可以相信，基于"人性"的管理研究，未来还将继续下去，而且伴随着人类的发展永无止息，因为人是复杂的，是变化的。

三、微观维度：望闻问切，用力于刀刃的细节管理

俗话说，细节决定成败，态度决定一切。理念或理论只有通过行为细节才能落到实处，否则就是空洞的口号，形同虚设甚至引起反感。学校治理的过程中，需要面对复杂的人进行适恰的细节管理。对于整个教师团体而言，要通过各种手段和策略，增强教师对于学校的归属感和专业的成就感。对于教师团队而言，也要针对性地采取不同策略。比如男性教师、女性教师、青年教师、中年教师及老年教师等，需要关注并尽可能满足他们不同维度和层次的需要。从而使得教师结构合理，优势互补通力合作。对于教师个体而言，要关注教师的身心健康、主体性、满意度及个性化需要。警惕个别特殊情况，以免带来负面的蝴蝶效应，因此要格外重视例外管理。

首先，对于全体教师而言，要增强教师对于学校的归属感和专业的成就感。归属感，是指个体对其所属群体间的一种内在认同，属文化心理的概念。缺乏归属感的话，对于组织而言，就是人心涣散。对于个人而言，就是工作缺乏激情，责任感不强，以至于自我效能感低下。相反，归属感强烈的组织却是水乳交融的状态，大家齐心协力、同舟共济。个人也忠于组织，凝心聚力。个体的忠诚度与领导者的风格有很大的关系，比如企业中如果领导的管理风格让人不满，这种情绪长期潜伏下来，会导致员工沉默反抗，对工作不再投入过多的热情和精力，甚至产生"职业倦怠"，将自身处于"局外人"的身份，忠诚度下降意味着组织的停滞或衰退。有研究者将领导行为分为命令性和关怀性两种，来探讨领导风格与员工忠诚度的关系。研究发现，关怀行为与员工忠诚度各维度上表现出很强的正向相关[1]，也就是说领导越运用关怀行为，比如工作遇到困境时的激励、有所进展时的赞许，适时给出工作的意见和建议，采纳下属合理的建议，尊重关心下属的需要等，都会提高员工的忠诚度，营造出一个凝聚力非常强的企业。这一点上，学校治理类似于企业管理。教师对学校的强烈归属感，能够造就一所高品质的学校。笔者遇到一位以人才被引进的语文名师，他没有选择大名鼎鼎的示范学校，而是另一所名气小些的学校，原因就在于两校氛围不一样。前者声名远播，但是校园里更多的是理性、是工作、是业绩，而后者虽然没有那么炙手可热，但是人文关怀、工作环境则柔和很多。比如三八妇女节，校长为每位女教师赠送两张电影票，并附一首致她们先生的诗，"瞧，您爱人多美啊！请您一定要陪陪她，陪她去看电影吧。您若不去呵，那样也好啊。我就陪她去了，您看好不好"。所以每位教师都把学校当成了温馨的家，无拘无束、自由自在，但是教育教学的品质却是令人景仰的。

---

[1] 王海光. 领导风格与员工忠诚度关系分析 [J]. 科技与管理, 2009, 11（05）: 133–136.

这种治理，就是治本，就是培育良好的文化基因。基因健康，那么表现出来的性状肯定就不是病态的了。

除了归属感，教师群体的教育教学成就感也特别重要。如何激发成就感呢？这需要智力激励。在竞争异常激烈、科技迅猛发展的环境下，知识呈现"爆炸式的增长"，掌握领域内全部知识已然不可能也没有意义，创新才是长期生存发展的核心动力。智力激励不是知识占有，而是通过创设民主、尊重、平等的工作环境，让所有参与者对现实困境提出不同的解决策略，然后选择适恰的方式，最终将问题成功解决。这一过程中，通过自己的理性思考和实践摸索获得成功，极大地提升了成就感。而且成就带来自我效能的提升，形成一种积极的创造性的工作方式，为组织带来强大的内在生命力。研究表明，变革型领导的智力激发、鼓舞性激励对创新绩效有积极的影响。[1] 因为变革型领导能为创新团队创造适当的环境，积极鼓励下属以新的观点来看待问题，培养他们的创新能力，强调知识的运用，激发下属重新思考并检视以往思维模式和行为习惯是否存在问题，通过积极的发现问题并解决问题，而达到有效创新的目的。而交易型领导风格以员工报酬来交换员工工作的结果，会局限员工思维，不利于新颖的组织创新的出现。[2] 所以在学校治理过程中，需要尊重教师、信任教师，鼓励问题的"校本"解决，即学校主体解决学校发展过程中的问题，当然不否认外力的支援。

其次，对于不同教师团队而言，需要关注并尽可能满足他们不同维度和层次的需要。在全体教师和教师个体之间，还有不容忽视的各个教师团队，比如说男性教师、女性教师，不同发展阶段和水平的教师等。就像月季、月季园和植物园的关系一样，美美与共才是春色满园。性别方面，一直是值得探讨的话题。随着社会的发展，女性从以家庭为主走向了家庭和社会并重。以本研究的调查对象为例，一共1797名中小学校长和幼儿园园长，其中女性726名，占比40.4%，近半壁江山。而且在办学理念、培养目标、战略决策、课程、教学、德育、教师成长、家校共育、社会资源、学校治理、制度建设、激励机制十二个维度的调查结果中，仅仅制度建设这一维度是男性校长显著高于女性校长，在其余十一个维度上，均为女性校长显著高于男性校长。可见，在办学方面，女性校长不仅撑起了近半边天，而且她们的综合水准还显著高于男性校长。笔者本人是男性，窃以为男性同胞真的要努力。因为女同胞不仅在养育子女等家庭方面付出的远远超过男同胞，而且在工作中还这么出色，男同胞再不反思，情何以堪。教育行业厚德载物的属性，使得女同胞更为得心应手。有研究指出，男性多数采用的是一种交易式的领导方式，他们更倾向于使用组织所赋予的职位权力。相反，女性领导者常采用变革式的领导方式，即通过设计一个更宽的组织目标，将下属的个人兴趣融合到组织当中，在实现组织目标的同时实现个人目标。并且，她们更倾向于认为自己的权力来自于个人魅力、勤奋工作以及与下属之间的个人关系，而不是来源于在组织中的地位。[3] 不可否认，固然女性与男性存在诸多差异，但是没有必要夸大性别的差异，尤其在教育领域。学校应为所有教师提供相同的成长环境，在工作方面淡

---

[1] 王飞绒，陈文兵. 领导风格与企业创新绩效关系的实证研究——基于组织学习的中介作用 [J]. 科学学研究，2012, 30（06）: 943-949.

[2] 孙永磊，雷培莉. 领导风格、组织氛围与组织创造力 [J]. 华东经济管理，2018, 32（03）: 112-118.

[3] 格丽娅. 当代女性的领导魅力与风格 [J]. 前沿，2009（02）: 126-127.

化性别差异，为男女教师创造更为公平的生存空间。

对于不同发展阶段和水平的教师，我们不仅要正视他们的差异，而且要让差异推动学校的发展，共生共创。比如青年教师，精力旺盛、才思敏捷，紧跟时代潮流。老年教师，经验丰富，成熟稳重，人生阅历丰厚。两者不仅不矛盾，还可以相互切磋，取长补短。对于差异化管理，梯度协商是一种很好的视角。关于这一内容，本研究在"教师成长"章节做了深入的讨论。确立梯度就是对教师进行分层。分层的目的不是将教师分为三六九等，而是根据一定的标准将他们归为不同质的类，而后针对性地给予专业发展的支持。比如根据业务水平分为新手型、成熟型、专家型教师，根据他们的需求制定不同的方案。对于新手型教师，宜协助其做好生涯规划，采取师徒结对的辅导方式，给予继续教育的机会等；成熟型教师提供展示的平台，切磋琢磨精湛的教育教学技能，提供较为高级的学习与进修机会，规避职业倦怠，促进职业生涯的良性发展；而专家型教师，则要给予足够的信任和尊重，赋权带领教研团队，成立工作室引领其他教师的成长，等等，促进其自我实现的同时，发挥头雁的作用。

最后，对于个体教师而言，要通过个性化的人文关怀，拟定心理契约，促进其个体的主动性发展。人性化的人文关怀，就是为困境中的教师们排忧解难。比如身体不适得到休息、心理压力过大得到宣泄、家庭困难学校真诚表示温暖，工作瓶颈得到支持以突破等。需要注意的是，前提一定是在教师愿意的情况下，任何事情过犹不及适得其反，不可以干涉或影响他们的工作和生活。领导与教师个体之间，可以根据实际情况，拟定君子协议、心理契约。这样点面结合，可以大大增强学校的凝聚力。真正长效的、持久的激励因素，不是物理的，而是心理的。心理契约适恰地融合个体的需要和组织的愿景，把发展当成目的而非工具，实现双向互赢。一旦教师将自身的成长和个体的价值融入到学校发展中，就会变得积极主动。主动性具有重要的意义，体现在目光长远、行动导向、坚持不懈、自我驱动等方面。[1] 当每位教师在教育教学过程中都积极主动的话，就会形成强大的教育场域，正向作用于每位师生。

在面对教师个体时，特别值得一提的是校长例外管理的专业眼光。事实上，领导不可能对每一位下属都了如指掌，也没有必要，而抓典型能够起到很好的榜样或惩戒作用。领导学上所谓例外管理，就是指领导者应将主要精力和时间用来处理突发的、紧急的，但又模糊随机、难以估量结果的，需要立即处理的非程序化问题。因为常规问题的处理办法已经程序化，可以授权中层干部去办理，比如常规教学问题可由教学主任、副校长来解决。相传汉代一位宰相外巡时，遇到一宗杀人案件，但他没有理会。后来看见一头牛在路边急促喘气，他却立即停下来刨根究底。随从大为惊讶，人命关天却不闻不问，竟对一头牛如此上心。宰相告诉大家，杀人犯法是地方官吏的职责不宜越俎代庖，而牛喘气异常可能是瘟疫，牛紧关民生疾苦，必须重视。这与2020年年初的新冠肺炎疫情特别相似，疫情初期，没有人预料到病毒会席卷全球，为人类带来如此重大的灾难。所以校长要敏锐地发现问题，有效快速进行例外管理。笔者调研中遇到一个案例，因为教育局传达的信息不够明晰且让教师产生情绪。某校出现了个别青年教师情绪异常，校长及时与之沟通、解释并真诚劝诫，

---

[1] 薛宪方.个人主动性的研究现状与展望[J].人类工效学，2008，14（04）：69-71+77.

且召开全校大会，及时给全体教师妥善地做好相关工作。而当地其他学校教师由情绪不满，发展到全体罢工、游行，造成了非常不好的影响。这时候大家对这位校长敬佩有加，也更加努力地工作，赢得了社会广泛的赞誉。

一言以蔽之，校长的治理理念一定要基于以人为本，学校不同于企业及其他一般的社会组织，她是以人育人、以文化人的精神家园。在实践中一定要思变，人性是复杂的，教育是复杂的，环境是多变的，因此不存在一种永恒正确合理的治校方法。从这种意义上讲，校长是一项实践性极强的职业，需要从学生、教师、学校、家庭、社会等众多的变量中，随时敏锐地寻求教育治理的适切方案。孜孜以求，永无止境。

第二节　校长治理学校的调查研究

本研究拟从理性认知、治理范式和实践情形三个维度对校长进行调查。理性认知方面，包括学校治理的基本认知、观念，学校治理的基本理论和方法，对校长职责定位和工作要求的了解等；治理范式主要包括民主管理、科学管理、掌舵式管理、划桨式管理等，涉及治理的文化和制度；实践情形则指校长治理学校的基本现状，包括领导团队是否拥有凝聚力，制度是否能够发挥作用，比如教职工代表大会是否有效参与学校治理，校长治理学校的主观体验等。具体观测点及数据如表13-1所示。

表13-1　校长治理学校的基本现状

维度	项目	非常符合	比较符合	合计
理性认知	a 校长能够坚持依法治校，崇尚以德立校	63.88%	31.39%	95.27%
	b 校长能够掌握学校治理的基本理论与方法	40.18%	49.75%	89.93%
治理范式	a 校长在办学过程中倡导民主管理、文化育人	62.44%	33.22%	95.66%
	b 校长在办学过程中倡导科学管理、制度育人	58.04%	36.28%	94.32%
实践情形	a 以校长为核心的学校领导班子具有良好的凝聚力	54.48%	39.07%	93.55%
	b 校长治理学校得心应手、游刃有余	31.61%	53.20%	84.81%

从上表可以看出，校长在学校治理方面的情况并不理想，表现很好的占比不高。具体来说，理性认知维度，63.88%的校长能够坚持依法治校，崇尚以德立校。31.39%的校长基本可以做到，两者合计95.27%，表明绝大部分校长在治理学校的观念上是正确的。但是也有近5%的校长明确否认依法治校和以德立校，这是值得警醒的。在学校治理的基本理论与方法上，40.18%的校长能够熟悉掌握，49.75%的校长基本了解，两者合计89.93%，也有约10%的校长不清楚；有51.70%的校长了解其职责定位和工作要求，41.29%的校长基本了解，两者合计92.99%。

治理范式维度，62.44%的校长倡导民主管理、文化育人，33.22%的校长基本倡导，两者合计95.66%；58.04%的校长倡导科学管理、制度育人，36.28%的校长基本倡导，两者合计94.32%。可见，大部分校长在治理学校过程中融合了民主管理和科学管理，强调文化育人和制度育人的结合。但是具体类型如何呢？从领导者的工作方式来讲，可以分为把握方向的掌舵式管理，及事必躬亲的划桨式管理；从领导策略和方法来分，可以分为强调严谨制度的科学管理，及关系和谐的人文管理。这样一来，就有四种组合方式。调查显示掌舵式的科学管理占比 26.77%、掌舵式的人文管理占比 44.80%、划桨式的科学管理占比 11.52%、划桨式的人文管理占比 16.92%。可见掌舵式管理（71.57%）远远大于划桨式管理（28.44%），人文管理（61.72%）也明显大于科学管理（38.29%），掌舵和人文是主要范式。

实践情形维度，54.48% 的校长表示以其为核心的学校领导班子具有良好的凝聚力，39.07% 的校长表示有一定的凝聚力，两者合计 93.55%，而约 6% 的领导团队几乎没有凝聚力可言；60.82% 的校长尊重和支持教职工代表大会参与学校管理的民主权利，33.44% 的校长基本尊重，合计 94.26%；在治理学校的主观体验方面，31.61% 的校长表示得心应手、游刃有余，53.20% 的校长表示学校运转基本正常，合计占比 84.81%，而约 15% 的校长在治校方面力不从心，困难重重。

将表 13–1 中"非常符合"的数据，转换成柱状图，如图 13–1 所示。

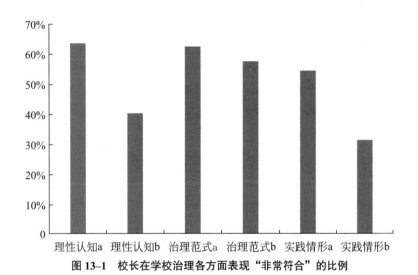

图 13–1　校长在学校治理各方面表现"非常符合"的比例

从柱状图中可以更加直观地看到，校长在学校治理整体方面的表现不理想，而且在每一维度不同角度的表现差异很大。这一点，具有很大程度上的共通性，在课程、教学、德育、教师成长、家校合力、社会资源等方面的调查同样深刻揭示了这一问题，那就是校长在头脑中的理性观念远远超过实践行为，也就是"认为"和"实际"之间存在难以弥合的鸿沟。具体来说，63.88% 的校长在治校观念上认为自己能够坚持依法治校，崇尚以德立校，但是实际上只有 40.18% 的校长具备相应的能力，即熟练掌握学校治理的基本理论与方法；又如 54.48% 的校长认为以其为核心的学校领导班子具有良好的凝聚力，但是仅有 31.61% 的校长在治校过程中感到得心应手、游刃有余。另外，虽然分别有 62.44% 和 58.04% 的校长表示，他们注重民主管理和科学管理，但是实际情况是大打折扣的。从某种意义上讲，治校的实践意义远远超过理论，研究如何解决实际问题远比提出什么观念更为重要。

上面是基于描述性统计，对校长治理学校方面总体情况的基本呈现。那么，不同类别的校长在学校治理方面是否存在显著性差异呢？本研究试图分析这些差异，从而为不同类别的校长提出针对性的建议。不同类别校长在学校治理方面的均值及差异性，如表13-2所示。

表13-2 不同类别校长在学校治理方面的均值及差异性

类别	均值	差异性
性别	女 4.54> 男 4.39	t=-6.025，Sig.=0.001，男性显著低于女性
学科背景	艺体类 4.51> 自然科学 4.45> 人文社科 4.44	F=1.873，Sig.=0.176，学科背景之间不存在显著性差异
第一学历	大学以上 4.61> 大学 4.46> 大学以下 4.42	F=6.789，Sig.=0.001，学历之间存在显著性差异。 多重比较结果： Sig.=0.000，大学以上显著高于大学以下； Sig.=0.004，大学以上显著高于大学； Sig.=0.004，大学显著高于大学以下
初任年龄	51岁以上 4.50>46~50岁 4.49>36~40岁 4.46>35岁以下 4.45>41~45岁 4.39	F=2.896，Sig.=0.009，不同初任正校长年龄之间存在显著性差异。 多重比较结果： Sig.=0.035，51岁以上显著高于35岁以下； Sig.=0.050，51岁以上显著高于36~40岁； Sig.=0.003，51岁以上显著高于41~45岁
已任年限	16年以上 4.53>11~15年 4.52>6~10年 4.44>5年及以下 4.39	F=7.228，Sig.=0.021，不同已任正校长年限之间存在显著性差异。 多重比较结果： Sig.=0.001，16年以上显著高于5年及以下； Sig.=0.001，11~15年显著高于5年及以下
校长类型	卓越型 4.69> 教育家型 4.66> 优秀型 4.60> 称职型 4.36	F=37.307，Sig.=0.000，不同校长类型存在显著性差异。 多重比较结果： Sig.=0.000，称职型显著低于优秀型； Sig.=0.000，称职型显著低于卓越型； Sig.=0.002，称职型显著低于教育家型
地区	经济发达地区 4.57> 广大中部地区 4.43= 少数民族地区 4.43	F=7.443，Sig.=0.001，地区间存在显著性差异。 多重比较结果： Sig.=0.000，经济发达地区显著高于广大中部地区及少数民族地区
地域	城市 4.55> 县城 4.45> 乡镇 4.37	F=20.164，Sig.=0.000，地域间存在显著性差异。 多重比较结果： Sig.=0.004，城市显著高于县城； Sig.=0.000，城市显著高于乡镇； Sig.=0.042，县城显著高于乡镇

续表

类别	均值	差异性
层次	示范学校 4.62> 普通学校 4.42> 薄弱学校 4.31	F=42.652，Sig.=0.000，不同层次学校之间存在显著性差异。 多重比较结果： Sig.=0.000，示范学校显著高于普通学校； Sig.=0.000，示范学校显著高于薄弱学校； Sig.=0.011，普通学校显著高于薄弱学校
学段	幼儿园 4.54> 中学 4.46> 小学 4.41	F=4.706，Sig.=0.001，学段之间存在显著性差异。 多重比较结果： Sig.=0.000，幼儿园显著高于小学； Sig.=0.001，幼儿园显著高于中学
家庭	家庭氛围和谐 4.47> 不和谐 4.25	t=5.314，Sig.=0.000，和谐家庭显著高于不和谐家庭
子女	子女成长理想 4.51> 不理想 3.46	t=7.008，Sig.=0.000，理想情况显著高于不理想情况

注：里克特量表 5 点计分，1 为最低值，3 为一般水平，5 为最高值，均值位于两者之间；组间没有显著性差异的，在表中不呈现。

我们发现，不同类别的校长在学校治理方面，存在许多显著性差异。首先，从校长个人角度来看，性别方面为女性显著高于男性；学历方面，大学以上显著高于大学及大学以下，表明学历也就是相关理论素养对治校有显著影响；初任正校长年龄为 51 岁以上显著高于较低年龄、已任校长年限高的显著高于 5 年及以下的新手校长，这表明治校是一件实践性很强的事业，需要时间去经历和揣摩；教育家型、卓越型、优秀型校长均显著高于称职型校长，毫无疑问，校长层级越高治校水准越高，治校水准本身也就是校长层级的基本表征；不同学科背景出身的校长，在治校方面没有显著性差异。

其次，从学校角度的因素来看。经济发达地区显著高于少数民族地区，城市地区显著高于县城、乡镇，县城地区显著高于乡镇地区。这表明校长治校的水准受经济条件的影响，一般来说，经济条件优越利于办学实践。示范学校显著高于普通学校、普通学校显著高于薄弱学校，虽然这是常识，但是通过数据来呈现，还是令人触动。薄弱学校、普通学校和示范学校，在生源、家长、教师、资源等方面差异甚大，对教育高水平的需求也促使了校长治校能力的提高。学段方面，幼儿园显著高于其他学段。最后，依然考察一下家庭方面的因素，同样没有悬念，依然是家庭和谐、子女健康成长的校长，在治校方面更为驾轻就熟，得心应手。

第三节 学校治理的案例探讨

学校就像人一样，不同的学校有不同的性格、不同的气质，但是性格有好坏而气质无优劣。学校好性格的形成，也就是学校治理的根本目的，即办一所"好"学校，促进师生的健康成长。但是好性格的学校可以对应不同的气质，有理性的、感性的，活泼的、沉静的等。学校治理是一项非常复杂的系统工程，因此没有统一的模式或者方法。笔者在考察众多的卓越学校后，发现他们的气质各异，源于不同的治理范式。治理是因、卓越是果，殊途而同归、异曲而同工。卓越的治理实践范式大抵可以分为三类：理性、知性和感性，分别对应真、善及美。理性治理，就是"求真"，站在历史的高度审视教育活动，反思当下教育困境存在的原因并试图改变，让教育走在科学的道路上。比如像哲学家一样引领学校发展的范勇校长，其形象表征是智慧、稳重、临危不惧、宠辱不惊。知性治理，就是"向善"，紧密结合理性反思和情感激励，努力构建促进人发展的合理制度、创造良好的育人环境。比如像慈母一样呵护学校的万玉霞校长，其形象表征就是美丽亲和、端庄大气。感性治理，就是"达美"，以物质形态的环境美、精神形态的心灵美为主要切入点，创建雅致的学校。如像艺术家一样锤炼学校的何云校长，其形象表征就是风度翩翩、余音绕梁，令人沉醉。

一、范勇校长：像哲学家一样引领学校

昌图实验小学校长范勇是教育部"国培计划"领航校长、辽宁省专家型校长。虽然范勇校长所任职的昌图实验小学只是一所县城学校，但自2008年范勇校长为昌图实验小学确立了多元智能的特色办学思路以来，学校荣获"国家当代首届特色学校""全国读书育人特色学校""全国教育科研先进单位""辽宁省课改先进校"等多项殊荣。范勇校长始终秉持不唯书、不唯上的品格，坚守"心智教育"理念，是当代理性教育家型校长的代表。

（一）教育家型校长的特征

教育家型校长，"型"字是点睛之笔，"型"就是模样，即典型、范式。范校长虚怀若谷，一直在不断学习中。他眼中的教育家型校长具备三个特征，第一是教育情怀，第二要有教育话语权，第三要有社会影响力。

第一，关于教育情怀。针对旧中国民众的贫、愚、弱、私四大病，我国平民教育家晏阳初先生主张以文艺教育救愚、以生计教育救穷、以卫生教育救弱、以公民教育救私，致力于使中国人特别是大多数的农民成为富有智识力、生产力、强健力与团结力的新农民。而新时代，我国社会的主要矛盾已经转化为人民日益增长的美好生活需要和不平衡不充分的发展之间的矛盾。虽然很多学校突出的办学实绩令人钦佩，但学生身体素质普遍下降、心理素质难以适应复杂环境等问题令人担忧。至于家国情怀、社会担当、创新精神和实践能力的培养，大多数时候还挂在口头上。对于校长们来说，新时代的治校既是机遇也是挑战。教育家型校长在追求教育前沿和高标准的同时，更应该让教育的济世情怀"落地"，时刻关注现实中师生们真实的生命状态。基于这种生命自觉的情怀，才可能成就教育家。

第二，关于教育话语权。陶行知先生从国外求学一直到抗战后期，终身都在为人民谋求福祉。他提出的"生活即教育""社会即学校""教学做合一"三大主张，对今天的教育依然有很深刻的教育意义。长期处在基层一线的校长，话语权首先应该来自对现实教育问题的挖掘，然后把这些问题转化为研究课题，深入学习教育理论知识。其次，校长长期处于基层，应当在实践中不断探索、思考，总结方法和经验。经过大量实践证明的、适合学校师生发展的办学理念、教学管理体系等，就是校长的核心话语权。最后，从现象中总结

规律，寻找教育背后的逻辑，由个性案例推及共性特征，能够使校长的话语更具有深刻性。

第三，关于社会影响力。张伯苓先生说，"一个真正的教育家也必须是一个务实的社会活动家，教育及教育家并不仅仅影响学生，而是影响社会的力量"。对于今天教育家型校长的社会影响力不仅要有物化的成果，也要有示范引领和媒体传播。首先，物化的成果当属办学主张要被社会高度认可，这就需要学校育人理念聚焦社会要求，如"美好心灵，多元智能"办学理念，帮助学生实现自由而多元化的发展。其次，教育家型校长要与社会形成互动，示范引领。在倾听社会声音的同时，不断完善学校的办学理念。由此，校长在与社会互动的过程中提高社会影响力。最后，教育家型校长需要著书立说，传播基于长期实践探索的经得起时间检验的教育教学理念。

（二）四种角色诠释校长领导力

顾名思义，"领导力"就是"领"和"导"的"力"。"领"，指明确方向，树立旗帜；"导"，指引导示范，伴随同行；"力"，指身体力行，凝聚合力。对于校长来说，领导力就体现在日常的教育和管理工作中。在这些工作中，校长需要同时担任许多角色。范校长认为，可以用四种角色较为全面地来诠释校长领导力，分别是胸怀全局的领航者、教书育人的教研员、统筹谋划的经营者、学习型组织的设计师。

第一，校长是胸怀全局的领航者。人们常说，"一个好校长就是一所好学校"，所以校长一定要胸怀全局、志向高远。21世纪，教育在全球范围内急剧变革，知识老化周期变短。在这种形势下，校长需要带领学校在区域或国家大环境下准确定位，牢牢把握发展方向。校长要增强使命感和责任感，坚持"立德树人"的核心目标，引领学校各项事业的全面发展。只有学校各项事业全面发展，学校才能机体健康，上下畅通，学校里的师生才能充满活力。并且，校长应当发自内心地尊重和关注每一位师生的发展，利用多元化的教学活动为他们的个性成长提供广阔的空间。

第二，校长是教书育人的教研员。清华附小窦桂梅校长认为，"一个校长的自我领导力就是不断努力，让专业锋芒化作自带光芒"。从专业学习到当一名好教师，再到特级教师和校长，自我领导力就是努力缩短嘴和脚的距离。无论行政工作有多繁忙，但教育教学研究始终不能松懈。娴熟的讲课、评课、班级管理等教育教学技能，可以帮助校长更好地指导教学工作，改革课堂。但是，即使不能事必躬亲，也要履行指导、引领教师业务的职责。除此之外，校长作为学校行政管理者，不仅要让教师知道该做什么、不该做什么，更应该让教师知道怎么做，以及为什么这么做。

第三，校长是统筹谋划的经营者。校长应该懂教育，这是大家公认的，但现代校长还必须懂经济和管理，因为校长同时也是经营者。对于校长来说，作为学校教育集团的经营者，最重要的是让学校增值，这个"增值"包括有形的固定资产和无形的品牌文化。担任校长期间，给学校攒了多少家底，建了几栋楼，添了多少教育教学设施，这些有形资产往往是一名校长引以为骄傲的事情。因为这些增值是校长和管理成员艰难创业、苦心经营的结果。而学校品牌文化的增值，以师生发展情况和社会口碑为重要标志。如今昌图实验小学的"心智教育"，在铁岭市以至于辽宁省都树立了良好的口碑。这种特色的品牌文化，需要校长精心经营，需要全体教师用汗水保持，更需要学校整体经营过程中的不断创新。

第四，校长是学习型组织的设计师。学习型组织是学校的主体成员在共同愿景的激励下，建立学习、传播、创新知识的组织。学校就可以创建为学习型组织，充分发挥每个成员的创造力，努力形成一种弥漫于群体中的学习气氛，从而提升组织绩效。昌图实验小学秉持创建学习型组织的总体思路，坚持以实施新课程改革、提高教育教学质量、培养学生多元智能为中心。在创建过程中，"范勇名校长工作室"以工作室为载体，与名优校长团队合作学习，提出了昌图实验小学学习型组织的五项修炼：建立共同愿景，反映团队共同的心声；改善心智模式，成为研究型团队；自我超越，形成办学思想；团队学习，智慧成果最大化；系统思考，强调共同发展。学校上下齐心协力，正在教育改革的道路上镌刻自己的脚印。

二、万玉霞校长：像慈母一样呵护学校

"校长的生命存在于学生和教师的生命发展之中"，这正是常青树实验学校"生命发展"教育理念的内涵之一。在学校治理中，万玉霞校长着眼于尊重人、信任人、激励人、发展人，凝聚和激励学校群体向上的人文管理。因而万校长在学校里，被师生亲切地称为"万妈妈"。

首先，"尊重人"的基本理念是人文管理的核心价值。人是管理中最重要最复杂的因素，学校中的不同主体有着不同的文化背景、知识结构，都是具有丰富思想的生命体。常青树实验学校始终把尊重人作为学校管理的出发点，崇尚"管理即服务"。教师有思想、有感情，有独立的人格。人性最深层的需求，就是渴望得到别人的赞美。他们期望得到别人的尊重、认可，因此校长信任教师，就给予了他们强大的心理驱动力。成功的教育离不开赏识、宽容和激励，学校治理更不应离开"人文情怀"。学校制度柔性化过程中要充分挖掘制度的"人本内涵"，校长信任教师并赋予教学自主权，教师同样也要充分尊重学生，把学习的自主权还给学生。万校长为了构建起了尊重、理解、沟通、信任的人文环境，可谓殚精竭虑。刚开始教师们文人相轻，难以悦纳彼此。分析原因，主要是学校缺乏让教师展示的舞台。万校长认为，舞台搭得越宽阔，教师在上面表演就越舒畅，就越能看见彼此的闪光点。因此就把每年的团拜会改成教师们的才艺展示会。校长不再是主角，教师们自编、自演、自导、自己主持，领导们唯一做的事情就是好好欣赏。几年下来大家都清楚了，王老师歌唱得特别好，姜老师的小品演得棒极了，李老师的书法实在有大家风范等。金无足赤、人无完人，尺有所短、寸有所长。只要善于去发现，每个人都是优秀的，都值得尊重。

其次，"激励人"的管理制度是人文管理的基本保障。建立及健全学校各项规章制度是学校管理的前提，学校在全面贯彻教师"五权"落实的基础上，严格按照制度设计流程。决策层对问题进行认真分析，并结合学校实际，拟出制度草案，交由教职工征求意见。决策层根据反馈的信息修改完善并形成制度意见，由"教代会"审议后，再由全体教职工去执行。据此学校创新性地制定了全面而详实的管理、师德、行规、教学、信访等五个层面的工作制度。制度设计之初，就是以人的发展需求为导向，各项制度都充分考虑了教师的个体差异和专业需求，进行人性化的处理。既做到规范化、科学化，同时又做到人性化，

充满人文关怀。制度建立之后也有弹性，这是充分认识到教师劳动的特殊性，为教师创造留下足够的时间和空间。在制度建设的基础上，着重处理好精细化管理与常规管理、质量管理的关系，形成共同目标。通过精心设计目标，细化工作职责，精心分层实施，细化分类考核，从而达到责任到位，管理落实，工作质量标准提高，减少和避免了工作失误，加强和改进了学校管理。在实施过程中，学校秉持"多一点儿尊重、少一点儿命令，多一点儿信任、少一点儿监督，多一点儿鼓励、少一点儿惩罚"的信条，发挥教师的特长，更好地促进教师的专业发展和主动创新。

最后，"成就人"的目标导向是人文管理的终极追求。一切管理问题都须围绕人来展开，人是逻辑起点也是终点。人既是发展的第一主角，又是发展的终极目标。人文管理就是促进个体价值的实现，成就每一个人，通过个体的成就来成就整个学校。这就要求深入教师队伍，了解教师的专业发展需求，了解教师的个性、爱好特长、能力水平，特别是了解教师的内心需求是学校管理的重要前提。"需要"是教师积极性的重要源泉，自身价值的实现即事业成功的需要是教师最高层次的需求。人文管理应该使每个人都能发展、发挥和加强自己的创造潜力，也应有助于挖掘出隐藏在每个人身上的能量。常青树实验学校将学校治理与教师的人生发展有机融合，以教师成长的视域来把学校的管理构建成教师发展的平台，消弭主体客体、管与被管的二元对立，两者合二为一。群策群力，严宽相济、情理通融，学校形成了一种融洽、和谐的心理环境和工作环境，实现人的生命成长和价值实现。

三、何云校长：像艺术家一样锤炼学校

海韵学校创办于2013年，是一所高标准的区教育局直属公立九年一贯制艺术教育特色学校。自建校以来，学校在何云校长的带领下开拓进取、勇于创新，办学水平和教育质量稳步提升。学校的艺术特色教育与德育教育模式，形式新颖、内涵丰富、成果丰硕、特色彰显。何云校长系音乐教师出身，风度翩翩、气质高雅。校园里的每一座建筑、一草一木都体现了何校长"音乐点亮生命，艺术丰厚人生"的育人情怀。何云校长积极开设第二课堂、家长课堂等艺教特色活动50多类、校本课程20多门、7大校级社团，精心打造海韵艺术教育名片。学校舞蹈团、打击乐队、跳水队、教职工合唱队先后荣获市、区级比赛金奖等多项殊荣。2019年12月20日，在第五届深圳教育改革创新论坛暨第五届深圳教育改革创新大奖评奖活动上，海韵学校荣获年度"十大教育改革创新领跑学校"荣誉称号。这些成就与学校治理理念和实践是分不开的。何云校长推崇民主管理，以校为家、以人为本，致力于"以美育德，以文化人"，努力实现学校管理创新。

首先是以身作则，率先垂范。2012年12月28日，海韵学校正式奠基，何校长开启了"5+2""白加黑"的工作模式。为了如期竣工，在一千多个日日夜夜里，他没有寒暑假，也没有完整地休息过一整天。甚至在除夕之夜，仍不忘赶到工地察看现场。为了打造一所具有艺术特质的学校，他自学建筑设计、工程预算，处处留心、博采众长。他全面参与总体规划设计、工程建设与装修、绿化等各项工作，对施工质量精益求精，几近苛刻，为此常与设计方、施工方据理力争。有一面墙难以改造，又不雅观，硬是在他的艺术创新设计

下变成了一面瀑布。他敢于担当，善于破解难题，常常在各个政府职能部门之间辗转协调。他不仅是一名校长，而且还是一名设计师、工程师和监理，更是名副其实的艺术家、社会活动家。经过近三年的建设，一个乐韵书香的美丽校园初见雏形。何云校长经常以"廉洁、守法、尊重、诚信、宽容、坚定"自勉，重视加强理论学习和管理实践研究，不断提升治校能力。坚持依法办学，推进校务公开。他以校为家，恪尽职守。自学校开办以来，无论严寒酷暑，他总是每天第一个到学校，最后一个离开学校，且每天都要巡视学校好几遍。行政班子在他的带领下，每天坚持巡堂。现在海韵学校的干部清正廉洁，凝聚力强。教师爱岗敬业，廉洁从教，全体海韵人凝心聚力，共创美好未来。

其次是培养骨干，打造梯队。海韵学校一直非常注重青年教师的成长，采取多种策略，努力提高青年教师的专业素养。何校长经过千锤百炼，锻造出自身过硬的音乐功底与专业素养。他从教约三十年来，精心培养了众多青年音乐才俊与干部骨干。在海韵学校更是致力于人才梯队建设，为年轻教师引航。在他的指导下，多位教师获得了高层次的奖项，彰显了海韵的教育品质。如获得"广东省第五届中小学音乐、美术教师基本功比赛"音乐类综合一等奖，"深圳市第七届中小学音乐现场课交流"中学组"最佳互动"奖，"深圳市第七届中小学音乐优质课评比"中学组一等奖等。他们不仅在实践上取得了可喜的成绩，教育教学科研成果也十分丰硕。为了提高教师的科研能力，学校领导邀请专家莅临学校指导。包括论文选题、论文的构成，平时经验的积累、论文过程步骤的书写，教育研究方法等方面。近年来，教师在全国重要期刊上发表论文59篇，在省级期刊上发表论文27篇，书写专著2本。俗话说，"其身正，不令而行""喊破嗓子，不如甩开膀子"。何校长以身作则、殚精竭虑，让实践与科研成为海韵教师专业发展的强有力的双翼，自由翱翔于教育的蓝天。

再次是价值引导，以人为本。学校管理采取规则与人情相结合的原则，进行合理的人性化管理。校长在行政授权的基础上发挥其影响力，理清学校发展愿景、明确教育使命，让教师感受到职业的意义和价值，激发教师的工作热情，让教师自愿跟随校长的价值引领。教师方面，学校严控把关新教师的准入，保证教师队伍德艺双馨。为了帮助新教师走好教学生涯的第一步，学校制定了详细而规范的入职培训方案。何云校长注重人文关怀，多次牵线搭桥为新教师当红娘，成就诸多幸福的姻缘，也顺理成章地成为这些夫妻彼此共同的"恩人"和"贵人"。事实上，这些夫妻教师后来都不辱厚爱，表现突出。何校长非常关心每个教职员工的生活、工作和学习，为每个教师过生日，还授以智慧的生活之道，比如如何艺术化处理婆媳关系等。他的个人魅力令人着迷，每个教师在学校都有家一样的归属感。因学校相对"偏僻"，开始招生时面临困难，但学校通过一流的服务和质量赢得了家长的信任。学生方面，学校根据不同年龄阶段的学生发展特点与需要，制定了课间管理方法，打造适合学生身心健康发展的"文明课间"与"文明走廊"。如一年级采取增设益智类游戏和安排户外集体性活动等方法，二年级采取教师轮岗制和班干部课间值日等方法。三年级主要采用"训练学生走姿""组织学生自编诗歌"等将课间休闲与陶冶情操相结合的方式，四年级主要采用确定活动主题、学生选择游戏和班干部监督进行的方法。五年级也采取教师和学生轮岗值日的方式，以帮助学生养成良好的学习习惯。六年级采用"习惯养成课间休息提示卡"引导学生合理运用课间，并将动静活动进行分区管理。七年级倡导学生在规则和自由之间找到平衡；八年级主要采取年级长、班主任轮值、班委自治的方式；九年级有着较大的中考压力，故课间以放松活动为主，以活动促常规。每一个细微之处，都折射了人性的光辉，将以人为本不折不扣地落到实处。

四、校长学校治理实践的反思

在考察众多的办学实践后，原来的很多疑问，比如为什么学校发展差别如此之大，为什么有的传统名校会逐渐衰落，为什么很多后起之秀能够后来居上，现在答案越发明晰了。那关键因素就是学校治理，方式适切就发展迅速，反之则相反。那么如何办好学校呢？应该关注以下几个方面。一是校长是核心因素、是根本内因，几乎决定一所学校的发展。二是从理念、实践到细节，真正落实以人为本。三是基于学校实际，因校制宜。四是领导团队的精诚协作，摒弃个人英雄主义。

首先来看校长个体因素。我们一般的理想状态是，好的学校不管谁任校长，学校都是好的。然而现实至少是当下的现实完全不是这样的，校长几乎对学校的变化承担全部责任。不可否认，无论是通过什么途径成为校长的，个体一定是"优秀"的，比如教学、社交等方面的能力出众，但是并不是每种"优秀"都适合当校长。格局是首要的，有了格局，心中才能真正地容纳学校和全体师生；有了格局，才有情怀、使命感，责任和担当。有极个别校长，将一切问题全部归结为教师的不努力、学生的基础差，从不反思自己。甚至将校长当成纯粹的官员，颐指气使、自私自利。这类校长，笔者在南方和北方都接触过，实在不想再见。应该来说，校长本身的品质第一、能力其次，这关乎一所学校的发展，关乎全校所有师生的幸福生活。有了格局，具体的风格可以根据校长自身的优势来发挥，比如范校长走的是理性风格，万校长走的是情感风格，而何校长走的是艺术风格。

其次来看以人为本。前面已经谈过何为以人为本，此处不再赘述。只是特别强调以人为本要一以贯之，如果仅仅是提出这一观念，没有实际行动，那么这就是一句空洞的口号。笔者在访谈中发现，教师们非常反感校长的空头支票和各种作秀。比如校长天天强调以人为本，可是当教师遇到各种困境时视而不见，甚至本来没有错的教师处于网络舆情的被动状态时，学校领导立即与之划清界限。还有极少数校长不关心教学，业务水准也不高，却天天在大会上告诉教师们，他最幸福的事情就是站在讲坛上，告诫教师要努力工作。事实上，如果没有情真意切的行为做支撑，"以人为本"不仅达不到预期的愿望甚至适得其反。上述案例中的三位校长虽然风格不同，但是都将以人为本落到了实处，赢得了全体师生发自肺腑的尊重和爱戴。

再次来谈因校制宜。每位校长都有不同的个性，同一校长在不同的学校任职也会有差异，重要的原因就是学校的差别。治理一所学校，从时间维度来说，要关注历史、现在与未来。历史就是要梳理一所学校的成长史，挖掘有意义的资源。现在就是要分析学校发展遇到的困境及原因。未来就是学校发展的愿景，师生所努力的方向。从空间维度来说，主要是学校、家庭和社会。家庭方面，要争取各种资源，改变存在的问题，形成家校合力。社会方面，主要也是资源的发掘问题，以及让社会成为孩子的成长空间，实现学校与社会的双向互动。所以治理好一所学校，一定离不开对"现在的这所学校"进行深度分析。要以此为核心，从时间和空间两个方向拓展，支持学校的卓越发展。比如昌图实小就根据学校，提出了"美好心灵、多元智能"的教育理念，并付诸实践。海韵学校的艺术特色，常青树实验学校的"新生命发展"教育，都是如此。

  最后来谈团队协作。其实所谓的文化、理念、精神等，看起来形而上比较玄乎，实际上的确是可以触摸的。校长带领的领导团队是否团结协作，从细节就一览无余。比如在某校调研时，校长来之前大家还挺热闹，校长一出现所有人立即噤若寒蝉，顾左右而言他。恰恰相反，在内蒙古南马路小学调研，中层领导陪我私下谈话时，眼里都是对刘建英校长的温情景仰。范校长、万校长、何校长的团队莫不如此，令人感动。其实，校长的"江湖地位"并不是自封的，而是自己殚精竭虑苦心经营的。英雄主义式的名校长，注定难以实现学校全方位的发展，自身的成长之路也注定走不长远。倒过来，能够实现团队精诚团结的校长，他们都是有格局的。治理好一所学校，真的不容易。

第十四章

制 度 建 设

第一节 学校制度建设的理性分析

随着社会的进步，教育的专业性也得到进一步的加强。依法治校、法制统一，是当代学校的重要表征。良好的学校制度体系，是学校规范运行的依据，也是办学质量的重要保障。学校制度建设的价值追求，主要体现在制度建设的根本目的是促进人的发展，制度建设要有全球化视野和信息化意识，制度建设和执行的过程要科学、民主，制度建设的结果要看重效果、效率和效益等方面。在内容建设方面，应构建"一体三足"的鼎立格局。"一体"即学校的章程，这是学校内部治理的"宪法"。"三足"分别是关于教育教学的核心制度、支撑教育核心问题的外围制度及应对非常规突发性问题的应急制度。学校制度的实效性，需要通过校本管理来实现。在校本管理的过程中，人力资源管理和维护学校声誉的品牌管理显得尤为重要。

一、学校制度建设的时代背景与重要意义

随着社会主义民主法治和政治文明建设的推进，教育改革也在不断深化发展。各级各类学校的生存环境、办学理念、实践路径都发生了深刻的变化，迫切需要建设符合教育教学规律和学生身心成长的现代学校制度，从而推进学校治理的法治化、科学化及人性化。所谓现代学校制度，就是在新的社会背景下，能够适应市场经济发展和建设学习型社会的基本要求，以学校法人制度和新型的政、校关系为基础，举办者产权与学校日常管理权基本分离，学校依法自主管理，由教育管理行家负责学校日常管理，教职工依法民主参与，学校与社区中的各种组织及家长密切合作，指导和约束学校可持续发展的一套完整的制度体系。[1] 显而易见，为了适应新形势下的教育发展，全面提高教育质量，需要构建政府、学校、社会之间的新型关系。因此，基于法治视域的现代学校制度可以分为三个层次，第一是针对学校的举办制度，第二是政府管理学校的体制，第三是学校内部治理结构。[2] 前两个层次基本上讨论的是政府与学校的关系问题，第三层次主要关涉的是学校组织内部的发展问题。本研究主要是探讨校长如何引领学校发展的问题，因此这里主要是基于第三层次来分析学校制度建设。

---

[1] 李继星. 现代学校制度初论 [J]. 教育研究，2003（12）: 83–86.
[2] 张力. 与现代学校制度相关联的若干政策思考 [J]. 人民教育，2004（01）: 10–13.

学校制度的形式多种多样，既包括正式的、系统的、成文的各种规约，也包括非正式的、不系统的、约定俗成的价值引导或行为规范。[1] 良好的学校制度并不只是静态冷漠的条条框框，而更多的是动态温情的成长引领。学校制度建设的意义重大，大到国家建设，小到个体成长，都息息相关。国家层面，良好的学校制度，体现国家政治文明建设的需要，有利于依法治国的推进。社会层面，全面推进教育创新，进一步解放教育生产力，加速建设学习型社会。学校层面，推进学校管理的民主化、法制化、科学化，提高学校效能，促进学校的可持续发展。个人方面，促进教育家型校长、专家型教师的诞生，最终达成学生全面而又个性的发展，真正落实以人为本的价值理念。

二、学校制度建设的价值追求

教育作为复杂社会的一个子系统，它与社会的发展密切相关。比如信息技术、企业管理、WTO框架、2020年新冠肺炎疫情等，从理念到实践对教育产生了巨大的影响。以现代企业发展为例，有人认为现代学校制度体系应以现代企业制度为蓝本，强化以产权制度、组织制度和管理制度为核心的制度框架。然而更多学者主张不能简单移植现代企业制度，应在尊重教育公益性的前提下构建符合教育本身属性的学校制度。[2] 一旦教育领域充斥着"市场机制""放权""融资"等话语时，教育就不再是教育而成经济的附庸了。又如新冠肺炎疫情期间的"停课不停学"，学生居家学习的实践让信息技术经历了一次"自然实验"。实验结果表明，技术是手段而不是目的，再好的技术手段在主体性缺失的情况下没有任何教育意义。我们可以发现，教育须臾离不开社会的发展，但又保持自身一定的独立性和独特性。因此必须明确一点，学校制度建设的根本目的是推进依法治校，促进人的发展。所以必须把立德树人，培养德智体美劳全面发展的社会主义建设者和接班人作为学校教育的根本任务。这是总体的方向，不可偏离，具体体现在以下几个方面。

首先，制度建设的根本目的是人的发展。一切不利于人的健康发展的制度，都是不合理的。实践中存在许多误区，比如有人以为学校有完备的制度文件，就是学校卓越的标志。笔者曾经到粤西南沿海地区的一所超级大校也是名校调研，校长底气十足且十分自豪地拿出了三大本学校的各种制度文本。笔者看后不寒而栗，因为主要内容是师生出现各种问题后的处理方案和惩罚细则。制度建设不是目的，它只是手段，确保人健康发展的手段。因此制度不是用来框架人，限制人发展的，恰恰相反是用以激励人的合理合法、有情有义的正能量通道。当然这不意味着没有规范，没有约束，而是以约束来实现最大的自由。正如罗素所言，"我们所要追求的自由不是压制别人的权利，而是在不妨碍他人的前提下按照我们自己选择的方式进行生活和思考的权利"。因而教育制度建设就必须以谋求提升教育共同体及其成员的福祉为目的，所有人在制度面前人人平等，不仅接受相同的约束也得到同样的保护。为每一位成员提供成长的机会，最大限度地促进个体的自我实现。需要提及的是，自由与平等，只要在主体能动性的前提下才有意义。是否主动发展，这属于个体的思想和行为，一定程度上不受外界环境的影响。所以真正有价值的制度，不仅给予个体良

---

[1] 孙绵涛. 我国现代学校制度建设的成就、问题与对策 [J]. 教育研究，2013，34（11）：27–34.
[2] 孙绵涛. 我国现代学校制度建设的成就、问题与对策 [J]. 教育研究，2013，34（11）：27–34.

好的成长环境，更重要的是激发个体的内在驱动力，焕发生命的张力、彰显生命的力量，从而促进共同体的卓越发展。

其次，制度建设要有全球化视野和信息化意识。全球化、信息化，应该是现代社会的基本特征。学校制度建设必须紧跟时代发展的步伐，不宜故步自封抑或闭门造车。全球化方面，学校制度建设必须直面"全球化"这一世界历史发展事实，必须开门办学，放眼世界、展望未来。比如在培养目标上，需要考虑家国情怀和国际视野的辩证统一。一方面要指向培养未来的具有"全球化"素养的"国际型"人才，以更好地适应全球化需要，为全球化进程做出我们的贡献。[1] 另一方面，学校制度必须立足中国的国情，必须以中国特色社会主义理论为指导，坚持社会主义办学方向，弘扬和践行社会主义核心价值体系，努力培养具有中华民族特色的"国际人"。切不可邯郸学步，数典忘祖。诚如常言道，越是民族的就越是世界的，我们只有扎根中华文明的肥沃土壤，根深蒂固才能枝繁叶茂。信息化方面，我们知道信息技术改变了人类的存在方式，但是并没有改变人类的本质。因而我们不能为了技术而技术，但是为了更加美好的生活品质，必须拥抱信息技术。因此学校制度建设在价值取向上应充分体现信息社会的特征，鼓励学校的信息化建设，不仅在硬件设施方面要逐渐达到信息化的水准，更重要的是师生信息化素养的提升。包括信息的获得与辨识、重整与创新，在信息爆炸的环境中，坚守自己的独立判断和价值追求。信息时代的到来，终生学习不再是人们的主观愿望，而是实践需求，学校的制度理应支持信息化背景下的终身学习。

再次，制度建设和执行的过程要科学、民主。制度的目的在于促进人的发展，所以在建设和执行的过程中应该是科学的、民主的，要有参与性和透明性。[2] 所谓科学，就是不能简单地凭经验办事，而需要调查研究对症下药。比如学校教师队伍的状况，学生发展存在的主要问题，学校运行的机制等，找到关键问题并深度分析原因，拟定适切的制度去规范这些问题，从而整体上不断优化学校的发展。如临沂二十中，学校需要明确各部门的责任，做到常规工作具体化、具体工作流程化、流程工作标准化。进一步落实"谁的课堂谁负责""谁的班级谁负责""谁的宿舍谁负责""谁的人员谁负责""谁分管谁负责"的岗位责任制，使学校各部门工作人员明确工作职责，各尽其责，做到事事有人负责，人人有事负责。而在各年级、各部门、各学科之间学校实行分权分责的管理机制。所谓民主，就是在以促进学校发展为核心的前提下，关注利益共同体各方的合理诉求，公平、公开地实施优化的实践方略，从而唤醒人的主体意识，弘扬人的主体精神，发挥人的主体能力，形成学校跨越式发展的向心力。如顺义板桥中心小学在重大决策出台、人事安排、评优评先、经费使用等敏感问题上，一律实行民主管理，突出了教师参与学校管理的重要性。同时建立家校协作机制，家委会成员参与学校治理，让外来务工子女在同一片蓝天下茁壮成长。

最后，制度建设的结果要看重效果、效率和效益。制度建设的目的不在制度本身，而是解决发展中遇到的问题。因而它不在大而全，而重在它产生的实际意义。实际意义不足的制度文本，可以删繁就简，甚至完全摒弃。效果，就是制度建设是否达成了预期的问题

---

[1] 李兴洲. 现代学校制度的价值取向探析 [J]. 当代教育科学，2005（20）：8–12.
[2] 张新平. 现代学校制度的认识偏差与重新定位 [J]. 教育研究与实验，2006（02）：1–5.

解决。比如学生自主管理制度，究竟有没有培养学生的自主管理能力，考察的就是效果。效率，就是制度起教育作用的速度。比如新的教研制度建立才一年，教师整体教学能力就得到显著提升，就是高效率。效益，就是一种综合性的反馈，它指向制度价值的深度。比如学校文化建设制度的实施，最终在多大程度上影响师生的价值观念和行为习惯，是否持久等。简言之，效果就是制度作用明不明显，效率就是制度反应迅不迅速，效益就是制度影响深不深刻。理想状况下，制度的效果、效率和效益"三效"俱佳是上乘选择。然而办学实践中，很难做到最优化的状态，需要根据具体情境斟酌定夺。比如对于突发问题的解决机制，首要考虑效率。对于一般行为层面的问题，优先关注效果。而对于价值观、精神层面的问题，则主要看长期的效益。所以办学过程中的轻重缓急，都需要校长仔细权衡，区别对待。

三、学校制度建设的内容体系

学校制度本质上是一种"教育制度"，而不是"经济制度"。[1] 因而它关注的首要问题不是产权归属、产权明晰等经济学内容，而应是教育的核心问题，即关于人的培养问题。所以，一切学校的制度都应立足于促进人的健康发展。当前学校的制度建设应构建"一体三足"的鼎立格局，稳妥地支撑学校的卓越发展。"一体"即学校的章程，学校章程是学校内部的"宪法"，它的起草需要遵循法制统一、坚持社会主义办学方向的基本原则，旨在促进改革、增强学校自主权。章程要充分反映广大师生员工的意愿，凝练共同的价值追求和发展愿景，规范学校内部治理结构和权力运行规则，突出方向性、适切性、科学性和操作性。"三足"分别是核心制度、外围制度及应急制度。所谓核心制度，就是关于教育教学的制度，包括学生发展，课程、教学、德育，教师专业发展等。所谓外围制度，就是围绕教育核心问题的支撑制度，包括人事、资产与财务、后勤、安全、对外合作等方面的管理制度。核心制度和外围制度都是办学的常规制度，所谓应急制度，正是针对常规性问题管理而言的，它指向一些非常规的、突发性的一些问题解决。比如校内纠纷解决机制、权力救济制度、安全管理及突发事件的应急处理机制等。

学校章程，是具有一定法律效力的治校总纲领。它是学校改革发展、实现依法治校的基本依据，涵盖了学校制度方方面面的基本要求。需要注意的是按照法制统一的原则，对与上位法或者国家有关规定相抵触，不符合学校章程和改革发展要求，或者相互之间不协调的内部文件和管理制度，要及时修改或者废止，从而保证学校的规章制度体系层次合理、简洁明确、协调一致。北京十一学校，原为中央军委子弟学校。1952年在周恩来、罗荣桓等老一辈革命家的亲切关怀下建立，聂荣臻元帅用新中国的诞生日为学校命名。学校于1992年提出并实行"国有民办"办学体制改革，此后得到快速发展，成为高品质的现代化名校。学校构建了一套分层、分类、综合、特需的课程体系。包括三百多门学科课程、约三十门综合实践课程、一百多个职业考察课程、近两百个社团、近千个学生管理岗位，供学生自由选择，最大限度地满足每一位学生的多样化学习需求。《北京市十一学校章程》第一章总则，说明章程制定依据和学校性质等。第二章为治理结构，强调分权制治理，教

---

[1] 褚宏启. 我们需要什么样的现代学校制度 [J]. 教育研究，2004（12）: 32-38.

职工代表大会、校务委员会、党总支、学术委员会、学生会、教师家长委员会共同组成学校权力机构，分别对相应事项进行民主决策。如连续三年校长的信任率低于80%，校长就会被弹劾。第三章为管理机制，特点有扁平化、分布式、分权制、制衡型等。第四章为课程与教育教学管理，强调百花齐放，避免一刀切的教学方式，学部（年级）与学科共同对教育教学质量负责。第五章为人力资源工作，校长直接聘任副校级和中层干部、学部及学科主任。教职工与学部（年级）、部门双向选择的机制。坚持按劳分配、按岗取酬，绩优酬高、薪随岗变的分配原则。第六章为财务管理，学校实行全面预算管理制度。如"不让有权的人理财，不让理财的人有权"，校长只有批准预算的权力，不能签批任何具体的财务支出。第七章为学校标识与文化日。第八章为附则。可见，学校章程是学校治理的上位构架，同时鲜明地体现了办学特色。

　　核心制度，就是围绕学生成长的关键的教育教学制度。学校要切实尊重和保护学生的权利，相关制度建设应当以学生为中心，体现公平公正和育人为本的价值理念，尊重和保护学生的人格尊严，落实立德树人的根本目标。课程制度方面，要落实国家课程的基本要求，根据学校实际构建学校课程体系，课程结构要满足学生的多样化需求，为德智体美劳五育并举提供全面而坚实的基础，促进学生全面而又个性的发展。教学制度方面，目标和评价都指向学生发展的核心素养，而具体的过程则不宜统一要求固定的模式，提倡凝练不同学科的风格和特色，推进学科教学的深化改革。德育方面的制度，强调德育的实效性，不宜假大空。通过良好育人环境的构建，以实践活动为依托，融道德知识、道德情感和道德行为于一体，让学生濡养真实的品性。教师专业发展方面的制度，要严格把控选拔这一关。实践证明，绝大部分的优秀教师都是内生型的，他们在职业的情感、认知和行为方面的成长，都是自我驱动的，很少受外界的负面影响。对于在职教师，要以学校愿景为价值导向，以针对性的激励为策略，提供教师自我生长的环境，促进教师个体、群体和全体的专业发展。

　　外围制度，主要涉及人、财、物的相关制度。除了以往常见的人事制度、后勤服务制度、资产与财务制度等，现今学校的对外合作制度显得越发重要。主要体现在家校合作，以及社会资源开发等方面的管理制度。在社会主义市场经济体制下，加上全球化、信息化的时代背景，学校必须开门办学。家庭方面，需要家校形成合力。家长是孩子的第一任导师，也理应是终身导师，对孩子的影响超乎想象，尤其是习惯、性格、价值观等方面。因此中小学、幼儿园应当建立健全家长委员会制度，让其承担支持教育教学工作、参与和监督学校管理、促进学校与家庭沟通、合作等职责，家委会成员应当由全体家长民主选举产生。要积极探索完善家长委员会的组织形式和运行规则，不断扩大家长对学校办学活动和管理行为的知情权、监督权和参与权。社会方面，要积极探索扩大社会参与学校办学与管理的渠道与方式。实现双向互动，一是借助社会资源和力量，加强学校管理，开展有意义的教育教学活动。二是积极开展社区服务，参与社区建设，培养学生的实践能力和创新意识，增进学生的社会认知，增强社会责任感等。当前每一所卓越的学校，在外围制度的建设方面都有可圈可点之处。

　　应急制度，就是对一些突发问题进行有效处置的机制。如校内纠纷解决机制，学校发展过程中肯定不可能一帆风顺，总是会遇到各种矛盾或冲突。比如职责权力、人事奖惩、学术评价、福利待遇、学籍管理等行为引发的纠纷，学校要以法治作为解决问题的基本方式，灵活运用调解、申诉、仲裁等各种策略，依法妥善、快速地处理学校内部各种利益瓜葛。要特别重视和发挥基层调解组织、教职工代表大会、学生团体和法制工作机构在处理纠纷中的作用。对于校内难以解决的纠纷，应当按照法定程序，提交有关行政机关依法解决。尽力维护师生的权利，保护学校的声誉。又如安全管理及突发事件的应急处理机制，中小学和幼儿园要根据学生的身心特点和认知能力，完善校园安全管理制度，落实对学生教育与管理的法定职责，比如必要的火灾、地震逃生演练等。要健全突发事件应急处理机制，万一发现安全之类的隐患，要排除万难立即解决。学校要切实保障学生、教师的人身权和财产权，维护学校秩序的稳定，创建良好的育人空间。

四、学校制度的校本管理

所谓学校制度的校本管理，就是学校制度的"一体三足"在实践中发挥实效性的过程。它要求学校制度体系的创建，必须根植于学校发展的实际情况，具有"本校"的独特性和不可复制性，指向真实问题的解决，动态地突破学校发展的瓶颈。校本管理有如下特点，一是教职员工管理角色的双重性，既是管理者亦是被管理者。二是过程的"二级传递"，所谓"二级传递"就是通过教师的专业发展去实现学生的健康成长。三是管理的终极目标是实现人的成长和学校的发展。[1]一切要素中，人的因素最为重要。只有在共情的基础上，全体成员才能齐心协力为学校发展的愿景而努力奋斗。因而在校本管理的过程中，人力资源管理和维护学校声誉的品牌管理显得尤为重要。

所谓学校人力资源，就是具有教育、教学、生产、科研、财务、行政和经营管理能力并取得国家认定与核发相应资格证的教师、职工和管理人员的总称。[2]学校人力资源的特点区别于其他领域，除了专业性之外主要体现在教育性上。全员育人，立德树人，是学校所有教职工的基本使命。学校人力资源管理，就是学校管理者为实现学校发展愿景而进行的人力资源发掘、合力配置和积极评价，最大限度地发挥教职工的积极性，使得育人团队优势互补精诚团结。要想积极发挥人力资源的价值，需要注意几个方面的问题。一是价值方面，育人团队可以求同存异但是必须有教育价值认同。比如对于一所为孩子幸福人生奠基的学校，如果是应试主义分数至上的教职工则会削减学校教育影响。二是实践层面，个体差异极大，因此要优势互补，扬长避短。如果实践中人岗不配，则是资源的极大浪费。比如一所学校由应试教育转向全面发展，大力启用原来是"副科"的艺体学科的教师，极大地发挥了他们的教育能量，成功实现学校变革式发展。三是策略方面，要激励育人团队的主体能动性，将教育教学工作内化为自我实现的主渠道，将自我成长与社会价值融为一体。比如相互激励、多元肯定，让个体在工作中找到归属感和价值感。二人同心、其利断金、和衷共济、众志成城。

一旦通过全体教职工的努力，学校获得良好的社会效应，那么学校就必须重视品牌管理，就像爱护自己的名誉一样去呵护学校的声誉。学校品牌是由带有学校特色的名称和标

---

[1] 孙鹤娟. 人本管理是学校文化管理的第一原理 [J]. 现代教育科学，2003（02）：15–17.
[2] 黄兆龙. 学校人力资源管理研究 [J]. 教学与管理，2001（21）：13–17.

志形成的一种无形资产，具有一定的质量水准和文化内涵，是在校内外学生、教职员工和社会各界人士认可的基础上形成的。[1] 品牌与学校发展是一体两面的关系，良好的品牌会促进学校的正向发展，相反，学校的衰落也会带来品牌效应的式微甚至消失。一般而言，学校主要通过教育文化的提升使其在社会大众心目中树立正面的价值形象。衡量学校品牌声誉的尺度就是"育人"品质，[2] 也就是培养的学生是否能够身心健康、快乐成长，是否具有可持续发展的能力，为一生的幸福奠定重要基础。尤其在当下，仅以各种名目的"升学率"来打造育人品牌是不合时宜的，也是难以实现的。品牌一定要在科学理性与人文关怀的基础上，扎扎实实培育学生的核心素养，这是"质"；同时需要丰富多彩的教育形式，适切的教育表达，如耳目一新、朗朗上口的文化标识，这是"文"。此所谓，"文质彬彬，然后君子"。形式与内容的高度统一，才能产生持久的教育影响。人无远虑必有近忧，学校发展更加需要忧患意识，要有品牌危机感。因此一定要提高危机管理意识，建立重在预防的危机管理体系，谨防负面的蝴蝶效应。防微杜渐，让病灶无处安存。

五、学校制度建设的实践反思

学校制度建设是校长办学的重要内容之一，校长不仅要重视制度建设，还要清楚为什么要建设、如何建设、如何运行，以及制度的限度等问题。否则只在此山中，云深不知处。就像王国维先生在《人间词话》中所云，"诗人对宇宙人生，须入乎其内，又须出乎其外。入乎其内，故能写之。出乎其外，故能观之。入乎其内，故有生气。出乎其外，故有高致"。

先谈制度建设的"入乎其内"。动物界和人类有许多有意思的现象，比如沙漠里有动物在遇到天敌来不及逃跑时，把头插入沙中而屁股露于沙外以企图瞒天过海。在比萨斜塔实验之前，人们认为铁球先落地是天经地义的。在苹果砸中牛顿之前，人们对于苹果从树上掉落下来这一自然现象也是习以为常的。其实世间一切，都是由因果或者相关关系组成的。为什么要进行制度建设，就是学校基于自身实际情况为了保障其健康发展而制定支持性的框架。包括历史的维度，包括办学历史、学校精神、办学理念方面的制度。现实的维度，比如学生评价、课程、教学、德育、教师研修等方面的制度。未来的维度，学校如何定位、战略目标是什么、挑战与机遇如何等。"入乎其内"就是要求校长领导制度建设，一定要接地气，深入学校内部，对症下药而非无病呻吟的形式主义。

再看制度建设的"出乎其外"。跳出制度来看制度，就会发现制度建设不是为了应付上级的要求，也不是如自由落体般自然而然的做法。事实上，制度建设的根本目的是促进人的发展，然而现实中很多制度却成了强压在人身上的沉重枷锁，这与本质精神背道而驰。教育本身就是一种社会存在，它极大地受到政治、文化、经济、科技等发展水平的影响，因此不存在一种永恒合理的学校制度。所以学校制度的建设在一定的基础上要具有弹性，这样可以保持学校发展的相对稳定性。同时随着学校水平的不断提升，相应的具体制度应该可以适当调整以适应新的需要。教育是变化的，人也是变化的，因此制度建设要在变与不变之间寻求一种平衡。再次重申，一切不能促进人的健康成长的制度，都需要改变。

---

[1] 汤文江. 学校品牌塑造的价值及策略研究 [J]. 现代中小学教育，2017，33（10）：6-8.
[2] 朱小蔓. 学校品牌管理：一种道德模式 [J]. 教育发展研究，2005（09）：1-4.

第二节　学校制度建设的调查研究

本研究拟从三个维度来考察，一是制度建设的理性维度，二是核心的教育教学制度，三是维护学校健康运行的保障制度。制度建设的理性维度，主要是考察学校的制度体系是否有理性顶层设计，制度体系与学校的办学理念、文化建设是否紧密相连，考察办学体系的内在一致性。核心的教育教学制度，主要涉及学生全面而又个性的发展及教师的专业成长。比如促进学生全面发展的教育教学评价制度、基于深化课堂教学改革的听课与评课制度、教研训一体的完善机制及促进教师专业发展的教师评价和激励制度等。维护学校健康运行的保障制度，主要涉及人事、财务、资产管理等规章制度，安全保卫与卫生健康等规章制度，信息化建设的相关规章制度，应急管理机制等。具体观测点及数据如表14–1所示。

表 14–1　学校制度建设的基本现状

维度	项目	非常符合	比较符合	合计
理性建构	a 学校有基于理性思考的完备的制度体系	41.18%	46.30%	87.48%
	b 学校的制度、管理系统与办学理念一以贯之	40.01%	45.97%	85.98%
核心制度	a 学校有促进学生全面发展的教育教学评价制度	37.62%	45.30%	82.92%
	b 学校有基于深化课堂教学改革的听课与评课制度	43.68%	46.41%	90.09%
	c 学校推行校本教研，构建了教研训一体的完善机制	39.57%	45.46%	85.03%
	d 学校有促进教师专业发展的教师评价和激励制度	36.67%	48.86%	85.53%
保障制度	a 学校有健全的人事、财务、资产管理等规章制度	46.36%	43.07%	89.43%
	b 学校有良好的安全保卫与卫生健康等规章制度	48.75%	40.73%	89.48%
	c 学校有完善的信息化建设的相关规章制度	38.06%	44.41%	82.47%
	d 学校建立了应对各种突发事件的应急管理机制	48.02%	42.52%	90.54%

从上面的数据可以看出，学校在制度建设方面的情况比较薄弱。在理性建构方面，有41.18%的校长表示其所在学校有完备的制度与管理系统、有顶层的理性设计，46.30%的校长表示基本具备，然而有约12.00%的校长明确表示没有制度体系可言。有了系统的制度建设，但是这些制度是否与办学理念一以贯之、高度匹配呢？40.01%的校长表明两者是紧密相连的，45.97%的校长表示有一定联系。可以看出，但凡有系统制度建设的学校，基本都考虑到了办学理念的统领作用。

在核心制度方面，37.62%的校长建立了促进学生全面发展的教育教学评价制度，不片面追求成绩和升学率，45.30%的校长表示基本可以做到。然而也有高达约17.00%的学校唯分数、成绩至上，没有关注孩子的个性差异和全面发展。为了深化课堂教学改革，43.68%的校长建立了完备的听课与评课制度，46.41%的校长能够基本建立，也有约10.00%的学校没有听课与评课制度，对课堂教学没有严格的要求。39.57%的校长建立了教师专业发展的制度，推行校本教研，完善教研训一体的机制，45.46%的校长有一定的探索，也有约15.00%的学校不关注校本研训。30.55%的学校开展了有效的学习型组织建设，使教师团队成为良好的学习共同体，47.58%的学校有一定尝试，也有约22.00%的学校里教师各自为政，缺乏交流与合作。相近地，36.67%的校长建立了良好的促进教师专业发展的教师评价和激励制度，48.86%的校长对此有一定的探索。约14.00%的学校没有良好的激励机制，导致教师效能感和积极性不高。

在保障制度方面，46.36%的校长建立了健全的学校人事、财务、资产管理等规章制度，43.07%的学校比较全面，也有约11.00%的学校在重要的人财物管理方面存在混乱。安全保卫与卫生健康等规章制度，48.75%的学校做得很好，40.73%的学校基本做到，约11.00%的学校缺乏健全的安全保卫与卫生健康等规章制度，以至学校在健康和安全方面存在隐患。信息化建设的相关规章制度，38.06%的学校表现优秀，44.41%的学校有一些做法，而约17.00%的学校没有与时俱进地开展必要的信息化建设。为了正确应对和妥善处置学校突发事件，建立和完善各种应急管理机制，对于校长来说也是非常重要的。48.02%的校长未雨绸缪、临危不惧，防患于未然，42.52%的校长有一定的预防措施，约10.00%的学校没有忧患意识，遇到突发事件时不知所措，往往难以应对。

将表14–1中"非常符合"的数据，转换成柱状图，如图14–1所示。

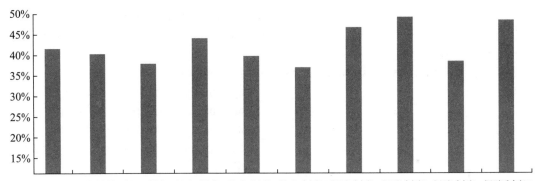

图14–1　校长在制度建设各方面表现"非常符合"的比例

从柱状图中可以更加直观地看到，校长在制度建设整体方面的表现非常不理想，没有任何一项达到50.00%的比例，平均值仅为40.00%左右。首先，在系统的理性建构方面，只有五分之二左右的校长做到了，不仅有完备的制度体系，而且体系与办学理念也是一脉相承。其次，在核心的教育制度方面，亟待健全。听课与评课制度（43.68%）＞教研训一体的机制（39.57%）＞学生全面发展的教育教学评价制度（37.62%）＞教师评价和激励制度（36.67%），即使是常规的听评课方面，也只有五分之二左右能够做到。就更不用提促进学生全面成长和教师专业发展的制度建设了。再次，在保障制度的建设方面，比核心制度的建设略微完善一些。安全保卫与卫生健康等规章制度（48.75%）＞应急管理机制（48.02%）＞人事、财务、资产管理制度（46.36%）＞信息化建设（38.06%），近一半的学校在安全保卫与卫生健康、处理应急事件及人财物管理等方面有了相应的保障，而信息化建设方面尤其亟待加强。

上面是基于描述性统计，对校长制度建设方面总体情况的基本呈现。那么，不同类别的校长在制度建设方面是否存在显著性差异呢？本研究试图分析这些差异，从而为不同类别的校长提出针对性的建议。不同类别校长在制度建设方面的均值及差异性，如表14–2所示。

表 14–2　不同类别校长在制度建设方面的均值及差异性情况

类别	均值	差异性
性别	男 4.39> 女 4.18	$t=-7.225$，Sig.=0.000，男性显著高于女性
学科背景	艺体类 4.36> 人文社科 4.26> 自然科学 4.24	$F=3.209$，Sig.=0.041，学科背景之间存在显著性差异。 Sig.=0.019，艺体类显著高于人文社科； Sig.=0.002，艺体类显著高于自然科学
第一学历	大学以上 4.48> 大学 4.28> 大学以下 4.22	$F=9.512$，Sig.=0.019，学历之间存在显著性差异。 多重比较结果： Sig.=0.001，大学以上显著高于大学以下； Sig.=0.000，大学以上显著高于大学； Sig.=0.034，大学显著高于大学以下
初任年龄	51 岁以上 4.39>36—40 岁 4.28>46—50 岁 4.27>41—45 岁 4.20>35 岁以下 3.74	$F=2.960$，Sig.=0.009，不同初任正校长年龄之间存在显著性差异。 多重比较结果： Sig.=0.004，51 岁以上显著高于 35 岁以下
已任年限	16 年以上 4.34>11~15 年 4.33>6~10 年 4.27>5 年及以下 4.19	$F=6.185$，Sig.=0.000，不同已任正校长年限之间存在显著性差异。 多重比较结果： Sig.=0.032，6~10 年显著高于 5 年及以下； Sig.=0.000，16 年以上显著高于 5 年及以下； Sig.=0.001，11~15 年显著高于 5 年及以下
校长类型	教育家型 4.57> 卓越型 4.48> 优秀型 4.41> 称职型 4.18	$F=28.632$，Sig.=0.000，不同校长类型存在显著性差异。 多重比较结果： Sig.=0.000，称职型显著低于优秀型； Sig.=0.000，称职型显著低于卓越型； Sig.=0.000，称职型显著低于教育家型
地区	经济发达地区 4.42> 广大中部地区 4.24> 少数民族地区 4.22	$F=10.528$，Sig.=0.000，地区间存在显著性差异。 多重比较结果： Sig.=0.011，经济发达地区显著高于少数民族地区； Sig.=0.000，经济发达地区显著高于广大中部地区
地域	城市 4.30> 县城 4.27> 乡镇 4.18	$F=19.317$，Sig.=0.000，地域间存在显著性差异。 多重比较结果： Sig.=0.018，城市显著高于县城； Sig.=0.000，城市显著高于乡镇； Sig.=0.017，县城显著高于乡镇
层次	示范学校 4.46> 普通学校 4.23> 薄弱学校 4.09	$F=44.995$，Sig.=0.000，不同层次学校之间存在显著性差异。 多重比较结果： Sig.=0.000，示范学校显著高于普通学校； Sig.=0.000，示范学校显著高于薄弱学校； Sig.=0.001，普通学校显著高于薄弱学校

续表

类别	均值	差异性
学段	幼儿园 4.42> 小学 4.23> 中学 4.20	F=8.918，Sig.=0.000，学段之间存在显著性差异。多重比较结果： Sig.=0.000，幼儿园显著高于小学； Sig.=0.000，幼儿园显著高于中学
家庭	家庭氛围和谐 4.29> 不和谐 4.05	t=4.821，Sig.=0.000，和谐家庭显著高于不和谐家庭
子女	子女成长理想 4.34> 不理想 4.09	t=8.228，Sig.=0.000，理想情况显著高于不理想情况

注：里克特量表 5 点计分，1 为最低值，3 为一般水平，5 为最高值，均值位于两者之间；组间没有显著性差异的，在表中不呈现。

我们发现，不同类别校长在制度建设方面，存在许多显著性差异。首先，从校长个人角度来看。性别方面，男性校长显著高于女性校长表明男性校长在制度建设方面，明显胜过一筹，不仅重视制度建设，在实践中也更为依赖于制度来确保学校的正常运行。学科出身方面，艺体类出身的校长显著高于人文社科类和自然科学类。艺体类出身的教师成为校长的概率比较低，或者说能力相当的学科教师，"小"学科如音乐、体育，比"大"学科如语文、数学更难成为校长。因此，他们一旦成为校长，则在很多地方胜出。学历方面也存在显著差异，大学以上显著高于大学，大学显著高于大学以下，表明学历越高对制度建设越关注，也更为得心应手。初任正校长年龄方面是 51 岁以上显著高于 35 岁以下，任职年限上是任职 5 年以上的显著高于 5 年及以下，这都表明年龄大的、经验丰富的校长比年纪轻的新手校长更为注重制度建设。校长层级方面，教育家型、卓越型、优秀型校长均显著高于称职型校长，层级越高的校长越重视制度建设，可见学校制度体系不仅是办学水平的重要表征，也是学校健康运行的重要保障。

其次，从学校角度的因素来看。与学校治理相似，依然是经济发达地区显著高于少数民族地区和广大中部地区，城市显著高于县城、县城显著高于乡镇。教育从属于社会经济发展，学校是社会机构之一，因而经济水平与办学方方面面都相关。当然这只是统计学上的意义，并不意味着经济欠发达的边远地区就没有卓越的校长和优质的学校。学校层次方面，示范学校显著高于普通学校、普通学校显著高于薄弱学校。学段方面，还是幼儿园显著高于其他学段。

最后，从家庭方面的因素来看。和其他方方面面一样，家庭和谐、子女健康成长的校长，在制度建设方面更胜一筹。这几乎成了颠扑不破的真理，修身齐家，治国平天下不仅不矛盾，而且相互促进。

第三节　学校制度建设的案例探讨

不以规矩，无以成方圆。不断完善学校的制度体系，营建健康的育人环境，是学校良好运行的重要保障。虽然每所学校的制度体系各有不同，但优质学校的特点十分凸显，体现在人文性、系统性和操作性等方面。人文性方面，不是为了制度而制度，而是在科学性的前提下，关注人的发展。以人育人，充分挖掘人力资源，促进师生的和谐共生。系统性方面，不是千篇一律的面面俱到，而是基于学校的实际情况，构建支撑学校特色发展的合力体系。操作性方面，制度不是悬置的口号或文本，而是实实在在地可以作为价值的引导和行为的规范。

一、制度建设的人文性

学校的持续发展需要坚持以教师为本、以学生为本这一根本宗旨。尊重人、关心人、理解人、解放人，从而实现人的自由全面发展。北庄小学在"绿色阳光、气韵飞扬"理念的引领下，学校领导者以真挚的情感，增强教职工之间的情感联系和思想沟通，形成了和谐融洽的学习和工作氛围。最大限度地调动了教育者的积极性，增强了学校的向心力和凝聚力，从而确保孩子们的健康成长。这是一个以人育人的过程，领导者精诚团结，使命担当、以身作则，造就了一支精诚所至金石为开的育人团队。学校制度建设的出发点不是为了建设制度，而是紧紧围绕如何培养高质量的教师，如何成就高品质的学生这两个重大命题，蹚出一条路子，支持这条路子的要求和条件就是学校需要建设的制度。比如作为山区学校，高大上的艺术教育资源匮乏。北庄小学如何开展艺术特色教育，就需要创造性地解决一系列难题。因此学校制定了有效的艺术教师培养、家校社艺术教育的合作、艺术教育资源的开发等规章制度，成功地实现了瓶颈的突破。

临沂第二十中学的发展，也离不开对人的深切关注。学校认为，点燃教育的火炬首要任务就是创造教师发展的良好生态环境，鼓励、期待、肯定、激荡、丰盈、共促，让生命沐浴在爱的情境中。学校引领教师从自我反思、同伴互促、向学生学习等不同方面着手，大力发扬和推崇关怀人、肯定人、发展人、完善人这一人文精神，让学校真正成为教师共享的精神家园。学校在聘任管理、奖惩考核、教育教学诸方面的制度，明确了不同层级的责任，同时也赋予相应的权力。如聘任管理上，学校实行教职工与年级、部门双向选择的聘任机制，以实现人力资源的优化组合，尽可能让不同的教职工找到适合自己的岗位；评优树先中，遵循"业绩优先、从下到上，同伴投票推荐、主管领导个别推荐，个人自荐与校委会评议、教职工代表大会评议相结合"的原则。学校充分发挥各方的积极性与创造性，动员各方实现团队共同的愿景。借助一切力量，让教师在岗位上有幸福感、事业上有成就感、社会上有荣誉感。把知识与经验、智慧与技术、热情与创造竞相融入生命的乐章，让"满园春色"绚烂持久。

实践智慧无穷无尽，方法总比困难要多。板桥中心小学设立"阳光讲堂"，就是教师专业发展的一项创造性制度。学校推行"阳光教育"，让师生的生命都沐浴在灿烂的阳光之中。由于外请专家资源不足，加之他们对学校实际不够了解，因此学校开设自己的"阳光讲堂"。发挥优秀退休教师的模范引领作用，最大程度地激发青年教师的内驱力，启发他们深入理解并落实"阳光教育"。不仅可以低成本接地气地完善学校的教育教学工作，还进一步彰显了退休教师的生命意义。具体包括三个方面，一是开展报告会。学校定期邀请优秀的退休教师讲述他们的教育故事，结合其一生的经历，和青年教师倾情交流，引导他们思考感悟，不断进步。二是帮扶工作。青年教师由于教学经验不足，学校根据需要适时邀请优秀的退休教师参与课堂，为青年教师提供面对面的实战指导。三是建事迹册树典型。邀请先进的教师们总结反思自己的教学生涯、利害得失，推心置腹地与大家交流。如其中一位谈到，虽然她很年轻就被认定是骨干教师，但是后来反省自己，觉得当时更多的是"表演"，"对自己的关注超过对学生的关爱，对学生成绩的关心超过对学生本身的爱护"。启发青年教师一定要多多从孩子们的角度去看问题、想问题，给予学生真正的情感需要和学业指导。

二、学校制度的系统性

学校是一个复杂的系统，任何一项工作都需要遵道行义。遵道，就是厘清每项工作的内在逻辑。行义，就是工作指向为促进人的健康成长。太平街小学为了实现"畅读童年，书写人生"的教育旨趣，拟定了一系列规章制度。在制定过程中，学校坚持走群众路线的工作方法。从群众中来、到群众中去，密切联系群众，集思广益，发挥集体智慧，群策群力，民主协商，共同参与。在充分酝酿讨论的基础上，制定出一套符合学校实际情况的制度。具体来说，包括四大类别：一是师生成长类，如《教师专业发展制度》《学生自主发展制度》；二是教育教学类，如《教育教学管理制度》《德育常规制度》等；三是安全卫生类，如《安全管理制度》《卫生管理制度》《健康管理制度》等；四是财产财务类，如《专用教室管理制度》《教学设备管理制度》《财务、后勤管理制度》等。为了确切落实每一项制度，学校根据实际需求将其进一步细化。例如《教育教学管理制度》又包括课堂教学质量检查、教学常规考评、减轻学生课业负担、控制辍学等方面的规定，以确保每项制度、每个细节等实施都有理有据。这些制度的建立，保障了学校秩序的稳定。有章可循、有制可遵、有据可依、有度可测，为公平合理评价每一位教师，为发展每一个学生奠定了良好基础。实际上，制度的制定、实施与评价的过程也是一种不断革新的自我教育。

系统性不仅体现在整个制度的全面性，还体现在每一项制度内部的完善上。武汉常青树实验学校结合教师队伍实际状况，制定系统全面的教科研工作评价制度，有效地通过教科研撬动了教师的专业发展。学校认为科研工作评价的目的，主要是调动教师的积极性，激发教师的创新潜能。主要包括自我评价、同伴评价、领导评价三个方面。关于自我评价，教师本人按评价标准逐条自我衡量，既不妄自尊大，也不妄自菲薄，实事求是。还要写出年终教科研工作总结，运用教育学、心理学的基本原理，说明自己一年的工作情况。关于同伴评价，以年级组为单位，每位教师介绍自评情况。在互相交流的基础上，同行间互评，分别算出每个教师的综合得分。关于领导评价，学校领导集体依照标准，根据平时观察、问询，对每个教师分期评价，在此基础上得出综合评价分。为了克服评价的形式主义和消极因素，一旦自我评价与同伴评价或者领导评价出入较大时，不急于综合评定。在充分听取相关意见的基础上，坚持标准、重新讨论，发挥评价的积极效用。综合得分＝自评分×40%+同行评分×30%+领导评分×30%，评定结果一般不向全体教师公布，但教师本人知道自己情况。材料归档，至此评价工作结束。

但是评价制度本身的意义不在评价，而在激励教师。因此常青树实验学校还引导全体教师根据考核情况制定个人成长规划，创新三项举措，即"一个调查""两个网站""三个层面",旨在追求情感共识,体现人文精神。关于"一个调查",学校设计教师自我发展需求调查表,全面了解教师的发展需求。激励教师参与学校科研工作、课题研究,不断提供其个人成长的平台,让他们在实践工作中充分体验成就感。关于"两个网站",一是关注教师心理状况的交流网;二是关注教师专业发展的云技术学习平台。通过这两个网站,不仅用温情去舒缓教师们的心理压力,还有专业的技术去支持他们的课堂教学。从形而上的"道"和形而下的"术"两个方向,努力打造教师的精神家园和成长乐园。关于"三个层面",包括专家引领,如聘请国内外专家来校进行专题报告和团体辅导;校内名师工作室引领,如请校长和名师工作室骨干教师作指导;各年级组"我的教育教学故事"论坛,体验事业的幸福感。让每位教师更好地认识自己、成就自己,实现生命的价值。

三、制度规范的操作性

我国的文化传统,优势在于形而上的精神引导。如张载的名言,"为天地立心,为生民立命。为往圣继绝学,为万世开太平"就激励了无数知识分子。又如白鹿洞书院学规指出,五教之目为"父子有亲,君臣有义,夫妇有别,长幼有序,朋友有信"。为学之序是"博学之,审问之,慎思之,明辨之,笃行之"。修身之要为"言忠信,行笃敬,惩忿窒欲,迁善改过"。处事之要为"正其义不谋其利,明其道不计其功"。接物之要是"己所不欲,勿施于人。行有不得,反求诸己"。这些都是很好的价值引导,然而操作性不强。这一传统导致现今的中小学行为规范,如热爱祖国、遵纪守法、努力学习、自信自强等也不好落实,难以评价。相较而言,西方的传统更注重行为规范的操作性。如欧美中小学学生守则中,明确列出了孩子应该和不许的种种行为。如身体不许别人触摸,不吃陌生人的食物,小秘密要告诉妈妈。作业必须自己完成,在走廊和楼梯上保持安静并靠右行走,遇到危险可以自己先跑等。将生命安全、道德礼仪等细化为可以操作的行为,确保孩子的健康成长。

笔者考察众多学校的制度体系,优质的特点之一就是除了价值引导,还具有很强的操作性。在办学理念的指引下,学校需要明确各部门的责任,做到常规工作具体化,具体工作流程化,流程工作标准化。当然,这种所谓的标准化不等于机械刻板,而是体现在可操作性上。如临沂二十中落实"谁的课堂谁负责""谁的班级谁负责""谁的宿舍谁负责""谁的人员谁负责""谁分管谁负责"的岗位责任制,使学校各部门工作人员明确工作职责,各尽其责,做到"事事有人负责,人人有事负责"。而在各年级、各部门、各学科之间学校实行分权分责的管理机制。在明确各自职责之后,学校建立了一套相应的衡量指标和激励机制。尤其关注关键绩效指标(KPI),考察的是每项工作中的重难点。以确保责任的落实,防止渎职和腐败现象的发生。由于操作性强,实效显著。

周南梅溪湖中学的评价制度具有很强的创意,一般而言师德不好评价。叶双秋校长表示,其实师德反映的就是教师的现实表现。因此师德考核要具有操作性,他们主要从三个方面着手。第一个方面是满意度调查,每学期期末考试后,都要对某一教师所教的全体学生进行一项问卷调查,内容涉及教师道德修养的方方面面,然后集中统计和分析数据,测查学生对该教师的满意度。根据结果,对教师进行评价和反馈。第二个方面是教师互评。为每位教师设置两个参照系,即年级组和学科组。互评不是相互打分,而是给该团体中除了自己之外的所有教师进行排序。设计了一个分析软件，根据所有教师互评的结果自动生成某一教师的得分。第三个方面是考评细则。根据相应的文件，拟定了师德师风的方方面面，大到法律法规，小到行为细节，共包括十项指标。若有违背其中的内容，重则一票否决，轻则按照标准进行扣分。根据这三个方面，将所有教师师德考核结果分为A、B、C三个等级。A等为排名前30%的教师，B等为中间60%左右，C等则是排名最后的10%，这样就较为全面地反映出每一位教师的师德状况，大家对结果也都认可。教育教学能力的考核制度，也分为三个方面。一是教育教学常规的评比，二是平均分的相对位置及变化情况，三是学优生人数及其变化，最后同样赋以A、B、C三个等级。同样，教科研方面的考核制度也类似。学校将最终的考核结果与教师休戚相关的利益挂钩。一是评先评优，排名前30%的教师才有资格参加各级各类的优秀评比。二是职称评定，排名后10%不得参与。三是绩效工资，将A、B、C赋以相应的金额，统计每位教师各项考核得到的A、B、C总数，发放绩效工资。

密云一小在多年实践探索的基础上，将"小绅士小淑女"作为小学生重要的形象表征。为了细化落实这一目标，学校制定了相应的制度。以主题教育活动为主线，以学生行为习惯为切入点，全面实施绅士淑女教育，切实提高教育实效。在具体推进过程中，形成了绅士淑女教育"五个一"特色活动，即一册、一本、一榜、一网、一会。一册就是学生人手一本《绅士淑女手册》，是代表性的校本课程。一本是争星记录本，激励孩子们完善自己。一榜就是每班设有"绅士淑女明星榜"专栏，强化榜样作用。一网包括班级博客、校园网、校讯通平台、家长QQ群或微信群等网络互通平台。一会就是绅士淑女颁牌大会，通过仪式来深化教育的影响。在整体思路的引领下，学校将爱国主义、理想教育、习惯养成、法制教育、生命教育、心理健康教育、公民道德教育等融入绅士淑女教育之中。开展大讨论、小调查、辩论会、知识竞赛、征文、演讲、班会评优、校园剧评选等丰富多彩的实践活动，锻炼了孩子们的才干，增长了知识和本领，落实立德树人的根本任务。在评价制度上，尤其关注可操作可观测。如是否有风度，包括个人层面、交往层面和环境层面。个人层面，身心是否健康，衣着是否得体，行为是否阳光，心地是否善良等。交往层面，是否主动打招呼，不同情境中的礼仪是否合适，与同伴、老师和家长的交往如何等。环境层面，是否喜欢学校，爱护公物，守护环境，亲近自然等。在此过程中，教师也在升华，越发变得师德高尚、技艺精湛、儒雅大气，实现了学生、教师与学校的同步发展，提高了学校的文化品位及社会声誉。

四、优质制度建设的特点

每一所优质学校的制度都各有特点，但是可以看得出来它们具有一定的共性。首先，制度建设与办学理念一以贯之。办好一所学校，是一项系统工程，方方面面相辅相成。然而有不少学校的各种工作之间相互隔离，没有很好地协同起来。比如理念上强调以人为本，事实上的制度与管理却限制了人的自由发展。好的制度，一定是基于理念并落实理念的治理架构。比如板桥中心小学的"阳光"教育，其制度体系就是支持每一学生的快乐成长，每一位教师的健康发展，甚至连退休教师的生命状态都得以很好的关注。其次，科学与人文、理智与感情、量化与质性等的和谐融合。制度实践中，每一维度都不可或缺，但是过犹不及。只有基于实际情况很好地融合，才能做到不偏不倚。过于强调科学、理性、数据等，则看似公平公正，却激励不了人心。一味重视人情、感性、故事，则容易失之偏颇。人性是复杂的，制度建设要温情地引领师生正向成长。最后，制度体系的完善与实践的操作性。每一项制度建设，都是一个相对独立的系统。从制度建设的缘起、拟定、实施、修订等，都要自成体系。不可随意出台，出台后也不能束之高阁，形同虚设。始终要关注为什么要进行制度建设，如何建设，制度的操作性如何，实效如何评价等等核心问题。确保每一项制度都是必要的，有用的。

第十五章

激 励 机 制

第一节 教师激励机制的理性分析

激励就是运用各种有效的手段来激发个体的自主性、主动性和创造性,从而促进组织的良性发展。美国著名心理学家詹姆斯曾说,人性最深刻的原则就是渴望得到赏识,个体一旦得到有效激励,潜能就会得到极大的发挥。[1]教师激励就是激发教师个体完善教育教学行为的动机,从而促使教师群体教育教学质量的提升,实现立德树人的根本目标。然而教师工作具有复杂性和创造性,动机又有内在和外在之分,因此对教师的激励不仅是一门技术,更是一门艺术,不仅要关注物质方面,还要考虑精神层面。校长在激励教师时需要多方面考量,提高激励的实效性。

首先,需要了解人性的复杂。20世纪初期,泰勒提出用金钱去刺激人们的工作积极性,背后隐含的是"经济人"的假设,也就是认为人们"唯利是图"。20世纪20—30年代的"霍桑实验"则发现经济利益并不是员工工作积极性的唯一激励因素,蕴含了"社会人"的假设,即人们往往"乐于奉献"。随着研究的深入,人们发现无论是经济人还是社会人,都只是人性的一方面,于是20世纪70年代初又提出了"复杂人"的假设[2],揭示了人性的"多面权变"。换句话说,人性是多样的,而且是变化的。所以要了解教师作为不同的个体,其人性方面存在着诸多差异。教师不是千人一面,而是具体有血有肉的人。前面在学校治理部分做过较为深入的探讨,在此不再赘述。其次,在把握复杂人性的基础上,去了解不同群体的不同需要。显而易见,不同的人及同一个人在不同的成长阶段,都有不同的需求。激励的逻辑起点就是了解需要,本质是满足需要。[3]关注需求的激励理论,也就是内容型的激励,主要有马斯洛需要理论、阿尔德弗ERG理论、赫茨伯格双因素理论、麦克利兰三种需要理论等。最后,在明确不同需求的基础上,针对性地采取激励策略。只有现实需求与实际激励之间保持较高的一致性才能产生激励的正向功能,真正地调动教师的工作积极性。[4]关注过程的激励理论,主要有弗洛姆的期望理论、亚当斯的公平理论等。当然,还有既关注内容也重视过程的综合型激励路径,如心理契约、主流群体激励等。学校治理过程中,应根据教师职业特点,通过分析教师需要,采取各种策略,激发教师工作积极性,从

---

[1] 邢桂华. 基于个体行为分析的企业激励模型的建立 [J]. 北方经济, 2006 (13): 44–45.
[2] 罗之前. 基于复杂人假设的西方激励理论演进与发展 [J]. 中国职工教育, 2014 (16): 130–131.
[3] 高新芝. 论学校激励的十大原则 [J]. 教学与管理, 2013 (18): 25–27.
[4] 周彬, 吴志宏, 谢旭红. 教师需要与教师激励的现状及相关研究 [J]. 教育理论与实践, 2000 (9): 32–38.

而实现学校组织目标。[1]

一、内容型激励

马斯洛（Abraham H.Maslow）在《动机与人格》中较为成熟地阐述了心理需求层次理论，包含七种需要，即生理需要、安全需要、归属和爱的需要、自尊需要、认识和理解欲望、审美需要、自我实现需要。[2] 他认为基本需要具有以下特征[3]，首先，这些基本需要层次有固定的先后顺序，只有相对低级的需要全部得到满足后才会产生更加高级的需要；其次，人们生活在一定的社会文化中，需要是无意识的；最后，这些需要是由多种动机引起的，除了动机之外还有多种因素影响行为。需要一旦得到满足，就不再起积极的决定作用；另外，当挫折危及或阻遇了基本需要，可能会产生心理病态。

阿尔德弗（Clayton.Alderfer）基于马斯洛需要层次理论，进一步提出了"ERG 需要理论"。他将人的需要分为三类，即生存（existence）需要、交往（relatedness）需要和成长（growth）需要。[4] 生存需要是指维持生存的需要，与马斯洛理论中生理需要、安全需要类似；交往需要是进行人际沟通和社会交往方面的需要，与马斯洛理论中爱的需要、自尊需要类似；成长需要是指个人自我发展方面的需要，与马斯洛理论中自我实现的需要类似。[5] 除了用三种需要替代五种需要外，还与马斯洛的需要层次理论存在诸多不同。首先，不同于马斯洛刚性的阶梯式上升结构，"ERG"理论认为各种需要可能是并存的，相对低层次的需要没有得到完全满足时，也有较高层次的需要。其次，"ERG"理论认为当一个人在相对高层次的需要受挫时，那么较低层次的需要可能会更加强化。例如社会交往需要得不到满足的话，可能会增强他对物质回报或工作条件的愿望。最后，ERG 理论认为当某种需要得到基本满足后，其需要程度不仅不会减弱，还可能越发增强。可见，阿尔德弗的观点相较而言，在形式上更为简约，在内容上更为动态。

除了马斯洛的需要理论、阿尔德弗的"ERG"理论，还有麦克利兰（David.C.McClelland）的"三种需要理论"。他认为个体在工作情境中有三种重要的动机或需要，即成就需要、权力需要和亲和需要。其中成就需要，类似于自我实现、成长的需要。对于高成就需要者来说，往往需要从解决挑战性的难题中来体验成功的喜悦与满足。权力需要，对外界产生影响或渴求控制的需要。他们虽然也会追求出色的业绩，但往往不是为了个人成就感，而是觊觎一定的地位和权力。亲和需要，旨在建立友好亲密的人际关系。他们喜欢合作而非竞争，彼此共情，气氛融洽，对环境中的人际关系更为敏感。

另外，赫茨伯格（Frederick Herzberg）的"双因素理论"也非常重要。他调查发现，工作中让人们感到不满意的往往与工作环境或人际关系等方面相关，而满意的通常涉及工作本身。他把前者称为保健因素，主要属于外在环境。后者称为激励因素，主要关涉个体

---

[1] 杨跃，夏雪. 20 世纪 80 年代以来国内教师激励研究的回顾与展望——基于 CNKI 文献的内容分析 [J]. 现代教育管理，2015（08）：64–69.

[2] 马斯洛. 动机与人格 [M]. 许金声，程朝翔，译. 北京：华夏出版社，1987：11.

[3] Maslow, A.H. A theory of Human Motivation. Psychological Review [J]. 1943, 50, 370–396.

[4] C.P. Alderfer. Existence, Relatedness and Growth [M]. Collier Macmillan, 1972.

[5] 郭惠容. 激励理论综述 [J]. 企业经济，2001（06）：32–34.

内部。保健相当于预防疾病的发生，保健因素包括政策制度、福利待遇等，当这些因素没有达到接受值的时候，就会产生不满意。但是它们达到较好水平时，也并不会导致人们积极的态度。激励因素包括，激励赏识、挑战性、成就体验、责任担当、使命感等。赫茨伯格认为，物质需求的满足是必要的，因为没有这些基础就会导致不满，但其作用往往是很有限的。要调动人的积极性，更重要的是内在激励。

二、过程型激励

弗鲁姆（Victor H.Vroom）在目标激励方面做出了里程碑式的工作，并提出了期望理论。作为一种激励理论，其主要内容为[1]：通过考察人们的努力行为与其所获得的最终奖酬之间的关系，探讨人们是如何选择合适的行为来达到他们最终的目标。简而言之，人们有需要，又有达到目标的可能，两者共同觉得其工作的积极性。弗鲁姆期望理论可以用公式来呈现：激励水平高低（M）= 期望值（E）× 效价（V），即激励水平由期望值和效价的乘积共同决定。激励（Motivation）指的是激励水平的高低，表明动机的强烈程度，被激发的工作动机大小；期望值（Expectency）指估计得到奖酬的可能性；效价（Valence）指人们对目标奖酬的重视程度与评价高低，即有用性。即为了激励而设置的目标，既要让人们够得着，而且还要对他们产生吸引力。因此，期望理论的公式可以通俗地表达为：激励有效性 = 可能性 × 有用性。当然，影响激励水平的还有其他因素。诸如工作绩效与所得报酬之间的联系，个体的能力与特性等。弗鲁姆期望理论不同于马斯洛、赫兹伯格等人的需要理论，它强调要协调个人目标与组织目标，根据人们的差异化设计合理的工作环境。[2] 期望理论的重要贡献在于，它指出了个体的奋斗目标如何影响其行为的努力程度，以及个体所选择的行为取决于他对这个行为能否达到目标的可能性估计。[3]

公平理论又称社会比较理论，它是亚当斯（J.S.Adams）提出来的一种激励理论。该理论侧重于研究工资报酬分配的合理性、公平性及其对职工生产积极性的影响。该理论的基本观点是：当人们做出成绩并取得了相应的报酬后，他不仅关心自己所得报酬的绝对量，还关心报酬的相对量。因此，他们要进行种种比较来确定自己所获报酬是否合理，而比较的结果会直接影响今后工作的积极性。[4] 比较方式主要有横向和纵向[5]，所谓横向比较就是将自己获得的"报偿"与自己的"投入"的比值与组织内其他人作社会比较。而纵向比较，即把个体目前投入的努力与目前所获得报酬的比值，同自己过去的情况进行比较。由于个体的横向或者纵向比较，总是带有较强的主观性，因此引入群体公平系数有利于较为客观地评价是否公正。所谓群体公平系数（α）= 某一群体中感到公平的人数 / 该群体中的总人数。显而易见，0<α<1，当越接近于0时，群体中感到不公平的人就越多，负面情绪就越大。当趋向于1时，组织就越公平，表现为积极的正向态势。

斯金纳的强化理论认为，人的行为是其结果的函数，即某种行为是否发生取决于这种

---

[1] Victor H.Vroom. Work and Motivation [M]. Jossey-Bass. 1994.
[2] 林志扬. 管理学原理 [M]. 厦门：厦门大学出版社，2000.04.
[3] 张双喜，白景坤. 管理学 [M]. 北京：北京理工大学出版社，2009.01.
[4] 邢夫敏. 公平理论与员工激励 [J]. 现代企业，2005（10）：9–10.
[5] AdamsJ S.Tword an Understanding of Inequity [J] Journal ofAbnormal and Social Psychology, 1963 (67).

行为可能带来的后果。因此，适恰的奖赏可以引发人们做出积极的行为。当组织和个体一起来确定目标，且共同对目标进行管理如关注实施过程和评价手段，那么有利于个体的积极性，有利于组织共同目标的实现。[1]

三、综合型激励

事实上，激励是一个多变量的函数。要想激励产生实际效用，激励的内容与过程都需要关注。勒温的综合激励理论认为，行为的发生与人的自身因素和相关环境都有关系。他将激励分为内在激励和外在激励。[2] 外在激励如工资报酬、劳动条件、劳动福利等外在条件，它从外部刺激人们的积极性。而内在激励指向行为本身，为主体带来愉快体验，获得成就感等，主要来自内在兴趣、情感需要及价值追求等因素。因此有效的激励是组织与个体之间的良性互动，需要双方构建适切的心理契约。心理契约不同于正式的书面的经济性合约，而是组织与个体之间的一种情感默契和价值认同，是雇佣双方对交换关系中彼此责任及义务的主观理解和认知。[3] 它具有动态性和内隐性，其结构与内容随时间及条件的变化而发生改变。[4] 因此，一方面组织需要了解成员的各种状态，充分考虑他们的综合需要。另一方面成员需要了解组织的发展理念，参与构建共同的目标愿景。一旦两者之间的契合度远离平衡态，就会产生严重的问题。组织一团散沙，成员出工不出力。貌合神离、各怀心事，对个体和组织都是致命的伤害。

当然，所有成员与组织之间都共遵良好的心理契约是一种非常理想的状态。现实中任一群体中都是不同个体的复合，差异甚大。有研究指出，组织中的成员大概有三个类型，即奉献型、公平型和索取型。[5] 笔者认为，从我国传统文化的角度来看，他们分别对应三种不同的品格，即以德报怨、以直报怨和以怨报德。以德报怨，源自《老子》，无为而无不为，通过付出来成就自己。以直报怨，源自《论语》，以公道来处理工作中的各种关系，既不以自我为中心也不委屈自己。以怨报德，源自《国语》，自私自利，不仁不义。笔者访谈校长发现，每所学校中三类教师的比例相差不大，其中公平型为绝大部分占比约为80%，而奉献型和索取型大概各占10%。显而易见，对于奉献型的教师，即便没有激励也几乎不会影响他们的高品质教育教学。对于索取型的教师，无论何种激励对其正向的影响都是有限的。因此，对于占绝大部分公平型主流群体的激励显得尤为重要。

主流群体激励，是一项多变量彼此制约和调适的系统工程，它以激发绝大部分成员从而带动整个组织发展为目的。[6] 其内在动力来自员工的自我教育，自我管理机制等。任何激励措施和方法只有通过员工的自我变革才能使外驱力转化为内在的动力源，使组织愿景与个人目标协同起来。因此组织要培育健康的价值观体系，以人为本、尊重个性，

---

[1] 缪宏."目标设置理论"在学校管理中的应用 [J]. 江苏教育，2014（47）：63.

[2] 库尔特·勒温. 拓扑心理学原理 [M]. 高觉敷，译. 北京：商务印书馆，2003：14.

[3] 陈加州，凌文辁，方俐洛. 心理契约的内容、维度和类型 [J]. 心理科学进展，2003，11（4）.

[4] 陈瑜，向征. 组织变革中的员工心理契约 [J]. 企业改革与管理，2006（11）：48–49.

[5] Huseman, Hatfield, Miles.A New Perspective on Equity Theory: the Equity Sensitivity Construct[J].Academy of Man-agement Review, 1987 (12): 232–234.

[6] 余顺坤，王征. 单位主流群体综合激励策略 [J]. 领导科学，2017（09）：22–24.

让成员对自我和组织具有良好的认知，自尊自强、爱岗敬业。外在因素主要包括目标引导、文化熏陶、制度约束、榜样作用、行为强化、信息沟通、系统培训、群体压力、群体绩效评价等方面。首先，需要构建良好的工作环境，既有目标价值方面的引领，民主尊重的工作氛围，又有政策制度方面的规约。其次，信息透明、沟通无碍，通过榜样的作用来强化组织需要的正向行为。最后，通过同伴的相互影响，公平的绩效评价，促进主流群体品质的提升。总之，激励关乎组织与个体的互动，过程与内容的统一，是一项复杂的权变的系统工程。

四、教师激励的理性思考

通过上面的分析，我们知道有效激励教师不仅关乎激励本身，它指向教师的个体成长和学校的变革发展。教师激励是校长办学过程中的一项重要举措，因此需要多方面考量。首先，激励理念上要关注文化熏陶与制度规约的统一；其次，激励目标上要指向教师成长与学校发展的协同；再次，激励内容上要注重物质奖励与精神支持的互补；最后，激励策略上要注意主流群体与特殊个例的互促。

关于文化熏陶与制度规约互相统一的激励理念。学校是一种文化的存在，显而易见文化性是学校的显著特征。教师是学校重要的人力资源，良好的文化生态有利于群体的健康发展。文化像空气，形状难以描摹，然而身处其中自然有所感受。因此学校要营建良好的文化氛围，如适切的办学理念、校风校训，以人为本、尊师重教，精诚团结、相互扶持等。但是人性是复杂的，教师如同其他职业群体，个体差异甚大。他们参与教育教学工作的动机是多样的，目标追求与实现途径也是不同的。不以规矩无以成方圆，因此要制定科学合理的规约让教师有道可循。一则对正向的行为进行激励，二则对违规的内容给予惩戒。实践证明，任何一所优质的学校，其激励机制都是形而上的文化熏陶与形而下的制度规约和谐统一的典范。文化是积极的方向引领，规约是为了更好地驶向目标，两者相辅相成，不可或缺。

关于教师成长与学校发展相互协同的激励目标。激励除了促进教师个体的成长，更为重要的是通过教师的成长来实现学校的发展，因而激励需要明确的目标导向。首先是目标明确，需要构建明晰的学校发展愿景，将教师的成长纳入学校发展的整体框架之中，让每一位教师的努力都成为学校发展合力的有效分力。其次是价值共享，通过文化建设、环境营造、情感体验等方式，让每位教师共享学校的教育价值。将价值内化于心外显于行，在教育教学行为中自觉地践行，将每一位教师的个人贡献集成学校的价值大厦。最后是路径清晰，在目标明确、价值共享的前提下，提供可操作性的成长路径，激励教师清楚明白地、幸福快乐地、有条不紊地走上发展的康庄大道。

关于物质奖励与精神支持互相补充的激励内容。我们经常对"胡萝卜加大棒"式的金钱激励手段进行批判，认为人们的精神追求才是最重要的。其实，精神需要物质作为基础，正如古语所言"仓廪实而知礼节"。马克思指出，人们必须先满足吃、喝、住、穿等基本条件，然后才可能从事政治、科学、艺术、宗教等精神活动。前面提到，马斯洛、阿尔德弗以及赫茨伯格等都强调了生存需要是人的基本需要，而物质就是生存的基础。教师作为人类中的普通一员，满足其基本的生存条件是天经地义毋庸置疑的。目前，教师的薪酬普遍不高。因此国家和教育部门应适度增加教师工资，学校要尽力改善工作条件，提高福利待遇等。当然，一味强调物质条件，我们就陷入了"经济人"的泥淖。满足生存需要之后，教师精神激励的意义显得更为持久更加重要。包括良好的同事关系、亲密的师生关系，专业水准的认可，人生意义的展现等。形而下的物质和形而上的精神，共同作用，相得益彰。

关于主流群体与特殊个例相互影响的激励策略。教师作为一个群体，其成员与整体之间并不是简单的加和关系，而是错综复杂的相互影响。首先，对于主流群体而言，激励需要公平，包括物质和精神两方面。物质方面的公平，薪酬的激励性并不体现在绝对的数量上，而是基于比较的公平性上，也就是"性价比"。教师的基本薪酬相对固定、比较透明，为教师提供基本的生活保障。而激励性薪酬，如课时费、绩效工资、岗位津贴和各类奖金等，是教师工作量和质的动态反映，是教师内部公平性比较的主要方面，具有显著的激励作用，因此要认真制定相关分配方案。精神方面的公平，就是良好的工作环境，公平公正、民主平等。唯才是举、任人唯贤，根据为学校做出贡献的大小来分享荣誉。其次，对于特殊个体而言，涉及两个极端。对于教师楷模，需要从多方面进行正向激励，树立标杆，通过榜样作用来影响更多同伴。而对于极少数"害群之马"，需要进行有效惩戒，从而引导其走上正道。若引导无效，则应清理出教师队伍，以免出现"一颗老鼠屎搅乱一锅粥"的被动局面。一言以蔽之，激励不止是激励本身，它贯穿于复杂的学校运行系统，是发展的动力源泉。

第二节 教师激励现状的调查研究

本研究从理念和实践两个方面对校长的激励问题进行实证剖析。激励理念，主要涉及马斯洛等人的需要理论，麦格雷戈等的人性假设理论和弗洛姆的期望理论；实践方面，主要考察校长激励的过程中，是否关注到不同教师的不同需求，需求的多样化类型，以及激励行为对教师的匹配度问题。具体如表15–1所示。

表15–1 学校教师激励的基本现状

维度	内容	观测点
激励理念	a 马斯洛等需要理论	基本生存、社会生活、专业发展、个体自由
	b 麦格雷戈等人性假设理论	经济的、社会的、经济–社会的、参与的
	c 弗洛姆期望理论	期望利率、目标效价
激励实践	a 针对不同需要去激励	青年、中年、老年教师的不同需求
	b 根据不同人性假设去激励	物质激励、精神激励
	c 根据对教师的实际影响去激励	可能性、有用性

首先，从马斯洛等心理学家的需要理论视角来考察教师激励。激励理念就是考察学校是否认识到不同教师的不同需要，以及究竟有哪些不同；激励实践就是学校有没有根据这些不同需要去针对性激励教师。调查显示，15.08%的校长认识到了不同年龄、不同层

次教师的需求有很大差异，67.67%的校长认为有一定的差异，两者合计82.75%，也有约18%的校长几乎没有考虑到这一点。教师具体有哪些需求，根据需要理论并结合教师工作实际，本研究将需要分为四类，即基本生存需要、社会生活需要、专业发展需要及个体自由需要。教师的基本生存需要，包括食宿、找对象、家庭生存环境等。社会生活需要，如师生关系、同事关系、家庭关系等角色的构建。专业发展需要，比如教育教学技能、课程开发、教科研等方面的成长。个体自由需要，如时间自由、空间自由、精神自由等。那么校长如何看待不同类型教师的不同需要呢，如表15-2所示。

表15-2 校长眼中不同类型教师的不同层次需要

不同教师\不同需要	基本生存需要	社会生活需要	专业发展需要	个体自由需要
青年教师	1416人（78.80%）	1031人（57.37%）	132人（73.73%）	1070人（59.54%）
中年教师	566人（31.50%）	1422人（79.13%）	136人（76.02%）	915人（50.92%）
老年教师	524人（29.16%）	1166人（64.89%）	731人（40.68%）	1246人（69.34%）

将表15-2转换为直观的柱状图，如图15-1所示。

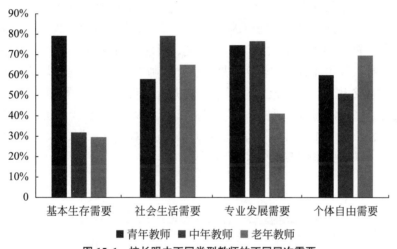

图15-1 校长眼中不同类型教师的不同层次需要

可以明显地看出，大部分校长较为真实地认识了不同教师的需要差异。对于青年教师而言，所有四种类型的需要都非常强烈，尤其是基本生存需要，有1416位校长认为食宿、找对象等看起来与教学工作没有什么关系的事情却是教师现实的强烈需求，累计占比78.80%。毫无疑问，专业发展需要对于青年教师也是绝对必需，比如在教学技能、班级管理、课程开发等方面，都需要系统全面地深入研习。对于中年教师而言，生存压力明显下降，基本生存需要得到满足，而社会生活需要和专业发展需要成为核心。1422名校长认为社会生活需要是中年教师的突出需要，累计占比79.13%。人到中年，教师的多重身份越发凸显，如教师、同事、父母或子女等角色集于一身，需要协调生活和其他的方方面面。由于教师工作的实践性，专业发展需要在中年依然是核心内容。对于老年教师而言，基本生存几乎没有压力，加上阅历较为丰富，专业成长也几乎定型，因此个体自由的需要和生活的需要成为主流。个体自由方面，希望拥有更多自由时间和空间自由，以及精神自由等。社会化是终身过程，老年教师的多重角色还将继续，因此社会生活需要依然强烈。

上面是对不同教师的不同需要的理性认识，那么实践中校长是如何激励教师的呢，是否针对这些需要差异而采取针对性的激励策略呢。调查结果显示，有 26.66% 的校长实实在在地关注过不同教师的差异并采取了不同的激励策略，有 57.26% 的校长表示有一定的考虑，两者合计 83.92%。也有约 16.00% 的校长几乎没有行动。可以发现，这方面的理性认识和实践行为非常接近。也就是说，只要认识到了不同教师有不同需求的校长，他们在激励实践中也采取了相应的策略。这与前面的调查有些不同，其他方面往往都是理性认识高于实践行为，也就是"做的"比"想的"逊色。而此处，"想到了"也基本"做到了"。

其次，从麦格雷戈人性假设等相关理论视角来考察教师激励。理性上的考察，就是看看校长基于人性假设如何看待教师激励，对物质激励和精神激励等的价值认知等；实践上的考察，就是看看校长基于理性在实践中的具体举措。基于相关理论及教师工作实际情况，本研究将教师职业的认识及管理方式分为四个方面。一是教师就是职业，人都是经济的、利己的，所以需严格管理，对应 X 理论。二是教师是事业，人是高级动物，是有精神追求的，所以需要人性化管理，对应 Y 理论。三是教师群体和其他团体没有本质区别，个体差异大。因此学校管理需要因人而异，对于不自觉者就要规范其行为，而对于责任感强的教师，则应给予其更大的工作自由度，对应 X-Y 理论，其实也是管理学上的权变理论。四是校长要关注教师的长期发展，应让教师参与学校管理，增强教师是学校主人翁的意识，对应 Z 理论。四种观念可以多选，调查发现，选第一种即"X"的校长有 431 人，累计占比 23.98%；选第二种即"Y"的校长有 1299 人，累计占比 72.29%；选第三种即"X-Y"的校长有 1243 人，累计占比 69.17%；选四种即"Z"的校长有 1517 人，累计占比 84.42%。直观地如图 15-2 所示。

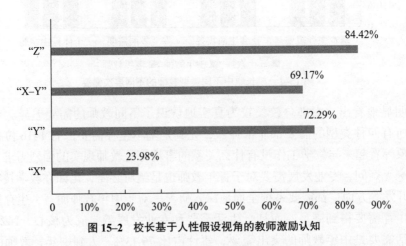

图 15-2 校长基于人性假设视角的教师激励认知

可以看出，只有近五分之一的校长认同教师工作是一种谋生的手段，教师和其他职业一样，都是经济的、物质的，学校需要像工厂那样严格管理。而近五分之四的校长持有较为复杂的观念，他们不完全排斥教师行业的经济性，但更多关注教师的人文性。具体来说，69.17% 的校长认为应该实行权变管理，对于不自觉者就要规范其行为，而对于自制力强和责任感强的教师,则应给予其更大的工作自由度。还有 84.42% 的校长认同要关注教师的长期发展,应让教师参与学校管理,增强教师是学校主人翁的意识。

毋庸置疑,物质激励和精神激励都有其现实意义。那么校长是如何看待这一问题的呢,调查显示有 78.63% 的校长认为两种激励都非常重要,同等重要;16.53% 的校长认为精神激励价值大,物质激励意义小。相反,4.34% 的校长认为物质激励价值大,精神激励意义小;还有 0.50% 的校长悲观地表示任何激励都没有意义,无计可施。在学校激励教师的实践举措中,有 56.09% 的校长做到了精神激励、物质激励两者并重;35.00% 的校长主要是精神激励,淡化物质激励;2.56% 的校长主要是物质激励,淡化精神激励;还有 6.34% 的校长表示对教师的两种激励都不够。可以看出重视精神激励的校长累计占比 91.09%,重视物质激励的累计占比 58.65%,明显地看出精神激励在实践中更为多见。显而易见,这与财务政策、行业性质都是密切相关的。调研表明,精神激励主要包括校长在公开或者私人场合下对教师的表彰或表扬、委任相应职务、给予进修机会、慰问家庭等,物质激励主要有奖金、礼品等经济意义明显的多种形式。

再次,从弗洛姆期望理论等相关视角来考察教师激励。弗洛姆认为,某一活动对于调动某一人的积极性是否有效,激励的强度,取决于两点。一是达成目标后对于满足个人的需要的价值的大小即"目标效价",本研究称为激励对于教师的"有用性";二是被评价者根据以往的自身经验判断能够得到激励的概率即"期望利率",本研究称为教师获得激励的"可能性"。从"有用性"和"可能性"两个维度,从"高"和"低"两种程度,就可以构建"2×2"的矩阵,如图 15-3 所示。

图 15-3　校长基于弗洛姆期望理论的教师激励类型

调查显示,40.40% 的校长通常给出较低的奖励承诺,且大部分教师努力就可以达到,笔者称为"雨露均沾"型激励,也就是虽然没有过高的奖励,但是大面积鼓励教师努力工作,是一种集体激励。5.40% 的校长往往给出较低的奖励承诺,而且大部分教师难以达到,称为"空手套白狼"型激励。其实此处并没有贬义,只是借用表示这种激励形式形同虚设,没有实际效果。3.28% 的校长表示他们经常的做法是给出较高的奖励承诺,但是大部分教师难以达到,用以激励极个别的卓越教师,称为"可望不可即"型激励。的确优异者值得重奖,以产生榜样效应,但是由于达到的可能性太小,因而产生的激励作用有限。50.92%的校长一般做法是给出较高的奖励承诺,不过大部分教师努力就可以达到,称为"跳一跳摘桃子"型激励。因为不仅激励面积大,而且对教师有较强的现实意义,因而实际激励效果最佳。明显可以看出,"跳一跳摘桃子"型和"雨露均沾"型是主流,累计占比略超90%。表明校长在激励教师时,还是以集体激励为主,兼顾教师达到要求的可能性。

在有关质和量的评价方面,有77.46%的校长表示秉持质量并重的原则,既看重教师实际完成的工作量,又看工作带来的实际效果。19.64%的校长表示,他们看重工作的质,淡化工作的量。不注重具体过程的监管,强调结果导向。2.50%的校长表示,他们看重工作的量,淡化工作的质。关注教师的具体工作形式,重视"苦劳"而非"功劳"。还有0.39%的极少数校长,对教师工作的质和量都无所谓,放任自流。可以看出,重视"质"的校长累计占比高达97%,重视"量"的校长累计占比80%。总体上来说,校长们非常在乎教师做了多少工作,更加在乎这些工作有多大效果和意义。

上面是基于描述性统计,对校长激励教师方面总体情况的基本呈现。那么,不同类别的校长在教师激励方面是否存在显著性差异呢。本研究试图分析这些差异,从而为不同类别的校长提出针对性的建议。不同类别校长在教师激励方面的均值及差异性,如表15-3所示。

表15-3 不同类别校长在教师激励方面的均值及差异性

类别	均值	差异性
性别	女4.17>男4.05	t=-3.831,Sig.=0.007,男性显著低于女性
学科背景	艺体类4.20>自然科学4.09>人文社科4.08	F=2.672,Sig.=0.041,学科背景之间存在显著性差异。多重比较结果: Sig.=0.026,艺体类显著高于人文社科类
第一学历	大学以上4.30>大学4.11>大学以下4.05	F=3.541,Sig.=0.002,学历之间存在显著性差异。多重比较结果: Sig.=0.001,大学以上显著高于大学以下; Sig.=0.010,大学以上显著高于大学
初任年龄	51岁以上4.20>35岁以下4.13>46—50岁4.10>36~40岁4.08>41—45岁4.04	F=0.135,Sig.=0.140,不同初任正校长年龄之间不存在显著性差异
已任年限	11~15年4.55>16年以上4.54>6~10年4.49>5年及以下4.40	F=4.120,Sig.=0.000,不同已任正校长年限之间存在显著性差异。多重比较结果: Sig.=0.011,16年以上显著高于5年及以下
校长类型	卓越型4.34>教育家型4.33>优秀型4.19>称职型4.03	F=10.996,Sig.=0.000,不同校长类型存在显著性差异。多重比较结果: Sig.=0.000,称职型显著低于优秀型; Sig.=0.000,称职型显著低于卓越型; Sig.=0.039,称职型显著低于教育家型
地区	经济发达地区4.17>广大中部地区4.09>少数民族地区4.07	F=0.481,Sig.=0.189,地区间不存在显著性差异

续表

类别	均值	差异性
地域	城市 4.20> 乡镇 4.05> 县城 4.04	F=4.614，Sig.=0.000，地域间存在显著性差异。 多重比较结果： Sig.=0.000，城市显著高于县城； Sig.=0.000，城市显著高于乡镇
层次	示范学校 4.21> 普通学校 4.06> 薄弱学校 4.04	F=4.655，Sig.=0.000，不同层次学校之间存在显著性差异。 多重比较结果： Sig.=0.000，示范学校显著高于普通学校； Sig.=0.001，示范学校显著高于薄弱学校
学段	幼儿园 4.24> 中学 4.07> 小学 4.06	F=2.241，Sig.=0.000，学段之间存在显著性差异。 多重比较结果： Sig.=0.000，幼儿园显著高于小学； Sig.=0.000，幼儿园显著高于中学
家庭	家庭氛围和谐 4.12> 不和谐 3.85	t=5.059，Sig.=0.000，和谐家庭显著高于不和谐家庭
子女	子女成长理想 4.16> 不理想 3.97	t=5.651，Sig.=0.000，理想情况显著高于不理想情况

注：里克特量表 5 点计分，1 为最低值，3 为一般水平，5 为最高值，均值位于两者之间；组间没有显著性差异的，在表中不呈现。

我们发现，不同类别校长在教师激励方面，存在许多显著性差异。首先，从校长个人角度来看。性别方面，女性校长显著高于男性校长，她们在教师激励方面要更胜一筹；学科出身方面，艺术学科均值最高，且与人文社科有显著性差异；学历方面，大学以上学历的校长显著高于大学及大学以下；不同已任正校长年龄之间存在显著性差异，具体为任职 16 年以上的老校长在教师激励方面的表现显著高于 5 年及以下的新校长，而不同初任正校长年龄之间不存在显著性差异。

其次，从学校角度的因素来看。虽然得分均值上，经济发达地区＞广大中部地区＞少数民族地区，但是地区间并不存在显著性差异。地域间存在显著性差异，具体为城市显著高于县城、乡镇。因此，在教师激励方面与经济因素还是有一定的关联。学校层次方面，均值为示范学校＞普通学校＞薄弱学校，且示范学校显著高于普通学校及薄弱学校。学段方面，幼儿园显著高于中学和小学，中学和小学之间不存在显著性差异。

最后，从家庭方面的因素来看。依然是家庭和谐、子女成长理想的校长在教师激励方面做得更好，表现更为出色。至此，通过本研究系统大样本的调查研究，可以确定无疑地下结论：凡是家庭幸福的校长，在办学方面的业绩更佳。或者说，凡是当校长当得好的，家庭也更为幸福。虽然二者的关系，因果还是相关，抑或都不是，这些暂时不敢下结论。但是，真真切切的现实明明白白地摆在我们的面前，幸福就是个人辛劳付出换来的家庭和谐、社会和美。如果每一位校长，都把学生当成自己的孩子，都以父母的心情去感受家长的期望，无缘大慈、同体大悲，则是孩子的大幸，每一个家庭的大幸，社会的大幸，国家的大幸，中华民族的大幸。

第三节 有效教师激励的案例探讨

众所周知,"皮格玛利翁效应"揭示了一个朴实的事实,赞美、信任和期待具有一种不可思议的正能量,精诚所至、金石为开,它能引导人们的行为向更加健康的方向发展。恰恰相反,"习得性无助"则表明,人们对某一事件付出多次努力后,如果反复遭受挫败,得不到必要的社会性支持,那么就会放弃努力,变得越发消极倦怠。对于教师群体而言,也是完全适用的。极端一点儿说,激励产生奇迹,打压使人毁灭。在考察众多的实践案例后,结合激励理论,我们发现成功的激励需要人性光辉的引领,以爱来统领一切。激励的内容,既需要关注教师的生存状态,更要激励他们的专业成长。激励过程中,公平正义是最为重要的一杆秤,是非自有曲直、公道自在人心。要放权赋予教师以重要使命,着力培养其责任感和主人翁意识。促进教师个体的卓越成长,从而凝聚团队力量,合力实现学校的内涵发展。

一、人性的光辉,灵魂的守护

无论什么类型的激励,物质的还是精神的,显性的还是隐形的,外在的还是内在的,有效的前提一定是基于人与人之间真诚的关爱。作为校长,需要以身作则,闪耀着人性的光辉,守护师生的心灵,同时也是成就自身的重要基础。L校长以真爱育真人,对一个特殊孩子的关照彰显了她强大的人格魅力。她接待了一个被多所学校拒绝的孩子的母亲,孩子由于意外给身体、心理和智力带来了严重的伤害,不仅生活上不能完全自理,学习上也是远远不及同龄人。虽然这个特殊的孩子会给学校带来许多额外的工作,会拉低学生的平均成绩,但是L校长毫不犹豫地接纳了她。果然,孩子在学校经常出现许多状况,她的母亲不得不辞职每天蜷缩在门卫处时刻等待被孩子招唤。校长不仅没有怕麻烦,还请孩子的母亲在学校做保洁员贴补家用。六年级毕业季,其他孩子已经顺利毕业,等待着即将到来的初中生活。但是这个孩子虽然有了很大的进步,但依然被中学拒绝。L校长对孩子真诚的关爱感动了她的一位朋友,附近初中的校长,从而使孩子得以顺利进入中学。后来孩子读了职业高中,身体一点点在好转,能力也一点点在进步,刘校长仍长期关心孩子,实实在在改变了孩子的一生。

校长的人文情怀看似形而上,但是一直影响着教师们,以心暖心、以魂触魂。一位有癫痫病的学生在上课中突然发病,学生们惊慌失措。正在上课的老师即刻冲到学生身边,毫不犹豫地将手指挡在学生口中,以免学生咬舌危及生命。紧急联系医院后,学生安然无恙,老师的手却高高肿起,但是丝毫没有怨言。此后,老师悄悄地准备一条干净的毛巾,随时携带着以备紧急状况。如此简单的故事看似轻巧,细思就会热泪盈眶,除了父母,又有谁可以这么无私地奉献,守护每一个孩子的健康成长呢。L校长在各种场合,大力表彰了老师的这份厚重的爱。以爱育爱,校长和教师们一起,共同构建充满爱的家园。为了孩子们各方面的服务做足功课,提前全面设计、防患未然,对学生负责,让家长放心,实现了学校高品质的平稳发展。

无论校长的性格如何,但其人性光辉总是心灵的航向。没有它的引领,激励显得非常形而下，变成一种功利的刺激。大学之道，在明明德，在新民，在止于至善。有了人性的光辉，激励就是凝聚大家的光芒，为教育注入内在的生命力量。它形成一种强有力的场，无时无刻无处不在地正向影响其中的每一个人，包括全体教师和所有学生。

二、关注生存，激励成长

教师的专业成长基于一定的生存基础，没有这一保障性的前提，发展无从谈起。笔者归整众多的访谈案例，发现校长关注教师生存主要体现在物质基础、身心健康及家庭生活三个方面，激励教师成长主要体现在价值引领、成长平台及精神鼓舞三个方面。关注生存，激励成长，两个方面相辅相成，道器融通。

对于生存的关注，首先是物质基础方面。物质基础的重要性不言而喻，但由于教师工资待遇相对稳定，校长可以影响的空间不大，因此现实中这方面的关注没有想象中重要。有两件事情给予笔者很深的感受，一是数百位优秀教师谈到影响自身成长的重要经历，没有一位谈及物质待遇。二是一些个案，少部分校长尽力在可能的范围内提升教师的物质待遇，但是在教育教学方面无所作为。后来他们在民主测评中，却没有顺利通过考核。这表明校长在关注生存方面，影响物质基础的能力有限，且眼光不能限于此。正如受访校长所说，"教师想大富大贵基本不可能，我们要引导他们在事业上取得一点儿成功，体验教育的幸福感"，"只用奖金去激励教师，实际效果都不太好，当然有可能是金额太少的缘故吧"。

其次，是身心健康方面。身心健康是有效工作的前提，然而校长往往忽视这一点，没有很好地做到以人为本。有个案例让笔者印象深刻，省级示范学校的高三班主任，殚精竭虑带领全体教师超额完成了学校内设的高考指标。然而发榜之日，也是班主任病倒之时，形容枯槁，校长却视而不见，只是严冷地说了句"本来可以考得更好"就扬长而去。这一情境，促使这位优秀的班主任义无反顾地离开了这所学校。因此，校长关心教师的身心健康是本，赢得办学业绩是末，本末不可以倒置。

最后，是家庭生活方面。校长没有义务去帮助教师的家庭生活，然而这份关爱却能够凝聚人心，增强教师的归属感。一位名师感恩戴德地谈道："2000年5月，母亲突发脑梗，我手足无措，大脑一片空白。校长迅速找辆面包车，并紧急联系县医院，由于医治及时，母亲没留下太大后遗症。后来，我把这份恩情注入工作中，教学业绩也突飞猛进。'先安居，再乐业'，校长如是说，也是这么做的。"又如，孩子上学的问题、住房问题等，只要校长力所能及都应尽可能去急人之急。还有校长谦逊地表示，"人生不容易，只要不嫌弃，任何老师家的红白喜事我必亲临，一则将心比心共享共担，二则代表学校重视教师"。校长不等于学校，但往往是学校温情的代表，彰显了学校的人文温度。

对于成长的激励，首先是价值引领。校长以身作则、令行禁止，要正向激励教师的成长。一位校长回忆道："大学刚毕业时，校长多次谈心，关心我的工作和生活。他说年纪轻轻出不来成绩，以后就别想了。一定要努力工作，工作有了成绩生活也就更加幸福。奉献就是回报，舍就是得，他的激励影响了我的一生。所以在任教的前几年内就非常努力，只争朝夕，学生成绩非常出色，班主任工作也广受好评。"后来进一步成长为学校的中层领导，校长又继续激励道，"你不仅要自己尽到教书育人的职责，更应该带领一群人去追求立德树人的梦想，相信你可以做到"。后来，这位被激励的年轻人果然也成为了一名优秀的校长，做学生的引路人、教师的守望者，让家长放心，社会满意。因此校长要引领教师做好自己的人生规划，强化责任感、使命感，从德、能、勤、绩、劳等方面全方位地引导教师，提升他们的荣誉感、成就感，锤炼强有力的教师团队。

其次，是成长平台的搭建。目标导向，脚踏实地，取得成绩，才能铺平个人成长和学校发展的道路。有校长表示，"无论业绩优秀还是不理想的教师，我都会激励他们。就他们的生活和工作进行亲切交流，努力引导他们发现问题，克服困难，搭建必要的平台。从而使得他们的目标和方向更加明确，干劲更足，效果还是很好的。"对于优秀的教师，要敢于放权，让其在更高的平台上得以展示。"从教第二年，担任毕业年级的班主任。第四年任教研组长，被评为县优秀教师。任教第五年，就被评为市优秀教师。这些激励都是源于校长，因为自己专注于教育教学，在更高的平台上获得了更好的业绩。"校外的平台也非常重要，"外出培训学习、参观，对自己的激励很大，使自己的心胸更宽阔、工作方法更得体，开阔了自己的眼界，增强了责任感和担当意识。"

最后，是精神鼓舞。"由于学校经费不允许发奖金，绩效工作差别不大，所以我觉得物质激励的现实意义不大。我在开学典礼上精心设计了表彰环节，为学年教学标兵及中招先进个人等颁奖。由于事先没有通知，相关教师'临时'上台佩戴绶带、接受献花，场面很温馨，泪流满面。"优秀的榜样作用，可以影响到大部分教师。对于特殊的教师个体，需要针对性的鼓励。有校长谈道，"一个工作不积极的青年教师，由于民办教师的身份而感到人生迷茫。我动之以情，晓之以理，鼓励他积极努力，突破瓶颈。后来他坚持了下来，继而转为公办教师。现在还在一线岗位上，敬业爱岗，令人刮目相看"。又如，某体育教师觉得副课不重要，因此不好好上课。校长就强调体育的重要性，体育教师的重要价值，帮助他重新认识学科、认识自己，以至后来成为骨干教师。

这里值得一提的是，"无意反向激励"。反向激励法又称逆向激励法，就是通过向他人心理施加反向的刺激，从而驱动其积极性和创造性。一般而言，是有意而为之。笔者所谓"无意反向激励"，就是无意间释放他人相关的负面信息，结果反而激发了他们的自尊心。不仅没有将其打倒，反而进一步成就了他们。无意反向激励，通常动机是不友善的。"曾有一位老校长在别人面前，说我有很强的当官欲，但可惜最多是个办公室主任的材料。被误会曲解，当时我很激愤，并下定决心一定要超越他。如此这般不仅使我成了校长，不丢业务，还助力我的特级、正高教之路。"虽然客观上讲，促进了别人的成长。但是我们还是要远离无意反向激励，多一些正向的鼓舞。此所谓良言一句三冬暖，恶语伤人六月寒。

三、是非自有曲直，公道自在人心

其身正不令而行，其身不正虽令不从。身，既包括领导者的以身作则，也包括组织本身的公平正义。如果"正"，上行下效，蓬生麻中，不扶而直，自然而然地形成正向的循环。相反，如果"歪"，则道不行路不畅，极大地伤害了个体的健康成长和组织的良性发展。笔者在访谈中发现，许多优质学校的共性就是拥有公平的育人环境，激励每位教师都为学校的发展贡献自己的力量。如果没有一股清风正气，那么就形同散沙，立德树人就是空头支票。

访谈中有校长表示,"我们的老校长,他的为人和做事风格深深地影响大家,他以言传身教的方式带领我们把一所农村学校办成全县一流中学。做人要真诚、做事要方正,不断创新、追求完美。"一知名校长将学校取得良好成绩的原因总结为,"生活关心、工作加压,严于律己、主持公道,以身作则、弘扬正气"。某青年优秀教师谈到她的快速成长时表示,"校长、领导班子和全体教师,为人处事有立场有底线。作为一个新教师,每一份付出都被看到,给予我工作上坚定的支持和充分的肯定,激励我疯狂生长"。另一位青年名师也谈道,"工作第一年获得教师节表彰,第三年获市级表彰,第五年学校竟然为我主动申请上级表彰。感动不已,一句话就是一分耕耘一分收获,公平公正的评价"。可见,学校公正的氛围就是师生呼吸的健康空气。其实,不止是师生,而是所有的人。"学校对门卫师傅等工作的公正评价,加上生活细节上的关心,使得全体职工恪尽职守,极大地增强了学校的育人合力。"

公平公正,不仅激励大家自发做好分内工作,还大大地激发了创造性,提高了责任和担当意识。有个特殊的校长案例,他从一个农村教学点负责人被直接任命为乡镇中心小学的校长,后来还成了省级优秀教师。"在教学点,我算是尽职尽责,在其位谋其政,也没有想太多。然而上级领导认为我在教学点工作得比较出色,多次主动找我谈话,拟让我担任镇中心小学的校长。"显而易见,这是出乎意料的。"由于我仅有两年负责人经历,感觉压力太大,因而真诚拒绝了领导的厚爱。但他一直鼓励我,并承诺有困难一定义不容辞鼎力相助。先后动员了三次,最终我决定上任。新的平台,让我的管理水平和综合素质得到进一步提升。"该校长不辱使命,殚精竭虑,开拓进取,实现了中心小学的跨越式发展。"后来,领导又任命我为镇初中的校长。战战兢兢、诚惶诚恐,现在六年了,中招及各方面工作取得了可喜成绩。总之,公正不仅给了我成长的阶梯,更让我有了敬畏之心,不忘初心、砥砺前行。"

公正之所以如此重要,就是因为现实的世界是复杂的。《易经》云,"一阴一阳之谓道,继之者善也,成之者性也"。学校的发展路径,往往也是从不善走向较善,止于至善的螺旋式上升过程。有位校长百感交集地谈道,"我原来在一所乡村中学担任团支书,新校长来了后,这个职位就被别人花1000元'买'走了,我决定离开这所学校。后来一直比较努力,恰逢教育局招人,经过几轮考察,没花一分钱就顺利到教育局工作,让我看到了希望。在教育局工作期间,脚踏实地被多次评优,终被提拔任校长,感觉人生有了价值。"有点儿类似于前面所说的无意反向激励,但是可以看到公正的重大意义。

公正的氛围一旦形成,就会产生春风化雨润物无声的效果。"我任校长之前,这所学校较散,没有章法,学校的各种荣誉原本为校长指谁是谁。新班子制定了合理、公平、公正的激励机制,调动了教师工作积极性。对年轻有激情的同志予以信任,压担子、搭梯子、给位子,使其迅速成长为学校管理者。两个小事情让我印象深刻。一是有位语文教师不好好教学,沉迷于与教学无关的事务,神神叨叨。但是没想到他居然慢慢转入正轨,全身心投入工作中。原因是他感受到了学校干事创新的氛围,体会到了为学校荣誉而工作的力量。二是某天突然有个老师跑过来说,'校长,我一定会更加努力工作的'。不明所以,原来这是一位九年级的班主任，一直用心用力，但是却从来没有得到过表彰。她继续说，'如果不是你当校长，我不可能成为教师节优秀教师的'。其实，那是她原本就应该得到的。因此，公平对于一所学校来说，至关重要。"

四、信任授权、责任担当

校长如果基于信任的授权，让教师在合适的岗位上承担重要责任，担当使命，那么激励就会产生持久的效应。这一效应不仅体现在被激励教师个人的成长上，还体现于对团队的影响，类似于一种链式反应。

众多受访者谈道，自己的成长得益于"校长信任我、重用我，赋予权利，从而尽力不辱使命，有很大的获得感、成长感和幸福感"。比如教龄较长的教师，往往职业倦怠感强，工作不够积极，上进心不大强。因此领导团队要分析老教师的特点，如身体情况、爱好特长等，依据具体情况分配适合的岗位，发挥其主体性。某校长谈道，"我校一名老教师，无野心、无追求，但他在同事中还比较有影响力，我想引导他发生改变。抓手有三点，他是党员，普通学科教师，职称问题没有解决。因此，一是通过党员实践活动来唤醒他。二是由于教学功底扎实，委以历史教研组组长的重任。三是分析职称问题的瓶颈，对症下药，补足欠缺的条件。后来，他精神焕发，教学业绩显著提升，职称问题也解决了。充满积极的正能量，历史教研组也上了一个新的台阶"。类似案例不胜枚举，另一所学校也有相似案例，"有一个老教师，有一定的教育教学水平，但倚老卖老，师德存在一定的不足。平时工作马马虎虎，课堂上只讲课不管理，教学秩序极为混乱。看到这种情况，我作为校长不能正面批评，只能侧面激励。在教师例会上，宣布任命他为教研组长，每周为教师们做一节公开示范课，并规定考评优秀的话给予一定的荣誉和物质奖励。结果他不负众望，不仅上课态度和教学效果都好了，还成了学科带头人"。显而易见，基于信任的授权需要深度分析对象的特点，以妥善安置。

激励教师成为优秀的个体，已经具有重要的价值了。其实可以看到，上述教师成为教研组组长后，激励的意义还体现在通过这些个体带动了群体如教研组的发展，体现出了一定的链式效应。试想如果被激励的人成为校长或者更重要责任者时，其意义就更为深远了。调研时发现，一位Y校长的经历令人印象深刻。"我分别于2008年及2011年，两次拒绝领导推荐的校长竞聘人选。2013年10月再次被推荐时，依然拒绝。但当时的老校长与我促膝长谈，'我知道你的志趣不在当官，但是当了校长后，你可以从对一个班级的影响上升到对一个学校的影响，不仅没有违背你的初心与情怀，反而大大拓深了你的人生价值'"。他豁然开朗，最终积极准备了当年的校长（初中）竞聘，并在五十多位竞聘者中以全县第一名的成绩入职校长岗位。"当然老校长已全然不知那句话对我的影响，这件事让我认识到情感与成长激励的重要意义，因此在校长岗位上我也一直将其视为法宝"。

但是现实的困境远远比想象中的复杂，Y校长新上任的学校，常年没有例会，教师上不上课全凭自觉，是一所濒临倒闭的乡镇初中。他采取的主要策略有，"改善教育教学工作环境，教师需求优先于校长及其他行政人员。刚性创造教师公平工作的环境，让教师活得更有尊严。带领教师走出去，拓眼界，激发教师专业成长的愿望。搭台子，让每位教师都有实现目标的平台。让教师共同谋划学校发展，参与学校决策。"功夫不负有心人，用了近四年的时间力挽狂澜，实现了学校的变革式发展。具体而言，在校学生人数从 100 多人到了 1400 余人，硬件旧貌换新颜，校园充满了活力，综合评比位于全县初中前三名。特别需要提及的是，Y 校长"情真意切、求真务实，压担子、放手干"，还培养出了一大批优秀的教育工作者。当时的领导团队中，有五名现在是中小学正校长，四名为副校长。如此激励的链式意义，体现得淋漓尽致。一言以蔽之，校长是催化剂，在青葱的校园里，让师生的成长彰显生命的活力。

参考文献

[1] Bailey, F.G. (2019). Humbuggery and manipulation: The art of leadership. Cornell University Press.

[2] Bass, B.M., & Bass Bernard, M. (1985). Leadership and performance beyond expectations.

[3] Bogotch, I.E. (2002). Educational leadership and social justice: Practice into theory. Journal of School Leadership, 12 (2), 138–156.

[4] Bolden, R., Adelaine, A., Warren, S., Gulati, A., Conley, H., & Jarvis, C. (2020). Inclusion: The DNA of leadership and change.

[5] Bush, T. (2003). Theories of educational leadership and management. Sage.

[6] Bush T. and Glover D. School leadership models: what do we know? School Leadership & Management: Formerly School Organisation, 2014 (05).

[7] Bush, T., Bell, L., & Middlewood, D. (Eds.). (2019). Principles of Educational Leadership & Management. SAGE Publications Limited.

[8] Coleman, M., & Briggs, A.R. (Eds.). (2002). Research methods in educational leadership and management. Sage.

[9] Conger, J. (2015). Charismatic leadership. Wiley encyclopedia of management, 1–2.

[10] Geesa, R.L., Elam, N.P., Mayes, R.D., McConnell, K.R., & McDonald, K.M. (2019). Journal of Educational Leadership, Policy and Practice. Policy and Practice, 34.

[11] Hallinger, P. & Murphy, J.. Assessing the instructional leadership behavior of princi-pals [J]. Elementary School Journal, 1985, 86 (2): 217–248.

[12] Hallinger, P. & Murphy, J.. Assessing the instructional leadership behavior of princi-pals [J]. Elementary School Journal, 1985, 86 (2): 217–248.

[13] Hodgkinson, C. (1991). Educational leadership: The moral art. Suny Press.

[14] Jackson, B.L., & Kelley, C. (2002). Exceptional and innovative programs in educational leadership. Educational administration quarterly, 38 (2), 192–212.

[15] Leithwood K. and R iehl C. What We Know About Successful School Leadership. National College for School Leadership, 2003.

[16] Lemoine, G.J., Hartnell, C.A., & Leroy, H. (2019). Taking stock of moral approaches to leadership: An integrative review of ethical, authentic, and servant leadership. Academy of Management Annals, 13 (1): 148–187.

[17] MacBeath, J. (2019). Leadership for learning. In Instructional Leadership and Leadership for Learning in Schools (pp.49–73). Palgrave Macmillan, Cham.

[18] Murphy, J. (2002). Reculturing the profession of educational leadership: New blueprints. Educational Administration Quarterly, 38 (2) 176–191.

[19] Sergio vanni T. Leadership and excellence in schooling [J]. Educational Leadership, 1984, 41 (5): 4–13.

[20] Zaccaro, S.J., Rittman, A.L., & Marks, M.A. (2001). Team leadership. The leadership quarterly, 12 (4): 451–483.

[21] 敖小兰. 中国领导干部人格类型研究 [J]. 心理科学，2004（3）：731–734.

[22] 白芙蓉，张金锁，张茹亚. 员工满意度与顾客满意度 [J]. 企业研究，2002（3）：55–56.

[23] 保罗·图赫. 性格的力量 [M]. 北京：机械工业出版社，2013.

[24] 彼得·德鲁克：功能社会 [M]. 曾琳，译. 北京：机械工业出版社，2007：3–5.

[25] 彼得·德鲁克：管理前沿 [M]. 闾佳，译. 北京：机械工业出版社，2006：15.

[26] 彼得·德鲁克：管理新现实 [M]. 吴振阳，等译. 北京：机械工业出版社，2014：194.

[27] 彼得·德鲁克. 社会的管理 [M]. 徐大建, 译. 上海: 上海财经大学出版社, 2003: 25.

[28] 彼得·德鲁克. 工业人的未来 [M]. 余向华, 张珺, 译. 北京: 机械工业出版社, 2006: 100–103.

[29] 彼得·圣吉, 阿特·克莱纳, 夏洛特·罗伯茨, 等. 第五项修炼·实践篇: 创建学习型组织的战略和方法 [M]. 北京: 中信出版社, 2011: 161–162.

[30] 彼得·圣吉. 第五项修炼: 学习型组织的艺术与实践 [M]. 北京: 中信出版社, 2009: 6.

[31] 彼得·诺思豪斯. 领导学: 理论与实践 [M]. 吴荣先, 等译. 南京: 江苏教育出版社, 2002.

[32] 蔡敏, 李超. 情商培养课程: 美国提升大学生职业素养的新途径 [J]. 教育科学, 2014, 30（3）: 85–89.

[33] 蔡怡. 西方教育管理理论运动述评 [J]. 江苏高教, 2003（04）: 122–124.

[34] 蔡元培. 蔡元培教育文选 [M]. 北京: 人民教育出版社, 1980: 116.

[35] 曹力献. 中小学德育实效性研究 [J]. 教育现代化, 2017, 4（27）: 270–271.

[36] 曾家延, 赵晶. 美国四种校长教学领导力评估模型的比较与评论 [J]. 外国中小学教育, 2016（10）: 34–42.

[37] 曾丽雅. 中国共产党精神文化发展历程论略 [J]. 江西社会科学, 2004（8）: 149–155.

[38] 曾性初. 情智与情商 [J]. 教育研究, 1999（3）: 36–41.

[39] 陈桂生. 关于"教育目的"问题的再认识 [J]. 河北师范大学学报（教育科学版）, 2005（02）: 5–8.

[40] 陈颢. 非理性管理: 现代学校管理的新趋向 [J]. 教学与管理, 2001（02）: 19–22.

[41] 陈寒松, 张文玺. 权变管理在管理理论中的地位及演进 [J]. 山东社会科学, 2010（09）: 105–106.

[42] 陈加州, 凌文辁, 方俐洛. 心理契约的内容、维度和类型 [J]. 心理科学进展, 2003, 11（4）.

[43] 陈俊珂. 美国学校德育的特点及启示 [J]. 自然辩证法研究, 2005（01）: 108–111.

[44] 陈来. 论儒家教育思想的基本理念 [J]. 北京大学学报（哲学社会科学版）, 2005,（05）: 198–205.

[45] 陈萍. 我国学校德育实效研究综述 [J]. 教学与管理, 2005（25）: 3–5.

[46] 陈如平. 管理创新与学校发展 [J]. 教育科学研究, 2003（06）: 18–20.

[47] 陈姗. 校长领导力的三维度解读 [J]. 中国教师, 2016（08）: 78–81.

[48] 陈世润, 李根寿. 论红色文化教育的社会价值 [J]. 思想政治教育研究, 2009, 25（04）: 15–17.

[49] 陈维政, 忻蓉, 王安逸. 企业文化与领导风格的协同性实证研究 [J]. 管理世界, 2004（02）: 75–83, 155–156.

[50] 陈伟. 性格对领导力的影响研究 [J]. 湖北教育（领导科学论坛）, 2010（03）: 51–53.

[51] 陈小平. 在变革中提升校长领导力 [J]. 江苏教育研究, 2013（8B）: 19–22.

[52] 陈向明. 实践性知识: 教师专业发展的知识基础 [J]. 北京大学教育评论, 2003（01）: 104–112.

[53] 陈小平. 中小学校长领导力模型构建实证研究 [J]. 人力资源管理, 2016（6）: 207.

[54] 陈佑清. 从认识主体到实践主体——实践唯物主义视野中的教育目的观探析 [J]. 中学教育学刊, 2000（01）: 24–28.

[55] 陈瑜, 向征. 组织变革中的员工心理契约 [J]. 企业改革与管理, 2006（11）: 48–49.

[56] 陈玉琨. 课程领导力的基本框架和主要内容 [J]. 世界教育信息, 2013（23）: 42–46.

[57] 程红兵. 价值思想引领: 校长课程领导的首要任务 [J]. 教育发展研究, 2009（4）.

[58] 程晋宽. 呼唤校长"教学领导力"的回归 [J]. 教育测量与评价, 2017（01）: 1.

[59] 程正方. 校长领导行为类型问卷及类型状况的初步分析 [J]. 心理发展与教育, 1996（02）: 33–37.

[60] 池志勇, 刘琳, 商金芳. 燕赵文化的传承与创新研究 [J]. 采写编, 2018（06）: 98–100.

[61] 楚江亭. 中小学教师参与学校管理研究 [J]. 中国教育学刊, 2009（08）: 39–43.

[62] 褚宏启. 我们需要什么样的现代学校制度 [J]. 教育研究, 2004（12）: 32–38.

[63] 褚宏启. 建设现代学校制度: 校长应注意什么? [J]. 中小学管理, 2005（06）: 5–8.

[64] 崔红, 王登峰. 西方"大五"人格结构模型的建立和适用性分析 [J]. 心理科学, 2004（03）: 545–548.

[65] 崔红, 王登峰. 中国人的人格与心理健康 [J]. 心理科学进展, 2007（02）: 234–240.

[66] 崔振成. 中小学校长德育领导力的本体性建构 [J]. 中国德育, 2016（13）: 31–35.

[67] 丹尼尔·高曼, 魏海燕. 成功的领导风格 [J]. 企业管理, 2001（08）: 52–54.

[68] 单霁翔. 博物馆的社会责任与社会教育 [J]. 东南文化, 2010（06）: 9–16.

[69] 邓纯雅. 比尔·乔治：真诚是最佳领导力 [J]. 中外管理，2015（07）：80–81.

[70] 邓大龙，洪劬颉. 中小学校长课程领导力研究述评 [J]. 江苏教育研究，2015（Z4）：58–62.

[71] 董楚平. 吴越文化新探 [M]. 杭州：浙江人民出版社，1988：90–178.

[72] 董从勋. 论教师参与学校管理 [J]. 中国教师，2005（06）：42–44.

[73] 杜时忠. 当前学校德育的三大认识误区及其超越 [J]. 中国德育，2010，5（01）：91.

[74] 方俊明. 性别差异与两性化人格 [J]. 陕西师范大学学报（哲学社会科学版），1996（03）：165–167，177.

[75] 方晓义. 构建高中生三级发展指导模式 [J]. 北京师范大学学报（社会科学版），2014（01）：37–43.

[76] 冯大鸣. 学校"领导"与"管理"的断裂：危害与对策 [J]. 教育发展研究，2011（20）：1–5.

[77] 冯文全. 学校德育目标的分层研究 [J]. 教师教育研究，2004（06）：29–33.

[78] 冯秀军. 现代学校德育环境的生态建构 [J]. 教育研究，2013，34（05）：104–111.

[79] 冯奕競. 教学领导力探析 [J]. 教育研究与实验，2013（05）：48–51.

[80] 冯增俊. 现代教育管理理论发展特征及趋向探析 [J]. 教育研究，2004（11）：9–14.

[81] 高德胜. 生活德育简论 [J]. 教育研究与实验，2002（03）：1–5，72.

[82] 高洪源. 制度伦理与学校危机管理 [J]. 教育科学研究，2003（11）：9–12.

[83] 高新芝. 论学校激励的十大原则 [J]. 教学与管理，2013（18）：25–27.

[84] 格丽娅. 当代女性的领导魅力与风格 [J]. 前沿，2009（02）：126–127.

[85] 顾建德，喻志杰. 关于学校制度文化建设的思考 [J]. 现代中小学教育，2008（04）：11–14.

[86] 顾泠沅，杨玉东. 教师专业发展的校本行动研究 [J]. 教育发展研究，2003（06）：1–7.

[87] 顾明远. 未来教育的变与不变 [N]. 中国教育报，2016-08-11（003）.

[88] 顾小清，祝智庭. 教师专业发展的实现模式 [J]. 中国电化教育，2005（03）：5–8.

[89] 关颖. 社区教育资源的开发和利用 [J]. 教育研究，2001（06）：54–57.

[90] 郭成，阴山燕，张翼. 中国近二十年来教师人格研究述评 [J]. 心理科学，2005（04）：937–940.

[91] 郭春才，金义富. 基于未来教育空间站的O2O应用模式研究 [J]. 中国电化教育，2015，（06）：24–30.

[92] 郭惠容. 激励理论综述 [J]. 企业经济，2001（06）：32–34.

[93] 郭金山，车文博. 大学生自我同一性状态与人格特征的相关研究 [J]. 心理发展与教育，2004（02）：51–55.

[94] 郭齐勇. 孔孟儒学的人格境界论 [J]. 华中师范大学学报（人文社会科学版），2000（06）：24–28.

[95] 郭莹. 中国传统处世之道的文化性格 [J]. 学术月刊，2001（07）：78–84.

[96] 郭元祥. 论学校的办学理念 [J]. 教育科学论坛，2006（04）：5–8.

[97] 韩保来. 行动力，是积极心理学幸福义的表达 [J]. 中小学心理健康教育，2010（15）：20–21.

[98] 蒿坡，龙立荣. 共享型领导的概念、测量与作用机制 [J]. 管理评论，2017，29（05）.

[99] 郝丽. 意商研究会促进意志理论的发展 [J]. 社会心理科学，2004（1）：22–24.

[100] 何风志. 领导力不是领导的专利：专访美国著名管理学专家、圣克拉拉大学列维商学院詹姆斯·库泽斯教授 [J]. 商学院，2004（07）：64–65.

[101] 贺善侃. 论领导力开发的理论依据和现实途径 [J]. 人才开发，2008（5）.

[102] 侯怀银，张宏波. "社会教育"解读 [J]. 教育学报，2007（04）：3–8.

[103] 胡斌武. 德育与思想政治教育的交叉与分野 [J]. 上海教育科研，2005（07）：12–15.

[104] 胡书琴，谭新艳. 学校文化管理的思考与实践 [J]. 基础教育参考，2018（22）：25–26.

[105] 胡艳蓓. 当代西方公民教育思想述评 [J]. 国外社会学，2002（04）：37–41.

[106] 胡泳. 健全的领导力 [J]. 21世纪商业评论，2008（6）.

[107] 扈中平. 教育目的中个人本位论与社会本位论的对立与历史统一 [J]. 华南师大学报，2000（02）：87.

[108] 扈中平. 教育目的应定位于培养"人" [J]. 北京大学教育评论，2004（03）：25–29.

[109] 华东师范大学，杭州大学教育系编译. 西方古代教育论著选 [M]. 北京：人民教育出版社，2001（2）：38.

[110] 化方，杨晓宏. 中小学校长信息化领导力绩效指标体系研究 [J]. 中国教育信息化，2010（04）.

[111] 黄亮，赵德成. 校长领导力对学生学业成就的影响 [J]. 教育科学，2017，33（03）：35–41.

[112] 黄崴，张伟坤.服务型学校管理：涵义与构建 [J].教育理论与实践，2006（15）：21–24.

[113] 黄希庭.再谈人格研究的中国化 [J].西南师范大学学报（人文社会科学版），2004（06）：5–9.

[114] 黄显华，朱嘉颖.课程领导与校本课程发展 [M].北京：教育科学出版社，2005：61.

[115] 黄旭均.课程领导：理论与务实 [M].台北：台北心理出版社，2003.

[116] 黄云峰，朱德全.教师课程领导力的意蕴与生成路径 [J].教学与管理，2015（4）：1–3.

[117] 黄兆龙.学校人力资源管理研究 [J].教学与管理，2001（21）：13–17.

[118] 黄振威.詹姆斯·马奇：多领域管理大师 [N].学习时报，2013-07-15（006）.

[119] 霍尔姆斯·罗尔斯顿.哲学走向荒野 [M].刘耳，叶平，译.长春：吉林人民出版社，2000：189–190，191，192.

[120] 季诚钧，陈于清.我国教师专业发展研究综述 [J].课程.教材.教法，2004（12）：68–71.

[121] 简占东.农村中心校校长教学领导力的调查报告 [J].福建基础教育研究，2010（12）：18–19.

[122] 江亚东.学校实施非理性管理的必要性分析 [J].黄冈师范学院学报，2007（S1）：43–44.

[123] 姜勇.论教师的个人知识：教师专业发展的新转向 [J].教育理论与实践，2004（11）：56–60.

[124] 蒋竞莹.教师专业化及教师专业发展综述 [J].教育探索，2004（04）：104–105.

[125] 教育部师范教育司.教师专业化的理论与实践 [Z].北京：人民教育出版社，2001：48.

[126] 金保华，顾沛卿.人性假设与教育管理理论模式的演变 [J].教育理论与实践，2013，33（01）：16–19.

[127] 康瞧.多花时间扮演造钟师——与管理大师吉姆·柯林斯的对话 [J].人力资源，2012（09）：16–22.

[128] 夸美纽斯.大教学论 [M].北京：教育科学出版社，1999：1–10.

[129] 匡宁南.企业组织创新的动因及风险分析 [J].文史博览，2005（Z2）：124–126.

[130] 兰徐民.领导力的构成及其形成规律 [J].领导科学，2007（22）.

[131] 李斌.国内外教师专业发展过程研究述评 [J].江苏教育学院学报（社会科学版），2003（04）：17–20.

[132] 李朝辉，刘树仁.从"自在"走向"自为"：校长走向课程领导的策略 [J].教育科学研究，2006（12）.

[133] 李冲锋.教师教学领导力的开发 [J].当代教育科学，2009（24）：3–7.

[134] 李国瑞，何小蕾.情绪智力研究的现状及发展趋势 [J].心理科学，2003，26（5）.

[135] 李浩仁.论学校管理中的教师激励 [J].教学与管理，2002（36）：9–11.

[136] 李建设.九型人格理论与领导者的沟通艺术 [J].领导科学，2009（12 上）：24.

[137] 李红燕.简介"大五"人格因素模型 [J].陕西师范大学学报（哲学社会科学版），2002（S1）：89–91.

[138] 李化侠，宋乃庆，辛涛.从智商、情商到动商——刍议动商的内涵、价值及路径 [J].课程.教材.教法，2017（7）：4–10.

[139] 李继星.现代学校制度初论 [J].教育研究，2003（12）：83–86.

[140] 李康平，李正兴.红色资源开发与社会主义核心价值体系教育 [J].道德与文明，2008（01）：86–88.

[141] 李培明.教学领导力与学校精神的提升 [J].中国教师，2008（02）：7–10.

[142] 李萍，钟明华.公民教育——传统德育的历史性转型 [J].教育研究，2002（10）：66–69.

[143] 李乾文，张玉利.沃伦·本尼斯的代表作及其贡献 [J].企业管理，2004（5）.

[144] 李文长.中小学校长领导力新视野 [N].中国教育报，2019-03-06（10）.

[145] 李笑非.创造最适宜学生的"未来"教育——基于核心素养与学习能力的未来学校建设探索. [J].教育科学论坛，2016（14）：27–31.

[146] 李兴洲.现代学校制度的价值取向探析 [J].当代教育科学，2005（20）：8–12.

[147] 李兆熙.管理创新与逻辑渐进主义 [J].IT 经理世界，1999（1）：25–27.

[148] 李志茵.博物馆的社会教育功能探析 [J].黑河学刊，2019（05）：164–165.

[149] 力昌英.校长课程领导力的现状及应对 [J].教学与管理，2014（3）.

[150] 厉以贤.社区教育的理念 [J].教育研究，1999（03）：20–24.

[151] 梁凯.论性格与职业选择 [J].教育与职业，2006（14）：59–60.

[152] 梁巧转，忻依娅，任红军.两性领导风格理论研究评述 [J].妇女研究论丛，2004（05）：53–58.

[153] 梁赟.激励在现代企业管理中的效用 [J].人才开发，2009（6）：40–42.

[154] 廖化化, 颜爱民. 情绪劳动的内涵 [J]. 管理学报, 2015, 12 (02): 306–312.

[155] 林向. "巴蜀文化"辩证 [J]. 华中师范大学学报 (人文社会科学版), 2006 (04).

[156] 林志扬. 管理学原理 [M]. 厦门: 厦门大学出版社, 2000.04.

[157] 林晓春, 代建军. 21世纪以来我国教师专业发展现状研究 [J]. 现代教育科学, 2018 (01): 151–156.

[158] 刘宝存. 校本管理: 当代西方学校管理的新模式 [J]. 比较教育研究, 2001 (12): 16–19.

[159] 刘超良. 学校德育制度现状的调查分析 [J]. 教育科学研究, 2006 (05): 29–35.

[160] 刘朝. 领导风格、情绪劳动与组织公民行为的关系研究 [J]. 中国软科学, 2014 (03): 119–134.

[161] 刘冬梅. 国内 "校长课程领导力" 的研究概况 [J]. 教学与管理: 理论版, 2011 (8): 14–15.

[162] 刘刚. 社区资源开发与学校经营 [J]. 教学与管理, 2013 (09): 32–34.

[163] 刘贵华. 现代学校制度体系的生态分析 [J]. 长江大学学报 (社会科学版), 2007 (01): 113–117.

[164] 刘国贤. 试论性格及其形成的因素 [J]. 岳阳师专学报, 1985 (01): 17–20.

[165] 刘国艳. 解释学视野中的学校制度困境及其变革 [J]. 当代教育论坛, 2015 (02): 12–17.

[166] 柳海民. 教育原理 [M]. 长春: 东北师范大学出版社, 2000: 270.

[167] 刘佳. 沃伦·本尼斯: 颠覆领导力神话 [J]. 经营与管理, 2015 (1): 10–11.

[168] 刘佳. 詹姆斯·马奇: 寻找组织之美 [J]. 经营与管理, 2014 (11): 10–11.

[169] 刘静. 对科层式学校管理体制的反思 [J]. 教学与管理, 2000 (06): 6–7.

[170] 刘军. 智慧课堂: "互联网+"时代未来学校课堂发展新路向 [J]. 中国电化教育, 2017 (07): 14–19.

[171] 刘琳. 英国德育评述及其对我国德育教育的启示 [J]. 前沿, 2006 (04): 119–122.

[172] 刘平青, 王雪, 刘冉, 等. 领导风格对工作满意度的影响机理研究——以员工关系为中介变量 [J]. 中国管理科学, 2013, 21 (S1): 75–80.

[173] 刘士林. 江南都市文化的历史源流及现代阐释纲领. 上海. 学术月刊. 2005.8.

[174] 刘文清. 约翰·科特的企业领导理论 [J]. 企业改革与管理, 2013 (08): 65–66.

[175] 刘衍玲, 臧原, 张大均. 家校合作研究述评 [J]. 心理科学, 2007 (3): 401.

[176] 刘洋. 企业中的心理契约强度研究 [J]. 经济论坛, 2005 (12): 45–46.

[177] 刘尧. 我国社区教育发展现状、问题及对策 [J]. 华中师范大学学报 (人文社会科学版), 2010, 49 (04): 143–148.

[178] 刘一玄, 崔沪. 情商管理在实践中的思考与运用 [J]. 人力资源, 2019 (10).

[179] 刘永福, 李保强. 近二十年西方课程领导理论进展与根本转向 [J]. 比较教育研究, 2013 (8).

[180] 刘玉凡, 王二平. 大五人格与职务绩效的关系 [J]. 心理学动态, 2000 (03): 73–80.

[181] 龙凤, 游振声. 教学、政策、协作: 美国教师领导力培养模型的三重考量 [J]. 江苏教育研究, 2016 (Z1): 45–49.

[182] 卢家楣. 对情绪智力概念的探讨 [J]. 心理科学, 2005, 28 (5): 1246–1249.

[183] 鲁洁, 王逢贤. 德育新论 [M], 南京: 江苏教育出版社, 1994: 213.

[184] 罗刚淮. 校长办学的使命职责 [J]. 教书育人, 2019 (23): 12–13.

[185] 罗剑英. 企业家领导风格与企业文化的关系 [J]. 商场现代化, 2010 (24): 144–145.

[186] 罗景凡. 新时期 "马斯洛需要层次理论" 在教师激励中的运用 [J]. 教书育人, 2012 (16): 32–33.

[187] 罗纳德·海菲兹. 火线领导: 危机管理的艺术 [M]. 北京: 机械工业出版社, 2014: 53–75.

[188] 罗石. 现代西方德育理论综述 [J]. 比较教育研究, 1999 (01): 37–43.

[189] 罗晓杰. 国内外教师专业发展阶段研究述评 [J]. 教育科学研究, 2006 (07): 53–56.

[190] 罗之前. 基于复杂人假设的西方激励理论演进与发展 [J]. 中国职工教育, 2014 (16): 130–131.

[191] 洛克. 教育漫画 [M]. 傅任敢, 译. 北京: 人民教育出版社, 1979: 78.

[192] 吕国光. 校长如何提高课程领导能力? [J]. 中小学管理, 2002 (8).

[193] 马怀德, 褚宏启, 劳凯声, 等. 现代学校制度建设七人谈 [J]. 人民教育, 2004 (17): 7–10.

[194] 马克汉森. 教育管理与组织行为 [M]. 冯大鸣, 译. 上海: 上海教育出版社, 2004.

[195] 中共中央编译局. 马克思恩格斯全集：第二卷 [M]. 北京：人民出版社，1957.

[196] 中共中央编译局. 马克思恩格斯全集：第二十三卷 [M]. 北京：人民出版社，1971.

[197] 马斯洛. 动机与人格 [M]. 许金声，程朝翔，译. 北京：华夏出版社，1987：11.

[198] 毛亚庆. 应注重以学校为主体的校本管理 [J]. 教育研究，2002（04）：78–80.

[199] 毛泽东. 毛泽东选集（第 2 卷）[M]. 北京：人民出版社，1991：694.

[200] 缪宏. "目标设置理论"在学校管理中的应用 [J]. 江苏教育，2014（47）：63–63.

[201] 聂荣鑫. 走向对话：一种新的德育模式 [J]. 思想·理论·教育，2002（02）：31–34.

[202] 钮丽丽，周燕，周晖. 中学生人格发展特点的研究 [J]. 心理科学，2001（04）：505–506.

[203] 诺埃尔·蒂奇. 领导力引擎 [M]. 周景刚，译. 北京：中国人民大学出版社，2010：4.

[204] 诺埃尔·蒂奇. 领导力循环：伟大的领导者引领企业制胜的关键 [M]. 杨斌，译. 杭州：浙江人民出版社，2014：3.

[205] 潘东良. 学校危机的类型、特点及管理策略 [J]. 教育科学研究，2004（08）：26–28.

[206] 裴娣娜. 领导力与学校课程建设的变革性实践 [J]. 教育科学研究，2017（03）：6–7/7–15.

[207] 裴娣娜. 课程领导力与学校课程规划与设计 [J]. 基础教育论坛，2012（10）.

[208] 裴宇晶. 九型人格理论在企业人力资源管理中的应用 [J]. 现代管理科学，2011（12）：97.

[209] 彭虹斌. "文化人"假设与教育管理理念的变革 [J]. 教育研究与实验，2012（02）：6–10.

[210] 彭钢. 素质教育视野中的学校文化建设 [J]. 江苏教育研究，2006（3）.

[211] 齐萱. 教师教学领导力的结构及提升研究 [J]. 中国教育学刊，2015（S1）：378–379.

[212] 齐振海，袁贵仁. 哲学中的主体和客体问题 [M]. 北京：中国人民大学出版社，1992.

[213] 钱铭怡，武国城，朱荣春，等. 艾森克人格问卷简式量表中国版（EPQ–RSC）的修订 [J]. 心理学报，2000（03）：317–323.

[214] 切斯特·巴纳德. 组织与管理 [M]. 北京：中国人民大学出版社，2009.

[215] 邱柏生. 论社区资源类型及其整合方式 [J]. 探索与争鸣，2006（06）：33–35.

[216] 邱心玫. 论中小学校长领导力的提升 [J]. 当代教育论坛（校长教育研究），2007（12）：23–25.

[217] 瞿振元. 素质教育：当代中国教育改革发展的战略主题 [J]. 中国高教研究，2015（05）：1–6.

[218] 芮彭年. 校长的德育领导力和执行力 [J]. 教书育人，2009（32）：26–27.

[219] 单慧中. 西方教育思想史 [M]. 北京：教育科学出版社，2007：13.

[220] 尚俊杰. 未来学校建设的三层境界 [J]. 基础教育课程，2014（23）：73–76.

[221] 申大魁，刘峰贵. 教师专业知识结构研究综述 [J]. 高教学刊，2018（12）：51–54.

[222] 沈小滨. 领导力的唯一定义：有人自愿追随——让人追随的五项实践与四大品质 [J]. 中国领导科学，2018（06）：48–50.

[223] 沈壮海，李育. 董仲舒德教方法论探析 [J]. 武汉大学学报（哲学社会科学版），1995（04）：110–116.

[224] 师晓星. 提高校长课程领导力的思考 [J]. 现代教育管理，2008（4）.

[225] 石生莉. 教师实践知识探究 [J]. 教育理论与实践，2005，5，20–22.

[226] 史根林. 学校制度文化的现时缺失与建设取向 [J]. 中国教育学刊，2007（11）：32–34.

[227] 思蓉辉. 真操实练领导力 [J]. 商学院，2004（08）：1672–7614.

[228] 宋芹. 齐鲁文化对山东人性格的影响 [J]. 学周刊，2017（15）：236–237.

[229] 苏君阳. 我国学校内部组织管理：科层化与扁平化的冲突和协调 [J]. 北京师范大学学报（社会科学版），2010（01）：13–20.

[230] 苏醒. 面对未来的行动力 [J]. 21 世纪商业评论，2007（01）：21–22.

[231] 隋影. 从"心理契约"谈学校青年教师管理 [J]. 教学与管理，2014（14）：15–16.

[232] 孙鹤娟. 人本管理是学校文化管理的第一原理 [J]. 现代教育科学，2003（02）：15–17.

[233] 孙建群，田晓明，李锐. 情绪智力的负面效应及机制 [J]. 心理科学进展，2019（8）.

[234] 孙利虎. 弗鲁姆期望理论视域下的教师激励现状分析 [J]. 教学与管理，2011（9）：9–11.

[235] 孙绵涛. 校长领导力基本要素探析 [J]. 教育研究与实验, 2012（06）.

[236] 孙绵涛. 我国现代学校制度建设的成就、问题与对策 [J]. 教育研究, 2013, 34（11）: 27–34.

[237] 孙向阳. 校长课程领导力：从"个力"走向"合力" [J]. 教育学术月刊, 2007（11）: 104–106.

[238] 孙远航. 新时期中小学校长领导力的提升 [M]. 西安：陕西师范大学出版社, 2008.

[239] 孙永磊, 雷培莉. 领导风格、组织氛围与组织创造力 [J]. 华东经济管理, 2018, 32（03）: 112–118.

[240] 孙友然, 庄璇. 组织情商对组织绩效影响的研究综述 [J]. 经济论坛, 2019（6）.

[241] 孙祯祥. 校长信息化领导力的构成与模型 [J]. 现代远距离教育, 2010（02）.

[242] 谈炳和, 樊富珉. 试论人格及人格教育 [J]. 清华大学教育研究, 2000（01）: 63–67.

[243] 檀传宝. 试论欣赏型德育模式的具体建构 [J]. 北京师范大学学报（人文社会科学版）, 2002（02）: 107–112.

[244] 檀传宝. 再论"教师德育专业化" [J]. 教育研究, 2012, 33（10）: 39–46.

[245] 汤春华. 新形势下扩大博物馆社会教育功能的几点方法 [J]. 文物鉴定与鉴赏, 2019（13）: 138–139.

[246] 汤文江. 学校品牌塑造的价值及策略研究 [J]. 现代中小学教育, 2017, 33（10）: 6–8.

[247] 唐春勇, 潘妍. 领导情绪智力对员工组织认同、组织公民行为影响的跨层分析 [J]. 南开管理评论, 2010, 13（4）: 115–124.

[248] 唐德海. 校长课程领导力考量的六个维度 [J]. 现代中小学教育, 2013（1）: 72–75.

[249] 唐京, 程正方, 应小平. 校长领导行为与校长类型 [J]. 心理学探新, 1999（03）: 43–46+58.

[250] 唐贻林. 企业强大行动力之源 [J]. 企业管理, 2013（8）: 38–39.

[251] 陶西平. 抓紧开展社会资源服务中小学的立法准备 [J]. 中国教育学刊, 2017（10）: 5.

[252] 陶行知. 陶行知全集 [M]. 成都：四川教育出版社, 2005.

[253] 田树生. 领导大师第一人：约翰·科特 [J]. 施工企业管理, 2007（9）: 65.

[254] 佟贵银. 弘扬燕赵优秀文化传统提高河北文化软实力 [J]. 河北大学学报（哲学社会科学版）, 2011, 36（05）: 77–81.

[255] 托马斯·J. 萨乔万尼. 校长学：一种反思的实践观 [M]. 张虹, 译. 上海：上海教育出版社, 2004.

[256] 王炳照, 郭齐家, 等. 简明中国教育史 [M]. 北京：北京师范大学出版社, 2008: 216.

[257] 王策三. 教学论稿 [M]. 北京：人民教育出版社, 1985: 97, 109.

[258] 王登峰, 崔红. 中西方人格结构的理论和实证比较 [J]. 北京大学学报（哲学社会科学版）, 2003（05）: 109–120.

[259] 王飞绒, 陈文兵. 领导风格与企业创新绩效关系的实证研究——基于组织学习的中介作用 [J]. 科学学研究, 2012, 30（06）: 943–949, 908.

[260] 王建平, 王莉娟. 中小学校长教学领导力的调查与评估 [J]. 现代中小学教育, 2015, 31（02）: 1–6.

[261] 王鉴, 徐立波. 教师专业发展的内涵与途径——以实践性知识为核心 [J]. 华中师范大学学报（人文社会科学版）, 2008（03）: 125–129.

[262] 王蕾, 车宏生. 领导力人格特质的层次结构研究 [J]. 心理科学, 2004（27）: 677–681.

[263] 王利平. 如何培养行动力：杜威论现代教育的双重危机 [J]. 北京大学教育评论, 2018（1）.

[264] 王沛, 张国礼, 庞旭民. 中小学教师职业压力源及其对策 [J]. 中国临床心理学杂志, 2004, 12（4）: 362–364.

[265] 王琴. 基于文化视角的特色办学策略分析 [J]. 中小学德育, 2017（02）: 17–21.

[266] 王少华. 论校长领导力 [J]. 中小学教师培训, 2013（08）: 24–27.

[267] 王天一, 夏之莲, 朱美玉. 外国教育史 [M]. 北京：北京师范大学出版社, 1985: 123.

[268] 王铁军. 现代校长培训理念、操作、经验 [M]. 南京：南京师范大学出版社, 2003.

[269] 王文增, 郭黎岩. 中小学教师职业压力、职业倦怠与心理健康研究 [J]. 中国临床心理学杂志, 2007, 15（2）: 146–148.

[270] 王晓钧. 情绪智力理论结构的实证研究 [J]. 心理科学（1）: 24–27.

[271] 王晓莉. 教师专业发展的内涵与历史发展 [J]. 教育发展研究, 2011（18）: 38–47.

[272] 王晓梅. 论心理咨询与德育的关系 [J]. 价值工程, 2010, 29（32）: 313.

[273] 王啸, 许枝. 以公正的方式培养公民——科尔伯格德育思想简论 [J]. 中小学德育, 2014（03）: 19–22.

[274] 王云飞. 浅议社区资源在幼儿园教学中的开发与利用 [J]. 中国校外教育, 2014（13）: 138.

[275] 王云峰. 领导力理论溯源及创业领导研究方向 [J]. 技术经济, 2008（6）: 1–2.

[276] 王振洪. 论学校管理与教师组织承诺间的关系 [J]. 教育发展研究, 2005（01）: 30–33.

[277] 王玥. 北京市统筹社会资源用于教育的满意度分析 [J]. 上海教育科研, 2016（07）: 42–46, 38.

[278] 魏青云. 课程能力: 教师参与课程发展中的一个追切问题 [J]. 教育理论与实践, 2005（11）.

[279] 温恒福, 张萍. 学习型组织的实质、特征与建设策略 [J]. 学习与探索, 2014（02）: 53–58.

[280] 温红博. 校长领导风格: 类型、结构与评价 [J]. 中小学管理, 2012（06）: 12–14.

[281] 沃伦·本尼斯, 罗伯特·唐森德. 管理者与领导者 [J]. 领导文萃, 1999（11）: 115–117.

[282] 沃伦·本尼斯. 为什么领导者不能够领导 [J]. 领导科学, 1990（9）: 40–41.

[283] 吴春波, 曹仰锋, 周长辉. 企业发展过程中的领导风格演变: 案例研究 [J]. 管理世界, 2009（02）: 123–137.

[284] 吴刚. 约翰·科特: 管理不是领导 [J]. 现代领导, 2002（7）: 10.

[285] 吴晗清. 方向盘模型: 中学教师自我效能感有效提升的路径 [J]. 教育理论与实践, 2018（10）.

[286] 吴晗清. 当代教学的转向: 由教师华丽表演到学生朴实发展 [J]. 湖南师范大学教育科学学报, 2014（3）: 72–75/2014（05）.

[287] 吴晗清. 当代教学究竟是什么 [J]. 教育理论与实践, 2009（12）.

[288] 吴晗清. 家校共育现状及可能的改变: 来自家长的声音 [J]. 当代教育论坛, 2020（01）.

[289] 吴晗清. 教学机智的特点、结构与形成机制 [J]. 中小学教材教学, 2017（08）

[290] 吴晗清. 教育之于创造力何为 [J]. 当代教育科学, 2009（11）.

[291] 吴晗清. 科学方法教育目标及教学策略探析 [J]. 中国教育学刊, 2010（10）.

[292] 吴晗清. 科学素养研究范式的嬗变及其对理科教师的启示 [J]. 中小学教师培训, 2010（12）.

[293] 吴晗清. 课程设计力的基本命题 [J]. 教育家, 2017（01）.

[294] 吴晗清. 论有效教学的原则、操作及其管理 [J]. 教学与管理, 2009（05）.

[295] 吴晗清. 生态学视域下"生态课堂"的构建 [J]. 教育理论与实践, 2017（01）.

[296] 吴晗清. 师生关系: 现实与理想之间 [J]. 现代中小学教育, 2016（02）.

[297] 吴晗清. 特级教师该不该跨区认定? [N]. 中国教育报, 2015-03-19

[298] 吴晗清. 新课改以来我国教学模式研究及对它的思考 [J]. 教育导刊, 2009（03）.

[299] 吴晗清. 以课程意识带动教师专业发展 [J]. 湖北教育（教育教学）, 2016（1）: 1.

[300] 吴剑平, 张德. 试论文化管理的两个理论假说 [J]. 中国软科学, 2002（10）: 107–111.

[301] 吴玲伟. 互联网时代的领导力转型 [J]. 清华管理评论, 2015（04）.

[302] 吴晓英, 朱德全. 教师教学领导力生成的困境与突破 [J]. 中国教育学刊, 2015（05）: 71–75, 85.

[303] 吴志宏. 教育行政学 [M]. 北京: 人民教育出版社, 2000.

[304] 希拉里·罗德姆·克林顿. 如何培养健康、快乐、活泼的孩子 [M]. 曾桂娥, 译. 上海: 三联书店, 2009.

[305] 席酉民. 和谐管理理论及其应用述评 [J]. 管理世界, 2020（02）: 195–208.

[306] 夏心军. 校长课程领导力: 学校特色发展的应然选择 [J]. 教育理论与实践, 2012（5）: 15–18.

[307] 肖静宁. 情绪智力辨析 [J]. 武汉大学学报（人文科学版）, 2001（02）: 5–12.

[308] 谢希红. 创新家长会形式可以提升家校教育合力 [J]. 中国教育学刊, 2016（6）: 101–102.

[309] 邢夫敏. 公平理论与员工激励 [J]. 现代企业, 2005（10）: 9–10.

[310] 邢桂华, 赵霞, 刘春平. 基于个体行为分析的企业激励模型的建立 [J]. 北方经济, 2006（13）: 44–45.

[311] 徐淀芳. 基于问题解决——上海市提升课程领导力行动研究项目实施回顾 [J]. 基础教育课程, 2013（6）.

[312] 徐金贵. 校长教学领导力的修炼 [J]. 江苏教育研究, 2009（20）: 27–29.

[313] 徐向阳. 全媒体时代的学校德育之一: 观念变革与管理创新 [J]. 中小学德育, 2019（04）: 4.

[314] 徐小燕, 张进辅. 情绪智力理论的发展综述 [J]. 西南大学学报（社会科学版）, 2002, 28（6）: 77–82.

[315] 许远理. 情绪智力与社会智力关系的探讨 [J]. 首都师范大学学报（社会科学版）, 2004（2）.

[316] 薛宪方，涂辉文. 领导风格与个人主动性的关系研究 [J]. 人类工效学，2011，17（02）：5–10.

[317] 严文蕃. 未来学校更重视什么 [J]. 中国教师，2017，(04)：5–9.

[318] 杨斌. 麦格雷戈和本尼斯 [J]. 商学院，2004（01）.

[319] 杨伯峻. 论语译注 [M]. 北京：中华书局，1980.

[320] 杨凯，马剑虹. 变革型领导力和交易型领导力 [J]. 心理学探新，2009，29（03）.

[321] 杨丽，连榕，张锦坤. 中学生学习倦怠与人格关系 [J]. 心理科学，2007（06）：1409–1412，1417.

[322] 杨连明. 回归课堂，提升校长课程领导力的重要途径 [J]. 上海教育科研，2008（2）.

[323] 杨启亮. 中国传统道德精神与21世纪的学校德育 [J]. 教育研究，1999（12）：9–15.

[324] 杨启光. 重叠影响阈：美国学校与家庭伙伴关系的一种理论解释框架 [J]. 外国教育研究，2006（2）：76–80.

[325] 杨向谊，杨姣平. 提升教学领导力——中小学教研组长的角色、培养与管理探析 [J]. 上海教育科研，2006（06）：71–73.

[326] 杨秀君，孔克勤. 主观幸福感与人格关系的研究 [J]. 心理科学，2003（01）：116–118.

[327] 杨雄. 家校合作的国际经验与本土发展 [J]. 思想理论教育，2012（11）：7–11.

[328] 杨跃，夏雪. 20世纪80年代以来国内教师激励研究的回顾与展望——基于CNKI文献的内容分析 [J]. 现代教育管理，2015（08）：64–69.

[329] 杨宗凯. 从信息化视角展望未来教育 [J]. 电化教育研究，2017，38（06）：5–8.

[330] 杨中枢. 我国中小学学校课程管理：意义、问题与对策 [J]. 课程. 教材. 教法，2003（07）：15–18.

[331] 杨壮. 中国企业家的领导风格特征分析 [J]. 商务周刊，2006（07）：90–91.

[332] 姚海涛. 以课题为载体，提升校长课程领导力——以《泸港中学项目合作，促进学校内涵发展》课题为例 [J]. 上海教育科研，2009（3）.

[333] 姚计海，管海娟. 中小学教师情绪智力与职业倦怠的关系研究 [J]. 教育学报，2013，9（3）.

[334] 叶飞，檀传宝. 改革开放30年德育理论发展脉络探析 [J]. 教育研究，2009（01）：19–24，85.

[335] 叶澜. 新世纪教师专业素养初探 [J]. 教育研究与实验，1998（01）：41–46，72.

[336] 叶文梓. 论中小学校长的办学理念 [J]. 教育研究，2007（04）：85–89.

[337] 殷冀飞. 进入新时代博物馆社会教育的新思考 [J]. 文物鉴定与鉴赏，2019（15）：102–104.

[338] 尹晓敏. 学校安全管理的人文关怀论 [J]. 中国教育学刊，2006（08）：33.

[339] 应起翔. 英国绿色学校办学策略初探 [J]. 全球教育展望，2003，32（06）：22–25.

[340] 英配昌. 学校发展中的校长领导力 [J]. 教育科学研究，2009（12）：28–31.

[341] 于淑云. 教师人格塑造的价值追求 [J]. 教育研究，1997（10）：47–52+68.

[342] 余进利. 校长课程领导：角色、困境与展望 [J]. 课程. 教材. 教法，2004（06）.

[343] 余胜泉，王阿习. "互联网+教育"的变革路径 [J]. 中国电化教育，2016（10）：1–9.

[344] 余顺坤，王征. 单位主流群体综合激励策略 [J]. 领导科学，2017（09）：22–24.

[345] 袁锐锷. 西方著名德育思想家的德育模式探讨 [J]. 学术研究，2000（05）：64–74.

[346] 袁庭栋. 巴蜀文化 [M]. 沈阳：辽宁教育出版社，1991.

[347] 袁维新. 学科教学知识：一个教师专业发展的新视角 [J]. 外国教育研究，2005（03）：10–14.

[348] 詹栋梁. 现代社会教育思潮 [M]. 台北：五南图书出版公司，1991：3.

[349] 詹姆斯·M. 库泽斯，巴里·Z. 波斯纳. 领导力：如何在组织中成就卓越 [M]. 北京：电子工业出版社，2013.

[350] 詹万生，许建争. 社会转型时期学校德育的反思与构建 [J]. 教育研究，2002（09）：3–8.

[351] 张芳，梁宁建. 领导班子成员气质类型相融度研究 [J]. 心理科学，2006（01）：80–83.

[352] 张洁，庄晓薪. 单亲家庭与完整家庭教育模式及其子女性格发展的比较研究 [J]. 云南师范大学学报，2001（02）：68–72.

[353] 张军凤. 学校制度文化的内涵、类型和构成要素 [J]. 当代教育论坛（综合研究），2011（08）：13–15.

[354] 张俊，卢家楣. 情绪智力结构的实证研究 [J]. 心理科学，2008（5）：1063–1068.

[355] 张力. 与现代学校制度相关联的若干政策思考 [J]. 人民教育，2004（01）：10–13.
[356] 张俐蓉. 中小学教师专业发展的国际实践 [J]. 全球教育展望，2001（07）：12–16.
[357] 张民选. 专业知识显性化与教师专业发展 [J]. 教育研究，2002（01）：14–18+31.
[358] 张宁，张雨青. 性格优点：创造美好生活的心理资本 [J]. 心理科学进展，2010，18（07）：1161–1167.
[359] 张培荣. 我国中小学校园安全问题研究 [J]. 法制与社会，2019（25）：137–138.
[360] 张平，朱鹏. 教师实践共同体：教师专业发展的新视角 [J]. 教师教育研究，2009，21（02）：56–60.
[361] 张世钦. 论校长课程领导力的构架与建设 [J]. 中小学教师培训，2013（1）.
[362] 张爽. 校长领导力：背景、内涵及实践 [J]. 中国教育学刊，2007（09）.
[363] 张小娟. 打造卓越的领导力 [J]. 领导科学，2005（18）：37.
[364] 张新平. 现代学校制度的认识偏差与重新定位 [J]. 教育研究与实验，2006（02）：1–5.
[365] 张兴贵，郑雪. 青少年学生大五人格与主观幸福感的关系研究 [J]. 心理发展与教育，2005（02）：98–103.
[366] 张亚辉，靳媛. 意志行动控制理论概述 [J]. 心理月刊，2019（14）：34.
[367] 张志虎，王义保. 领导风格的影响因素与理性选择 [J]. 领导科学，2014（29）：28–29.
[368] 赵德成，宋洪鹏，苏瑞红. 义务教育学校校长教学领导力胜任特征模型的构建 [J]. 教育研究，2014，35（08）：85–92.
[369] 赵亮. 文化管理：未来学校管理的核心 [J]. 当代教育科学，2019（01）：25.
[370] 赵明仁. 论校长领导力 [J]. 教育科学研究，2009（01）：40–42.
[371] 赵茜，刘景. 我国校长教学领导力模型研究 [J]. 中小学管理，2010（03）：10–13.
[372] 赵申苒，赵国祥. 领导者魅力的来源 [J]. 领导科学，2014（7）：30–31.
[373] 赵文平. 校长的学校课程结构领导力探析 [J]. 中国教育学刊，2013（5）.
[374] 赵永勤. 课程慎思：校长课程领导的实施程序 [J]. 现代教育论丛，2006（5）.
[375] 赵垣可. 教师教学领导力的意蕴、困境与生成路径 [J]. 现代中小学教育，2017，33（03）：83–85.
[376] 赵中建. 近年来美国学校管理改革述评 [J]. 教育研究，2001（05）：75–79.
[377] 郑东辉. 学校本位教师专业发展的内涵解读 [J]. 教育发展研究，2011，33（18）：57–62+72.
[378] 郑燕祥. 学校效能与校本管理 [M]. 上海：上海教育出版社，2002：131.
[379] 中国大百科全书编辑委员会. 中国大百科全书·教育 [S]. 北京：中国大百科全书出版社，1985：172.
[380] 中国科学院"科技领导力研究"课题组，苗建明，霍国庆. 领导力五力模型研究 [J]. 领导科学，2006（09）：20–23.
[381] 钟楚莹. 教师专业共同体的实践逻辑与建构路径 [J]. 教育导刊，2019（08）：16–20.
[382] 钟年. 心理学的想象力与行动力 [J]. 心理学探新，2014，34（1）：19–22.
[383] 周彬，吴志宏，谢旭红. 教师需要与教师激励的现状及相关的研究 [J]. 教育理论与实践，2000，（9）：32–38.
[384] 周成海，衣庆泳. 专业共同体：教师发展的组织基础 [J]. 教育科学，2007（01）：49–54.
[385] 周柳贞，夏雨娟. 试论中小学校长的课程领导力 [J]. 上海教育科研，2009（3）：66–67.
[386] 周远清. 素质·素质教育·文化素质教育 [J]. 清华大学教育研究，2000（03）：1–4.
[387] 朱洪秋. 提高德育校长领导力，提升学校德育工作效能 [J]. 中小学教师培训，2008（07）：54–56.
[388] 朱小蔓. 学校品牌管理：一种道德模式 [J]. 教育发展研究，2005（09）：1–4.
[389] 朱晓斌. 美国学校危机管理的模式与政策 [J]. 比较教育研究，2004（12）：45–50.
[390] 朱旭东. 论教师专业发展的理论模型建构 [J]. 教育研究，2014，35（06）：81–90.
[391] 朱智刚. 学校非正式制度探微 [J]. 教学与管理，2009（22）：14–16.
[392] 朱忠武. 领导力的核心要素 [J]. 中外企业家，2005（04）.
[393] 竺培梁. 情绪智力的概念、结构和测量 [J]. 外国中小学教育，2008（11）：38–43.

后　记

在完成这本著作之前，曾无数次遥想写后记时会下笔千言、文不加点。然而此时此刻，茫茫然竟不知从何说起。十几年的光阴，弹指一挥间，犹如白驹过隙。回想进入恩师裴娣娜教授门下，实乃三生之幸。先生是我国著名的教育学家，"循循然善诱人，博我以文、约我以礼""仰之弥高，钻之弥坚""高山仰止，景行行止。虽不能至，然心向往之"。这并不是客套的赞美，恩师为我们展示了一幅辽阔的教育学图景，带领我们进入中华大地这片充满生机的教育绿洲。高瞻远瞩，格局和视野显得尤为重要。

另外，先生崇高的品性是我们的楷模，她经常教导弟子要做"一个纯粹的人，一个脱离低级趣味的人"。这直接影响我立志于从事有温度的教育研究，在教育实践中也是充溢着深切的人文关怀，对生命敬以悲悯的观照。战战兢兢、诚惶诚恐，不敢一刻懈怠，以致近乎成为一种信仰。

十年辛苦不寻常，历历在目。自2008年以来，东奔西走、辗转南北。一片山河壮美，几多风物人情。与其说这是一本学术专著，不如说是一部教育游记。不是刻意为之，而是水到渠成的结晶。当我以倒叙的方式去呈现这一历程时，发现大概经历了几个阶段。

第一个阶段，是2008年至2011年的初步入门时期。那时，校长在我心中还是一个十分神秘的职业或者岗位。在恩师的引领下，有幸接触到众多知名校长，并参与系统梳理他们的办学实践。如北大附中、清华附中、上海格致中学、杭州二中、华南师大附中、重庆一中、青岛二中等。应该来说，这是学徒时期，大大地开拓了视野，并让我对校长工作有了一定的了解。有幸目睹了一批卓越校长的风采，他们不仅有很高的理性思考水平，更令人折服的是他们了不起的实践智慧。当然，也有极个别校长名不副实，知行相悖。因此教育家型校长的形象就开始在我脑中刻画，文质彬彬、道器相融大抵可以概括。文、道，就是理念、形式、文化等。质、器，更多的是实践、内容、能力等。两者不可或缺，失之则偏颇矣。

第二个阶段，是2012年至2015年的深入体验时期。感恩中国教育报刊社、北京师范大学、北京大学、中国教育科学研究院、人民教育出版社等平台的厚爱和信任，让我得到很多深入了解实践、解读实践的机会。对各级各类的学校教育有了更为丰富的体验，对校长办学有了全面性的结构化认知。同时，对祖国幅员辽阔的大好河山也有了更为直接的感受，震撼不已。冰天雪地的齐齐哈尔、荒漠戈壁的河西走廊、誉为天府之国的成都、号称人间天堂的苏杭，奔腾不息的黄河、浩浩荡荡的长江，一次次心灵的行走，美不胜收。教育，就应该是超越时空的灵魂放飞。

第三个阶段，是2016年至2018年的全面实践时期。由于前面奠定了较为坚实的基础，这一阶段就开始带领自己的研究团队，对众多学校进行深度的剖析以提升整体的教育教学质量。如青岛黄岛双语学校、武汉常青树教育集团、深圳海韵学校、山东临沂第二十中学、广西港北高级中学、呼和浩特南马路小学、北京古北口小学、劲松第一幼儿园等。系统全面地解读、解构及重构了校长的办学体系，优化教育教学实践，效果显著。值得一提的是，其间波兰、德国、捷克、奥地利及意大利的欧洲教育考察经历，为校长办学提供了新的思考。文化基因造就了不同的教育传承，虽然各有千秋，但并不是简单的优劣之别。亦如学生的个体差异甚大，但并不决定生命意义的大小。茶和咖啡大概都很重要，各美其美，美美与共。

第四个阶段，是2019年至今的理性自觉时期。重新回顾十几年的学习、实践和思考，强烈的理性自觉迫切地要求自己对校长办学进行理论建构。虽然前期实践调研非常深入，除了128所中小学和幼儿园办学的完整案例分析，还有数以百计的校长访谈。但是为了强化研究的科学性，又作了大面积的问卷调查，研究对象为1797名来自全国近三十个省、市、自治区的正校长，极大地丰富了实证研究。问卷调查、案例分析、理性思考，齐头并进。其间到美国加利福尼亚州的十余所学校考察，深刻地领悟到人永远是第一要素。无论什么体制，校长都对学校的发展起着至关重要的作用。书稿在如火如荼的进行中，不料遭遇新冠肺炎疫情。主观上，避之犹恐不及。但是客观上，获得了相对安静和完整的思考空间，一定程度上推进了书稿的进展。祸福相依，不惊不怖，悲欣交集。

感恩全国校长界的兄弟姐妹们，非常抱歉恕我不敬，不能在此列出你们的尊姓大名，因为挂一漏万是我绝对不能容忍的。这里面有我深度调研时结识的，也有在各种平台上作主题汇报时接触的，太多太多，数以千计。该怎么办呢？我想人生是一场缘分，在茫茫人海中能够遇见，何其殊胜。就送给大家一个共同的名字，叫"知音"吧。有很多瞬间，沉淀了永恒的温暖。酒逢知己千杯少，您深情地呼曰，"异父异母亲兄弟，相亲相爱一家人"。极度困倦时，躺在校长办公室的沙发上迷迷糊糊地睡着了，您轻轻地为我盖上毛毯。久别重逢，您非要喝一杯接风洗尘的酒，以至于第二天住院……这里的每一个"您"，都是这片温情土地上星星点点的知音。知音难觅，且行且珍惜。

这么多年以来，我的教育理念与实践一以贯之，不曾改变。教导学生"做人要极度温暖，做事要极度专业""男生要大气，女生要善良"。给人信心、给人欢喜、给人方便，不忘初心、不念旧恶、不变随缘。大家彼此扶持，相伴而行。感谢我的研究生团队，他们是博士生张霄、刘秀英、杨小丽、赵银花、范慧敏等，硕士生李雅茜、李田田、赵冬青、韩蓉、李国超、马薇、李丹、张娟、姚梦娟、李政、赵佳星、卢青青、吴彦瑾、戚真、李豆豆、张鸿智、王梦秦、林一青、穆铭、何维祥、李世玉、李琳娜、孙年冬、苏鑫、任丽娟、陈豆、刘聪、孟博研、赵芳祺、宋超、周迪、闫如月、孙天远、林雅琴、唐双凤、孙梦婷、何婷、张岩、李梦颖、贾茹、刘梦、董叶慧婷、唐慧、秦清青、李敏、田晓雨、吴涵挚、程竺君、宁婷婷、朱梦珂、刘洋、李思凡、王连琏、刘玉飞、叶梦月、王陆阳、张雪滢、高香迪、徐甜、寇诺、王瀚琦、谭钦月、白悦、郑金梦、韩洋、李颖、王丛丛、李艳茹、林兆鸿等，在此一致表示诚挚的谢意。他们在课题研究中给予了我鼎力支持，尤其是在文献整理、发放问卷、师生访谈及数据处理方面。精诚所至、金石为开，功不唐捐、玉汝于成。

感谢我的家人。"父兮生我、母兮鞠我，抚我畜我、长我育我"，感恩含辛茹苦的父母。他们与新中国同龄，自力更生，勤劳诚恳。父亲给予了我自强不息的奋斗精神，目不识丁的母亲则教导我做人"不能嫌贫爱富",无缘大慈、同体大悲。感恩我的爱人郑冬梅女士,她像一枝驿路寒梅,凌霜傲雪,暗香悠远。虽然她并不完美,但总是在关键的人生路口,给予我一盏温情的明灯。自从相识以来,平平淡淡,知足常乐。感恩吴令济小朋友,累劫的善缘让我们今生成为父子。宝贝儿是清华大学附小 2019 级成志少年,活泼可爱。名字的寓意有四层,由内而外分别是健康身心、幸福家庭、服务社会及胸怀天下。其实,这不止是对自己孩子的美好期待,也是我孜孜以求的教育梦想。家,永远是心灵皈依的港湾。无数个温暖的家,就是最美的天下。

感谢编辑老师们的辛苦付出,在修改书稿的过程中,他们殚精竭虑、细致入微,令人感动。感谢出版社各级领导的厚爱,没有他们的鼎力相助,书稿难以付梓。

是以为记。

望塔斋主人　吴晗清
壬寅二零二二年　清华园